AWS 공인 클라우드 프랙티셔너 마스터

CLF-C02 EXAM

AWS 공인 클라우드 프랙티셔너 마스터

CLF-C02 EXAM

동준상 지음

i!i
에이콘

에이콘출판의 기틀을 마련하신 故 정완재 선생님 (1935-2004)

지은이 소개

동준상(naebon1@gmail.com)

클라우드, 인공지능 부문 강연자, 저술가다. KPC 한국생산성본부, 삼성SDS 멀티캠퍼스 등 주요 고객 외, 과학기술정보통신부, 산업통상자원부, 국방부 등 정부 부처 및 산하기관, 삼성SDS, 삼성전자, 신한은행, 기아자동차 등 기업, 서울대학교, 고려대학교, 포항공대 등 대학에서 관련 주제로 강연을 했다.

소프트웨어 엔지니어링과 오픈 소스에 관심이 많으며, 에이콘출판사에서 출간한 『AWS 공인 솔루션스 아키텍트 스터디 가이드 - 어소시에이트 4/e』(2023), 『AWS 공인 솔루션스 아키텍트 올인원 - 어소시에이트 2/e』(2021), 『Great Code Vol.3』(2021), 『자바 머신 러닝 마스터』(2019)와 그 외 20여 권을 번역했다.

서문

클라우드와 AWS의 세계에 오신 여러분, 환영합니다.

20여 년 전 태동한 클라우드 산업은 이제 성숙기에 접어들고 있으며 인공지능과 함께 현대 IT 산업의 중요한 키워드 중 하나다. IT 인프라는 제조업, 서비스업 등 산업 계열과 무관하게 기업 존속을 위한 핵심 요소이자 경쟁력의 원천이 됐다. 그중 클라우드는 현대적인 기업이 변화하는 비즈니스 환경에 적응하기 위해 도입하는 가장 각광받는 IT 인프라 구성 방식이라 할 수 있다.

2006년에 공식 출범한 AWS^Amazon Web Service^는 지난 17년간 글로벌 클라우드 산업을 선도해왔으며, 다양한 기업 고객의 요구 사항을 다른 어떤 클라우드 서비스 제공자^CSP^보다도 적극적이며 진취적으로 반영해왔다. 현재 AWS는 글로벌 클라우드 산업의 실무적 표준이자 멀티 클라우드, 하이브리드 클라우드 구성에서 거의 필수적으로 채택하는 퍼블릭 클라우드 서비스로 인정받고 있다.

IT 산업 종사자에게 클라우드 컴퓨팅에 대한 지식과 경험은 필수적인 직무 역량이 됐고, 그중에서도 AWS에 대한 지식과 활용 경험은 글로벌 IT 산업계 어디에서나 인정받는 전문 역량이라 할 수 있다. 클라우드와 AWS에 대한 전문성을 측정하는 여러 방법 중 가장 대표적인 것은 AWS 공인 인증 자격이며, 매년 수십만 명 이상이 AWS의 다양한 인증 자격 시험에 응시하고 있다.

AWS 인증 자격의 출발점이라 할 수 있는 AWS 클라우드 프랙티셔너(CLF-C02)의 시험 준비를 돕기 위해 쓰인 책이며, 이후 AWS 솔루션스 아키텍트 어소시에이트(SAA-C03) 및 프로페셔널(SAP-C02) 등 준전문가 및 전문가 과정으로 나아가는 데 필요한 기초 지식과 경험을 제공한다.

다른 AWS의 인증 자격 시험처럼 클라우드 프랙티셔너 시험 또한 글로벌 레벨에서 매년 수만 명이 응시하는 시험이므로 도전 의식을 가지고 집중력을 발휘해야 합격할 수 있다. 다만 지난 몇 년 동안은 AWS 솔루션스 아키텍트 어소시에이트 또는 프로페셔널 시험에 비해 체감 난이도가 높지 않고 합격률 또한 높은 수준을 유지하는 것으로 알려져 있어서 너무 많은 부담감을 갖지 않아도 된다고 할 수 있다.

AWS 클라우드 프랙티셔너 시험은 IT 비전공자의 클라우드 및 AWS에 대한 이해를 돕는다는 목표도 지니고 있으며, 컴퓨터공학 전공자 또는 IT 개발 업무 경력자가 아니어도 수험 준비에는 큰 차이가 없다. 수험 준비에 필요한 필수 지식을 익히는 것은 물론, 지난 20여 년 동안 클라우드 산업 및 AWS에 있었던 큰 변화와 중요한 기술적 개념을 좀 더 쉽게 이해할 수 있도록 내용을 구성했다.

AWS 클라우드 프랙티셔너 시험 합격에 필요한 마흔여 가지 서비스의 개요 및 핵심 기능 설명에 초점을 맞추는 책으로, 이론과 기본적 활용 연습 그리고 200여 개 이상의 기출 유형 문제 풀이를 통해 좀 더 입체적인 학습 방식을 제공한다.

그럼 우리 함께 AWS 세계로 모험을 떠나보자!

감사의 말

이 책이 나오기까지 많은 분의 정성과 노력이 있었습니다. 늘 청년과 같이 열정적인 삶을 사시는 에이콘출판사의 권성준 사장님, 지난 10여 년 동안 늘 좋은 책의 번역과 저술 기회를 주시는 황영주 부사장님, 경험 많은 AWS 아키텍트이자 컨설턴트로서 기술적인 조언을 아끼지 않으신 김상필 기술 감수자님과 출간을 위해 애써 주신 모든 분께 감사의 인사를 전합니다.

이 책이 나올 수 있도록 오랜 기간 강의와 컨설팅 기회를 주신 한국생산성본부KPC 이승희 센터장님, 한승연, 박혜경 위원님, 최성현 팀장님, 유승경, 이우진 위원님, 삼성SDS의 삼성 클라우드 플랫폼SCP 윤소정, 홍승원, 멀티캠퍼스 이효희 프로님, 한국산업기술진흥협회KOITA 김선우 주임님, 한국국방기술학회KIDET 박영욱 회장님, 이지선 사무국장님, 중부대학교 김성규 · 장은실 교수님, 위너스랩 동우상 대표님, 부산대학교 경영대학원 재무 김무성 지도 교수님, 마케팅 서문식 교수님, 연구 방법 김명종 교수님께 감사드립니다.

늘 새로운 여정을 꿈꾸는 아내 지은, 잘 자라주고 있는 딸 채원, 집필 기간 동안 옆자리를 지켜준 반려견 누리에게도 고마운 마음을 전합니다.

동준상 드림

차례

2부 AWS의 주요 서비스 이해

들어가며

온라인 강의 연계 및 지원

이 책은 글로벌 온라인 강의 플랫폼인 유데미에서 제공 중인 'AWS 클라우드 프랙티셔너 마스터' 과정과 연계성을 지니며, 책을 구매한 독자 모두에게 할인 바우처 등 다양한 혜택을 제공한다. 온라인 콘텐츠 이용에 관한 자세한 내용은 아래 독자 지원 링크를 참고해주길 바란다.

참조 링크 **AWS 클라우드 프랙티셔너 마스터 과정 지원 안내**

http://nextplatform.net/udemy-aws-cloud-practitioner/

이 책의 대상 독자

이 책은 AWS 인증 자격의 출발점인 AWS 클라우드 프랙티셔너 수험서이자, 준전문가 및 전문가 자격인 AWS 어소시에이트, 프로페셔널 수험 준비서다. 어소시에이트, 프로페셔널은 상당 기간의 수험 준비에도 불구하고 난이도가 상당히 높은 시험으로 널리 알려져 있고, 프랙티셔너 수험 경험이 이들 시험에 대한 이해 및 적응을 도울 수 있다.

따라서 이 책은 AWS 클라우드 프랙티셔너 자격 취득은 물론, AWS 어소시에이트(SAA-C03), 프로페셔널(SAP-C02) 자격 취득에 앞서 AWS와 클라우드 기술 및 산업에 대한 체계적인 이해와 기본적인 활용 경험을 얻고자 하는 독자들에게 추천한다.

아울러, 지난 10여 년 동안 국내외에서 많은 기업과 공공기관이 클라우드를 도입했거나 현재 도입을 준비 중이고 이들 클라우드 도입 기업과 기관에 재직 중인 비-IT 직무 임직원들에게 추천한다.

마지막으로, IT 서비스 및 개발 관련 기업에 취업 준비 중인 대학생 및 취업 준비생에게도 이 책을 추천한다. KT, SKT, LG U+ 등 주요 통신사, 네이버, 카카오 등 주요 인터넷 및 모바일 사업자와 삼성SDS, LG CNS, SK C&C, KB 데이터시스템즈, 신한 데이터시스템즈 등 주요 SI 및 SM 기업 중 클라우드 확대 또는 전환을 준비하지 않는 기업은 없다. 특히 이 책은 비-IT 전공 학생에게 클라우드 산업 AWS 비즈니스를 이해하는 소중한 기회가 될 것이다. 한마디로 'IT 산업에 관심을 가지고 있는 경영학과 3학년 학생이 부담 없이 읽을 수 있는 책'을 목표로 내용을 구성했다.

AWS 클라우드 프랙티셔너 시험 개요

인증 자격 개요 및 주된 출제 내용

AWS 클라우드 프랙티셔너[CLF] 인증 자격은 이전에 IT 또는 클라우드에 대한 경험이 없거나 온프레미스 IT 경험을 갖고 있지만 기초적인 AWS 클라우드 숙련도를 기르고자 하는 비기술직 직원을 위한 출발점으로 적합하며, 다음과 같은 내용의 이해도를 확인한다.

- AWS의 주요 서비스 개요 및 기본적인 사용법에 대한 이해
- 결제 및 요금 모델, 보안 개념, 클라우드가 비즈니스에 미치는 영향

응시 권장 대상

AWS 클라우드 프랙티셔너는 이제 클라우드 전문가로서의 경력을 시작하겠다고 결심한 수험자를 위한 시험이며, 시험 주관 기관인 AWS는 공식적으로 다음 조건의 응시자에게 이번 자격 시험의 응시를 권장한다.

- IT 경력이 없지만 AWS 클라우드 관련 진로를 모색 중인 사람
- 서비스 이해관계자 및 고객과 AWS 클라우드에 관해 효율적으로 의사소통하고자 하는 영업/마케팅/비즈니스 분석가 직군

- IT 경력자로서 AWS 클라우드를 처음 접하거나 업무 관련 AWS 인증 자격을 취득하기 전 수험 가이드를 필요로 하는 사람

AWS 인증 자격 체계

AWS 인증 자격은 프랙티셔너, 어소시에이트, 프로페셔널, 스페셜티 등으로 세분화돼 있으며, 상당수의 응시자는 프랙티셔너 자격 취득을 최종적인 목적지가 아닌 어소시에이트, 프로페셔널 등으로 나아가기 위한 출발점으로 삼게 된다.

그림 0.1 AWS 인증 자격 종류

글로벌 클라우드 산업 및 드넓은 AWS 생태계에서 가장 널리 알려진 인증 자격은 'AWS 솔루션스 아키텍트 어소시에이트'이며 지난 15년간 세 번의 시험 가이드 업데이트가 진행돼 오늘날은 AWS SAA-C03라는 코드로도 부른다. 최근 5년간 글로벌 IT 수험서 시장에서 가장 많이 판매되는 책이 AWS 솔루션스 아키텍트 어소시에이트일 만큼 많은 사람의 관심을 받고 있으며 AWS에 대한 1년 정도의 활용 경험을 가진 '준전문가' 시험치고는 난이도가 상당히 높고 합격률은 낮은 상태가 유지되고 있다. 이에 '클라우드와 AWS 입문자'를 위한 별도의 인증 자격이 필요하다는 의견을 제기해왔으며, 그 응답으로 등장한 인증 자격이 'AWS 클라우드 프랙티셔너'다.

사실 프랙티셔너 자격에 관심을 둔 대부분의 기업 재직자는 클라우드에 대해 이미 일정 수준 이상 이해도를 갖추고 있으며, 업무적으로 클라우드를 직접 사용하지 않을 뿐 프로젝

트 관리, 클라우드 예산, 서비스 운영 등 다양한 방식으로 클라우드와 관련된 일을 하고 있는 경우가 많다. 비-IT 전공 학생이라 하더라도 한국에서 20대가 된 이상 무료 스토리지, 이메일, 메신저 등 다양한 클라우드 서비스를 활용하고 있으며, 클라우드로 어떤 일을 할 수 있는지 경험을 통해 인지하고 있는 경우가 대부분이다.

즉, 이 책은 여러분의 클라우드에 대한 상식 위에 '기업 전용 클라우드' 또는 '엔터프라이즈 클라우드'의 특수성에 대한 이해를 더해주고, 그중에서도 특히 글로벌 3대 CSP 중 하나인 AWS의 특징을 소개하는 데 초점을 맞추고 있다.

클라우드 전문 역량 관리 전략 예시

그림 0.2 AWS 인증 자격 취득 로드맵

저자는 지난 수년간 클라우드 마이그레이션과 AWS에 대한 기업 강연을 하면서 거의 대부분의 기업 내 IT 부서에서 희망하는 전문 역량 기준이 '어소시에이트' 레벨에 맞춰져 있음을 확인할 수 있었다. 주기적으로 이뤄지는 기업 시스템 업그레이드 작업에서 클라우드 인프라의 도입 및 활용 측면에서 어소시에이트 레벨 엔지니어의 기여도가 가장 높다고 판단했기 때문이라고 생각한다. 그래서인지 3~5년차 IT 부서 경력직 수험자의 경우, '어소시에이트 취득 후 프로페셔널 취득'이라는 목표를 세우는 경우가 많으며, 글로벌 응시자 100명 중 95명은 어소시에이트 자격을 공부한다는 얘기가 있을 정도로 어소시에이트에 대한 편중도가 높은 편이다.

하지만 2020년 팬데믹 직후 변동성에 대한 대응 전략으로서 클라우드 도입 기업이 급증하고, 기존 데이터 센터 대신 AWS 등 퍼블릭 클라우드 사업자의 인프라를 사용하기로 결정하는 기업이 늘어나면서 다수의 임직원에게 '클라우드에 대한 기본적인 지식과 경험'을 요구하는 사례가 많아지고 있다. 또한 클라우드를 조기에 도입한 기업에게는 현 시점이 클라우드 성숙기로 여겨지고 있으며 클라우드 도입의 엔지니어링 측면 대신 '비용 관리' 그리고 '거버넌스'가 최대 관심사로 주목받고 있다. 즉 시스템 엔지니어로서의 지식이 아닌, 기업의 '비용', '관리 정책' 등 중요한 의사 결정에서 클라우드가 미칠 영향을 논의할 수 있는 지식이 필요해진 것이다. 그리고 이에 적합한 레벨이라면 '프랙티셔너와 어소시에이트'의 사이가 아닐까 생각한다.

따라서 이 책의 주요 독자께 '프랙티셔너 취득 후 어소시에이트 취득'이라는 로드맵을 제시하며, 이후의 부서 및 업무 성격에 따라 '프로페셔널 취득'을 고려하는 방식을 권장한다. 이는 프랙티셔너를 위한 수험 준비 과정에서 기업 인프라로서 클라우드를 파악하고, AWS가 알리고자 하는 기술 철학과 사조를 이해할 수 있으며, 기업 니즈에 맞는 AWS의 핵심 서비스가 무엇인지 좀 더 정확하게 선택할 수 있기 때문이다.

AWS 인증 자격 시험 비교

프랙티셔너 취득 후 어소시에이트 취득 로드맵을 제안하는 또 다른 이유는 AWS가 디자인한 시험 체계, 난이도, 합격률 등과 관련이 있다. 프랙티셔너는 AWS 생태계의 전문가로 진입하기 위한 '쉬운 출발점' 역할을 하므로 일정 기간 집중적으로 공부한 수험생에게는 '부담 없이 합격할 수 있는 시험'이라고 할 수 있다.

표 0.1 AWS 인증 자격 시험 비교

	프랙티셔너	어소시에이트	프로페셔널
시험 시간	90분	130분	180분
시험 문항	객관식 65문항	객관식 65문항	객관식 75문항
문제 유형	단일/복수 정답	단일/복수 정답	단일/복수 정답
시험 합격	700/1000	720/1000	750/1000
응시료	$100	$150	$300
난이도	일정 기간 학습하면 부담 없는 편	일정 기간 학습해도 부담 있는 편	학습, 경험, 지식 있어도 부담 매우 큰 편

(참고: https://aws.amazon.com/ko/certification/certified-cloud-practitioner/?ch=sec&sec=rmg&d=112)

참고로 어소시에이트 레벨의 시험 문제는 (1년 이상의 AWS 활용 경험을 가진) 개발자, 어드민 등 3~5년차 시스템 경력자가 2개월 이상 집중적으로 공부를 했는데 부담을 느끼는 수준의 난이도로 출제된다. 이에 대해서는 이 책의 후반에 실린 참고 자료 '프랙티셔너 이후 로드맵 - 어소시에이트 준비' 부분에서 좀 더 자세히 소개한다.

AWS 클라우드 프랙티셔너 수험 준비

AWS 클라우드 활용을 위한 기초 역량 확인

AWS 공인 클라우드 프랙티셔너 시험의 목적은 AWS가 제공하는 다양한 클라우드 인프라 및 리소스를 활용하기 위한 기초 역량을 확인하는 것이다. 이를 위해 클라우드 환경과 비-클라우드 환경(온프레미스 환경)의 구분, 클라우드 인프라 및 리소스 활용이 주는 혜택 등 넓은 의미의 클라우드 컴퓨팅 기술과 산업에 대한 이해를 확인하고, AWS 공동 책임 모델, AWS 컴퓨팅, 네트워크, 데이터베이스, 스토리지 등 AWS 활용을 위한 구체적인 지식의 보유 여부를 평가한다.

- **AWS 클라우드의 가치 설명** - 전통적인 IT 인프라에 비해 현대적인 클라우드 인프라는 비즈니스 환경의 높은 변동성을 극복하기 위한 탄력성, 확장성, 내구성 등을 제공하며, 수험자는 AWS가 어떤 방식으로 이런 다양한 속성 또는 클라우드의 가치를 구현하는지 이해해야 한다.
- **AWS 공동 책임 모델 이해 및 설명** - AWS의 글로벌 인프라는 지난 십수 년간 안전하고 효율적으로 운영돼 왔으며, AWS에서 중요 인프라 및 리소스를 사용하는 기업 역시 자사 데이터 및 서비스의 안정적인 운영을 위해 고객에게 부여된 책임 범위를 인지하고 주의 깊게 사용할 필요가 있다. AWS는 이를 AWS 고객 측 그리고 AWS 측의 공동 책임으로 정의하고 있으며, 수험자는 어떤 부분이 고객 또는 AWS의 책임 영역인지 이해하고 있어야 한다.
- **AWS에서의 보안 모범 사례 이해** - 클라우드에서의 보안을 이해하려면 (글로벌 위치에 분산된 AWS 리전과 가용 영역, 에지 로케이션 등) 물리적인 인프라의 보안과 가상화된 인프라

의 보안의 차이점을 이해해야 한다. 또한 클라우드 내에서 데이터 보안과 애플리케이션 등 서비스의 보안 방식을 구분해 이해할 필요가 있으며, 전송 중인 데이터의 보안과 저장 중인 데이터의 보안 등 세부적인 개념으로 지식을 구체화할 필요가 있다.

- **AWS 클라우드 비용, 경제성 및 결제 관행 이해** – 클라우드의 온디맨드 속성은 정확한 사용량 측정 및 과금이라는 특징으로 이어지며, AWS에 존재하는 수십, 수백여 개의 서비스와 도구 사용에 따른 비용이 어떻게 책정되며 과금되는지 이해할 필요가 있다. 클라우드가 전통적인 온프레미스 환경보다 경제성이 높다면 이것이 단순히 동일 사용 시간 대비 비용이 좀 더 저렴하다는 것인지, 혹은 규모의 경제에 의한 효율성이 우수하다는 것인지 명확히 알 필요가 있다.
- **핵심 AWS 서비스 설명 및 포지셔닝** – 수십여 가지의 핵심적인 AWS 컴퓨팅, 네트워크, 데이터베이스, 스토리지 서비스 외에도 공식적으로 2백여 가지 이상의 서비스 및 도구가 존재하며, 프랙티셔너라면 핵심적인 서비스의 개념을 이해하고 어떤 상황에서 문제의 해결을 도울 수 있는지 알고 있어야 한다.
- **일반 사용 사례에 맞는 AWS 서비스 식별** – 반도체 제조, 에너지, 미디어 등 다양한 산업군에 존재하는 수백만 개 이상의 기업이 AWS를 사용하므로 AWS 리소스와 서비스를 구성하는 방식도 천차만별이며, AWS는 클라우드 네이티브 또는 클라우드 최적화라는 목표를 달성할 수 있는 '모범적인 아키텍처 구성 전략 – Well Architected Framework'를 제시하고, 이를 반영한 다양한 기업 성공 사례를 소개하고 있다.

요구 지식

AWS는 AWS 클라우드 프랙티셔너 시험에 합격하기 위한 좀 더 구체적인 기준으로 다음과 같은 네 가지 요구되는 지식을 명시하고 있다.

- AWS 클라우드 개념
- AWS 클라우드 내 보안 및 규정 준수
- 핵심 AWS 서비스에 대한 이해

- AWS 클라우드의 경제성에 대한 이해

위 내용은 기출 문제로도 이미 다수 출제된 바 있으며, 개념 정리 및 개요 이해 수준에서 주로 출제되고 있다. 하지만 어소시에이트 등 난이도 높은 다른 시험 분위기 때문인지 프랙티셔너를 준비하는 일부 수험생은 프로그래밍 지식이나 애플리케이션 설계와 관련된 문제가 나오지 않는지 궁금해하곤 하며, AWS는 다음과 같은 내용은 '출제 영역이 아님'을 명시적으로 밝히고 있다.

- 코딩 및 구현
- 문제 해결
- 부하 및 성능 검증
- 클라우드 아키텍처 디자인

지금쯤 여러분이 준비해야 하는 내용이 어떤 것인지 좀 더 명확해졌을 것이다.

시험 방식 및 영역별 출제 비중

시험 방식

클라우드 프랙티셔너 시험은 90분 동안 단일 및 복수 정답을 지닌 65개의 객관식 문제를 푸는 방식으로 진행되며 오프라인 테스트 센터에 가거나 자택 등에서 온라인 감독관 방식으로 시험을 칠 수 있다.

- **문제**: 객관식 65문항
- **정답**: 단일 및 복수 정답 선택형
- **합격**: 1000점 만점에 700점 이상

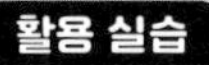

AWS Certification에서 응시 방법 확인하기

이번 실습에서는 클라우드 프랙티셔너 시험의 응시 방법에 대해 알아본다. AWS에서의 학습 및 자격증 전문 역량은 AWS Certification에서 통합적으로 관리한다.

실습 1. AWS Certification 서비스(https://www.aws.training/Certification)에 회원 가입 및 로그인한다.

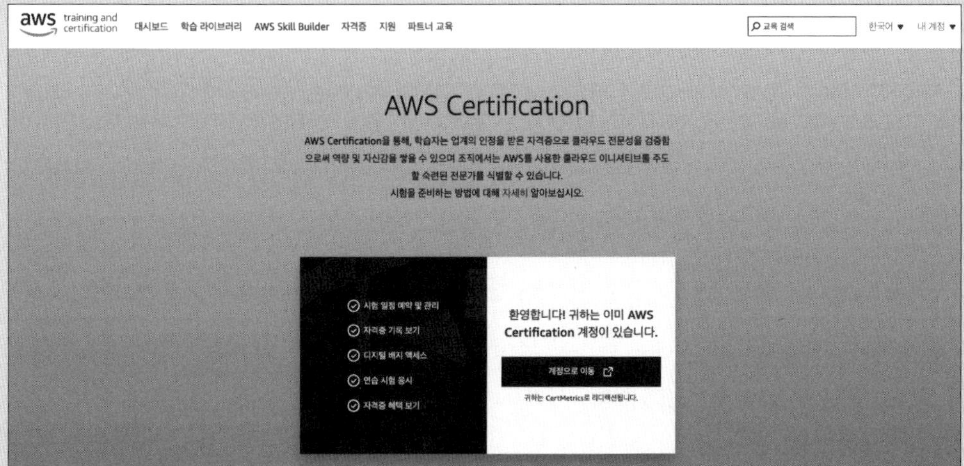

실습 2. AWS Certification 대시보드에서 **시험 등록** 버튼을 클릭한다.

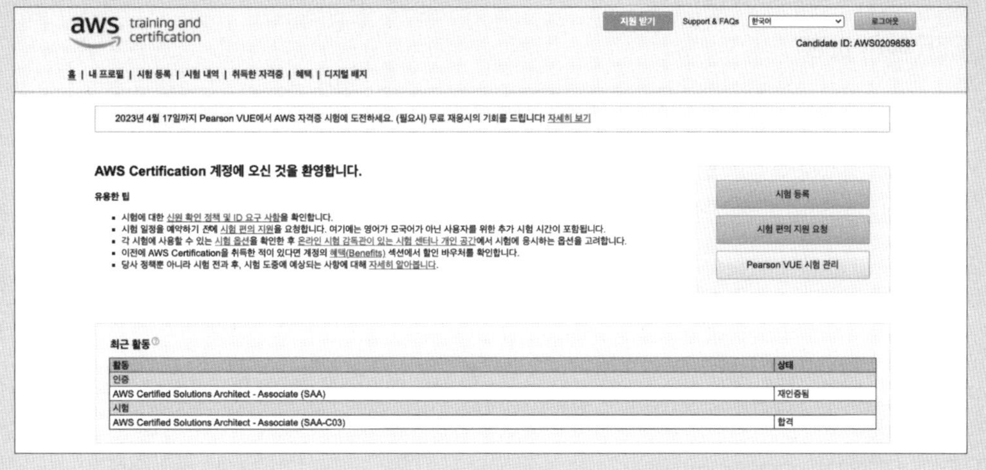

실습 3. 시험 등록 ➤ 시험 목록에서 AWS Certified Cloud Practitioner 확인 ➤ **Pearson VUE로 예약** 클릭

적격 시험 ▾

아래 표에는 현재 인증 상태에 따라 응시할 수 있는 모든 시험이 나와 있습니다. 여기에는 기초, 어소시에이트, 프로페셔널, 재인증 및 실무 시험이 포함됩니다.

시험 이름	시험 코드	활성 날짜	만료 날짜	Pearson VUE로 예약
Foundational				
AWS Certified Cloud Practitioner	CLF-C01	4월 28, 2021		Pearson VUE로 예약
Associate				
AWS Certified SysOps Administrator - Associate	SOA-C02	7월 27, 2021		Pearson VUE로 예약
AWS Certified Solutions Architect - Associate	SAA-C03	8월 30, 2022		Pearson VUE로 예약
AWS Certified Developer - Associate (retiring Feb 27, 2023)	DVA-C01	1월 26, 2023	2월 27, 2023	Pearson VUE로 예약
AWS Certified Developer - Associate	DVA-C02	2월 28, 2023		Pearson VUE로 예약
Professional				
AWS Certified Solutions Architect - Professional	SAP-C02	11월 15, 2022		Pearson VUE로 예약
AWS Certified DevOps Engineer - Professional (retiring Mar 06, 2023)	DOP-C01	1월 26, 2023	3월 06, 2023	Pearson VUE로 예약
AWS Certified DevOps Engineer - Professional	DOP-C02	3월 07, 2023		Pearson VUE로 예약
Specialty				
AWS Certified Data Analytics - Specialty	DAS-C01	4월 28, 2021		Pearson VUE로 예약
AWS Certified Database - Specialty	DBS-C01	4월 28, 2021		Pearson VUE로 예약
AWS Certified Machine Learning - Specialty	MLS-C01	4월 28, 2021		Pearson VUE로 예약
AWS Certified Security - Specialty	SCS-C01	4월 28, 2021		Pearson VUE로 예약
AWS Certified: SAP on AWS - Specialty	PAS-C01	4월 26, 2022		Pearson VUE로 예약
AWS Certified Advanced Networking - Specialty	ANS-C01	7월 12, 2022		Pearson VUE로 예약

이번 실습에서 시험 예약까지 마칠 필요는 없다고 생각하지만 Pearson VUE 예약 화면을 이동하며 전체적인 시험 예약 방식을 확인하고 온라인 감독관 시험 등을 위한 각종 요구사항을 알아두는 것은 도움이 될 것이다.

실습 4. 가볍게 자격 인증 센터를 둘러본 뒤 로그아웃한다.

CLF 예시 문항

다른 시험(프랙티셔너는 어소시에이트 등)과 비교했을 때 개념을 묻는 방식과 정답을 맞출 확률을 낮추는 다양한 기법의 사용 여부에 있어 차이가 있다. 한 세트의 프랙티셔너 평가 문제에는 매우 명확한 기준에 따라 정답을 찾을 수 있는 다음과 같은 문제가 상당수 포함돼 있다.

1. Amazon CloudFront는 지연 시간이 짧은 전송을 보장하기 위해 어떤 AWS 글로벌 인프라 구성 요소를 사용합니까? (CLF-C02-SQ06/고성능/AWS 인프라)

예시 문항

   A. AWS 리전
   B. 에지 로케이션
   C. 가용 영역
   D. Virtual Private Cloud(VPC)

2. Amazon EC2 인스턴스가 종료되면 어떤 서비스로 API를 호출한 사용자를 식별할 수 있습니까? (CLF-C02-SQ08/보안성/감사 및 모니터링 도구)

   A. AWS Trusted Advisor
   B. AWS CloudTrail
   C. AWS X-Ray
   D. AWS Identity and Access Management(AWS IAM)

3. 컴퓨팅 워크로드가 있는 애플리케이션의 경우 AWS가 기존 데이터 센터보다 경제적인 이유는 무엇입니까? (CLF-C02-SQ01/비용 효율성/클라우드의 탄력성)

   A. Amazon EC2는 비용이 월별로 청구된다.
   B. 사용자는 EC2 인스턴스의 전체 관리 액세스 권한을 보유한다.
   C. Amazon EC2 인스턴스는 필요 시 온디맨드로 시작할 수 있다.
   D. 사용자는 최대 워크로드를 처리하는 데 충분한 인스턴스를 영구적으로 실행할 수 있다.

이제 어떤 분위기의 문제를 풀어야 하는지 알 수 있을 것이다. 사실 위 첫 문제에서 '지연 시간이 짧은 전송 보장'은 낮은 대기 시간Low-latency 속성과 관계가 있고, 두 번째 문제에서 'API를 호출한 사용자 식별'은 리소스 모니터링 및 거버넌스와 관련이 있으며, 이들 주제가 어소시에이트 레벨의 공통적인 질문 중 하나라는 점을 깨닫는다면 이번 프랙티셔너와 어소시에이트, 나아가 프로페셔널과의 관련성을 이해할 수 있다.

지난 몇 년간 수행한 직무 또는 학습 주제에 따라 위 질문은 무척 난해할 수도 있지만 왠지 별 고민 없이 답을 고를 수도 있을 것이다. 중요한 것은 프랙티셔너 스터디가 클라우드와 AWS에서의 전문성을 쌓기 위한 시작점으로 의미를 지닌다는 것이고, 여러분의 소중한 시간을 가치 있게 보내는 방법이 될 수 있다는 것이다.

영역별 출제 비중

현행 클라우드 프랙티셔너 시험(CFL-C02)은 4대 출제 영역에서 65문항을 출제하며, 4대 영역 및 영역별 출제 비중은 다음과 같다.

표 0.2 CLF 영역별 출제 비중

CLF 출제 영역	주제	출제 비중	SAA 영역과의 관련성
출제 영역 1	클라우드 개념	출제 영역 1: 클라우드 개념 24%	복원성 외
출제 영역 2	보안 및 규정 준수	출제 영역 2: 보안 및 규정 준수 30%	보안성 외
출제 영역 3	기술	출제 영역 3: 클라우드 기술 및 서비스 34%	성능 최적화 외
출제 영역 4	결제 및 요금제	출제 영역 4: 결제, 요금제, 지원 12%	비용 효율성 외

프랙티셔너 학습 경험은 이후 어소시에이트 학습 부담을 확실히 줄여줄 수 있으며, 출제 비중을 기준으로 했을 때 핵심 AWS 서비스를 포함하는 '기술'이 33%로 가장 중요한 영역임을 알 수 있다. 하지만 실제 시험 결과 상식처럼 여겨지는 결제 및 요금제에서 오답률이 상당히 높다는 사실을 고려한다면 출제 영역 전체 내용을 골고루 살펴보고 이해하려는 노력이 중요하다고 생각한다.

출제 영역 세부 내용

AWS CLF 공식 문서에는 클라우드 개념, 보안 및 규정 준수, 기술, 결제 및 요금제와 같이 출제 영역 주제가 간략하게 표현돼 있지만 각 주제에는 다음과 같이 실제 시험 공부에 필요한 세부 주제가 포함돼 있다.

AWS CLF-C02 가이드 정리

최신 가이드 CLF02의 주요 내용

- 지난 가이드에 없었던 마이그레이션 및 비즈니스 애플리케이션 포함
- 출제 범위에서 일부 출제 비중 조절: 보안, 클라우드 기술 등 비중 상향
  - Domain 2: Security, Compliance 기존 25% ➤ 30%
  - Domain 3: Cloud Technology, Services 기존 33% ➤ 34%
- 4대 출제 영역 전반적으로 큰 변화 없으나
  - Domain 1: Cloud Concepts에서 마이그레이션의 이점과 전략 추가
  - Domain 3: Cloud Technology and Services에서 컴퓨팅, 스토리지 등 세분화 명시

표 0.3 4대 출제 영역 핵심 요약

출제 영역 1: 클라우드의 개념	**1.1 AWS 클라우드의 혜택 정의** - 지식: Value proposition of the AWS 클라우드의 가치 제안 - 활용: 규모의 경제(비용 절감), 글로벌 인프라(배포의 신속성, 글로벌 배포), 고가용성, 탄력성, 민첩성의 장점 이해 **1.2 AWS 클라우드의 설계 원칙 식별** - 지식: AWS Well-Architected Framework 이해 - 활용: AWS Well-Architected Framework 6대 원칙(운영 우수성, 보안성, 신뢰성, 성능 효율성, 비용 최적화, 지속 가능성)의 개념 이해 **1.3 AWS 클라우드로의 이전에 따른 혜택 및 전략 이해** - 지식: 클라우드 도입 전략, 클라우드 이전 전략의 지원 자료 및 도구 - 활용: AWS Cloud Adoption Framework(비즈니스 위험 감소, ESG 성능 개선, 매출 및 운영 효율성 증대 방안 등) 이해, 적절한 클라우드 이전 전략(AWS Snowball을 이용한 데이터베이스 복제 등) 이해 **1.4 클라우드의 경제성 개념 이해** - 지식: 클라우드의 경제성, 클라우드로의 이전에 따른 비용 절감 효과 - 활용: 변동비와 고정비 비교, 온프레미스 기반 비용, BYOL 등 라이선스 모델 전략, 적정 크기의 자원 배포 전략, 자동화의 혜택(AWS CloudFormation 활용 등), 관리형 서비스(Amazon RDS, Amazon ECS, Amazon DynamoDB 등)

출제 영역 2: **보안 및 규정 준수**	**2.1 AWS 공유 책임 모델의 이해** - 지식: AWS 공유 책임 모델 - 활용: AWS 공유 책임 모델의 구성 요소 식별, 고객의 책임, AWS의 책임, 고객과 AWS의 공동 책임, Amazon RDS, EC2 등 서비스에 따른 고객과 AWS의 책임의 변화 설명 **2.2 AWS 클라우드 보안, 거버넌스, 규정 준수의 개념** - 지식: AWS 규정 준수 및 거버넌스 개념, 클라우드 보안의 혜택(암호화 등), 클라우드 보안 관련 로그 데이터의 수집 및 저장 위치 - 활용: AWS 규정 준수 자료원(AWS Artifact), 지리적 위치별 및 산업별 규정(AWS Compliance), AWS에서 고객이 리소스를 지키는 방법(Amazon Inspector, GuardDuty, AWS Security Hub, Shield), 다양한 암호화 기법(전송 중 암호화, 저장 중 암호화), 거버넌스 및 규정 준수 지원 서비스(모니터링: Amazon Cloud Watch, 감사: AWS CloudTrail, Audit Manager, Config), 다양한 AWS 서비스의 규정 준수 요건 **2.3 AWS 접근 관리 기능 식별** - 지식: 신분 및 접근 관리(IAM), 루트 유저 계정 보안의 중요성, 최소 권한 부여의 원칙, AWS IAM Identity Center - 활용: 액세스 키, 패스워드 정책, 보안 정보 저장소(AWS Secrets Manager, AWS Systems Manager), AWS의 신분 인증 기법(MFA, IAM Identity Center, 계정 간 IAM 역할 부여), 그룹, 유저, 커스텀 정책, 최소 권한 부여의 원칙 구현을 위한 관리형 정책, 루트 유저 고유의 업무, 루트 유저 보안 전략, 신분 관리 기법 이해(연합 인증 유저) **2.4 보안 요소 및 자원 식별** - 지식: AWS가 제공하는 보안 도구, 보안 관련 문서 - 활용: AWS의 보안 특징 및 서비스(보안 그룹, NACL, AWS WAF), AWS Marketplace에서 선택 가능한 서드파티 보안 도구, AWS의 보안 자료원(AWS Knowledge Center, Security Center, Security Blog), 보안 문제 식별 도구(AWS Trusted Advisor)
출제 영역 3: **클라우드 기술 및 서비스**	**3.1 AWS 클라우드에서의 배포 및 운영 방식 정의** - 지식: AWS 리소스 프로비저닝 및 운영, AWS 서비스 접근 방식, 클라우드 배포 모델 유형, 서비스 및 데이터 연결 방식 - 활용: API, SDK, CLI 등 프로그래밍 환경, AWS 관리 콘솔, IaC 접근 방식 선택, 1회성 작업 및 반복적 작업을 위한 요구 사항 평가, 클라우드-하이브리드-온프레미스 배포 모델 구분, AWS VPN, AWS Direct Connect 등 연결 방식 파악 **3.2 AWS 글로벌 인프라 정의** - 지식: AWS 리전, AZ, 에지 로케이션, 고가용성, 멀티 리전 활용, 에지 로케이션의 기능, AWS Wavelength Zones, Local Zones 이해

- 활용: AWS 리전, AZ, 에지 로케이션의 관련성, 멀티 AZ 기반의 고가용성 구현 전략, 단일 실패 지점 문제를 방지하기 위한 AZ 활용, 재난 복구, 비즈니스 연속성, 저지연성, 공공 클라우드를 위한 멀티 리전 전략, Amazon CloudFront, AWS Global Accelerator 등 서비스와 에지 로케이션의 관련성

3.3 AWS 컴퓨팅 서비스 식별

- 지식: AWS 컴퓨팅 서비스
- 활용: 컴퓨트 최적화, 스토리지 최적화 등 EC2 인스턴스 유형별 특징, Amazon ECS, EKS 등 컨테이너 활용 방법, AWS Fargate, Lambda 등 서버리스 컴퓨팅 활용, 탄력성을 위한 오토스케일링 활용, 로드 밸런서 이용 목적 설명

3.4 AWS 데이터베이스 서비스 식별

- 지식: AWS 데이터베이스 서비스, 데이터베이스 마이그레이션
- 활용: EC2 기반 관리형 데이터베이스 활용, Amazon RDS, Aurora 등 관계형 데이터베이스 이해, DynamoDB 등 NoSQL 데이터베이스 이해, 메모리 기반 데이터베이스 이해, AWS DMS, SCT 등 데이터베이스 마이그레이션 도구의 이해

3.5 AWS 네트워크 서비스 식별

- 지식: AWS 네트워크 서비스
- 활용: 서브넷, 게이트웨이 등 VPC 요소 이해, 보안 그룹, NACL 등 VPC 보안 이해, Amazon Route 53 이용 목적 이해, CloudFront, Global Accelerator 등 에지 서비스 이해, AWS VPN, Direct Connect 등 네트워크 연결 서비스 이해

3.6 AWS 스토리지 서비스 식별

- 지식: AWS 스토리지 서비스
- 활용: 객체 스토리지 이해, Amazon S3 스토리지 클래스 옵션 이해, Amazon EBS, 인스턴스 스토어 등 블록 스토리지 이해, Amazon EFS, FSx 등 파일 스토리지 이해, AWS Storage Gateway 등 캐시 파일 시스템 이해, 스토리지 라이프사이클 정책, AWS Backup 등 백업 이해

3.7 AWS AI/ML 및 분석 서비스 식별

- 지식: AWS AI/ML 서비스, 분석 서비스
- 활용: Amazon SageMaker, Lex, Kendra 등 다양한 목적의 AI/ML 서비스 이해, Amazon Athena, Kinesis, QuickSight, AWS Glue 등 다양한 분석 서비스 이해

3.8 기타 출제 범위 내 AWS 서비스 식별

- 지식: Amazon EventBridge, SNS, SQS 등 애플리케이션 통합 서비스, Amazon Connect, SES 등 비즈니스 애플리케이션 서비스, AWS Activate for Startups, IQ, AMS, Support 등 고객 관계 서비스, AWS AppConfig, Cloud9, CloudShell, CodeArtifact, CodeBuild, CodeCommit, CodeDeploy, CodePipeline, CodeStar, X-Ray 등 개발자 도구, Amazon AppStream 2.0, WorkSpaces, WorkSpaces Web 등 엔드 유저 컴퓨팅, AWS Amplify, AppSync 등 프론트엔드 및 모바일 서비스, AWS IoT Core, IoT Greengrass 등 IoT 서비스

	- 활용: 적절한 메시지 서비스, 경보 및 알림 서비스 선택, 적절한 비즈니스 애플리케이션 서비스 선택, 적절한 AWS 고객 서비스 및 비즈니스 지원 서비스 선택, 애플리케이션 개발, 배포, 문제 해결 도구 이해, 엔드 유저 머신에 VM 제공 서비스 이해, 프론트엔드 및 모바일 서비스 개발 및 배포 서비스 이해, IoT 디바이스 관리 서비스 이해
출제 영역 4: 과금, 가격, 지원 업무	**4.1 AWS 가격 모델 비교** - 지식: 컴퓨팅 구매 옵션(온디맨드, 예약, 스폿, 전용 인스턴스, Savings Plans, Capacity Reservations), 데이터 전송 비용, 스토리지 옵션 및 티어 구분 - 활용: 컴퓨팅 구매 옵션 비교, 예약 인스턴스의 유연성, AWS Organizations에서 예약 인스턴스 활용, 데이터 유입 전송 및 유출 전송 비용(동일 리전 내 또는 크로스 리전), 다양한 스토리지 옵션 및 티어 비교 **4.2 과금, 예산, 비용 관리 자원의 이해** - 지식: 과금 정보, AWS 서비스의 가격 정책, AWS Organizations, AWS 비용 할당 태그 - 활용: AWS Budgets, Cost Explorer, Billing Conductor의 주요 기능 및 활용 방법, AWS Pricing Calculator의 주요 기능 및 활용 방법, AWS Organizations의 통합 결제 및 비용 할당 태그, 다양한 비용 할당 태그 활용 방안 및 과금 보고서와의 관계 이해(AWS Cost and Usage Report) **4.3 AWS 기술 자료 및 AWS Support 옵션 식별** - 지식: AWS 공식 웹사이트의 각종 자료 및 개발자 문서, AWS Support 플랜 비교, AWS Partner Network의 역할, AWS Support Center - 활용: AWS 공식 웹사이트의 화이트페이퍼, 블로그, 개발자 문서, AWS 기술 자료원(AWS Prescriptive Guidance, Knowledge Center, re:Post), AWS 고객 유형별 AWS Support 추천(AWS Developer Support, Business Support, Enterprise On-Ramp Support, Enterprise Support 비교), 비용 최적화를 위한 Trusted Advisor, AWS Health Dashboard, Health API 활용 방법, AWS 자원 오남용 방지를 위한 AWS Trust and Safety 팀의 역할, AWS Partner의 역할(AWS Marketplace, 소프트웨어 공급 사업자, 시스템 통합 사업자), AWS Partner에게 주어지는 혜택(파트너 훈련 및 자격 인증, 파트너 이벤트, 파트너 할인), AWS Marketplace가 제공하는 핵심 서비스(비용 관리, 거버넌스 등), 각종 기술 지원(AWS Professional Services, AWS Solutions Architects)

시험 가이드는 앞서 나온 표와 같은 기준으로 출제 영역을 정의하고 있지만, 수험생 대부분은 위의 기준 대신 EC2, S3, IAM, VPC 등과 같은 AWS의 개별 서비스로 AWS 생태계를 이해하고 머릿속에 조직화한다. 예를 들어 '서버리스'라는 개념은 설명을 다 읽은 뒤에도

모호하게 느껴지지만, 서버리스 스토리지인 'S3'는 비교적 구체적이고 손에 잡히는 방법으로 경험해볼 수 있기 때문이다.

그래서 이 책은 클라우드와 AWS에 대한 개념 설명은 줄이고 AWS의 핵심 서비스를 파악하고 경험해보는 방식으로 프랙티셔너 스터디를 진행한 뒤, 개념 정리 차원에서 모의 평가 문제를 풀면서 하나의 장을 마무리한다.

AWS 주요 서비스 및 기능

집필 중인 현재 AWS의 서비스는 200여 개 이상이며, 프랙티셔너 시험 공식 가이드 문서에는 다음과 같은 40여 개의 서비스가 언급되고 있다(프랙티셔너 시험에서 매우 자주 출제되는 내용이자 AWS의 핵심 서비스는 볼드체로 표기했다).

AWS 보안, 자격 증명 및 규정 준수	AWS 스토리지
IAM, Cognito, WAF, Shield Inspector, GuardDuty, Detective, CloudHSM Certificate Manager, License Manager	**S3, Glacier, Snowball, EBS, EFS** Backup, Storage Gateway
AWS 컴퓨팅, 서버리스, 컨테이너	**AWS 네트워킹, 콘텐츠 전송**
EC2(ASG, ELB), Lambda, Elastic Beanstalk Batch, Lightsail, WorkSpaces ECS, EKS, Fargate	**VPC, CloudFront, Route 53** Direct Connect, VPN, API Gateway
AWS 데이터베이스	**AWS 관리, 거버넌스**
RDS, Aurora, DynamoDB Redshift, ElastiCache	**Trusted Advisor, 비용 및 사용 보고서** Secrets Manager, Systems Manager, CloudFormation, Organizations
AWS 모니터링	**AWS 메시징(애플리케이션 통합)**
CloudWatch, CloudTrail, Config EventBridge	**SQS(Simple Queue Service)** **SNS(Simple Notification Service)**
AWS 개발자 도구	**AWS 분석**
CodeBuild, CodeCommit CodeDeploy, CodePipeline, CodeStar	Athena, Kinesis, QuickSight

이 책에서는 다른 인증 자격과의 연계성을 고려함과 동시에 프랙티셔너 수험자의 사전 지식 등을 고려해 수험자가 쉽게 접근할 수 있는 서비스 영역을 먼저 소개하고, AWS 서비스에 대한 이해가 갖춰졌을 때 좀 더 복잡하고 난해한 서비스 영역을 소개하는 방식으로 진행한다.

클라우드 및 AWS 개론 이후, AWS의 기술 및 서비스를 소개하는 본론은 다음의 순서로 진행한다.

- AWS 스토리지 서비스(S3 +)
- AWS 권한 관리 서비스(IAM +)
- AWS 네트워킹 서비스(VPC +)
- AWS 컴퓨팅 서비스(EC2 +)
- AWS 데이터베이스(RDS +)
- AWS 모니터링(CloudWatch)

수험 준비 비용 및 응시 비용에 대해

AWS 개론 학습 비용은 최소 0원이 될 수도 있고 최대 10여만 원이 될 수 있다

AWS가 클라우드 넘버원이라는 평가를 받는다면, AWS의 문서화 수준도 그에 못지않다는 의미라고 생각한다. 따라서 컴퓨터와 인터넷, 브라우저만 있다면 AWS 서비스 소개 문서 및 개발자 문서를 이용해서 각종 서비스에 대한 모든 정보를 학습할 수 있다. 하지만 AWS의 서버리스 객체 스토리지 서비스인 S3의 공식 문서를 PDF로 출력할 경우 1,720페이지에 이르며, 이들 자료를 이용해 40여 개의 주요 서비스를 몇 주 혹은 몇 달만에 효율적으로 학습하는 것은 결코 쉽지 않은 일이다. 즉, 시중에 나온 수험서, 온라인 강의가 여러분의 소중한 시간을 아껴줄 수 있다.

AWS 실무 활용 비용은 0원보다는 많이 발생한다

이 책의 독자 대부분은 AWS 신규 생성 계정에 주어지는 Free-tier 혜택을 받아 S3, EC2, IAM, VPC 등 다양한 서비스를 활용하겠지만, 일정 기간의 사용량을 고려한다면 0원이 될 가능성은 매우 낮다. 월간 몇천 원에서 몇만 원의 실무 활용 예산을 고려할 필요가 있다. 아울러 모든 AWS 서비스는 고가의 기업용 업무 도구이므로 Free-tier 유저라도 계정 보안과 비용에 매우 주의하며 사용해야 한다.

AWS 인증 자격 시험에 합격 = 다음 응시료 50% 할인

시간과 비용을 아끼기 위해 프랙티셔너를 건너뛰고 어소시에이트를 응시하는 것도 방법이 될 수 있는데, 비용 측면에서 프랙티셔너 합격 후 어소시에이트 응시 소요 비용은 $175이므로 어소시에이트만 치는 비용인 $150에 비해 아주 큰 차이가 나지는 않는다. 프로페셔널 응시 비용은 $300로 누구에게나 부담스러운 수준이며, 어소시에이트 합격 후 프로페셔널 응시 비용은 $300로 동일하다. 조급하게 마음먹는 대신 좀 더 확실한 목표부터 차근차근 접근하는 것이 좋다는 AWS의 메시지가 아닐까?

참고 응시 비용 계산

- 프랙티셔너 응시 $100 및 합격 + 어소시에이트 응시 $150/2 = $175
- 어소시에이트 응시 $150 및 합격 + 프로페셔널 응시 $300/2 = $300

AWS CLF-C02 샘플 문항 분석

AWS가 제공하는 공식 샘플 문항을 분석하면 프랙티셔너 시험 문제의 공통적인 특징과 출제 유형을 파악할 수 있다. 문제 본문 위에 연관 출제 영역 및 키워드를 태그 형태로 표시했으며, 여러분도 이후 다양한 연습 문제를 풀기에 앞서 문제의 개요를 이와 같은 키워드 및 태그로 정리한다면 아주 많은 양의 문제를 풀지 않아도 출제 방향성과 정답 여부를 좀 더 쉽게 알아낼 수 있을 것이다.

1. 컴퓨팅 워크로드가 있는 애플리케이션의 경우 AWS가 기존 데이터 센터보다 경제적인 이유는 무엇입니까? **(비용 최적화/경제성 비교)**

   A. Amazon EC2는 비용이 월별로 청구된다.

   B. 사용자는 Amazon EC2 인스턴스에 대한 전체 관리 액세스 권한을 보유한다.

   C. Amazon EC2 인스턴스는 필요 시 온디맨드로 시작할 수 있다.

   D. 사용자는 최대 워크로드를 처리하는 데 충분한 인스턴스를 영구적으로 실행할 수 있다.

2. 어떤 AWS 서비스가 AWS의 데이터베이스 마이그레이션을 간소화합니까? **(성능 효율성, 편의성/데이터베이스 마이그레이션)**

   A. AWS Storage Gateway

   B. AWS Database Migration Service(AWS DMS)

   C. Amazon EC2

   D. Amazon AppStream 2.0

3. 사용자가 AWS 환경에서 소프트웨어 솔루션을 찾고, 구입하고, 즉시 사용할 수 있도록 하는 AWS 제품은 무엇입니까? **(성능 효율성, 편의성/솔루션 파악 및 선택 서비스)**

   A. AWS Config

   B. AWS OpsWorks

   C. AWS SDK

   D. AWS Marketplace

4. 회사가 AWS 내에서 가상 네트워크를 생성할 수 있도록 하는 AWS 네트워킹 서비스는 무엇입니까? **(보안성/네트워크, 기업 전용 가상 네트워크)**

   A. AWS Config

   B. Amazon Route 53

   C. AWS Direct Connect

   D. Amazon Virtual Private Cloud(Amazon VPC)

5. AWS 공동 책임 모델에 따른 AWS의 책임은 다음 중 무엇입니까? **(안정성/공동 책임 모델)**

A. 타사 애플리케이션 구성

B. 물리적 하드웨어 유지 관리

C. 애플리케이션 액세스 및 데이터 보호

D. 게스트 운영체제 관리

6. Amazon CloudFront는 지연 시간이 짧은 전송을 보장하기 위해 어떤 AWS 글로벌 인프라 구성 요소를 사용합니까? **(고성능/네트워크, 글로벌 인프라, 저지연성)**

A. AWS 리전

B. 에지 로케이션

C. 가용 영역

D. Virtual Private Cloud(VPC)

7. 시스템 관리자는 어떻게 사용자의 AWS Management Console에 로그인 보안 계층을 추가합니까? **(보안성/로그인 보안 강화)**

A. Amazon Cloud Directory 사용

B. AWS Identity and Access Management(IAM) 역할 감사

C. Multi-Factor Authentication 활성화

D. AWS CloudTrail 활성화

8. Amazon EC2 인스턴스가 종료되면 어떤 서비스로 API를 호출한 사용자를 식별할 수 있습니까? **(보안성/모니터링, 감사)**

A. AWS Trusted Advisor

B. AWS CloudTrail

C. AWS X-Ray

D. AWS Identity and Access Management(AWS IAM)

9. Amazon CloudWatch 경보를 기반으로 알림을 보낼 수 있는 서비스는 무엇입니까?
(복원성/모니터링, 메시징)

A. Amazon Simple Notification Service(Amazon SNS)

B. AWS CloudTrail

C. AWS Trusted Advisor

D. Amazon Route 53

10. 사용자는 AWS 인프라에서 금지된 작업에 대한 정보를 어디에서 찾을 수 있습니까?
(보안성/고객의 책임, 금지 작업)

A. AWS Trusted Advisor

B. AWS Identity and Access Management(IAM)

C. AWS 결제 콘솔

D. AWS 이용 정책

AWS CLF-C02 샘플 문항 정답 및 해설

1. **정답 C** 필요 시 온디맨드로 인스턴스를 시작할 수 있으므로 다양한 워크로드에 응답해 사용자가 인스턴스를 시작하고 종료할 수 있다. 이는 피크 로드를 처리하기에 충분한 온프레미스를 구입하는 것보다 경제적이다.

2. **정답 B** 사용자는 AWS DMS를 통해 데이터베이스를 AWS로 빠르고 안전하게 마이그레이션할 수 있다. 마이그레이션하는 동안 소스 데이터베이스가 변함없이 운영돼 데이터베이스를 사용하는 애플리케이션의 가동 중지 시간을 최소화할 수 있다. AWS DMS를 사용하면 가장 널리 사용되는 상용 및 오픈 소스 데이터베이스를 소스나 대상으로 데이터를 마이그레이션할 수 있다.

3. **정답 D** AWS Marketplace는 AWS에서 실행되는 소프트웨어를 쉽게 검색, 테스트, 구매 및 배포할 수 있도록 수천 개의 Independent Software Vendor(ISV) 소프트웨어 제품 목록을 제공하는 디지털 카탈로그다.

4. **정답 D** Amazon VPC를 통해 사용자가 정의한 가상 네트워크에서 AWS 리소스를 시작할 수 있는 논리적으로 격리된 AWS 클라우드 섹션을 프로비저닝할 수 있다.

5. **정답 B** 물리적 하드웨어 유지 관리는 AWS 공동 책임 모델에 따른 AWS 책임이다.

6. **정답 B** 사용자에게 더 빠르게 콘텐츠를 전송하기 위해 Amazon CloudFront는 전 세계적으로 입지 지점(엣지 로케이션, 리전 에지 캐시)의 글로벌 네트워크를 사용하고 있다.

7. 정답 C Multi-Factor Authentication(MFA)은 사용자 이름과 암호 외에 보호 계층을 추가하는 간단한 모범 사례다. MFA를 활성화하면 사용자가 AWS Management Console에 로그인할 때 사용자 이름과 암호(첫 번째 요소 – 고객이 알고 있는 것)뿐만 아니라 AWS MFA 디바이스의 인증 코드(두 번째 요소 – 고객이 갖고 있는 것)를 입력하라는 메시지가 표시된다. 이러한 다중 요소를 함께 사용하면 AWS 계정 설정 및 리소스에 대한 보안이 향상된다.

8. 정답 B AWS CloudTrail은 사용자가 AWS 계정의 거버넌스, 규정 준수, 운영 감사 및 위험 감사를 활성화할 수 있도록 지원한다. 사용자, 역할 또는 AWS 서비스가 수행하는 작업은 CloudTrail에 이벤트로 기록된다. 이벤트에는 AWS Management Console, AWS 명령줄 인터페이스, AWS SDK 및 API에서 수행하는 작업이 포함된다.

9. 정답 A Amazon SNS 및 Amazon CloudWatch는 통합돼 있으므로 사용자가 모든 활성 SNS의 지표를 수집하고 확인하며 분석할 수 있다. 사용자가 Amazon SNS에 맞게 CloudWatch를 구성하면 SNS 주제, 푸시 알림 및 SMS 전송의 성능을 더욱 폭넓게 이해할 수 있다.

10. 정답 D AWS 이용 정책은 AWS 인프라에서 금지된 작업에 대한 정보를 제공한다.

1부

클라우드와 AWS 개요

1장

클라우드 컴퓨팅 개요

연관 출제 영역

출제 영역 1: 클라우드의 핵심 개념 및 특징

1.1 AWS 클라우드 및 그 가치 제안 정의
보안성, 복원성, 가용성, 확장성, 비용 효율성

1.2 AWS 클라우드의 경제성 식별
OpEx, CapEx, 온프레미스, 관리형 서비스

1.3 다양한 클라우드 아키텍처 설계 원칙 설명
장애 대비, 모놀리스, 마이크로서비스, 분산화

1장에서 다룰 주요 내용

- 클라우드 기반 글로벌 서비스 사례 분석 - 넷플릭스
- 클라우드 기술의 이해 - 물리적 서버와 가상 서버
- 온프레미스와 클라우드의 개념 비교
- 클라우드의 주요 속성 - 배포 모델, 특성, 서비스 모델

클라우드 기반 글로벌 서비스 사례 분석 - 넷플릭스

2006년에 클라우드 비즈니스를 시작한 AWS와 2009년에 VOD Video-On-Demand 콘텐츠 비즈니스를 시작한 넷플릭스는 이후 오랜 시간 동안 선도 기업의 명성을 유지하며 각각 IT 산업과 영화 콘텐츠 산업을 혁신하고 있다. AWS의 오랜 고객인 넷플릭스는 사업 초기엔 VOD 비즈니스 인프라의 거의 대부분을 AWS에 의존했지만 지금은 자체 데이터 센터와 클라우드를 병용하는 하이브리드 클라우드 방식으로 비용은 줄이고 안정성은 높이는 운영 전략을 추구하고 있다.

그림 1.1 넷플릭스 데스크톱 애플리케이션 메인 화면

AWS가 개최하는 글로벌 이벤트인 서밋, 리인벤트 등 행사에서 넷플릭스는 자사의 인프라 운영 및 서비스 제공 노하우를 소개해왔고, 그런 면에서 서로 전혀 다른 사업을 하는 AWS와 넷플릭스는 서로를 비춰주는 연관성 높은 기업이라 할 수 있다.

1장은 클라우드에 대한 독자 여러분의 이해를 돕기 위해 넷플릭스의 VOD 서비스가 제공되는 기본적인 방식(서버-클라이언트 구성)을 살펴보고 클라우드 최적화 구성으로 자주 언급되는 마이크로서비스 아키텍처에 대해 가볍게 알아보는 것으로 시작한다. 이를 통해 AWS의 서비스 요소와 프랙티셔너가 알아야 하는 내용이 무엇인지 설명한다.

웹 서비스로서 넷플릭스 VOD

현실 세계real world, physical world에서 넷플릭스 서비스 구독자인 여러분이 스마트 TV를 켜고 넷플릭스 채널을 선택하면 최신 콘텐츠는 물론 여러분이 최근 시청한 콘텐츠 목록과 알고리듬이 추천한 목록이 화면에 나타난다. 그리고 며칠 전 보다가 멈춘 〈미니언즈 2〉를 선택하면 정확히 앞에서 보던 부분부터 이어서 보기를 할 수 있다.

현실 세계에서 이와 같은 넷플릭스 이용 경험은 전형적인 서버-클라이언트 구성의 웹 서비스 방식을 따르고 있다고 할 수 있고, 이런 일들이 일어나는 과정을 컴퓨터 세계 또는 가상 세계virtual world 측면에서 생각해보겠다.

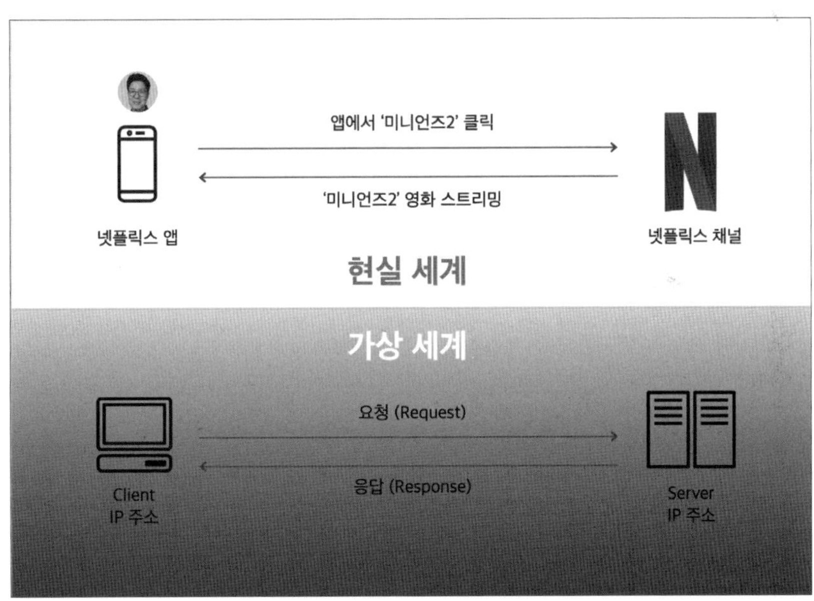

그림 1.2 현실 세계에서 본 웹 서비스와 가상 세계에서 본 웹 서비스

현실 세계에서 구독자인 여러분이 이용 중인 스마트 TV는 가상 세계에서 클라이언트client라 부르고, 여러분이 넷플릭스 채널을 통해 접속한 대상 또는 목적지는 서버server라 부른다. 이 둘의 관계는 비교적 간단해, 클라이언트가 요청request하면 서버가 응답response하는 방식으로 소통이 이뤄진다.

영화를 보기 위해 채널에 접속한 순간 넷플릭스 서버는 채널 접속 권한이 있는 유료 사용자인지 확인하고, 해당 사용자에 대한 경험 데이터를 확인한 뒤 앞서 보다가 멈춘 영화 목록과 다른 유사한 성향의 사용자가 좋아했던 영화 목록, 넷플릭스가 홍보하고 싶은 영화 목록 등을 출력한다. 그리고 이 모든 작업은 요청과 응답이라는 형태로 지속되고 확장된다.

우리가 클라우드 프랙티셔너로서 앞으로 알아야 할 부분은 바로 이와 같은 컴퓨터 세상 또는 가상 세계에서 이러한 일들이 원활하게 일어나도록 하기 위해 AWS의 수많은 인프라와 서비스 요소를 마치 레고 블록처럼 조립하고 구성하는 방식을 이해하는 것이다. 특히 AWS를 구성하는 EC2, S3, IAM, RDS 등이 어떤 목적으로 만들어진 서비스이고, 어떤 기능을 어떻게 수행하는지 이해할 필요가 있다. 이들 요소를 실제로 조립하고 좀 더 멋지게 구성하거나 문제를 해결하는 일과 같은 것은 다음 자격 레벨인 어소시에이트와 프로페셔널에서 다루게 된다.

넷플릭스는 서비스 제공 위해 영상 콘텐츠 스토리지, 영상 변환 컴퓨팅, 영상 전송 네트워크, 영화 데이터베이스 등 서버 인프라를 사용해야 하며, 이 중 일부는 넷플릭스 자체 데이터 센터에 있고 나머지는 AWS의 인프라와 서비스로 구성된다. AWS만으로 넷플릭스 서비스를 구성한다면, 영상 콘텐츠 스토리지는 S3, 영상 변환 컴퓨팅은 EC2, 영상 전송 네트워크는 CloudFront, 수만여 편의 영화 데이터베이스는 RDS로 구현할 수 있다.

AWS 기반 마이크로서비스 아키텍처

지난 절에서 프랙티셔너 레벨에서는 특정 서비스의 주요 기능과 특징을 이해하는 것이 중요하다고 했으며, AWS 개발자 문서와 블로그를 둘러보다 보면 자연스럽게 다양한 아키텍처에 대한 얘기도 듣게 된다. 이번에 가볍게 살펴볼 클라우드 아키텍처는 '마이크로서비스Microservice' 아키텍처다.

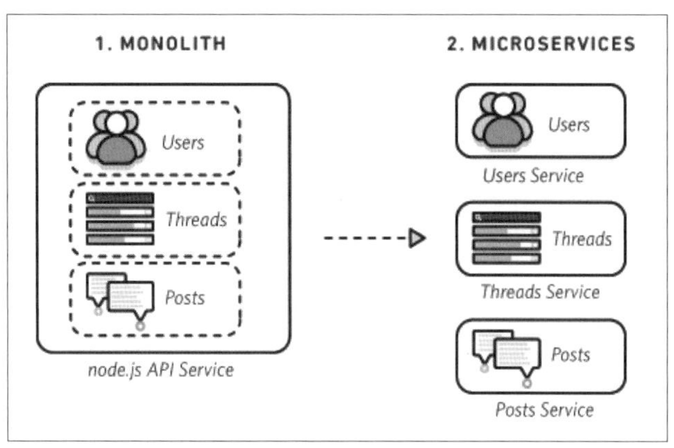

그림 1.3 모놀리스와 마이크로서비스 비교
(출처: https://aws.amazon.com/ko/microservices/)

전통적인 데이터 센터는 하나의 커다란 서버에서 여러 가지 업무를 처리하는 '모놀리스Monolithic' 방식이 사용됐다면, 클라우드 산업에서는 자그마한 여러 개의 레고 블록 같은 서버 요소가 각각에 필요한 업무를 처리하는 마이크로서비스 방식을 선호하며, 클라우드 최적화cloud-optimized 구성, 클라우드 네이티브cloud-native 구성 등 '클라우드답게' 인프라를 구성하고 리소스를 사용하는 방식을 지칭할 때 마이크로서비스 아키텍처를 자주 언급한다.

프랙티셔너는 이와 같은 마이크로서비스 구성에 포함된 서비스가 어떤 것이고, 해당 요소가 여기에 왜 포함됐는지 이해하는 것으로 충분하다.

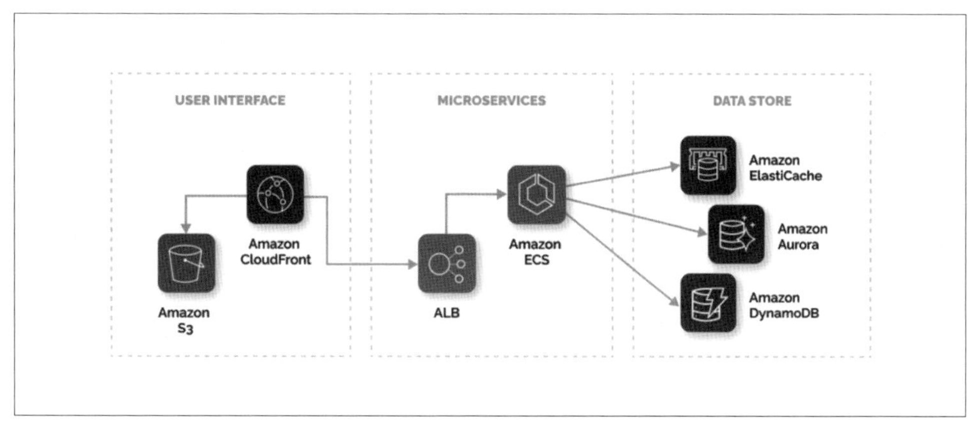

그림 1.4 AWS 기반 UI, 마이크로서비스, 데이터 스토어 구성
(출처: https://www.techmagic.co/blog/guide-for-aws-microservices)

하나의 웹 서비스 또는 앱 서비스가 완성되려면 여러 요소가 필요하며, 이를 언급하는 방식 중 하나가 프론트엔드와 백엔드 스택이다. 프론트엔드는 사용자와 넷플릭스 앱(클라이언트)의 상호 작용 레이어라고 할 수 있고, 위 그림에서 UI는 프론트엔드 구성 요소이며, AWS에서 제공하는 X, Y 등의 요소가 이들을 구현하는 데 도움을 준다. 다음, 앱(클라이언트)이 요청한 내용을 서버에 전달하고 처리하는 체계가 백엔드 스택이고, AWS에서 제공하는 X, Y, Z 등의 요소가 이들 요소를 구현하는 데 도움을 준다.

즉, 하나의 완벽한 웹 서비스 또는 앱 서비스를 구현하고 운영할 때, 사용자 - 웹 클라이언트 - 서버의 관계를 사용하는 경우가 많고, 이들 구성에 있어 여러 방법이 있지만 이를 레고 블록과 같은 세분화된 요소로 구성하는 것이 요즘 IT 인프라 구성 및 서비스 제공의 큰 흐름이라 하겠다. 즉, 클라우드 컴퓨팅이란 넷플릭스와 같은 현대적인 웹 서비스의 IT 리소스 관리 전략이라 할 수 있다.

AWS 기반 넷플릭스 서비스 Netflix Metaflow (ML 프레임워크) 아키텍처

프랙티셔너와 어소시에이트의 관계 또는 요구되는 전문성의 차이에 대해 설명할 수 있는 자료를 준비했다. 다음 이미지는 넷플릭스가 제공하는 머신러닝 프레임워크인 Metaflow이며, 이 책에서 제공하는 다양한 아키텍처 다이어그램보다 많이 복잡한 느낌을 준다.

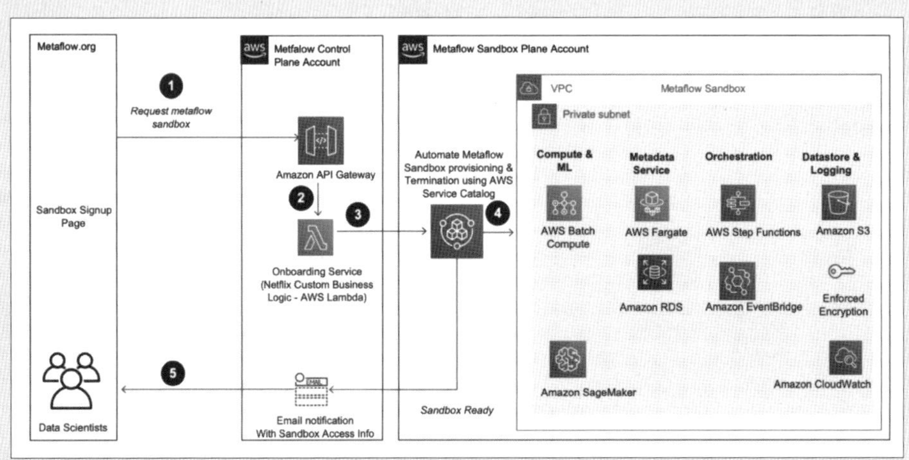

그림 1.5 Netflix Metaflow 아키텍처

(출처: https://aws.amazon.com/ko/blogs/mt/how-netflixs-ml-framework-metaflow-drives-open-source-adoption-with-aws-service-catalog/)

사실 이는 프랙티셔너 레벨을 훌쩍 넘어서는 수준이고, 어소시에이트 레벨에서 다룰 만한 내용이다. 프랙티셔너 레벨이 여기에 포함된 개별 서비스의 핵심 기능과 용도를 이해하는 수준이라면, 어소시에트 레벨은 이들 요소를 조립할 때 X보다는 Y를 사용하는 것이 낫고, X → Y 조합보다는 Y → Z 조합이 좀 더 낫다는 것을 설명할 수 있는 수준이다. 지금은 이와 같은 다이어그램이 많이 복잡해 보일 수 있지만, 이후 클라우드와 AWS, 다양한 아키텍처에 대한 이해가 쌓이면 여러분도 자연스럽게 이와 같은 다이어그램을 그리고 AWS 리소스를 그에 맞춰 구성할 수 있을 것이다.

넷플릭스와 AWS

IMG(교재)

어떤 독자에게는 AWS의 비즈니스가 이해하기 쉽겠지만, 또 다른 어떤 독자에게는 AWS가 도대체 어떤 방식으로 매년 수십조 원의 매출을 올리고, 컴퓨팅 카테고리에 포함된 EC2, Elastic Beanstalk, Batch, Lambda, ECS 등이 어떤 차이를 지니고 또 서로를 돕는지 이해하기 어려울 수 있다. 이 부분은 시간이 지나고 지식과 경험이 쌓이면서 해결될 부분이며, CSP라고도 부르는 클라우드 서비스 제공 비즈니스는 전통적인 자동차 제조업, 영화 산업 등에 비해 신규 산업에 속하고 비용 구조나 수익 구조를 정형화하기 어려운 기술 혁신 산업에 속한다. 즉 클라우드 산업 자체가 다소 난해한 부분이 있고, 사용자는 많지만 제공 사업자는

매우 소수인 특징이 있다.

클라우드 산업에 대한 이해를 위해 AWS는 물론, AWS의 주요 산업별 고객을 살펴보는 것도 좋은 방법이다. AWS의 주요 고객으로는, 글로벌 탑티어 반도체 제조 기업 중에는 삼성전자가 있고, 글로벌 탑티어 미디어 기업 중에는 넷플릭스가 있으며, 국내 탑티어 금융기관 중에는 신한금융그룹, KB금융그룹 등이 있다.

독자 여러분의 전공과 관심사에 따라 최소 5년 이상 AWS를 이용하고 있는 고객 사례를 둘러보고 이들 기업이 어떤 방식으로 AWS를 이용하는지 알게 된다면 서로 다른 전공과 전문성 분야에 따라 클라우드에서 전문가로 나아갈 방향이 좀 더 잘 보일 것이라 생각한다.

예를 들어 지난 14년 동안 AWS의 주요 고객이자 주요 콘퍼런스의 키노트 연사로 등장하는 넷플릭스가 AWS의 어떤 서비스와 도구를 어떻게 활용하는지 확인한다면 영상 콘텐츠 서비스를 글로벌 레벨에 제공하는 방법도 자연스럽게 이해할 수 있을 것이다. 다음 링크(https://aws.amazon.com/ko/solutions/case-studies/netflix-case-study/)에서 넷플릭스가 서비스 개발과 운영에 AWS를 어떻게 이용하고 있는지 확인해보자.

클라우드 기술의 이해 - 물리적 서버와 가상 서버

클라우드에 대한 기술적 이해를 돕기 위해 데이터 센터에 설치돼 있는 물리적 서버와 클라우드 환경에서 이용하는 가상 서버를 비교하며 설명한다.

물리적 서버의 구성 요소 - 클라우드 인프라를 구성하는 하드웨어와 소프트웨어

전통적인 서버 개념인 물리적 서버는 대규모의 공간 요소 외에 전력망, 네트워크 등 다양한 물리적 요소가 결합된 개념이며 기업 IT 서비스에 대한 요구 사항을 충족하기 위해 수백억 원에서 수천억 원을 투자해 전용의 데이터 센터를 운영하기도 한다.

이번 절에서는 가상화된 서버 개념을 설명하기 위해 '한 대의 서버'를 기준으로 기술 요소를 살펴보겠다. 먼저 하나의 서버에는 공통적으로 다음과 같은 하드웨어적인 기능 요소가 포함된다.

- **연산**: CPU, GPU, 메모리: RAM
- **스토리지**: SSD, HDD
- **네트워크***: 라우터*, 스위치*, DNS 서버[1]

다음 이미지는 실제 AWS 리전, 가용 영역 등에서 이용 중인 물리적 서버이며, 집이나 사무실에 있는 단아한 외관의 데스크톱 등과는 다른 느낌을 준다. 이런 물리적 서버를 수만에서 수십만 대 결합해 하나의 데이터 센터를 구성하기도 한다.

그림 1.6 AWS 커스텀 서버
(출처: https://www.geekwire.com/2017/amazon-web-services-secret-weapon-custom-made-hardware-network/)

다음, 기업 IT 서비스를 구현하고 운영하는 데는 다음과 같은 소프트웨어적인 기능 요소도 필요하다.

- **운영체제**: Linux 등 서버 OS
- **웹서버 등**: Apache 등에서 제공하는 오픈 소스 포함
- **데이터베이스**: MySQL, PostgreSQL 등 구조화 데이터 저장

---

1 여기서 네트워크*란 데이터 전송을 위해 연결된 케이블, 라우터, 서버 등을 의미하고, 라우터*는 컴퓨터 간에 데이터 패킷을 전달하는 네트워킹 장치이며, 스위치*는 패킷을 받아 네트워크의 올바른 서버/클라이언트로 전송하는 장치다. 좀 더 상세한 설명은 구글링과 유튜브를 참고하라.

서버 가상화 개요

현대적인 기업 환경에서 가상화는 크게 업무 환경 가상화Virtualization와 컴퓨팅 리소스 가상화로 나눠서 생각해볼 수 있다.

먼저, '업무 환경 가상화'란 기업은 자신이 속한 산업 속성과 적용되는 법규 등에 따라 저마다의 개성 있는 업무 환경을 발전시켜왔으며 사업 개발, 운영, 회계, 재무, 인사 등 다양한 업무를 처리할 수 있는 도구를 기업 전용의 가상 환경에 구현해놓고, 회사에서 제공한 신분 인증 방식으로만 접근할 수 있도록 하고 있다. 이를 가상 업무 환경 또는 VDVirtual Desktop로도 부르며, 기업 데이터 및 자원에 대한 보안성을 높이고, 누가 어떤 업무를 어떻게 수행했는지 세심하게 모니터링할 수 있어서 일정 규모 이상의 기업 중 상당수가 이를 이용한다. 하지만 기존 컴퓨터의 물리적 자원을 일정 부분 가상화해서 기업 업무 처리에 사용하므로 컴퓨터 반응 속도가 느려지는 등의 단점도 있다.

다음, 이번 절의 주제인 '컴퓨팅 리소스 가상화'는 앞서 언급한 물리적 서버의 연산 장치, 저장 장치, 네트워크 장치 등 컴퓨팅 리소스를 가상화한 기술적, 비즈니스적 개념이다. 가상화는 클라우드 컴퓨팅의 대표적인 기술적 특징으로, 물리적인 하나의 장치 요소를 가상 환경에서 여러 개로 분할하거나 집적할 수 있다는 기술적 특성과 이와 같은 가상화된 자원을 마치 소프트웨어를 팔거나 웹 서비스를 제공하듯 다수의 사용자에게 제공하고 수익을 올린다는 비즈니스적 특성을 지닌다.

이를테면 Amazon EC2는 물리적 서버의 CPU, 메모리, 스토리지를 가상화한 서비스라고 할 수 있으며, 사용자는 자신이 처리하려는 업무 수준(워크로드)에 맞춰 매우 소량의 컴퓨팅 자원을 포함한 가상 서버(AWS에서는 인스턴스라 부른다)를 생성하거나 대용량의 컴퓨팅 자원을 지닌 가상 서버를 생성할 수 있다.

컴퓨팅 리소스 가상화는 상당히 긴 역사를 지닌 기술적 개념이며, 1940년대 폰 노이만이 현대적인 컴퓨터의 기본적인 구성 또는 아키텍처를 제시한 후 1960년대 및 70년대 리소스-풀, 그리드 컴퓨팅 등으로 발전하는 과정에서 기술 체계가 마련되기 시작했다. 이후 1990년대 중반 인터넷의 폭발적인 성장과 함께 분산 컴퓨팅이 주목받았고, 2000년대 중반부터 AWS를 비롯한 다수의 기업이 가상화된 분산 컴퓨팅 인프라와 리소스를 유료로 제공하면서 클라우드 산업이 태동했다고 볼 수 있다.

그런 면에서 컴퓨팅 리소스 가상화는 클라우드 산업의 토대가 되는 기술이자 철학이라 할 수 있고, 현대 소프트웨어 엔지니어링에서 언급하는 Software-defined, Resource-pool, Hypervisor, Tenancy, On-demand, IaC, CI/CD, DevOps 등 다양한 개념이 가상화와 관련이 있으며, 이후 여러 장에서 이들 가상화의 확장된 개념 또는 연관 개념을 하나씩 설명하겠다.

서버 가상화 기술의 활용

컴퓨팅 가상화의 기술 개념은 클라우드 산업이 형성되기 한참 전인 1980년대부터 다양한 논문으로 소개되고 있었다. 연구 초기, 서버 가상화의 기본적인 목적은 좀 더 효율적으로 서버 또는 컴퓨터를 사용하고 싶다는 것이었다. 앞서 나온 리소스-풀이라는 개념도 1960년대 다수의 주요 연구기관이 연구에 필요한 컴퓨터를 도입할 때 어느 정도 충분한 양의 컴퓨터-풀을 조성한 뒤 연구자들이 필요에 따라 접속해서 이용하자는 취지를 담고 있다.

예를 들어 한 사람이 쓰는 PC에 4코어 CPU가 탑재돼 있다면, 'CPU를 가상화해 1코어 단위로 CPU를 나눠서 네 명이 사용할 수 있도록 하고, 더 나아가 하나의 코어에 2개의 스레드가 있다면, 코어를 다시 스레드 단위로 나눠서 여덟 명의 사용자에게 제공하면 좋지 않을까'라는 가설 또는 바람이 있었던 것이다.

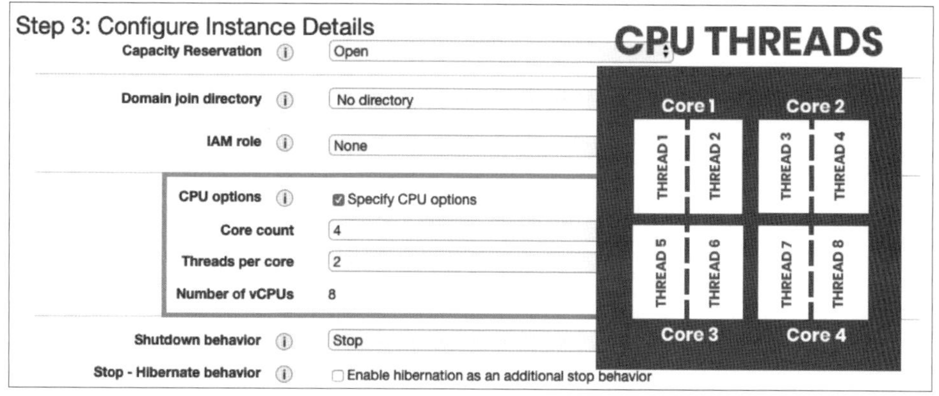

그림 1.7 CPU, Core, Thread

(출처: https://emeraldforhome.com/cpu-cores-vs-threads/)

이와 같은 시장의 요구 사항에 대한 응답으로 나온 것이 AWS EC2와 같은 가상화된 서버다. 이어지는 그림은 AWS EC2 인스턴스 구성 실습 화면이며, 사용자는 컴퓨터 한 대 단위가 아닌, 코어 수와 스레드 수로 자신이 원하는 컴퓨팅 리소스를 이용할 수 있다.

AWS는 사용자가 선택한 스레드 수를 vCPU라는 단위로 나타내며, 사용자는 vCPU 수치를 보고 자신이 사용하는 가상 서버의 연산력을 가늠할 수 있다.

클라우드 산업의 태동과 지속적인 경쟁 구도

컴퓨팅 가상화에 대한 IT 산업계의 오랜 바람을 비즈니스화한 것이 AWS의 시작이라 할 수 있다.

사실 가상화는 긍정론도 많지만 그에 못지 않게 부정론도 상당한 기술 이론이었기에 당시 IT 선도 기업인 구글이나 마이크로소프트 등은 사업화를 망설이고 있었고, 클라우드에 대한 부정적인 여론이 높았던 2000년대 중반에 갑자기 온라인 소매유통기업인 Amazon이 자사 플랫폼에 포함된 소매상인을 위해 가상 서버를 유료로 제공하기 시작하면서 클라우드 산업이 형성되기 시작했다.

이후 1~2년 정도의 시차로 구글, 마이크로소프트 등이 클라우드 비즈니스를 시작했지만, 지난 17여 년 동안 AWS가 계속 업계를 선도하고 있다.

온프레미스와 클라우드의 개념 비교

본격적으로 클라우드의 주요 특징에 대해 알아보기 전에 '클라우드가 아닌 것' 또는 '클라우드와 대조되는 개념'인 '온프레미스on-premise'에 대해 가볍게 정의하겠다.

클라우드 환경에 맞게 최적화한 설계, 구성, 개발 결과물 등을 일컬을 때 '클라우드 최적화' 또는 '클라우드 네이티브'라는 수식어를 사용하며, 온프레미스는 이와 구분되는, 전통적인 데이터 센터 환경에 적합한 설계, 구성을 의미하는 단어이고, 클라우드 아키텍처 설명에서 의외로 자주 등장하는 개념이다.

예를 들어 넷플릭스라는 VOD 서비스 개발과 운영에서 온프레미스 환경이란 넷플릭스가 상시 운영하는 자체 데이터 센터를 의미하고, 클라우드 환경이란 넷플릭스가 필요 시 사용하는 AWS의 ECS, Lambda 등 서비스를 의미한다. 다음 그림은 넷플릭스의 이와 같은 구성을 보여준다.

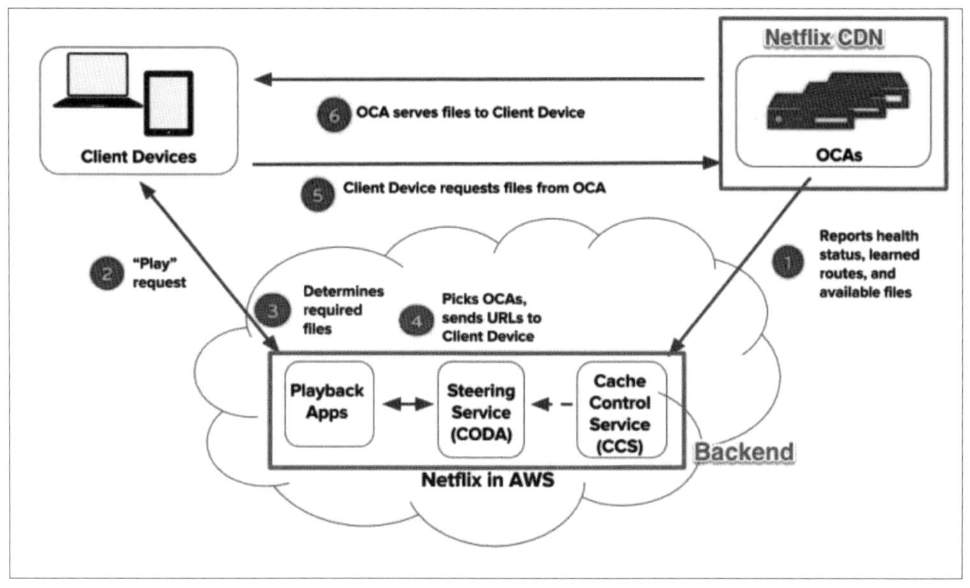

그림 1.8 온프레미스와 클라우드를 병용하는 넷플릭스 아키텍처

(출처: https://medium.com/swlh/a-design-analysis-of-cloud-based-microservices-architecture-at-netflix-98836b2da45f31)

최근 국내외 탑티어 기업 중 전체 업무량 즉 워크로드를 자체 데이터 센터에서 50%, AWS 등 클라우드에서 50%씩 처리하는 하이브리드 클라우드를 채택하는 경우가 많아지고 있고, 클라우드 전문가라면 온프레미스와 클라우드 환경을 안정적으로 연계하는 방법에 대해 잘 알고 있어야 한다.

자체 데이터 센터 대신 클라우드 사용 이유

클라우드 산업 태동기였던 2000년대 초중반엔 클라우드의 보안성, 경제성 등에 대한 (검증되지 않은) 많은 부정적인 인식이 있었다. 당시엔 가상화 환경에 대한 인식 부족, 기존 방식에 대한 편향성 등이 문제였지만, 클라우드 산업이 성숙기로 접어들고 있는 현재 시점에서도 여전히 클라우드보다 데이터 센터가 기업 요구 사항을 수용하는 데 더 나은 경우가 있다. 고성능 서버를 365일 내내 실행시켜야 한다면 클라우드보다 데이터 센터가 더 나은 선택이 될 수 있다. 클라우드 비용은 많은 기업의 고민거리이고 방대한 클라우드 리소스를 효과적으로 통제하기 위한 거버넌스 또한 매우 어려운 일이다.

그럼에도 불구하고, 넷플릭스 같은 글로벌 탑티어 기업이 매년 클라우드에 수억 달러의 비용을 지출하는 이유는 무엇일까? 이번 절에서는 나름의 장점을 지닌 데이터 센터에 전적으로 의존하지 않고 클라우드를 사용하는 이유에 대해 생각해본다.

먼저 자체 데이터 센터 운영에는 많은 자원, 인력, 비용이 소모된다. 2020년 글로벌 팬데믹 사태 이후 다수의 중소기업이 클라우드를 도입하기 시작했으며, 이는 팬데믹으로 재무구조가 악화된 상태에서 자체 데이터 센터 개설 또는 확장하는 것이 사업적인 부담으로 작용했기 때문이며, 이와 같은 이유로 데이터 센터 대신 클라우드를 도입하는 기업 사례가 증가하고 있다. 참고로 2015~2018년 무렵, 산업은행 데이터 센터 사업 예산이 2,000억 원대, 비슷한 시기 KB금융의 데이터 센터 사업 예산이 3,000억 원 전후였다.

다음으로 글로벌 서비스를 제공하려면 변동성에 대한 신속한 대응력이 필요하며, 기존 데이터 센터는 변동성에 대한 대응력이 대체로 낮은 편이다. 예를 들어 연예기획 소속사 하이브가 그룹 '뉴진스'의 인기를 예감하고 하이브 데이터 센터에 서버를 100여 대 조성했다고 하더라도 앨범 공개 초기 몇 달 동안 몰려드는 수백만 명의 동시 접속자를 처리하기에는 역부족일 수 있다. 이후 시간 흐름에 따라 트래픽이 급격하게 떨어지면 앞서 구입했던 100여 대의 서버 용량이 남아도는 문제가 발생한다. 결국 급등락하는 글로벌 니즈에 대한 대응력 측면에서는 클라우드가 데이터 센터에 비해 높은 탄력성elasticity을 지니고 있다고 할 수 있다. 클라우드는 글로벌 트래픽 급증에 맞춰 불과 수 분만에 서버 10대에서 1,000대로 증가시킬 수 있고, 반대로 트래픽 급감에 대응해 1,000대를 10대로 줄일 수 있다.

다음, 글로벌 수백만 명의 동시 사용자에게 안정적인 서비스를 제공하기 위해서는 특화된 인프라, 전문 역량, 운영 노하우가 필요하다. 기업의 데이터 센터 엔지니어도 뛰어난 역량을 지닌 이들이지만 글로벌 서비스나 장애 대응failover 등으로 주제를 세분화하면 미처 대응하기 어려운 지점이 드러나게 된다. 국내 본사와 지사를 위한 데이터 센터 또는 전산실이라면 운영에 큰 문제가 없을 수 있지만, 고객이 늘어나고 해외 지사와 파트너사가 증가하다 보면 글로벌 인프라를 확보한 클라우드를 사용하는 편이 유리한 경우가 많아지게 되는 것이다. 삼성전자의 경우 글로벌 시장에 수억 대 규모의 갤럭시를 판매했으며, 이들 디바이스에 대해 1년에 몇 번씩 업데이트를 해야 한다. 업데이트 파일은 수 메가바이트에서 수십 메가바이트에 이르고, 글로벌 레벨에서 이와 같은 대규모 업데이트는 AWS와 같은 클라우드에서 좀 더 효율적으로 진행될 수 있다.

이상의 내용을 종합하면 넷플릭스, 하이브, 삼성전자 등의 기업은 글로벌 시장에서 생존 및 발전하기 위해 각자의 사업 영역에 집중해야 하며, IT 인프라 운영에 기업 역량을 분산시킬 여지가 별로 없다. 이들 기업 모두 데이터 센터를 만들고 운영할 충분한 능력을 지니고 있지만, 전부 또는 일부 자원을 AWS와 같은 클라우드 사업자에게 맡기고 처리함으로써 선택과 집중이라는 경영 전략을 실현할 수 있다.

이와 같은 클라우드 도입 동인driver을 '역할과 책임 분산 모델'로 부르기도 하고, 냉혹한 경영 환경 측면에서는 이를 '책임 전가 모델'로 설명하기도 한다. 넷플릭스가 데이터 센터 운영으로 얻는 연간 이득이 100억 달러이고 연간 비용이 10억 달러라면, 10억 달러 미만의 비용으로 AWS에 데이터 센터 운영 책임을 전가하고, 만일 문제가 발생하면 이에 대한 책임을 나눠 지겠다는 전략이다. 그런데 AWS 비용이 3억 달러라면 넷플릭스는 매우 높은 확률로 AWS를 선택하게 될 것이다.

참고 공동 책임 모델

2억 명 이상의 유료 사용자를 보유한 N이라는 회사가 자체 데이터 센터만 운영하다가 2시간 접속 장애가 발생했다면 어떤 일이 발생할까? 미국에서 이런 일이 일어난다면 N이라는 회사의 손해배상액은 상상을 초월할 수 있다. '기업용 클라우드'에서는 금액 자체보다 이와 같은 경영 시나리오를 기준으로 사용 여부를 결정하는 일이 자주 있다. 이에 대해서 AWS 프랙티셔너 시험에서는 '경제성'이라는 관점에서 좀 더 나은 선택이 어떤 것이냐를 묻는다.

클라우드를 활용 중인 주요 국내 기업

지난 2015년 이후 한국의 주요 기관 및 기업은 프라이빗 클라우드에 많은 관심을 보였다. 서울시의 경우 2016년에 오픈 소스 클라우드 OS를 자처하는 오픈스택OpenStack을 기반으로 한 프라이빗 클라우드 도입을 시작했으며, 이후 현재까지 주요 지방자치단체도 매년 수천억 원(2022년 3,300억 원)의 예산을 반영하며 클라우드 도입을 지속해왔다.

2020년 이후에는 글로벌 팬데믹 사태와 기업 경영 환경의 불확실성이 커지면서 클라우드 도입 기업 수가 급증했으며, 퍼블릭 클라우드인 AWS에 대한 관심도 함께 커졌다. 다음 그림에서 보는 바와 같이 국내 증시 시가총액 상위 10대 기업 대부분이 AWS 이용 고객이며 금융, 미디어, 게임 등 전통적인 산업은 물론, 국내 주요 스타트업 상당수도 AWS를 이용하고 있다.

지난 10여 년간 한국에서도 클라우드와 AWS의 영향력은 지속적으로 확대되고 있으며, 이 때문에 프랙티셔너, 어소시에이트 등 AWS의 인증 자격 취득에 대한 관심도 함께 높아졌다고 할 수 있다.

그림 1.9 한국의 주요 AWS 이용 고객

(출처: https://aws.amazon.com/ko/blogs/aws/how-aws-helps-our-customers-to-go-global-report-from-korea/)

클라우드의 주요 속성 - 배포 모델, 특성, 서비스 모델

미국 상무부 소속 NIST(National Institute of Standards and Technology)는 1901년에 설립된 미국의 기술 혁신 촉진 기관이며, IT 산업 측면에서는 정보통신기술의 방향성을 제시하는 영향력 높은 기관이다. 일찍이 NIST는 클라우드에 대해서도 다양한 속성을 정의하고 방향성을 제시했다. 이번 절에서는 NIST의 클라우드 정의 문서를 기준으로 클라우드의 다양한 속성에 대해 알아보겠다.

클라우드 4대 배포 모델

먼저 배포 대상 또는 대상 사용자를 기준으로 클라우드를 분류한다.

- **퍼블릭 클라우드**: 이용을 신청하는 누구에게나 회원 가입 및 이용을 허용하는 클라우드로서 글로벌 선도 기업으로는 AWS, Azure, GCP 등이 있다. 한국에는 KT, Naver, NHN, Samsung Cloud Platform 등 다수의 CSP가 있다.
- **프라이빗 클라우드**: 기업 또는 기관 전용 클라우드로서 자체 데이터 센터 내에 전용의 클라우드 환경 조성에 사용하며 OpenStack, CloudStack 등 다수의 프라이빗 클라우드 플랫폼이 존재한다.
- **커뮤니티 클라우드**: 특정 산업 또는 특정 업무 종사자에의 수요에 집중하는 클라우드다. 고객관계관리(CRM) 및 마케팅/세일즈 특화 클라우드인 Salesforce, 글로벌 해운 선사인 Maersk와 IBM이 만든 해운 산업 클라우드인 TradeLens 등이 대표적이다.
- **하이브리드 클라우드**: 퍼블릭과 프라이빗 클라우드를 병용하는 형태이며 국내외 주요 기업 및 기관 대부분이 채택하고 있는 배포 모델이다. 최근 완성된 신한투자금융 MTS(모바일 거래 시스템)도 하이브리드 클라우드 아키텍처를 반영하고 있다.

(참조: https://nvlpubs.nist.gov/nistpubs/legacy/sp/nistspecialpublication800-145.pdf)

클라우드의 5대 특성

클라우드는 추상적인 개념이므로 어떤 것이 좀 더 현대 클라우드의 기술 철학을 반영하느냐에 대한 논쟁이 있었다. 이에 대해 NIST는 다음과 같은 다섯 가지 특성이 클라우드를 더욱 클라우드답게 만든다고 설명한다.

- **온디맨드 셀프 서비스**: 사용자가 직접 자신이 필요한 리소스를 프로비저닝provisioning한다. 온라인 커머스 스타트업을 시작하려는 사용자는 자신이 필요한 만큼의 성능을 지닌 EC2 인스턴스를 직접 시작하고 종료할 수 있다.
- **광대역 네트워크 접속**: 초고속 인터넷 등 퍼블릭 및 프라이빗 네트워크를 통해 리소스에 접속하고 사용한다. 5G 등 무선 인터넷 연결도 포함된다.
- **멀티 태넌시, 리소스 풀링**: 멀티 태넌시multi-tenancy는 하나의 건물을 여러 세대원이 나눠 쓰는 다세대 주택 개념으로 이해할 수 있으며, 하나의 동일한 물리적 리소스를 여러 고객이 공유하는 방식이다. AWS 서울 리전에는 방대한 수의 물리적 서버가 있으며, 이를 가상화해 동시에 수만 명의 고객이 컴퓨팅 자원을 공유할 수 있도록 한다.
- **탄력성 및 확장성**: 기업 워크로드(처리해야 할 업무)는 체계적 및 비체계적 변동성을 지니며, 클라우드 사용자는 필요 시 자원을 자동으로 신속하게 추가하거나 제거할 수 있다. EC2 AutoScaling은 컴퓨팅 리소스의 수평적 확장 및 축소를 돕는다.
- **사용량 모니터링**: 리소스 사용량을 정확하게 측정 및 과금할 수 있어야 클라우드 서비스로서 의미를 지닐 것이다. 클라우드 산업 초기엔 리소스 사용 시간을 분단위로 측정하는 경우가 많았지만 최근엔 초 단위로 이용 시간을 측정할 만큼 사용량 측정 개념이 더욱 세분화, 정교화되고 있다.

(참조: https://www.nist.gov/publications/nist-cloud-computing-reference-architecture)

클라우드 3대 서비스 유형

서비스 요소에 대한 권한과 책임 범위를 기준으로 클라우드를 분류하는 방식이다.

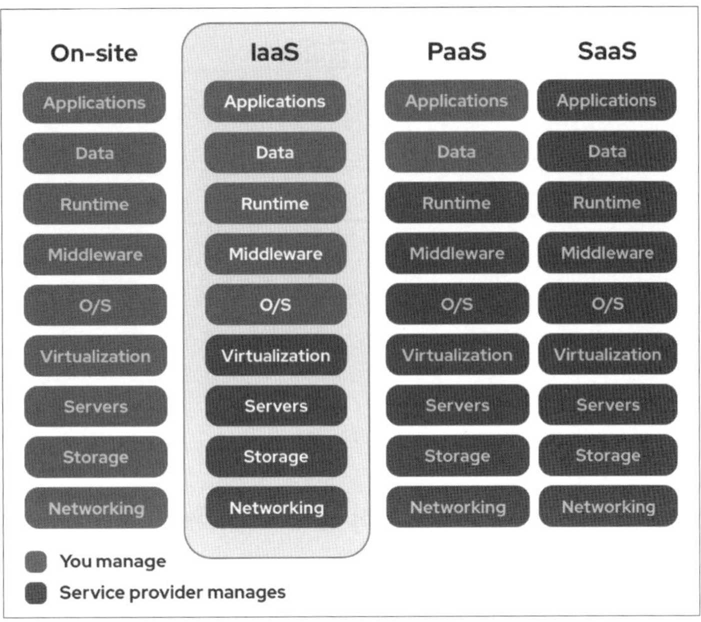

그림 1.10 IaaS란?(Red Hat)

(출처: https://www.redhat.com/ko/topics/cloud-computing/what-is-iaas)

- IaaS^Infrastructure as a Service: 서비스형 인프라로 부르기도 하며, 클라우드 제공 사업자는 사용자가 필요에 따라 수정 가능한 컴퓨팅, 스토리지, 네트워크, 데이터베이스 인프라를 제공한다. 기존 온프레미스 데이터 센터와 클라우드 리소스의 호환성 유지에 적합하고, 소프트웨어 엔지니어 입장에서 유연성, 통제성이 높다는 장점이 있으나 그만큼 복잡성도 높아진다는 단점도 존재한다. Amazon EC2가 대표적이다.
- PaaS^Platform as a Service: 서비스형 플랫폼으로 부르며, 사용자는 인프라 관리 부담 없이 오직 애플리케이션 배포 및 관리에만 집중할 수 있다. Elastic Beanstalk가 이에 해당한다.
- SaaS^Software as a Service: 서비스형 소프트웨어로 부르며, 사용자는 애플리케이션 활용에만 집중하는 방식이다. 글로벌 서비스인 넷플릭스, 에어비앤비, 드롭박스 등이 이에 해당하고 Amazon SageMaker, Rekognition 등 머신러닝 및 딥러닝 서비스도 이에 속한다.

(참조: https://nvlpubs.nist.gov/nistpubs/legacy/sp/nistspecialpublication800-145.pdf)

AWS 인증 자격 시험에서 IaaS는 여전히 중요하다

클라우드 산업 초기에는 유연성 높은 IaaS 모델을 선호했지만, 2010년 이후 IaaS 기반의 유연성 대신 컨테이너, 마이크로서비스, 서버리스 아키텍처 등 클라우드 특유의 분산 병렬 속성에 적합한 신기술이 각광받고 있다. 클라우드 산업에서 IaaS의 위상은 크게 약화됐고, AWS 서밋, 리인벤트 등 주요 콘퍼런스에서도 IaaS에 대한 언급은 매우 줄어든 상태다.

하지만 AWS CLF, SAA, SAP 시험에서 EC2 등 IaaS 출제 비중은 여전히 높은 편이므로 열심히 공부할 것을 권장한다.

클라우드 도입 6대 이유 – 온프레미스 대비 클라우드의 장점

기업에 따라 데이터 센터 개설 또는 확장 대신 클라우드를 도입하는 이유는 제각각이며, 크게 여섯 가지 이유를 생각해볼 수 있다. 비용 절감도 중요하고 변동성에 대한 대응력도 중요한 요소이며, 온프레미스 대비 클라우드의 장점을 묻는 문제로 매우 자주 출제된다.

- **자본적 비용**CAPEX **절감**: 자본적 비용의 대표적인 요소는 설비 투자 비용이고, 한마디로 클라우드를 이용하면 수백억에서 수천억 원이 소요되는 데이터 센터 관련 설비를 짓지 않아도 됨을 의미한다. 이렇게 투자된 비용은 10~15년 동안 감가상각이란 방식으로 장부 가치에서 사라지게 된다.
- **규모의 경제(비용 효율성 증대)**: 수백 대의 서버가 설치된 자체 데이터 센터보다 수만 대의 서버가 설치된 AWS 리전이 리소스당 비용이 낮을 것이다. '클라우드의 경제성'이란 주제로 프랙티셔너에서 자주 묻는 내용이며 단순히 저렴함을 의미하는 것이 아닌, 대규모 설비에 의한 가격 경쟁력, 비용 효율성을 의미한다.
- **적정 용량 예측 불필요**: 새로 조성하는 데이터 센터에 몇 대의 서버를 추가하느냐는 매우 어려운 문제다. 기업 경영 환경은 계속 바뀌므로 데이터 센터에 필요한 적정량의 서버 대수를 결정하는 일은 많은 부담이 따른다. 서버 대수에 따라 다시 전력과 네트워크 증설량이 영향을 받으므로 예측의 결과는 또 다른 예측 불가능한 결과로 이어지

게 된다. 변동성 높은 산업군에서 클라우드의 탄력성과 확장성은 기업에게 큰 경쟁력이 될 수 있다.

- **비즈니스 민첩성 향상(수익 최대화, 손실 최소화)**: 글로벌 마켓의 수요는 예측하기 어려우며, 수요가 급증할 때 이에 대응해 인프라를 늘려 수익을 확보하고, 수요가 급감할 때 인프라를 줄여서 비용을 절감할 필요가 있다. 이와 같은 민첩성은 온프레미스보다 클라우드가 훨씬 높다.
- **데이터 센터 증설 및 운영 부담 감소**: 앞서 자본적 비용 측면에서 데이터 센터 건립 비용을 언급했지만, 자체 데이터 센터 증설이나 운영에는 단기간에 돈으로도 해결하기 어려운 전문가 역량이나 법률적 제약 조건이 있다.
- **글로벌 수요 증가에 대응해 즉시 인프라 배포 가능**: 앞서 뉴진스 사례를 통해 음원 사업은 변동성이 매우 큰 사업이라고 설명한 바 있다. AWS의 고객사 중 한 곳인 SM엔터테인먼트의 경우, EXO 앨범 발매 전과 후의 트래픽이 최대 10,000배까지 차이가 난다고 하며, 한국이 아닌 남미, 중동 등에서 트래픽이 급증할 경우 서버뿐 아니라 글로벌 콘텐츠 배포 네트워크도 신속하게 확장할 수 있어야 할 것이다. 이런 일이야말로 클라우드 환경에 적합한 일이다.

클라우드 서비스별 다양한 과금 모델

클라우드의 비용 구조는 어떤 면에서는 간단하지만 사용량과 기간이 길어질수록 예측하기 어려워진다. 일단 우리 프랙티셔너 레벨에서는 다음과 같은 세 가지 기준으로 과금 방식을 정리해보겠다.

- **사용 시간 과금**: Amazon EC2의 경우, 사용 시간(초)에 따라 과금
- **저장 용량 과금**: Amazon S3의 경우, 저장 용량에 따라 과금
- **전송 용량 과금**: VPC 요소인 NAT 디바이스는 전송 용량에 따라 과금

정리

- 글로벌 탑티어 기업은 하이브리드 클라우드 방식으로 전환해 비용 절감과 안전성 향상을 추구하고 있다.
- 클라우드 기반 글로벌 서비스 구현 방법으로 마이크로서비스 아키텍처를 채택하는 사례가 늘고 있다.
- 클라우드 컴퓨팅은 넷플릭스와 같은 현대적인 글로벌 웹 서비스의 IT 리소스 관리 전략이다.
- 전통적인 서버 개념인 물리적 서버는 대규모의 공간 요소 외에 전력망, 네트워크 등 다양한 물리적 요소가 결합된 개념이다.
- 컴퓨팅 리소스 가상화는 앞서 언급한 물리적 서버의 연산 장치, 저장 장치, 네트워크 장치 등 컴퓨팅 리소스를 가상화한 기술적, 비즈니스적 개념이다.
- 컴퓨팅 리소스 가상화는 Software-defined, Resource-pool, Hypervisor, Tenancy, On-demand, IaC, CI/CD, DevOps 등 다양한 개념과 관련된 클라우드 산업의 토대가 되는 기술이자 철학이다.
- 서버 가상화를 통해 사용자는 컴퓨터 한 대 단위가 아닌, 코어 수와 스레드 수로 자신이 원하는 컴퓨팅 리소스를 이용할 수 있다.
- 온프레미스는 전통적인 데이터 센터 환경에 적합한 설계, 구성을 의미하며, 현대적인 애플리케이션의 클라우드 최적화 또는 클라우드 네이티브와 비교되는 개념이다.
- 국내외의 탑티어 기업은 IT 인프라의 전부 또는 일부 자원을 AWS와 같은 클라우드 사업자에게 맡기고 처리하도록 함으로써 선택과 집중이라는 경영 전략을 실천하고 있으며, 이를 역할과 책임 분산 모델이라 부른다.
- 삼성전자 등 국내 증시 시가총액 상위 10대 기업 대부분이 AWS 이용 고객이며 금융, 미디어, 게임 등 전통적인 산업은 물론, 국내 주요 스타트업 상당수도 AWS를 이용하고 있다.

- 클라우드 4대 배포 모델은 퍼블릭 클라우드, 프라이빗 클라우드, 커뮤니티 클라우드, 하이브리드 클라우드다.
- 클라우드의 5대 특성은 온디맨드 셀프 서비스, 광대역 네트워크 접속, 멀티-태넌시, 탄력성 및 확장성, 사용량 모니터링이다.
- 클라우드 3대 서비스 유형은 IaaS, PaaS, SaaS이며, 클라우드 산업 발전에 따라 더욱 세분화되고 있다.
- AWS의 주요 인증 자격 시험인 CLF, SAA, SAP 시험에서 EC2 등 IaaS 출제 비중은 여전히 높게 유지되고 있다.
- 클라우드 도입 6대 이유는 자본 비용 절감, 규모의 경제, 적정 용량 예측 불필요, 비즈니스 민첩성 향상, 데이터 센터 증설 및 운영 부담 감소, 글로벌 수요 증가에 대응성이다.

기출 유형 분석 퀴즈

1. 클라우드와 온프레미스의 가장 큰 차이점은 무엇입니까? **(클라우드와 온프레미스 비교/클라우드의 주요 속성)**

A. 서버의 물리적 위치
B. 데이터 보안 수준
C. 인프라스트럭처 유지 보수 비용
D. 가용성과 확장성

2. 클라우드와 온프레미스에서 애플리케이션을 배포하는 방법에 대한 설명 중 가장 올바른 것은 무엇입니까? **(클라우드와 온프레미스 비교/애플리케이션 배포 방법의 차이점)**

A. 클라우드에서는 애플리케이션을 가상머신 이미지로 패키징하고 배포한다.
B. 온프레미스에서는 애플리케이션을 클라우드와 동일한 방식으로 패키징하고 배포한다.
C. 클라우드에서는 애플리케이션을 직접 서버에 설치하고 구성한다.
D. 온프레미스에서는 애플리케이션을 컨테이너화해 배포한다.

3. 클라우드와 온프레미스에서 데이터 백업과 복원의 차이점은 무엇입니까? **(클라우드와 온프레미스 비교/데이터 백업과 복원)**

A. 클라우드에서는 데이터 백업 및 복원을 사용자가 직접 수행해야 하지만 온프레미스에서는 자동화된 백업 및 복원이 가능하다.

B. 클라우드에서는 데이터 백업 및 복원이 보다 간편하고 신속하게 이뤄진다.

C. 온프레미스에서는 백업 및 복원을 위해 물리적인 하드웨어를 구매하고 유지 보수해야 하지만 클라우드에서는 이러한 비용이 필요하지 않다.

D. 클라우드에서는 백업 및 복원에 사용되는 서비스와 관리자 인터페이스가 온프레미스와 다르다.

4. 클라우드에서 사용하는 다양한 가상화 기술 중 하이퍼바이저Hypervisor가 하는 역할은 무엇입니까? **(클라우드/가상화/하이퍼바이저)**

A. 가상머신Virtual Machine의 실행을 관리한다.

B. 가상머신의 스토리지를 관리한다.

C. 가상머신의 네트워크 연결을 관리한다.

D. 가상머신의 보안을 관리한다.

5. 가상화 환경에서 가상머신을 생성할 때, 이를 위한 최소한의 자원을 할당하는 것은 무엇입니까? **(클라우드/가상화/가상머신)**

A. 스케일 업Scale-up

B. 스케일 아웃Scale-out

C. 프로비저닝Provisioning

D. 클러스터링Clustering

6. 컴퓨팅 워크로드가 있는 애플리케이션의 경우 AWS가 기존 데이터 센터보다 경제적인 이유는 무엇입니까? **(AWS와 클라우드 개념/온프레미스 대비 경제성)**

A. Amazon EC2는 비용이 월별로 청구된다.

B. 사용자는 EC2 인스턴스에 대한 전체 관리 액세스 권한을 보유한다.

C. Amazon EC2 인스턴스는 필요 시 온디맨드로 시작할 수 있다.

D. 사용자는 최대 워크로드를 처리하는 데 충분한 인스턴스를 영구적으로 실행할 수 있다.

7. 자체 데이터 센터보다 클라우드를 사용하는 것이 더 나은 이유 중 가장 큰 이유는 무엇입니까? **(데이터 센터와 클라우드 비교/클라우드 속성)**

A. 더 나은 보안성
B. 더 높은 가용성
C. 더 저렴한 비용
D. 더 빠른 성능

8. 클라우드를 사용하는 것이 자체 데이터 센터보다 더 나은 이유 중 하나는 무엇입니까? **(데이터 센터와 클라우드 비교/클라우드의 장점)**

A. 더 많은 제어권과 유연성을 제공한다.
B. 더 많은 기술 지원과 전문 지식을 제공한다.
C. 더 많은 보안성과 안정성을 제공한다.
D. 더 많은 하드웨어 리소스를 제공한다.

9. 자체 데이터 센터를 사용하는 것이 클라우드보다 더 나은 경우는 무엇입니까? **(데이터 센터와 클라우드 비교/데이터 센터의 장점)**

A. 보안이 더 강력하다.
B. 인프라 운영 비용이 더 낮다.
C. 애플리케이션 성능이 더 높다.
D. 자체 데이터 센터는 클라우드보다 더 복잡한 구성이 필요하다.

10. 어떤 경우에 클라우드보다 자체 데이터 센터를 사용하는 것이 더 유리합니까? **(데이터 센터와 클라우드 비교/데이터 센터의 장점)**

A. 기업에서 비즈니스 중요도가 높은 데이터를 처리해야 하는 경우
B. 급격한 수요 증가에 대응해야 하는 경우
C. 일시적인 자원 부족 문제가 있는 경우
D. 법규 또는 규정에 따라 데이터를 특정 위치 밖으로 전송할 수 없는 경우

11. 클라우드 배포 모델 중 SaaS[Software-as-a-Service]에 대한 설명으로 가장 옳은 것은 무엇입니까? **(클라우드 배포 모델/SaaS)**

A. 애플리케이션을 사용하기 위한 하드웨어, OS, 네트워크 및 데이터베이스와 같은 인프라를 제공한다.
B. 애플리케이션 개발 및 배포를 위한 플랫폼을 제공하는 모델이다.
C. 애플리케이션을 클라우드에서 호스팅하고 고객이 웹 브라우저 또는 API를 통해 액세스하는 모델이다.
D. 인프라스트럭처를 구성하고 관리하기 위한 도구 및 서비스를 제공하는 모델이다.

12. 클라우드 배포 모델 중 IaaS[Infrastructure-as-a-Service]의 특징은 무엇입니까? **(클라우드 배포 모델/IaaS)**

A. 애플리케이션 개발 및 배포를 위한 플랫폼을 제공하는 모델이다.
B. 애플리케이션을 사용하기 위한 하드웨어, OS, 네트워크 및 데이터베이스와 같은 인프라를 제공하는 모델이다.
C. 애플리케이션을 클라우드에서 호스팅하고 고객이 웹 브라우저 또는 API를 통해 액세스하는 모델이다.
D. 사용자가 필요에 따라 가상머신, 스토리지, 네트워크 등의 인프라 리소스를 선택하고 배치할 수 있는 모델이다.

13. PaaS 배포 모델에 대한 설명 중 틀린 것은 무엇입니까? **(클라우드 배포 모델/PaaS)**

A. 사용자는 애플리케이션을 만들고 배포하는 데 필요한 모든 것을 제공받는다.
B. 사용자는 애플리케이션 서버, 데이터베이스, 미들웨어 등의 인프라스트럭처를 제어할 수 있다.
C. PaaS 제공 업체는 서버 관리, 운영체제 업데이트, 보안 패치 등을 처리한다.
D. PaaS는 애플리케이션을 실행하는 데 필요한 모든 리소스를 동적으로 할당한다.

14. AWS에서 제공하는 PaaS 서비스는 무엇입니까? **(클라우드 배포 모델/PaaS)**

A. Amazon S3
B. Amazon EC2

C. AWS Lambda

D. AWS Elastic Beanstalk

15. 클라우드의 온디맨드 속성이란 무엇입니까? **(클라우드/온디맨드 속성)**

A. 클라우드 서비스에서 지속적으로 실행되는 애플리케이션

B. 클라우드 서비스에서 필요한 만큼의 IT 리소스를 즉시 사용할 수 있는 속성

C. 클라우드 서비스에서 다른 서비스와 연동해 사용하는 속성

D. 클라우드 서비스에서 사용 가능한 서비스가 제한돼 있는 속성

16. AWS에서의 온디맨드 인스턴스에 대한 설명으로 옳지 않은 것은 무엇입니까? **(클라우드/온디맨드 속성)**

A. 사용한 시간만큼 비용이 청구된다.

B. 자동으로 크기가 조정돼 부하에 따라 최적화된다.

C. 미리 예약한 인스턴스보다 비용이 항상 높다.

D. 필요에 따라 인스턴스를 생성하고 삭제할 수 있다.

17. 다음 중 AWS 클라우드의 이점은 무엇입니까? **(AWS와 클라우드 개념), (정답 2개)**

A. 기업이 IT 인력을 늘려야 한다.

B. 자본 비용이 가변 비용으로 대체된다.

C. 고객이 사용하는 리소스에 관계없이 동일한 월별 청구서를 받는다.

D. 기업의 민첩성을 높인다.

E. AWS가 클라우드 내부 보안에 대한 책임을 진다.

18. 시스템이 상호 종속성을 줄여야 한다고 명시하는 AWS 클라우드 아키텍처 원칙은 무엇입니까? **(AWS의 기술과 서비스)**

A. 확장성

B. 서버리스

C. 자동화

D. 느슨한 결합

19. 다음 중 AWS 클라우드의 이점은 무엇입니까? **(AWS와 클라우드 개념), (정답 2개)**

A. AWS는 클라우드 인프라의 유지 보수를 관리한다.

B. AWS는 AWS를 기반으로 구축된 애플리케이션의 보안을 관리한다.

C. AWS는 물리적 서버에 대한 용량 계획을 관리한다.

D. AWS는 AWS에서 애플리케이션 개발을 관리한다.

E. AWS는 가상 서버에 대한 비용 계획을 관리한다.

20. 여러 가용 영역에 대한 워크로드 배포를 지원하는 AWS 클라우드 아키텍처 설계 원칙은 무엇입니까? **(AWS의 기술과 서비스/멀티 AZ)**

A. 자동화 구현

B. 민첩성을 위한 설계

C. 장애 대비 설계

D. 탄력성 구현

정답 및 해설

1. **정답 D** 가용성과 확장성이 클라우드와 온프레미스의 가장 큰 차이점이다. 클라우드는 신속하게 스케일 업 및 다운이 가능하며, 전 세계적으로 분산된 인프라에서 제공되기 때문에 고가용성을 보장할 수 있다. 반면 온프레미스에서는 인프라 용량이 한정돼 있어 스케일 업이 어렵고, 고장이 발생하면 시스템 전체가 영향을 받을 수 있다.

2. **정답 A** 클라우드에서는 애플리케이션을 가상머신 이미지로 패키징하고 배포하는 방식을 사용하며, 클라우드 플랫폼에서 제공하는 서비스를 활용하고, 이를 위해 다양한 PaaS 및 IaaS 서비스가 제공된다. 반면 온프레미스에서는 가상화 기술이나 컨테이너화 기술을 사용해 직접 서버에 설치 및 구성해 배포하는 방식을 사용한다.

3. **정답 B** 클라우드에서는 데이터 백업 및 복원이 보다 간편하고 신속하게 이뤄진다. 클라우드에서는 보통 자동화된 백업 및 복원이 가능하며, 백업된 데이터를 다양한 지리적 위치에 저장해 가용성과 내구성을 보장한다. 반면 온프레미스에서는 보통 자동화된 백업 및 복원이 어려울 수 있으며, 물리적인 하드웨어를 구매하고 유지 보수해야 하므로 추가적인 비용과 노력이 필요하다.

4. **정답 A** 하이퍼바이저(Hypervisor)는 하나의 물리적 서버에서 여러 개의 가상머신을 실행할 수 있도록 해주는 가상화 소프트웨어다. 하이퍼바이저는 각 가상머신의 CPU, 메모리, 디스크, 네트워크 등을 가상화하고, 이를 관리하며 실행한다. 이를 통해 서버 자원의 효율적인 분배와 유연한 확장성을 제공한다.

5. 정답 C 가상머신을 생성할 때 이를 위한 최소한의 자원을 할당하는 작업을 프로비저닝이라고 한다. 이 작업은 사용자가 필요한 자원을 동적으로 할당하는 경우도 있으며, 미리 정해진 자원을 할당하는 경우도 있다. 이를 통해 자원의 효율성을 높이고, 가상머신의 생성과 운영을 보다 효과적으로 수행할 수 있다.

6. 정답 C 필요 시 온디맨드로 인스턴스를 시작할 수 있으므로 다양한 워크로드에 응답해 사용자가 인스턴스를 시작하고 종료할 수 있으며, 이는 피크 로드를 처리하기에 충분한 온프레미스를 구입하는 것보다 경제적이다.

7. 정답 B 클라우드를 사용하는 것이 더 나은 이유 중 가장 큰 이유는 더 높은 가용성이다. 클라우드 플랫폼은 전 세계적으로 분산돼 있어 자연 재해, 시스템 고장 등으로 인한 서비스 중단을 최소화할 수 있으며, 유연한 자원 할당과 확장이 가능해 비즈니스 확장에 따른 인프라 조정이 용이하다.

8. 정답 B 클라우드 서비스 제공업체는 다양한 기술 및 전문 지식을 보유하고 있으며, 이를 이용해 고객이 원하는 요구 사항에 맞게 맞춤형 솔루션을 제공할 수 있다. 이는 자체 데이터 센터에서는 보다 제한적일 수 있으며, 클라우드에서는 새로운 기술과 서비스가 지속적으로 제공돼 최신 기술에 대한 접근성도 높아진다.

9. 정답 B 자체 데이터 센터를 사용하는 것이 클라우드보다 더 나은 경우는 인프라 운영 비용이 더 낮을 때다. 자체 데이터 센터는 초기 투자 비용은 높지만 장기적으로는 운영 비용이 저렴할 수 있다. 또한 일부 기업들은 보안, 규정 준수, 특정 기술 요구 사항 등으로 인해 자체 데이터 센터를 선택할 수 있다.

10. 정답 D 클라우드 대신 자체 데이터 센터를 사용해야 하는 대표적인 사례로는 법규 또는 규정에 따라 데이터를 특정 위치 밖으로 전송해서는 안 되는 경우가 있으며, 자체 데이터 센터를 구성하고 운영하는 것이 더 쉽고 비용 효율적일 수 있다. 그러나 기업에서 비즈니스 중요도가 높은 데이터 처리, 급격한 수요 증가 대응, 일시적인 자원 부족 문제 등에는 클라우드를 사용하는 것이 더 나은 선택일 수 있다.

11. 정답 C SaaS는 클라우드 배포 모델 중 하나로, 애플리케이션을 클라우드에서 호스팅하고 고객이 웹 브라우저 또는 API를 통해 액세스하는 모델이다. 고객은 인프라를 구축하거나 관리할 필요 없이 클라우드상에서 애플리케이션을 사용할 수 있으므로 비용과 유지 보수 시간을 줄일 수 있다.

12. 정답 D IaaS는 사용자가 필요한 인프라 리소스를 선택하고 배치할 수 있는 클라우드 배포 모델이다. 즉, 하드웨어, OS, 네트워크, 스토리지 등의 인프라 리소스를 제공해 사용자가 이를 조합해 가상머신, 스토리지, 네트워크 등의 인프라를 구성할 수 있다. 이를 통해 사용자는 인프라 운영과 관리에 대한 책임을 갖고 자유롭게 인프라를 구성하고 운영할 수 있다.

13. 정답 B PaaS 배포 모델에 대한 설명 중 틀린 것은 B이다. PaaS는 사용자에게 애플리케이션을 만들고 배포하는 데 필요한 모든 것을 제공하며, 사용자는 인프라스트럭처를 직접 제어하지 않는다. 대신 PaaS 제공업체가 서버 관리, 운영체제 업데이트, 보안 패치 등을 처리한다. 또한 PaaS는 애플리케이션을 실행하는 데 필요한 리소스를 동적으로 할당해 사용자가 필요한 만큼 리소스를 사용할 수 있게 한다.

14. 정답 D AWS에서 제공하는 PaaS 서비스는 AWS Elastic Beanstalk이다. Elastic Beanstalk는 애플리케이션 개발 및 배포를 위한 플랫폼으로, 애플리케이션 코드를 업로드하면 자동으로 배포 및 확장해준다. 사용자는 애플리케이션 코드를 작성하는 데 집중하고, 배포 및 인프라스트럭처 관리를 AWS가 대신 처리한다.

15. **정답 B** 클라우드의 온디맨드 속성은 필요에 따라 즉시 필요한 IT 리소스를 사용할 수 있는 속성이다. 이것은 클라우드 서비스에서 사용자가 필요로 하는 모든 것을 요청하고 이용할 수 있으며, 이러한 리소스는 필요한 만큼 제공된다. 이를 통해 사용자는 손쉽게 IT 인프라를 관리하고 사용할 수 있으며, 리소스의 효율적인 사용이 가능하다.

16. **정답 C** AWS에서의 온디맨드 인스턴스는 필요에 따라 인스턴스를 생성하고 삭제할 수 있으며, 사용한 시간만큼 비용이 청구된다. 또한 자동으로 크기가 조정돼 부하에 따라 최적화된다. 다만 미리 예약한 인스턴스보다 비용이 항상 높다는 표현은 옳지 않다.

17. **정답 B, D** AWS 클라우드를 도입하면 자본 비용이 가변 비용으로 대체되고, 기업의 민첩성이 향상된다.

18. **정답 D** 느슨한 결합(Loose-coupling) 원칙은 시스템이 상호 종속성을 줄여야 한다고 명시한다.

19. **정답 A, C** AWS는 고객이 필요로 하는 클라우드 인프라의 유지 보수를 관리하고, 물리적 서버에 대한 용량 계획을 관리하므로, 고객의 인프라 관리 필요성, 물리적 서버 용량 계획 필요성을 줄여준다.

20. **정답 C** 장애 대비 설계 원칙에 따라, AWS는 여러 가용 영역에 대한 워크로드 배포를 지원한다.

2장

AWS 인프라 및 서비스 개요

연관 출제 영역

출제 영역 2: AWS의 보안 및 규정 준수

2.1 AWS 공동 책임 모델 정의
서비스별 고객 책임 범위

2.2 AWS 클라우드 보안 및 규정 준수 개념 정의
데이터 암호화, 서비스별 암호화 기능, 모니터링

2.3 AWS 액세스 관리 기능 식별
IAM, MFA, 루트 유저, 액세스 키

2.4 보안 지원을 위한 리소스 식별
네트워크 보안, 보안 보고서, Trusted Advisor

2장에서 다룰 주요 내용

- AWS와 퍼블릭 클라우드
- AWS 클라우드의 활용 방식
- AWS 글로벌 인프라
- 공동 책임 모델
- AWS Trusted Advisor
- 활용 실습 - AWS 관리 콘솔 접속 및 계정 정보 확인

AWS와 퍼블릭 클라우드

클라우드 산업은 2006년 AWS 출범 후 현재까지 치열한 경쟁을 벌이고 있으며, 마이크로소프트 Azure, 구글 GCP 등이 선두와의 격차를 줄이기 위해 많은 노력을 기울이고 있다. 그 외 Oracle, IBM 등 IT 탑티어 기업이 각자의 장기를 살려서 클라우드 전쟁에 뛰어들기도 했으나 10여 년이 지난 지금도 시장 구도가 거의 바뀌지 않았다는 사실을 통해 AWS, Azure, GCP 등 글로벌 클라우드 3사가 인프라, 비용 효율성, 성능 등 다양한 측면에서 다른 경쟁자를 압도하고 있음을 알 수 있다.

다음 그림에서 AWS, Azure, GCP, Oracle, IBM 등은 나름의 점유율을 지키고 있지만 Dell, AT&T, HP, CISCO 등 지난 30년간의 IT 산업 역사에서 상당한 영향력을 가진 기업들은 1% 미만의 점유율만 확보했거나 클라우드 산업에서 공식적으로 발을 빼기도 했다.

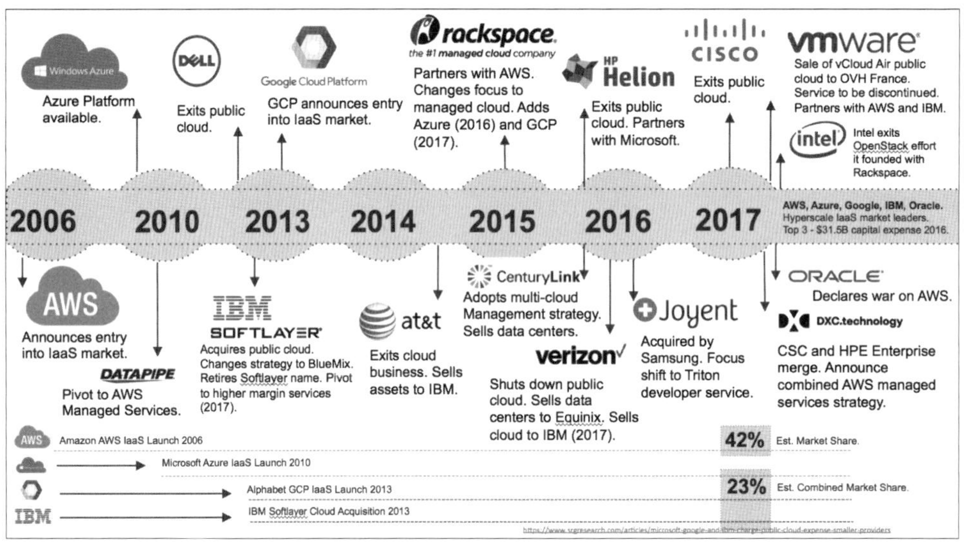

그림 2.1 클라우드 산업 내 치열한 선두 경쟁

(출처: https://medium.com/@dougpollei/there-can-be-only-one-37667ff80647)

숫자로 보는 AWS의 위상

AWS, Azure, GCP 등 주요 클라우드 기업의 시장 점유율 경쟁은 늘 치열했으며, 2020년 이후 Azure가 AWS와의 격차를 많이 좁혔고, 때론 분기별 실적에서 AWS를 앞서는 결과를 발표하고도 있다. Azure를 선택하는 중요한 이유로 마이크로소프트의 오피스 제품군과의 연계성을 들기도 한다. 즉, 오피스의 수익성을 다소 포기하고 Azure 비즈니스를 키우고 있는 셈인데, 이런 전략은 특히 유럽 시장에서 잘 통하고 있다는 평가를 받는다.

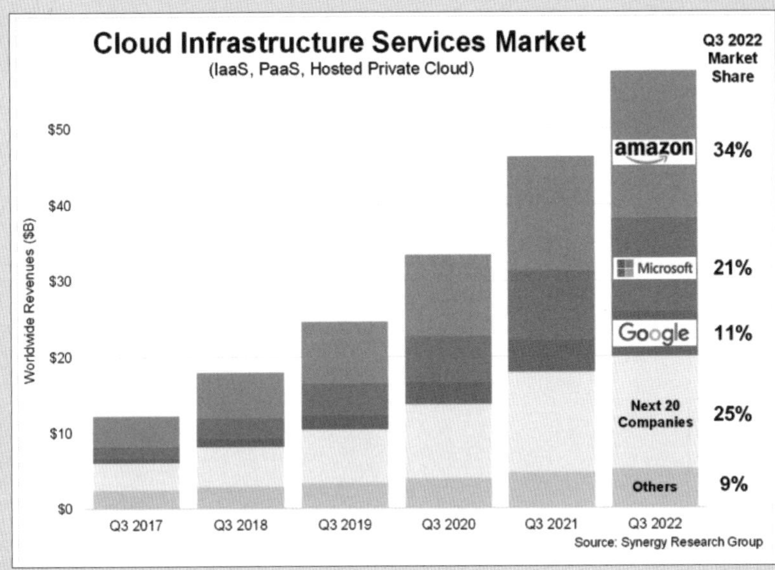

그림 2.2 AWS 2023 시장 점유율(Synergy Group)

(출처: https://kinsta.com/aws-market-share/)

하지만 위 그림을 보면 최근까지도 글로벌 클라우드 1위 기업 자리는 여전히 AWS가 지키고 있고, 미국 내 주요 기관과 글로벌 탑티어 기업을 지속적으로 고객 또는 파트너로 유입시키며 영향력을 확대하고 있다. 한 가지 더 유심히 볼 부분은 클라우드 산업 전체의 크기도 매년 20~30% 정도 커지고 있다는 것이며, 2017년에는 클라우드 산업 크기가 500억 달러 미만이었지만 2023년에는 AWS의 매출액만 800억 달러에 이를 정도로 클라우드 산업과 AWS, Azure, GCP 등의 성장세가 이어지고 있다는 점이다.

1장에서 클라우드 산업이 '성숙기'를 맞고 있다고 했었고, 클라우드 산업은 지난 10여 년간 매년 30%씩 매출액을 중심으로 한 외형이 성장하고 있다는 측면에서는 여전히 '성장기'를 지나고 있지만, 순이익 측면에서는 성장이 둔화되는 모습이 관찰되기도 한다. 글로벌 레벨에서는 지난 10여 년간 경쟁 관계가 거의 정리됐지만 아시아 및 유럽 주요 국가별로는 해당 국가를 대표하는 클라우드 기업과 경쟁을 벌이면서 수익성이 약화되고 있기 때문이다. 지난 2023년 AWS의 영업 이익은 122억 달러를 기록했다.

AWS에 대한 외부의 평가 - Gartner Magic Quadrant

글로벌 주요 산업에 대한 리서치 및 컨설팅 전문 기관인 Gartner는 매년 산업별로 Magic Quadrant라는 기업 순위표를 발표하고 있으며, 2022년 클라우드 산업 분석 자료에서도 AWS가 다른 경쟁 기업을 앞서고 있다는 점을 확인할 수 있다.

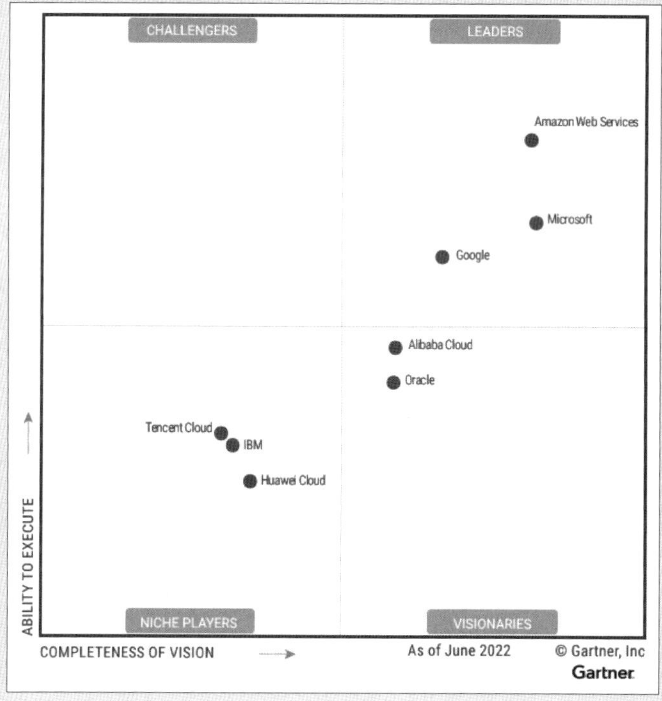

그림 2.3 Gartner Magic Quadrant – 2022 클라우드 산업

(출처: https://www.gartner.com/doc/reprints?id=1-2AOZQAQL&ct=220728&st=sb&refid=fc81dabe-57e1-4c46-8d33-cfd3acf1ef08)

Gartner가 분석한 AWS의 3대 장점은 다음과 같다.

- **장점 1**: 변화하는 마켓 니즈에 대응하는 다양한 클라우드 상품 제공
- **장점 2**: 2, 3위의 맹추격에도 불구, 지난 17년간 1위를 유지해온 저력
- **장점 3**: SAP, VMWare 등 영향력 높은 파트너와 생태계 확장

AWS가 다른 기업, 특히 2위인 Azure와 '실행 능력' 측면에서는 격차가 크지만 클라우드 산업에 대한 혁신과 새로운 비전을 제시한다는 측면에서는 거의 차이가 없거나 Azure가 살짝 앞서는 부분이 있는 것으로 조사됐다.

AWS 클라우드의 활용 방식

전 세계 백만 명 이상의 AWS 고객, 수백만 명의 사용자는 과연 AWS를 어떤 용도로, 혹은 방식으로 이용할까?

- **정교하고 확장성 높은 애플리케이션 구현**: AWS가 제공하는 컴퓨트, 스토리지, 네트워크, 데이터베이스 등 IT 리소스는 엔터프라이즈급 애플리케이션을 만드는 데 사용된다. 애플리케이션 실행과 관련된 수만 건의 API 요청을 오차 없이 처리한다는 면에서 정교하다고 할 수 있고, 평소 수천 건의 API 요청 수준이 수십만 건의 요청 수준으로 급격히 증가해도 이를 별다른 어려움 없이 처리할 수 있다는 면에서 확장성이 높다고 할 수 있다.
- **다양한 산업군의 IT 인프라, 리소스 니즈에 대응**: 산업별로 IT 인프라와 리소스에 대한 요구 사항이 천차만별이다. 가령 선박 등을 건조하는 조선업의 경우, 상당수의 조선소는 국가 보안 시설로 지정돼 있고, 핵심 선박 건조 기술은 국가 보안 정보로 다뤄진다. 즉, 선박 설계 도면이라는 데이터의 생성, 저장, 전송 등 모든 부분이 보안 기준에 맞춰 이뤄져야 하며 AWS를 통해 글로벌 산업과 관련된 수많은 보안 표준을 준수할 수 있다. 또한 앞서 설명한 엔터 또는 게임 산업의 경우처럼, 콘텐츠의 인기도에 따라

트래픽의 급등락이 심한 특성은 리소스의 단계적 자동 확장 또는 연속적 자동 확장 등 다양한 방식으로 대응할 수 있다.

- **기업용 IT 서비스, 백업 및 스토리지, 빅데이터 분석**: 2010년 이후 모바일과 소셜 산업이 급성장하면서 IT 기술 수준도 크게 향상됐지만, 소비자의 요구 수준도 높이 올라가고 있다. 예를 들어 K라는 모바일 메신저 서비스를 이용하는 소비자의 경우, 10여 년 전에는 자신의 데이터가 안전하게 보존돼야 한다는 신뢰성reliability을 중시했지만, 이제는 365일 언제든 서비스에 안정적으로 접속할 수 있어야 한다는 가용성availability을 중시하기에 이르렀다. '데이터 백업'은 데이터를 안전하게 보존하기 위한 기본적인 방법이고, AWS는 99.999999999%의 신뢰성을 지닌 S3라는 스토리지이자 백업 리소스를 제공한다. AWS에서 가용성은 워크로드 요구 수준에 따라 다양한 옵션 가운데 선택할 수 있으며, S3는 Standard, Standard IA, One Zone IA 등 다양한 가용성 수준의 스토리지 옵션을 제공한다. 그리고 이들 스토리지에 저장된 수 테라바이트급 빅데이터는 Athena, SageMaker 등 다양한 도구를 이용해 간편하게 또는 수준 높은 방식으로 분석할 수 있다.
- **글로벌 고객에게 웹 서비스, 모바일 앱 서비스 제공**: 글로벌 고객은 수백~수천 명 규모의 내부 직원 또는 업무 파트너일 수 있고, 수만~수백만 명 규모의 콘텐츠 소비자일 수 있다. 본사 혹은 지사 등 내부 직원용이라면 IAM이라는 신분 확인 및 권한 부여 체계가 적합하고, 다양한 ID로 자신이 원하는 콘텐츠를 이용하려는 글로벌 소비자라면 Cognito가 좀 더 적합할 것이다. AWS는 글로벌 인프라를 바탕으로 거의 즉각적으로 글로벌 레벨에 확장할 수 있는 컴퓨트, 스토리지, 네트워크, 데이터베이스 등 다양한 리소스를 제공하며 사용자는 글로벌 고객의 니즈와 내부 개발 역량, 운영 자원 등을 고려해 최선의 웹 서비스 또는 앱 서비스를 제공할 수 있다.
- **글로벌 게임 및 콘텐츠 서비스 개발 및 운영**: 앞서 AWS의 주요 고객사이자 사용 시나리오로 넷플릭스에 대해 알아봤지만, 클라우드 산업이 글로벌 레벨에서 크게 성장한 배경에는 이와 같은 영화 콘텐츠, 미디어 콘텐츠 기업과 게임 기업이 있다. 넥슨, 엔씨, 넷마블 등 주요 기업이 글로벌 플레이어에게 게임을 제공할 때 공통적으로 사용하는

요소 중 하나가 CloudFront이며, 유럽, 남미, 중동 등 특정 지역의 콘텐츠에 대한 요청이 많아질수록 더 많은 자원을 할당해 좀 더 빠르고 쾌적하게 게임 또는 콘텐츠를 즐길 수 있도록 돕는다.

AWS 글로벌 인프라

AWS는 오랜 기간 동안 전 세계의 주요 대륙과 국가별로 인프라를 확장해 왔으며, 리전-가용 영역-에지 로케이션 등 주요 인프라 요소를 포함한다. 이들 요소는 AWS의 글로벌 영향력으로도 의미가 있지만, 글로벌 서비스의 안정성 또는 데이터의 안전성을 높이기 위한 중복 구현, 고가용성 구성 등에 있어서 매우 중요한 요소다.

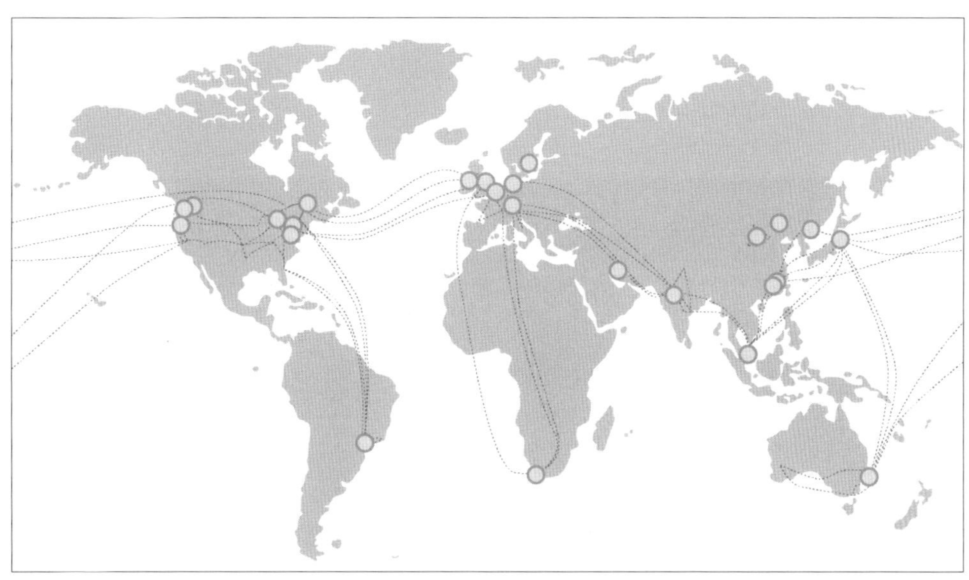

그림 2.4 AWS 글로벌 인프라 – 리전
(출처: https://infrastructure.aws/)

AWS의 글로벌 인프라는 다음과 같은 주요 인프라 구성 요소를 지닌다.

- 리전
- 가용 영역

- 에지 로케이션
- 로컬 존
- Wavelength
- Outposts

리전, 가용 영역 등은 프랙티셔너, 어소시에이트, 프로페셔널 모든 레벨의 AWS 인증 자격에서 자주 출제되며, 하나의 서비스에서 안전성을 높이기 위한 멀티 리전 구성, 고가용성을 위한 멀티 AZ 구성 등의 문제는 어소시에이트 및 프로페셔널에서 중요하게 다뤄진다. 리전과 가용 영역은 비용과도 높은 관련성이 있다.

AWS 리전

리전Region은 다수의 데이터 센터, 즉 가용 영역이 그룹 형태로 모인 데이터 센터 클러스터이며, AWS의 글로벌 인프라의 최상위 개념이다.

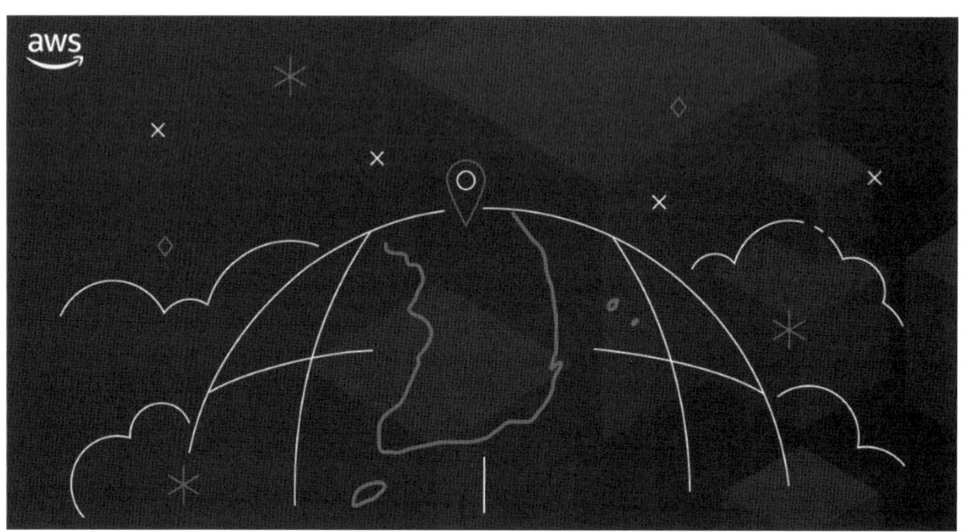

그림 2.5 서울 리전

(출처: https://aws.amazon.com/ko/blogs/korea/now-open-fourth-availability-zone-in-the-aws-asia-pacific-seoul-region/)

하나의 리전은 최소 3개 이상의 가용 영역으로 구성되며, 한국에는 서울 리전이 있다. 서울 리전(ap-northeast-2)은 2016년에 3개의 가용 영역으로 시작했으며, 현재는 한국의 높은 이용량을 처리하기 위해 4개의 가용 영역으로 운영되고 있다.

사용자는 필요에 따라 리전을 선택해서 리소스를 생성하고 서비스를 운영할 수 있으며, 이는 주된 사용자의 위치 등을 고려해서 결정할 일이기도 하지만 리전마다 사용 가능한 리소스 또는 도구가 다르다는 점도 고려 대상이다. 또한 리전마다 EC2 인스턴스 생성을 위한 기본 설계도blue print라 할 수 있는 AMIAmazon Machine Image의 속성이 달라질 수 있으며, 서울 리전에 존재하는 특정 AMI가 이웃 도쿄 리전에는 없을 수 있다.

싱글 리전으로 운영되는 서비스를 멀티 리전 또는 크로스 리전으로 구성해 서비스의 안정성 또는 가용성 등을 높일 수 있다.

AWS 가용 영역

가용 영역AZ, Availability Zone은 리전 내 데이터 센터 그룹이라 할 수 있으며, 엔터프라이즈급 데이터 센터 여러 개를 합친 개념이다. 가용 영역은 안전성을 높이기 위해 전력, 네트워크 등 필수 인프라를 중복 구현하고 있으며, 자연재해를 포함한 지역별 재난 상황에서도 안정적으로 클라우드 인프라를 이용할 수 있도록 설계 및 운영된다. 가용 영역은 AWS 인프라의 실무적인 관리 단위로서, 각종 인프라 및 리소스 요소를 광대역, 초저지연성 네트워크로 연결해 최상의 성능을 발휘하도록 한다.

앞서 멀티 리전이라는 개념을 잠시 언급했으며, 클라우드에서 매우 매우 중시하는 개념 중 하나가 '원활한 접속 가능성'을 의미하는 가용성이다. 가용성을 높이기 위한 대표적인 방법이 하나의 가용 영역을 2개, 3개로 증가시키는 것이다. 프랙티셔너에서는 가용 영역의 정의에 대해 질문한다면, 어소시에이트에서는 가용성을 높이기 위해 가용 영역을 어떻게 구성하느냐에 대해 질문한다. 다수의 가용 영역 또는 멀티 AZ 구성은 서비스의 고가용성, 내결함성, 고확장성을 구현하기 위한 대표적인 전략이다.

리전과 가용 영역의 관계를 정리하자면, 서울 리전을 ap-northeast-2라 부르고, 이에 속한 3개의 가용 영역은 각각 ap-northeast-2a, ap-northeast-2b, ap-northeast-2c로

부르게 된다. 가상 서버인 EC2 인스턴스 생성 시, 사용자는 자신이 선택한 리전 내 가용 영역의 기본 서브넷에 인스턴스를 추가할 수 있다.

AWS 에지 로케이션

리전과 가용 영역이 AWS의 기본적인 인프라 구성 요소라면 글로벌 콘텐츠 서비스를 제공하기 위한 특화된 인프라 요소가 에지 로케이션Edge Location이다. 영상 콘텐츠, 게임 콘텐츠, 웹툰 콘텐츠를 글로벌 레벨에 제공하려 한다면 에지 로케이션 기반의 캐시 인프라가 필요하다.

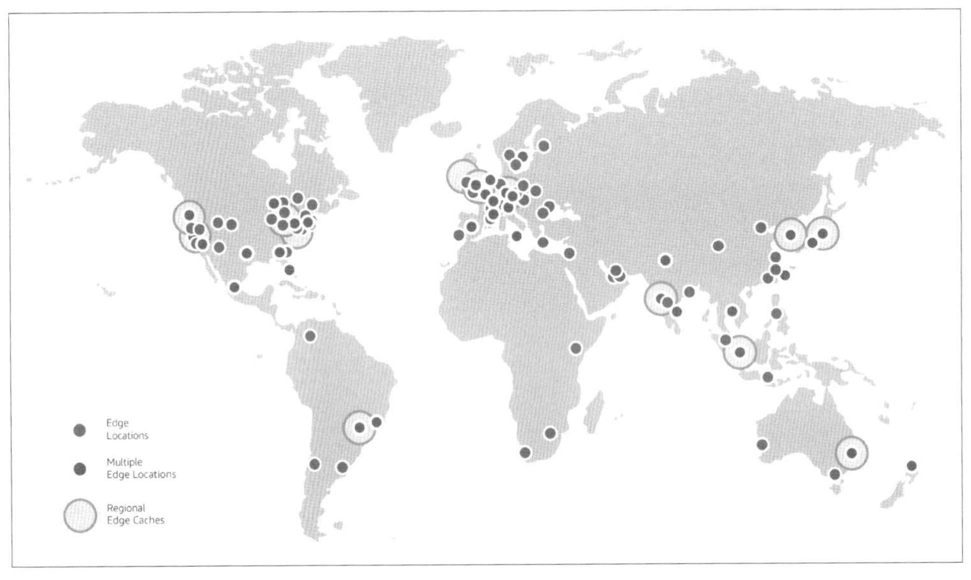

그림 2.6 에지 로케이션

(출처: https://aws.amazon.com/ko/cloudfront/features/?whats-new-cloudfront.sort-by=item.additionalFields.postDateTime&whats-new-cloudfront.sort-order=desc)

앞서 소개한 넷플릭스 등의 기업이 글로벌 시장에서 수만 혹은 수십만 구독자에게 콘텐츠 서비스를 제공하기 위해 사용하는 요소 중 하나가 CDNContent Delivery Network이며, AWS의 대표적인 CDN 서비스가 바로 CloudFront이다. CloudFront는 수백여 개에 이르는 글로벌 에지 로케이션의 위치 기반 캐싱을 통해 인접 지역의 구독자에게 안정적, 효율적으로 대

용량 콘텐츠를 전송하며, 보안성 및 가용성을 향상시키고 비용 절감에도 기여한다. CloudFront의 캐시 스토어 또는 캐시 서버 개념은 6장, '네트워킹 중 CloudFront' 절에서 상세히 소개한다.

AWS 글로벌 인프라 – 기타

리전, 가용 영역, 에지 로케이션 외에도 다음과 같은 글로벌 인프라가 있다.

- **로컬 영역**: 컴퓨트, 스토리지, 데이터베이스 등 주요 AWS 서비스를 최종 사용자의 근접 위치에서 제공할 수 있는 인프라다.
- Wavelength: 모바일 에지 컴퓨팅 인프라로서 5G 네트워크 기반의 광대역폭 연결을 제공한다.
- Outposts: 해양 플랜트와 같이 인터넷 접속이 어렵거나 클라우드 인프라와 멀리 떨어진 온프레미스 환경에서 사용할 수 있는 AWS 인프라로서 다음과 같은 모습이다.

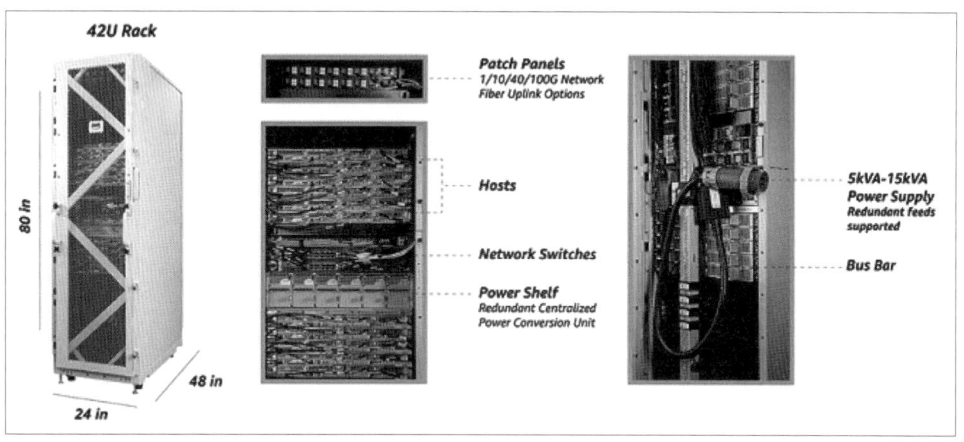

그림 2.7 AWS Outposts

(출처: https://www.megaport.com/blog/simplify-your-hybrid-operations-aws-outposts/)

공동 책임 모델

클라우드는 기본적으로 퍼블릭 인터넷 환경에 노출돼 있으므로, 기업의 소중한 서비스 자원과 데이터를 보호하는 것은 물론, AWS의 인프라와 서비스 요소를 보호하기 위해 AWS와 AWS 서비스를 이용하는 고객이 공동으로 준수해야 할 책임이 있다고 하겠다. AWS는 이를 '공동 책임 모델Shared Responsibility Model'이라는 보안 정책으로 명시하고 있다.

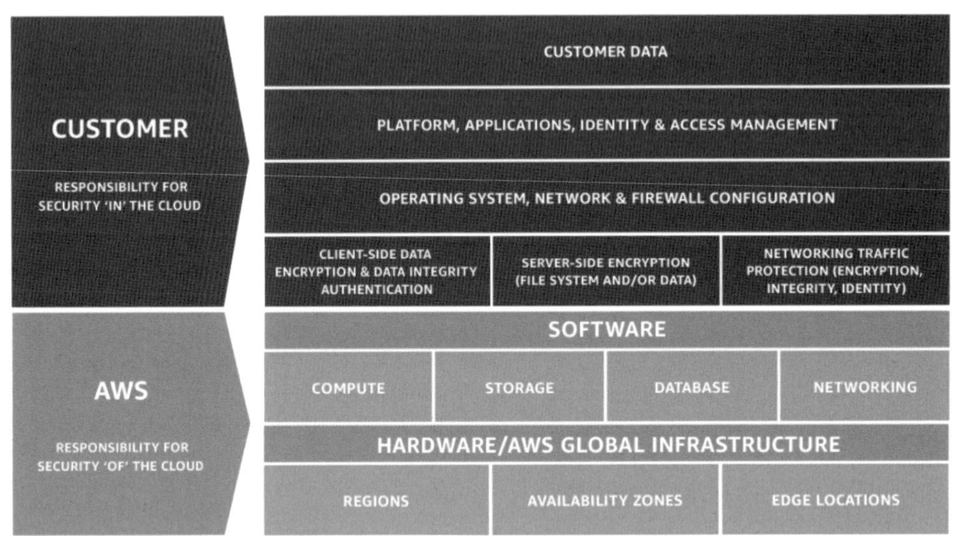

그림 2.8 AWS 클라우드 보안 정책: 공동 책임 모델

(출처: https://aws.amazon.com/ko/compliance/shared-responsibility-model/)

공동 책임 모델은 AWS의 책임과 고객의 책임을 명확하게 나눠서 설명한다.

- **AWS의 책임**: AWS 클라우드 운영과 관련된 HW, SW, 네트워킹, 시설 등 인프라
- **고객의 책임**: AWS에서 실행되는 애플리케이션, 입출력되는 데이터, 보안과 실행 환경 구성

프랙티셔너, 어소시에이트 모두 특정 문제 상황이 발생했을 때 이는 누구에게 귀속되는 책임이냐를 물으며, 기출 유형 분석 퀴즈에서 함께 살펴보겠다.

AWS Trusted Advisor

프랙티셔너에서 자주 출제되는 Trusted Advisor는 다음과 같은 대시보드 화면을 통해 제공되며, AWS의 고객을 위한 모범 사례 기준의 권장 사항을 제시하고, 무료 및 유료 검사를 통해 계정 보안, 비용 등에 대한 가이드를 제공한다.

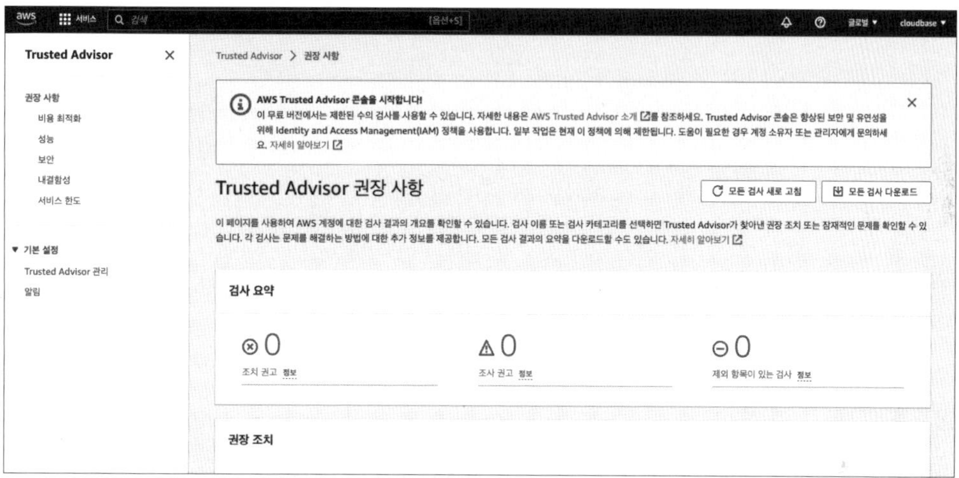

그림 2.9 Trusted Advisor 대시보드(5대 항목 검사 요약)

Trusted Advisor는 바로 이어서 설명할 Support Plan과도 직접적인 관련성이 있으며, Support Plan 옵션에 따라 Trusted Advisor에서 제공되는 검사 항목이 달라진다.

- Basic/Developer Support: 핵심 보안 검사 및 서비스 할당량 검사
- Business/Enterprise Support: 비용 최적화, 보안, 내결함성, 성능, 서비스 할당량 등 모든 검사 가능

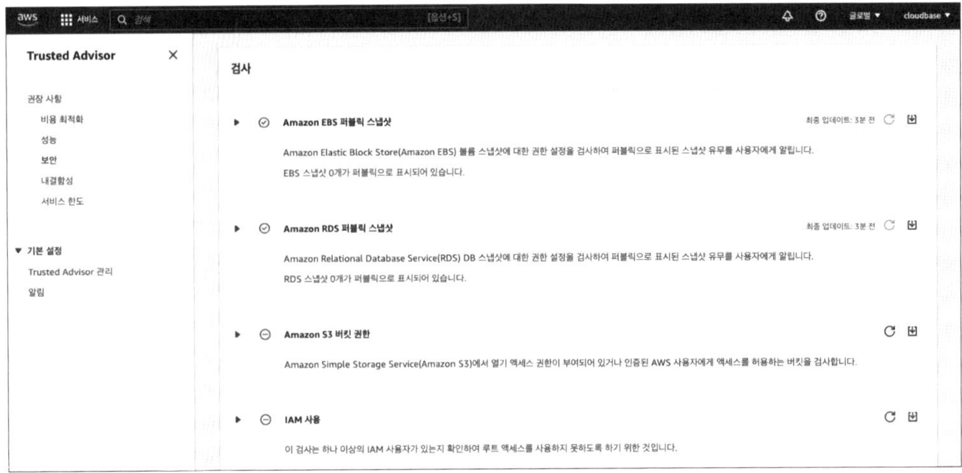

그림 2.10 Trusted Advisor 보안 검사 목록 예시

(출처: https://aws.amazon.com/ko/premiumsupport/technology/trusted-advisor/)

활용 실습

AWS 관리 콘솔 접속 및 계정 정보 확인

실습 결과 화면

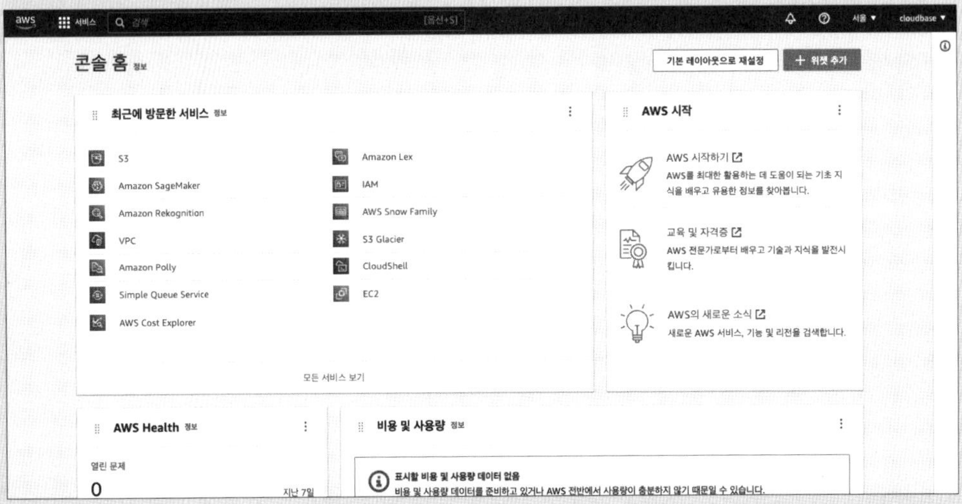

(출처: https://ap-northeast-2.console.aws.amazon.com/console/home?region=ap-northeast-2#)

실습 1. AWS 관리 콘솔 로그인 페이지(https://aws.amazon.com/ko/console/)로 이동

실습 2. 루트 유저 ID, 패스워드 입력

루트 유저 ID: AWS 회원 가입 e-mail 주소

실습 3. 루트 유저용 MFA 입력(MFA 없는 경우 생략)

멀티 팩터 인증 장치인 MFA는 루트 유저, 어드민 유저의 로그인에 널리 활용되며, IAM 섹션에서 소개한다.

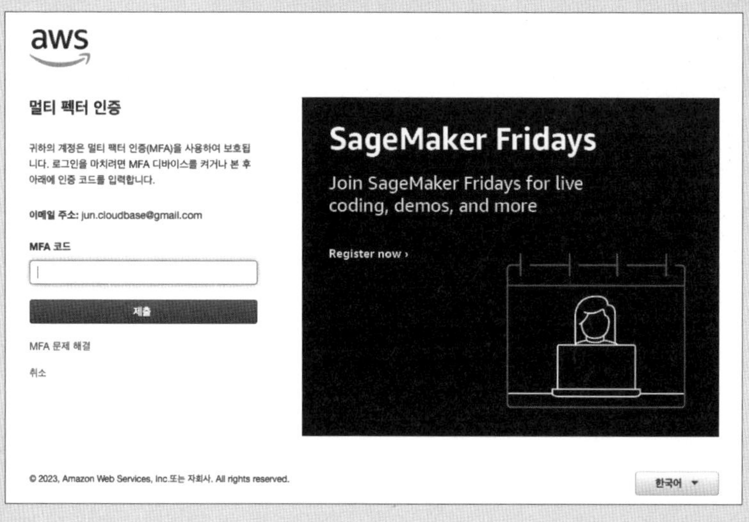

실습 4. AWS 관리 콘솔 홈 접속

실습 5. 서비스 목록 보기

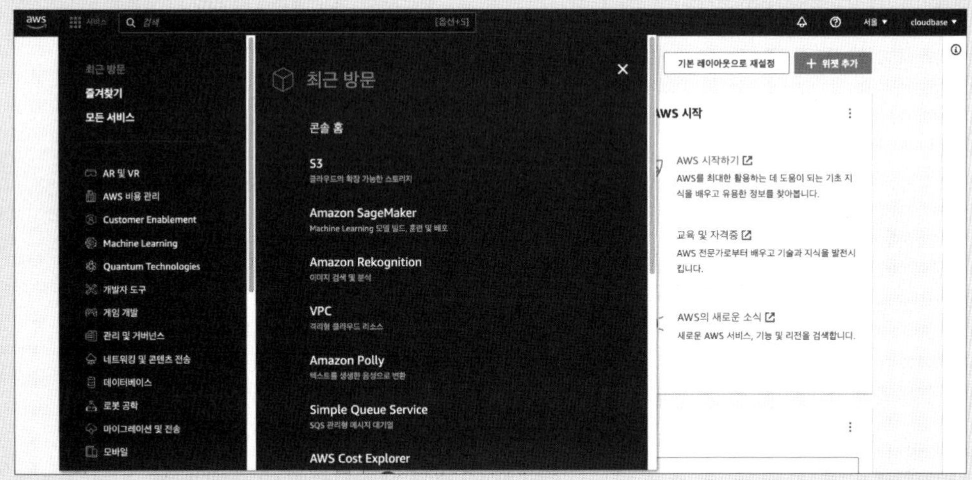

실습 6. 나의 리전 확인(현재는 서울 리전)

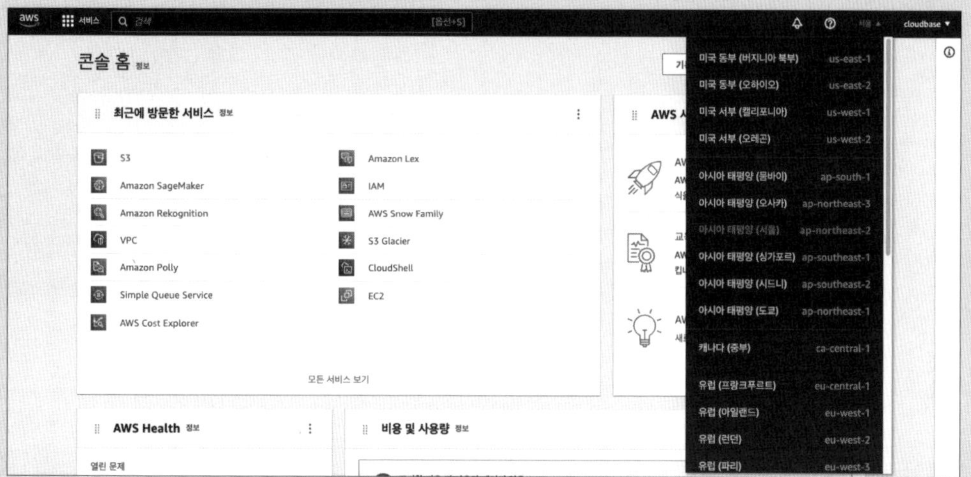

실습 7. 계정 정보 확인

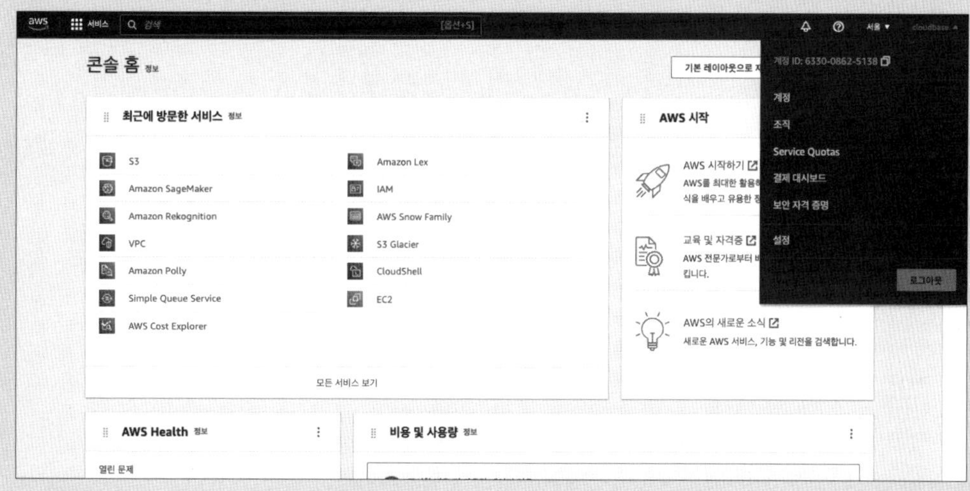

실습 8. 계정 정보 > 설정

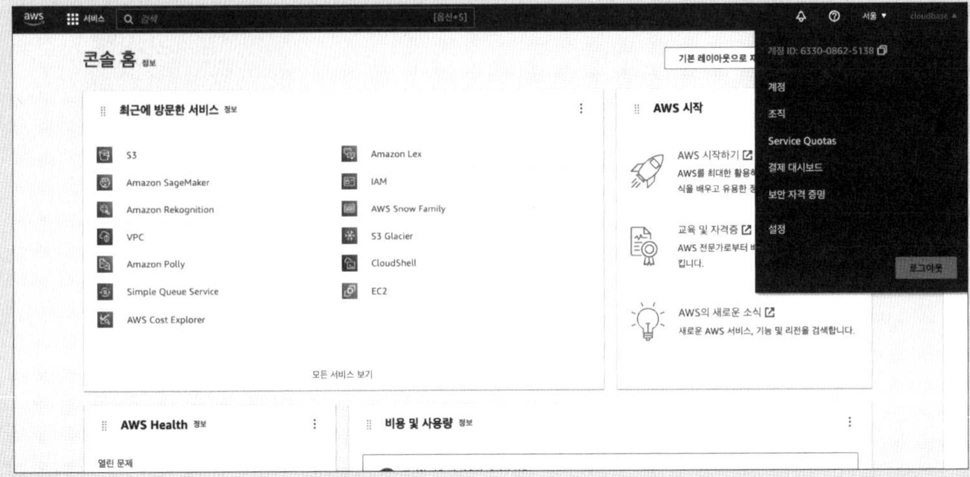

실습 9. 통합 설정(언어, UI 스타일 +)

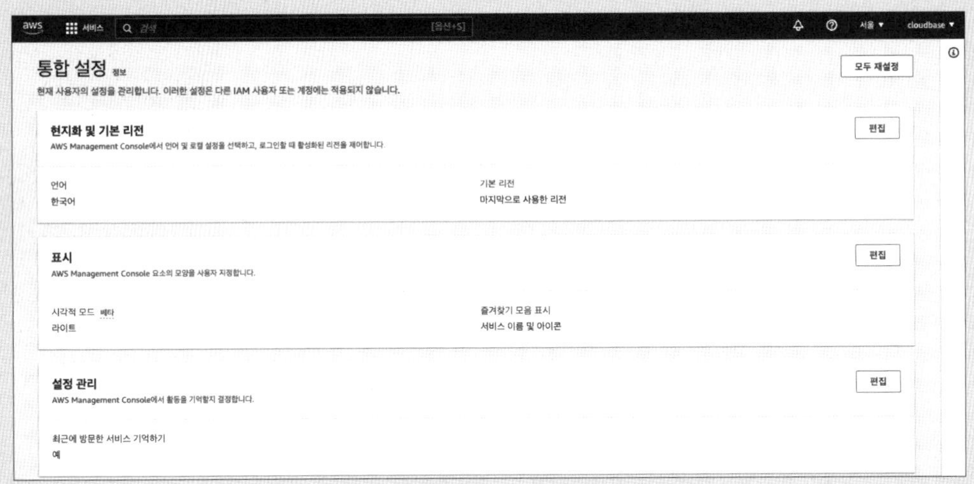

실습 10. 관리 콘솔 로그아웃

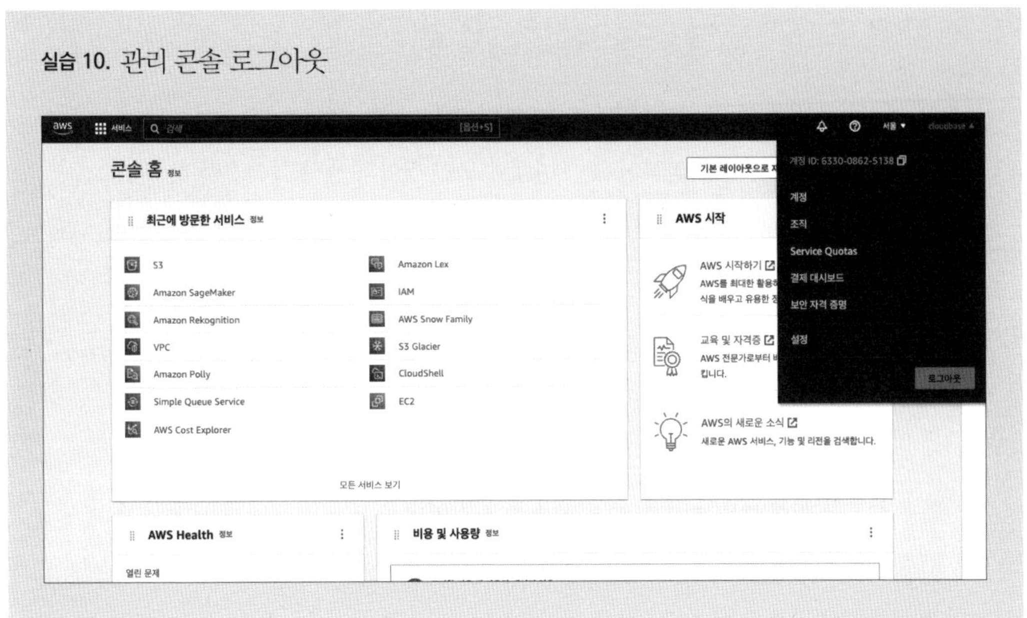

정리

- 2006년 AWS 출범 후 현재까지 AWS, Azure, GCP 등 글로벌 클라우드 3사가 인프라, 비용 효율성, 성능 등 다양한 측면에서 다른 경쟁자를 압도하고 있다.
- 현 시점은 클라우드 산업의 성장기와 성숙기가 혼재된 상황이며, 다양한 전문성을 지닌 클라우드 전문가가 필요한 때다.
- AWS는 변화하는 마켓 니즈에 대응하는 다양한 클라우드 상품을 적시에 제공한다는 점, 다양한 파트너와 클라우드 생태계를 확장하고 있다는 점에서 높은 평가를 받고 있다.
- 글로벌 탑티어 기업을 포함, AWS 고객은 정교하고 확장성 높은 애플리케이션 구현, IT 인프라, 리소스 니즈에 대응 등의 목적으로 AWS를 이용한다.
- AWS의 글로벌 인프라는 리전, 가용 영역, 에지 로케이션, 로컬 존, Wavelength, Outposts 등으로 세분화된다.

- 리전, 가용 영역, 에지 로케이션은 프랙티셔너, 어소시에이트, 프로페셔널 모든 레벨의 AWS 인증 자격에서 자주 출제되는 중요한 인프라 개념이다.
- 리전은 3개 이상의 가용 영역이 그룹 형태로 모인 데이터 센터 클러스터다.
- 가용 영역은 AWS 인프라의 실무적인 관리 단위로서 안전성을 높이기 위해 전력, 네트워크 등 필수 인프라를 중복 구현한다.
- 다수의 가용 영역 또는 멀티 AZ 구성은 서비스의 고가용성, 내결함성, 고확장성을 구현하기 위한 대표적인 전략이다.
- 에지 로케이션은 영상 콘텐츠, 게임 콘텐츠, 웹툰 콘텐츠를 글로벌 레벨에 제공하기 위한 캐시 인프라로서 CloudFront 서비스의 기반이다.
- 공동 책임 모델은 AWS와 AWS 서비스를 이용하는 고객이 공동으로 준수해야 할 책임을 정의한 것이다.
- Trusted Advisor는 AWS의 고객을 위한 모범 사례 기준의 권장 사항을 제시하고, 무료 및 유료 검사를 통해 계정 보안, 비용 등에 대한 가이드를 제공한다.
- Support 플랜 중 Basic/Developer Support 플랜은 Trusted Advisor에서 핵심 보안 검사 및 서비스 할당량 검사를 제공하고, Business/Enterprise Support 플랜은 Trusted Advisor에서 비용 최적화, 보안, 내결함성, 성능, 서비스 할당량 등 모든 검사를 제공한다.

기출 유형 분석 퀴즈

1. AWS의 가용 영역Availability Zone에 대한 설명 중 옳은 것은 무엇입니까? **(AWS 인프라/가용 영역)**

A. 각 가용 영역은 지리적으로 분리된 하나 이상의 데이터 센터로 구성된다.
B. 각 가용 영역은 모든 AWS 서비스에 대해 동일한 사용 가능성을 보장한다.
C. AWS에서 제공하는 서비스 중 가용 영역과 관련된 것은 Elastic Beanstalk이다.
D. 가용 영역은 장애 발생 시 복구 및 격리에 유용한 AWS의 백업 및 복구 서비스다.

2. AWS 공동 책임 모델에서 고객의 책임에 해당하는 것은 무엇입니까? (AWS 공동 책임 모델/고객의 책임)

A. AWS 서비스의 물리적 보안, 하드웨어 및 네트워크 인프라 관리
B. AWS 서비스 이용에 대한 모든 보안 책임
C. 애플리케이션 코드의 보안, 데이터 보안 및 액세스 관리
D. AWS에서 제공하는 모든 보안 패치와 업데이트 적용

3. AWS 에지 로케이션에 대한 설명으로 옳은 것은 무엇입니까? (AWS 인프라/에지 로케이션)

A. AWS 서비스의 일부가 위치한 지역으로, 사용자와 물리적으로 가까운 곳에서 콘텐츠를 제공한다.
B. AWS의 복제본 데이터베이스가 위치한 지역으로, 백업 및 복구를 지원한다.
C. AWS에서 제공하는 데이터 분석 및 머신러닝 서비스를 지원하는 지역이다.
D. AWS의 물리적인 하드웨어를 관리하는 지역으로, 보안 및 물리적인 관리를 담당한다.

4. AWS 에지 로케이션의 주요 기능은 무엇입니까? (AWS 인프라/에지 로케이션)

A. 클라우드에서 호스팅되는 웹사이트 및 애플리케이션의 데이터베이스 및 스토리지 관리
B. 애플리케이션을 더 빠르게 전송하고 배포하기 위한 콘텐츠 전송 네트워크CDN 서비스
C. 머신러닝 및 인공지능 서비스를 위한 고성능 컴퓨팅 인프라 지원
D. 다양한 빅데이터 처리 및 분석 서비스 제공

5. AWS Trusted Advisor에 대한 설명으로 옳은 것은 무엇입니까? (Trusted Advisor)

A. 애플리케이션에 따라 컨설팅 형태의 아키텍처 검토 및 조건을 제공한다.
B. 예상치 못한 비용을 줄이고 시스템 성능을 최적화하는 데 도움을 준다.
C. AWS의 고객 지원 센터에서 제공하는 서비스로, 실시간 지원을 제공한다.
D. AWS에서 제공하는 백업 및 복원 서비스로, 데이터 복원 시 유용하다.

6. AWS Trusted Advisor에서 성능을 개선하기 위해 권장하는 방법은 무엇입니까? (Trusted Advisor)

A. 리소스 크기를 일정하게 유지한다.
B. 임시 파일을 S3에 저장한다.
C. 로그 파일을 정기적으로 삭제한다.
D. Elastic Load Balancer를 사용해 트래픽을 분산시킨다.

7. AWS Marketplace에서 사용 가능한 솔루션 유형은 무엇입니까? (AWS Marketplace)

A. AMI, SaaS, PaaS
B. AMI, BYOL, SaaS
C. PaaS, IaaS, BYOL
D. SaaS, BYOL, IaaS

8. AWS Marketplace에서 AMI를 사용하는 이유는 무엇입니까? (AWS Marketplace/AMI)

A. 빠른 배포를 위해 기존 인프라를 사용할 수 있다.
B. 데이터베이스를 관리하기 위한 별도의 인프라 구성이 필요하지 않다.
C. 오픈 소스 라이브러리를 쉽게 배포할 수 있다.
D. 특정 애플리케이션을 테스트하기 위해 필요한 기능을 제공한다.

9. AWS Marketplace에서 AMI를 고를 때 가장 중요하게 고려해야 하는 사항은 무엇입니까? (AWS Marketplace/AMI)

A. AMI의 크기와 다운로드 시간
B. AMI의 용도와 사용 가능한 인스턴스 유형
C. AMI의 데이터베이스와 인프라 관리 기능
D. AMI의 보안 및 네트워크 구성

10. AWS 관리 콘솔에 접속하기 위해 필요한 것은 무엇입니까? (AWS 관리 콘솔/접속 정보)

A. AWS 계정 정보
B. 보안 그룹 ID

C. 인스턴스 ID

D. AMI ID

11. AWS 인프라의 어느 측면에서 컴퓨팅 및 스토리지의 글로벌 배포를 제공합니까? (AWS와 클라우드 개념/AWS 인프라)

A. AWS 리전의 여러 가용 영역

B. 여러 AWS 리전

C. 태그

D. 리소스 그룹

12. 사용자는 AWS 인프라에서 금지된 작업에 대한 정보를 어디에서 찾을 수 있습니까? (AWS와 클라우드 개념/금지 작업 내역)

A. AWS Trusted Advisor

B. AWS Identity and Access Management^IAM^

C. AWS 결제 콘솔

D. AWS 이용 정책

13. 사용자가 AWS 환경에서 소프트웨어 솔루션을 찾고, 구입하며, 즉시 사용할 수 있도록 하는 AWS 제품은 무엇입니까? (AWS의 기술과 서비스/AWS 제품 탐색)

A. AWS Config

B. AWS OpsWorks

C. AWS SDK

D. AWS Marketplace

14. Amazon CloudFront는 지연 시간이 짧은 전송을 보장하기 위해 어떤 AWS 글로벌 인프라 구성 요소를 사용합니까? (AWS의 기술과 서비스/글로벌 네트워크)

A. AWS 리전

B. 에지 로케이션

C. 가용 영역

D. Virtual Private Cloud^VPC^

15. 다음 중 AWS 공동 책임 모델에 따른 AWS의 책임 사항은 무엇입니까?
(AWS와 클라우드 개념)

A. 고객의 애플리케이션을 재해 복구에 적합하도록 설계한다.
B. 배포된 EC2 인스턴스의 게스트 운영체제를 업데이트한다.
C. AWS 계정 내에서 새 리소스를 구성한다.
D. 물리적 인프라를 보호한다.

정답 및 해설

1. 정답 A 각 가용 영역은 지리적으로 분리된 하나 이상의 데이터 센터로 구성된다. 가용 영역 간에는 고유한 전원, 네트워크 및 연결성을 보장하며 서로 다른 가용 영역에서 실행되는 애플리케이션은 서로 완전히 분리된다.

2. 정답 C 애플리케이션 코드의 보안, 데이터 보안 및 액세스 관리는 고객의 책임이다.

3. 정답 A AWS 에지 로케이션은 전 세계의 사용자들이 빠른 속도로 콘텐츠에 액세스할 수 있도록 지역적으로 위치해 있는 위치다. 에지 로케이션은 원래 AWS 지역과 별개의 물리적 위치이지만 AWS 서비스와 함께 구성할 수 있다. 에지 로케이션은 사용자와 물리적으로 가까운 지역에 배치되며, 이를 통해 빠른 속도로 콘텐츠를 제공할 수 있다.

4. 정답 B 에지 로케이션은 콘텐츠 전송 네트워크(CDN) 서비스를 위한 인프라로서, AWS의 주요 서비스 중 Amazon CloudFront, AWS Lambda@Edge, Amazon Route 53, AWS WAF 및 AWS Shield와 같은 서비스를 실행하는 데 사용된다.

5. 정답 B AWS Trusted Advisor는 AWS에서 제공하는 지능형 자동화 도구로, AWS 리소스의 최적화, 보안, 성능 개선 등 다양한 측면에서 조언을 제공한다. AWS Trusted Advisor를 사용하면 예상치 못한 비용을 줄이고 시스템 성능을 최적화해 비즈니스를 더욱 효율적으로 운영할 수 있다. Trusted Advisor는 AWS Management Console, API 및 AWS CLI를 통해 액세스할 수 있으며, 다양한 카테고리에서 권장 사항 및 최적화 권장 사항을 제공한다.

6. 정답 D Trusted Advisor는 AWS의 사용 모범 사례를 기준으로 계정에 대한 권장 사항을 제공한다. Elastic Load Balancer를 사용해 트래픽을 분산하면 네트워크와 인프라의 부하를 줄일 수 있어 성능 개선에 도움이 된다.

7. 정답 B AWS Marketplace에서 사용 가능한 솔루션 유형은 AMI(Amazon Machine Image), BYOL(Bring Your Own License), SaaS(Software as a Service)이다. AMI는 가상머신 이미지로 제공되는 소프트웨어 패키지이며, BYOL은 사용자가 소유한 라이선스를 사용해 소프트웨어를 설치하는 방식이고, SaaS는 웹 브라우저를 통해 접근할 수 있는 클라우드 기반 소프트웨어다.

8. 정답 A AWS Marketplace에서는 다양한 소프트웨어 및 서비스 제공 업체가 제공하는 AMI를 사용할 수 있다. 이를 사용하면 기존 인프라를 사용해 빠르게 새로운 인스턴스를 배포할 수 있다. 따라서 시간과 비용을 절약할 수 있으며, 특히 개발 및 테스트 환경에서 빠른 프로토타이핑을 위해 매우 유용하다.

9. 정답 B AWS Marketplace에서 AMI를 선택할 때 고려해야 할 가장 중요한 사항은 AMI의 용도와 사용 가능한 인스턴스 유형이다. AMI는 EC2 인스턴스에 설치된 운영체제, 미들웨어 및 애플리케이션을 포함하므로, 사용자가 선택하는 인스턴스 유형과 호환되는 AMI를 선택해야 한다.

10. 정답 A AWS 관리 콘솔에 접속하기 위해서는 AWS 계정 정보가 필요하다. AWS 계정 정보는 AWS Management Console에 로그인하기 위한 이메일 주소와 암호로 구성된다. 따라서 AWS 서비스를 이용하기 위해서는 먼저 AWS 계정을 생성해야 한다.

11. 정답 B 컴퓨팅 및 스토리지의 글로벌 배포를 제공하는 AWS 인프라는 리전(Region)이다.

12. 정답 D AWS 이용 정책은 AWS 인프라에서 금지된 작업에 대한 정보를 제공한다.

13. 정답 D AWS Marketplace는 AWS에서 실행되는 소프트웨어를 쉽게 검색, 테스트, 구매 및 배포할 수 있도록 수천 개의 Independent Software Vendor(ISV) 소프트웨어 제품 목록을 제공하는 디지털 카탈로그다.

14. 정답 D 사용자에게 더 빠르게 콘텐츠를 전송하기 위해 Amazon CloudFront는 전 세계적으로 입지 지점(에지 로케이션, 리전 에지 캐시)의 글로벌 네트워크를 사용하고 있다.

15. 정답 D 물리적 인프라 보호는 AWS의 책임 사항이다.

3장

AWS 시작하기

연관 출제 영역

출제 영역 2: AWS의 보안 및 규정 준수

2.3 AWS 액세스 관리 기능 식별
IAM, MFA, 루트 유저, 액세스 키

출제 영역 3: AWS 인프라 및 주요 서비스

3.4 기술 지원을 위한 리소스 식별
기술 지원 문서, Support 플랜, 마켓플레이스

3장에서 다룰 주요 내용

- AWS 계정 생성
- AWS Support 플랜
- AWS 관리 콘솔
- 멀티 팩터 인증(MFA) 추가
- 시험 응시 및 자격 관리

AWS 계정 생성

AWS 계정account 생성을 위해서는 이메일, 패스워드, 신용카드 등을 준비해야 한다. 이때 이메일은 여러분이 일상적으로 사용하는 메일 주소를 사용하는 것이 좋지만, 앞으로 수년간 클라우드 업무 수행 및 인증 자격 관리 등에 사용할 것이므로 (Gmail 등으로) AWS 업무를 위한 전용 계정을 생성해 사용하는 것도 좋은 방법이라 생각한다.

AWS 계정을 보유한 사용자를 '루트 유저Root user'라 부르며 AWS의 각종 리소스를 생성, 활용, 결제할 수 있는 AWS 계정 내 최상위 유저로서 IAM 등으로 생성한 어드민 유저, 외부에서 접근한 연합federated 인증 유저와는 여러 차이점이 존재한다. 특히 유념할 사항은 결제 및 보안 등에 대한 모든 책임이 루트 유저에게 귀속한다는 것이며, 루트 유저에게 MFA 등 강화된 보안 레이어를 추가하는 방식으로 보안 위협을 최소화해야 한다.

AWS 계정에 속한 각종 인프라 및 리소스에 대한 모든 권한을 갖는 루트 유저가 있고, 그 아래 IAM 유저가 있으며, IAM 유저 아래 SSO 유저가 존재하며, 이를 AWS 접근 권한의 계층 구조라고 부른다. 이번 실습에서는 AWS 계정을 생성하며, AWS 계정을 생성하면 여러분에게 자동으로 최상위 권한의 루트 유저가 할당된다.

활용 실습

AWS 계정 생성 및 루트 유저로 로그인하기

실습 결과: 회원 가입 및 루트 유저 로그인 성공

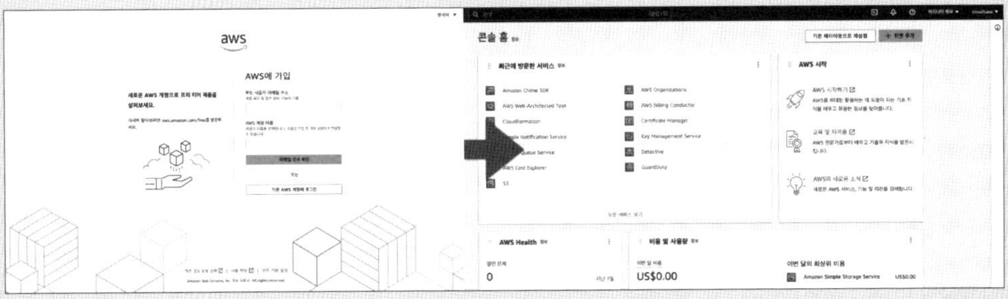

실습 1. 구글 aws 회원 가입

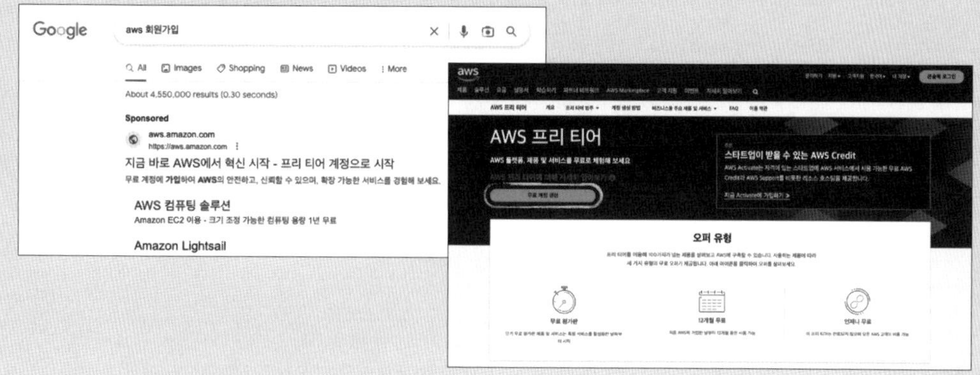

실습 2. 회원 가입(계정 생성)

실습 3. (루트 유저) 비밀번호 설정

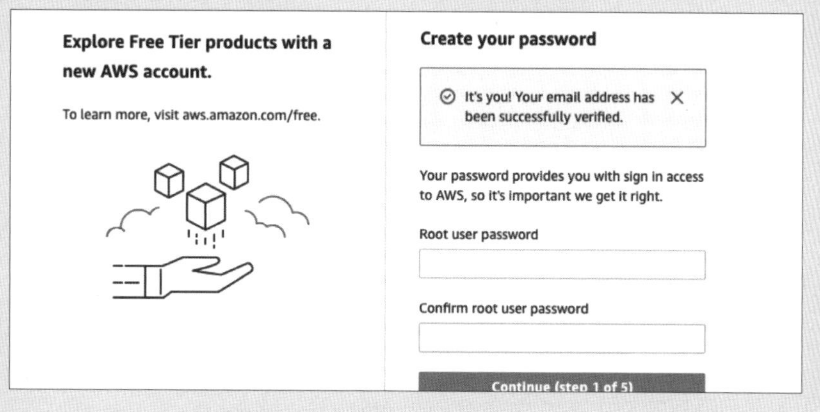

실습 4. (결제용) 이름, 전화번호, 주소 입력

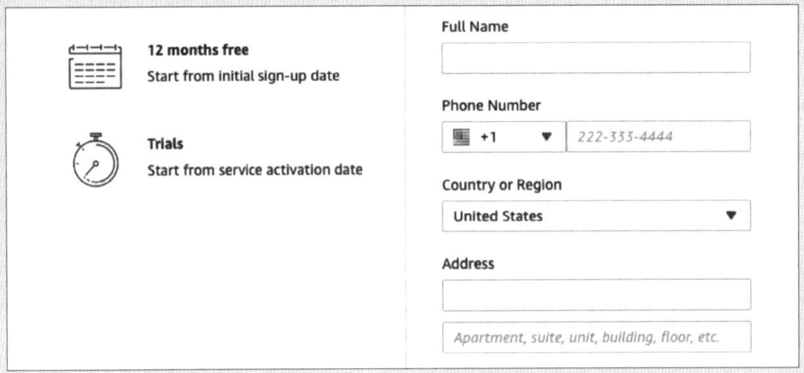

실습 5. 신용카드 정보 입력

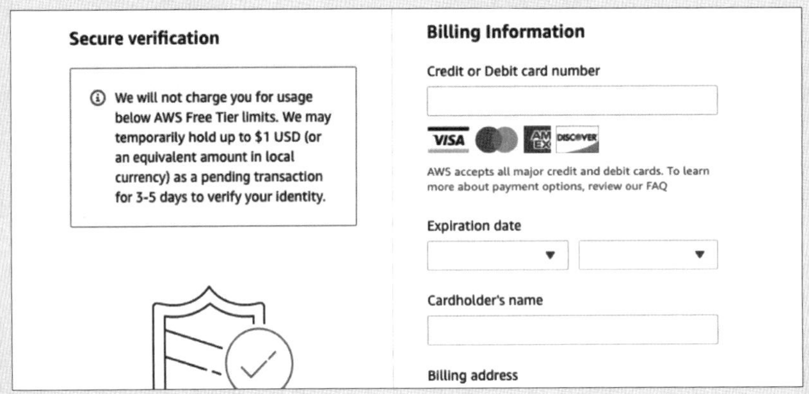

실습 6. (문자 등으로) 본인 인증

실습 7. 서포트 플랜 선택(무료, 베이식 서포트)

Select a support plan

Choose a support plan for your business or personal account. Compare plans and pricing examples. You can change your plan anytime in the AWS Management Console.

Basic support - Free	Developer support - From $29/month	Business support - From $100/month
• Recommended for new users just getting started with AWS • 24x7 self-service access to AWS resources • For account and billing issues only • Access to Personal Health Dashboard & Trusted Advisor	• Recommended for developers experimenting with AWS • Email access to AWS Support during business hours • 12 (business)-hour response times	• Recommended for running production workloads on AWS • 24x7 tech support via email, phone, and chat • 1-hour response times • Full set of Trusted Advisor best-practice

실습 8. AWS 콘솔 로그인 화면

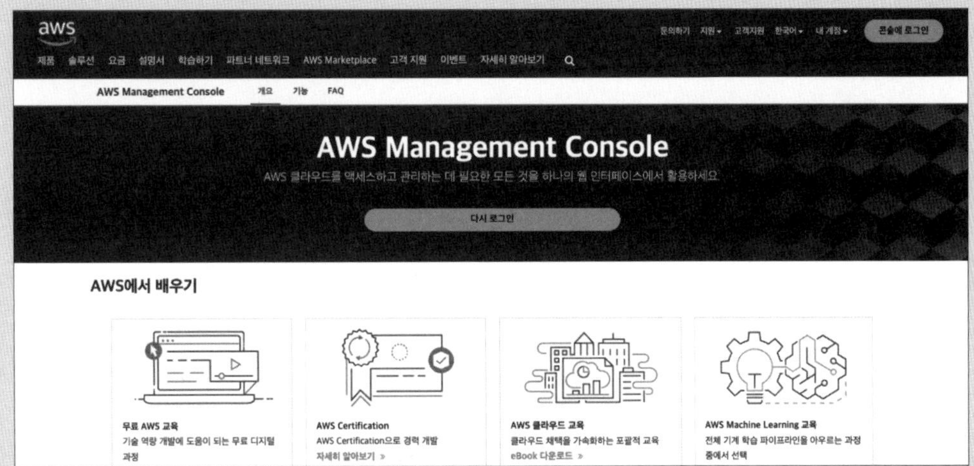

https://aws.amazon.com/ko/console/

실습 9. 루트 유저 로그인 - 이메일

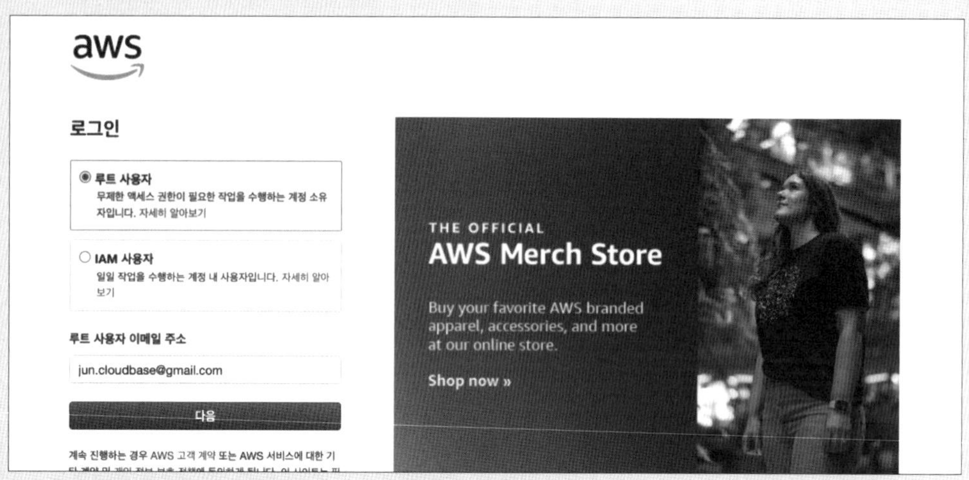

실습 10. 루트 유저 로그인 - 패스워드

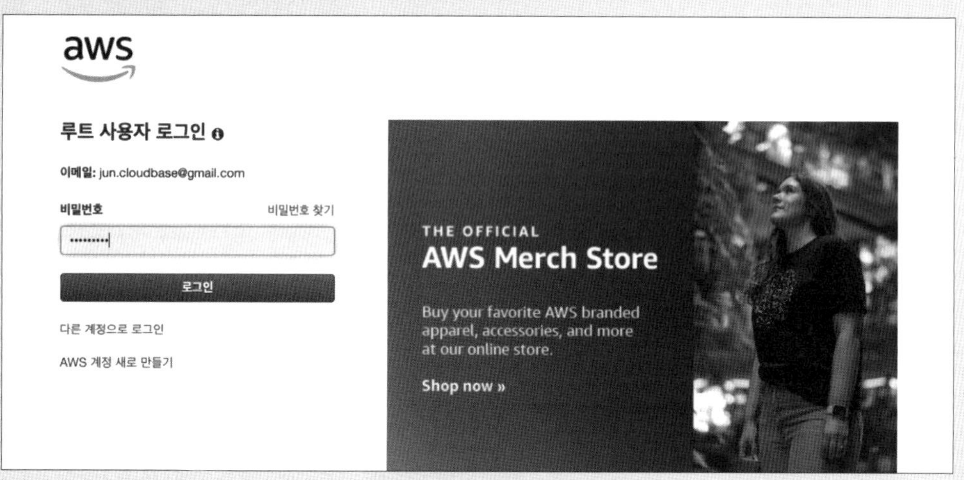

실습 11. 루트 유저 로그인 성공

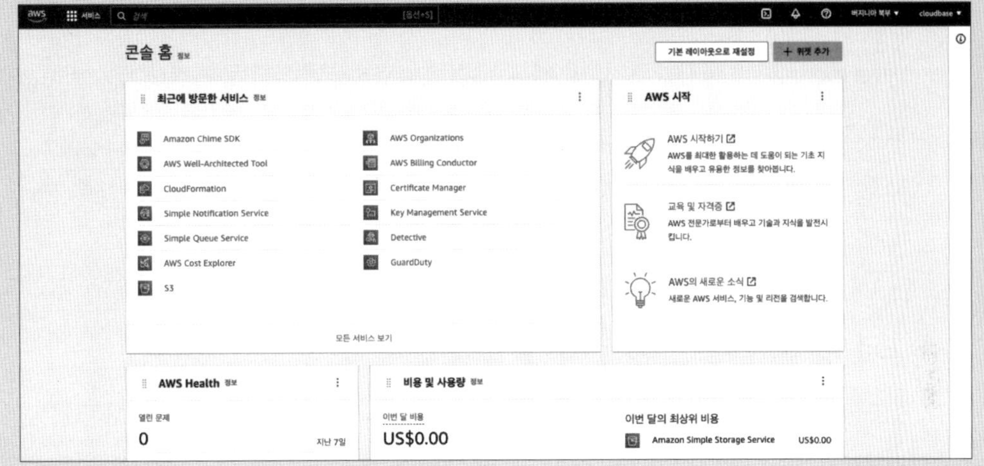

이상으로 계정 생성 및 루트 유저 로그인에 성공했다. 지난 계정 생성 과정에서 'Support 플랜' 옵션이 나왔으며, 우리는 편의상 모든 AWS 회원에게 무상으로 적용되는 'Basic 플랜'을 선택했다. 하지만 'Support 플랜'은 프랙티셔너 레벨에서 매우 자주 출제되는 내용이므로, 다음 절에서 총 5개 플랜 옵션의 차이점과 공통점에 대해 자세히 알아본다.

AWS Support 플랜

AWS Support 플랜은 Basic ➤ Developer ➤ Business ➤ Enterprise On-Ramp ➤ Enterprise 순으로 지원 수준이 높아지며, Developer부터 유료 서비스로 제공되지만 Basic과 Developer는 기본적이며 일반적인 지원에 초점을 맞추고 있고 Business, Enterprise On-Ramp, Enterprise는 기업 상황을 반영한 맞춤 지원에 초점을 맞추고 있다.

표 3.1 AWS Support 플랜 비교

Developer	Business	Enterprise On-Ramp	Enterprise
워크로드 실험 및 테스트 고객	프로덕션 워크로드 실행 고객	프로덕션 및 비즈니스 크리티컬 워크로드	비즈니스 및 미션 크리티컬 워크로드 실행 고객

AWS 기본 Support 플랜 – Basic 및 Developer

- **Basic**: 무료, 모든 AWS 고객 대상, 365일 24시간 기술 지원, AWS 리소스 액세스 지원
- **Developer**: 유료, 실시간 지침 및 빠른 해결책, AWS에서 실험 중이거나 테스트하는 경우 권장
- **Basic 및 Developer**: AWS Trusted Advisor 모범 사례 확인에서 7개의 핵심 확인만 액세스 지원

AWS 고급 Support 플랜 – Business 및 Enterprise

- **Business**: 인프라 및 서비스의 최적 사용 전략 제시, 사용 사례별 아키텍처 지침 제공, 프로덕션 워크로드라면 최소 Business 플랜 이상 적용 권장
- **Enterprise On-Ramp**: 프로덕션 및 비즈니스 크리티컬 워크로드 권장
- **Enterprise**: 비즈니스 및 미션 크리티컬 워크로드 권장, 자습형 실습 온라인 교육 액세스 제공
- **Business 및 Enterprise**: 타사 소프트웨어와의 AWS 상호 운용성 지침, 구성 및 문제 해결 액세스, 인프라 이벤트 관리 액세스 지원

아울러 프랙티셔너 레벨에서 자주 출제되는 내용은 다음과 같다.

- 클라우드 지원 엔지니어에게 연중무휴 24시간 전화, 웹 및 채팅 액세스가 가능한 플랜은 Business, Enterprise On-Ramp, Enterprise이며, Developer 플랜은 해당되지 않는다.
- 프로덕션 시스템 손상 시 4시간 이내 응답, 프로덕션 시스템 중단 1시간 이내 응답을 보장하는 플랜은 Business, Enterprise On-Ramp, Enterprise이며, Developer 플랜은 해당되지 않는다.
- AWS Support API 지원이 가능한 플랜은 Business, Enterprise On-Ramp, Enterprise이며, Developer 플랜은 해당되지 않는다.

AWS 관리 콘솔

AWS 관리 콘솔Management Console은 AWS 리소스 관리에 필요한 각종 콘솔을 대시보드 형식으로 제공하는 웹 애플리케이션의 일종이며, 각 서비스 콘솔 액세스 및 AWS 관련 업무를 수행하기 위한 정보를 일목요연하게 제공한다. 최근 방문 서비스 목록, AWS Health, Trusted Advisor 등의 위젯 추가, 제거, 재정렬을 통해 커스텀 업무 환경을 구성할 수 있다. 화면 상단 메뉴를 통해 AWS CloudShell 등 도구에 간편하게 접속할 수 있다.

- 최근 방문 서비스 목록
- 비용 및 사용량, Trusted Advisor
- 마법사 기반 솔루션 구축, AWS 살펴보기, 공지사항, 기술 블로그 등

계정 메뉴 둘러보기

계정

실습 1. 계정 메뉴 선택

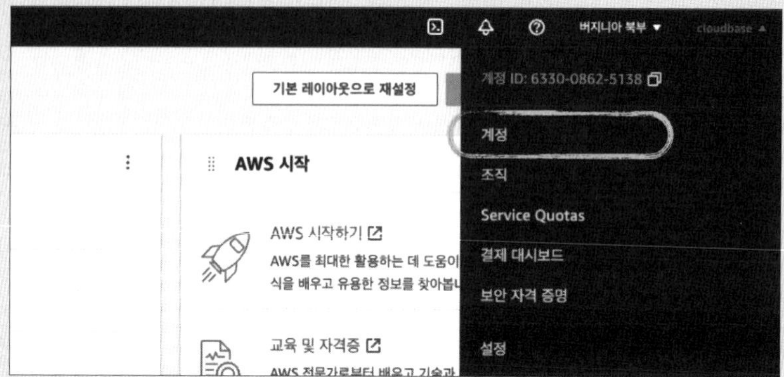

실습 2. 계정 정보 화면

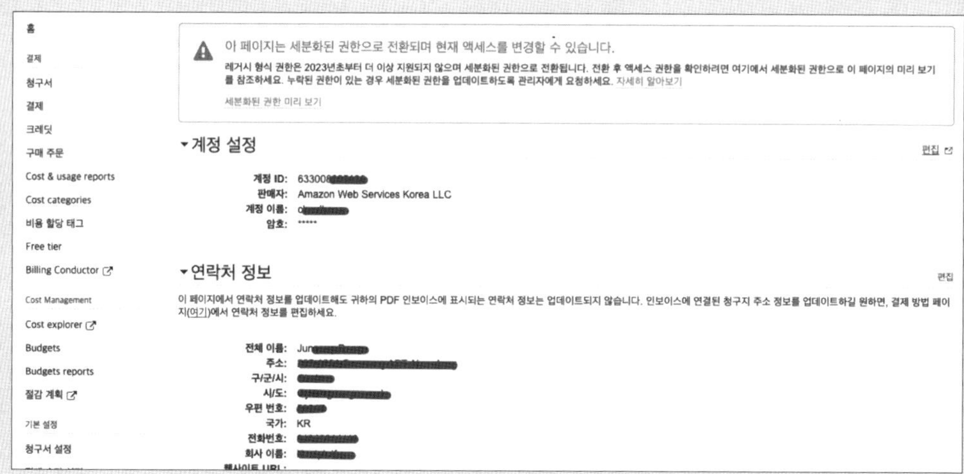

실습 3. 계정 화면 하단에서 **계정 해지** 가능

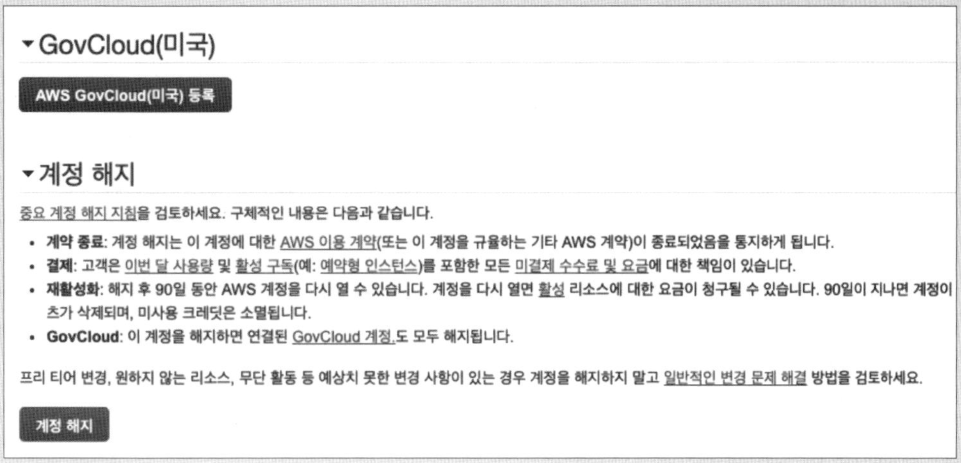

▾ GovCloud(미국)

AWS GovCloud(미국) 등록

▾ 계정 해지

중요 계정 해지 지침을 검토하세요. 구체적인 내용은 다음과 같습니다.

- **계약 종료**: 계정 해지는 이 계정에 대한 AWS 이용 계약(또는 이 계정을 규율하는 기타 AWS 계약)이 종료되었음을 통지하게 됩니다.
- **결제**: 고객은 이번 달 사용량 및 활성 구독(예: 예약형 인스턴스)를 포함한 모든 미결제 수수료 및 요금에 대한 책임이 있습니다.
- **재활성화**: 해지 후 90일 동안 AWS 계정을 다시 열 수 있습니다. 계정을 다시 열면 활성 리소스에 대한 요금이 청구될 수 있습니다. 90일이 지나면 계정이 츠가 삭제되며, 미사용 크레딧은 소멸됩니다.
- **GovCloud**: 이 계정을 해지하면 연결된 GovCloud 계정.도 모두 해지됩니다.

프리 티어 변경, 원하지 않는 리소스, 무단 활동 등 예상치 못한 변경 사항이 있는 경우 계정을 해지하지 말고 일반적인 변경 문제 해결 방법을 검토하세요.

계정 해지

TIP AWS 계정 해지

만일 여러분이 일정 기간의 수험 준비 및 실습 등을 마치고 한동안 여러분의 클라우드 계정에 접속할 계획이 없다면 계정을 해지하는 것도 좋은 선택이라 생각한다.

넷플릭스 같은 VOD 구독 서비스의 경우, 구독 중단 등을 통해 요금이 빠져나가지 않도록 하는 것으로 충분할 수 있지만 클라우드 구독 서비스의 경우 리소스 사용 중단 및 과금 중단만으로는 안심할 수 없는 부분이 존재한다.

여러분의 앱이 클라우드에서 실행 중이어서 클라우드 구독 서비스를 중단할 수 없는 상황이 아닌 이상 당분간 사용 계획이 없다면 계정 화면 맨 아래 계정 해지 내용을 확인하고 계정을 해지해 잠재적인 보안 및 결제 문제로부터 자유로워지기를 권장한다.

일단 계정 해지를 한 뒤 회원으로 재가입할 때, 기존 이메일 아이디를 사용할 수 없는 것은 약간 불편하면서도 아쉬운 점이다.

결제 대시보드

실습 1. 결제 대시보드 메뉴 선택

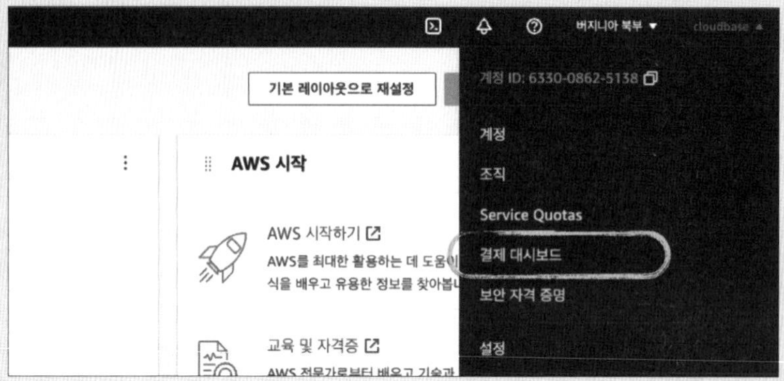

실습 2. 결제 대시보드 화면

관리 콘솔에 이어 여러분이 가장 많이 보게 될 화면이 결제 대시보드가 될 것이다. 전날 실습한 결과가 리소스 사용량과 비용으로 표시되는 것을 볼 수 있으며, 이에 대한 상세한 내용은 10장, '모니터링과 비용 관리'에서 알아본다.

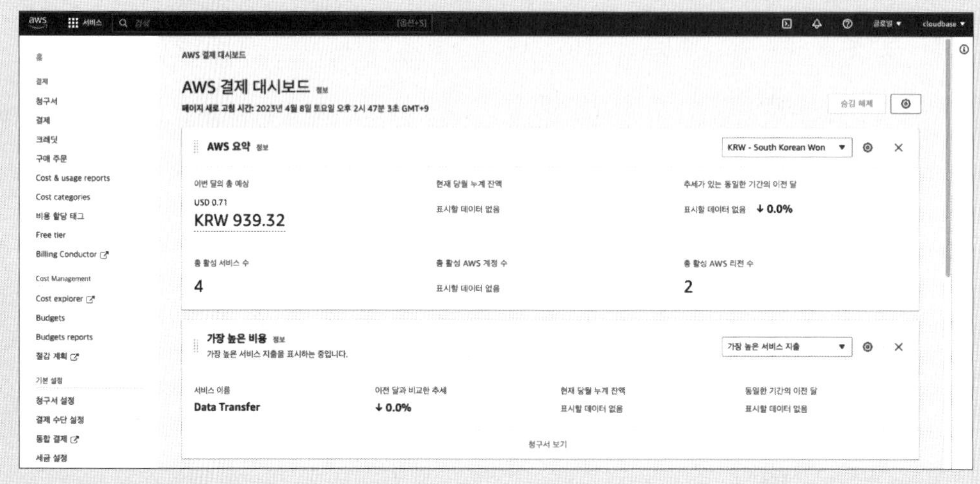

설정

실습 1. 설정 메뉴 선택

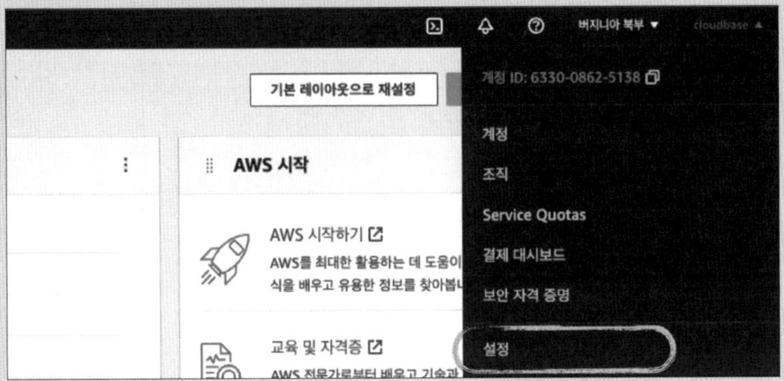

실습 2. 통합 설정 화면

통합 설정에서 한국어, 영어 등 언어를 설정할 수 있고, 라이트 모드, 다크 모드 등 UI 테마를 선택할 수 있다. **통합 설정 > 표시** 섹션에서 **편집** 버튼을 클릭하면 기본 설정인 라이트 모드를 다른 모드로 바꿀 수 있다.

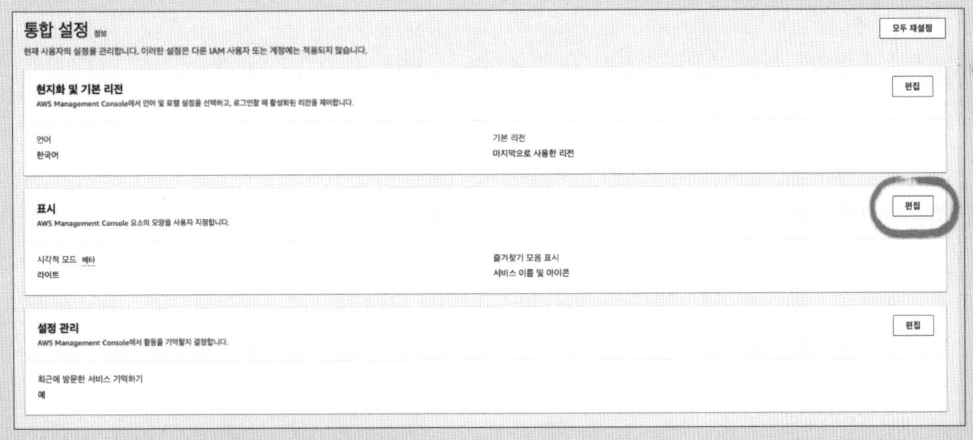

실습 3. **통합 설정** 화면 - **다크** 모드 선택 가능

이 책을 쓰는 시점 현재는 라이트와 다크, 두 가지 모드 중 선택 가능하며, 터미널 화면에 익숙한 사용자라면 다크 테마가 눈에 더 편할 수 있을 것이다. SageMaker 대시보드 등 다크 모드가 기본인 서비스도 있지만 대다수의 서비스는 라이트 모드가 기본이며, 위 표시 설정에서 다크 모드를 선택하면 된다. 현재는 '베타' 버전으로 제공되고 있는데, 이는 다크 테마가 완전히 적용되지 못하는 부분이 있기 때문이다.

보안 자격 증명

실습 1. **보안 자격 증명** 메뉴 선택

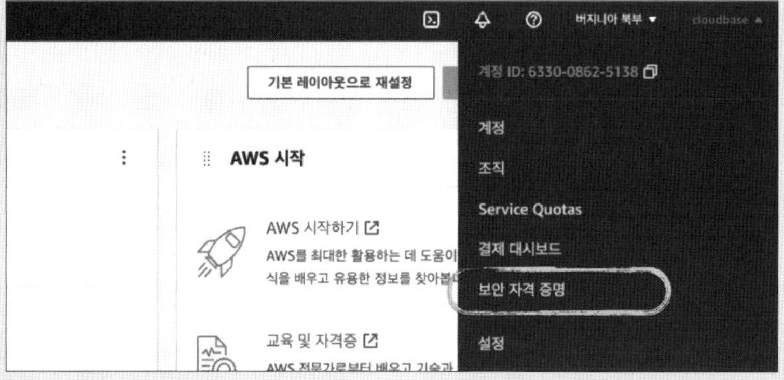

실습 2. 보안 자격 증명 화면

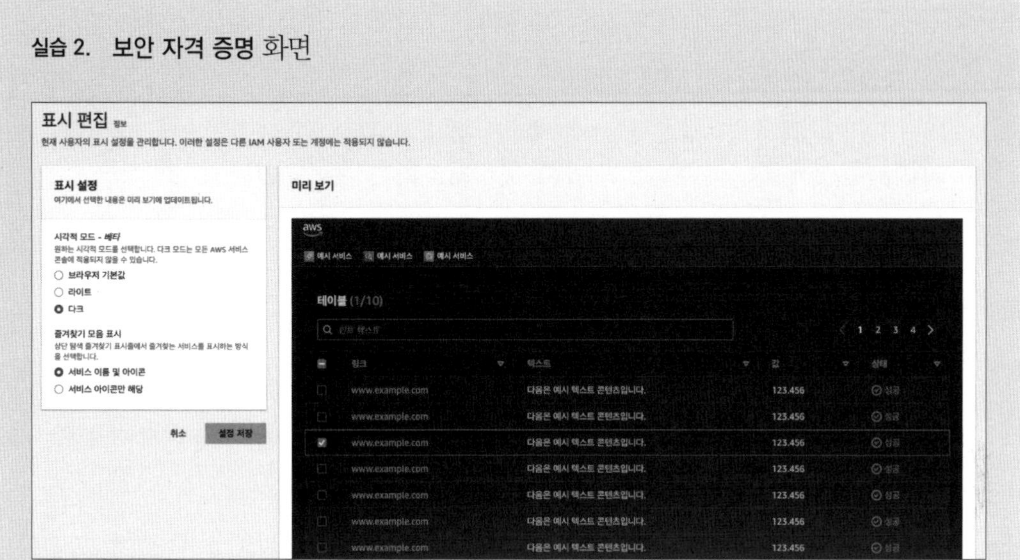

보안 자격 증명 화면에서 MFA 관리, 액세스 키 관리 등의 작업을 수행할 수 있다. 다음 절에서는 루트 유저에게 필수적인 멀티 팩터 인증 추가 방법에 대해 알아본다.

멀티 팩터 인증

멀티 팩터 인증[MFA]은 루트 유저 및 어드민 유저 등의 로그인 보안을 강화하는 소프트웨어 애플리케이션 또는 하드웨어 디바이스를 의미한다. 여러분이 처음 회원 가입하고 IAM 대시보드에 접속하면, '루트 유저에게 MFA 디바이스가 없음'이라는 경고등이 표시될 텐데, 이를 해소하기 위해서라도 MFA 디바이스 추가가 필요하다.

MFA 추가 인증이 필요한 사용자가 로그인을 시도하면 로그인 시스템에서 MFA 디바이스의 인증 코드를 입력할 것을 요구한다. AWS와 같이 외부 애플리케이션 또는 OTP 디바이스를 사용하는 경우도 있지만, 삼성 클라우드 플랫폼의 경우는 문자 메시지로 OTP 디바이스를 대신한다.

매우 복잡한 패스워드 vs. MFA 디바이스

숫자, 알파벳, 기호 등을 조합한 복잡성을 지닌 패스워드는 ID 도용 또는 침탈을 막는 중요한 수단이다. 하지만 NIST 등의 연구에 따르면 매우 복잡하게 구성한 하나의 패스워드를 쓰는 방식보다 여러 개의 신분 인증 체계를 조합해서 사용하는 것이 해킹 등 보안 위협을 현저히 줄일 수 있는 것으로 확인됐다.

즉, 소프트웨어적 인증과 하드웨어적 인증을 조합하는 방식이 소프트웨어적 인증만 매우 복잡하게 만들어서 사용하는 경우보다 해킹 위협에서 좀 더 안전하다는 연구 결과가 있다. 루트 유저 또는 어드민 유저라면 일정 수준 이상의 복잡성을 지닌 패스워드와 MFA를 사용하는 것이 권장된다.

참조 링크 NIST Multi-Factor Authentication

https://www.nist.gov/itl/smallbusinesscyber/guidance-topic/multi-factor-authentication

활용 실습

MFA 디바이스 추가 및 루트 유저 로그인

이번 실습을 위해 구글 플레이에서 'Google Authenticator'를 검색하고 다운로드한다.

실습 1. 보안 자격 증명 메뉴 선택

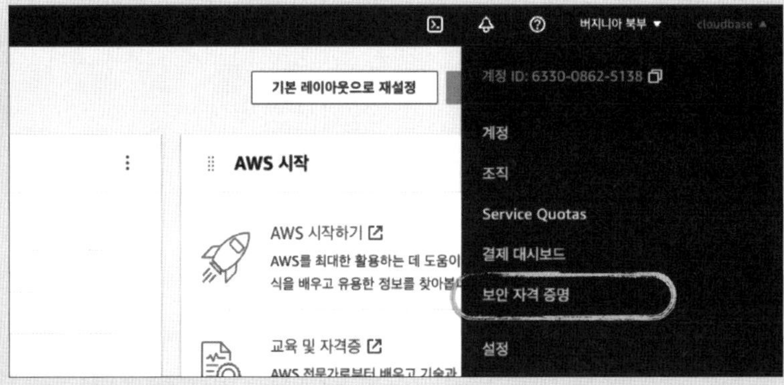

실습 2. 내 보안 자격 증명 > 멀티 팩터 인증 > MFA 할당

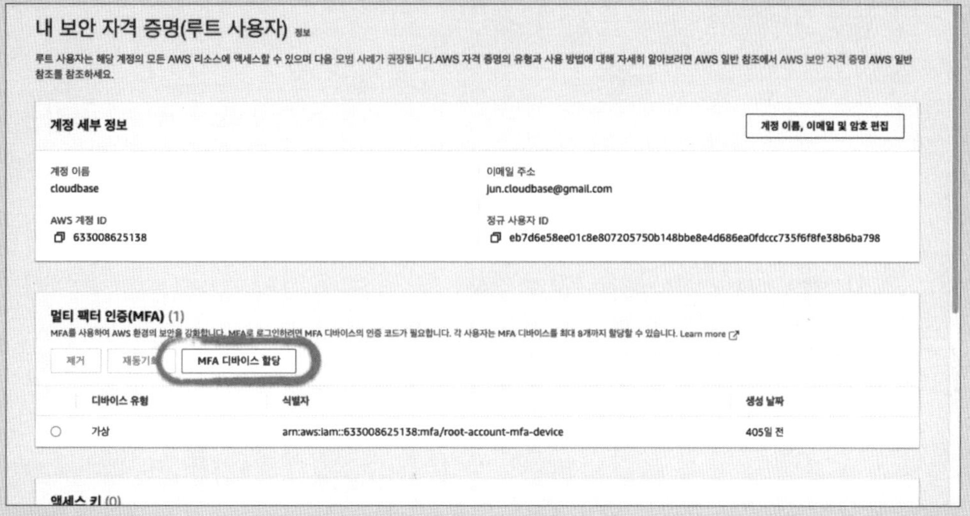

실습 3. MFA 디바이스 이름 입력, **종류 선택 > 인증 관리자 앱** 선택

인증 관리자 앱 외에도 OTP 디바이스, USB 키 등 하드웨어 장치를 선택할 수 있다.

실습 4. 구글 인증 앱 다운로드

하나의 인증 앱에 루트 유저, 어드민 유저 등 다수의 유저 MFA 인증키를 추가하고 통합적으로 사용할 수 있다.

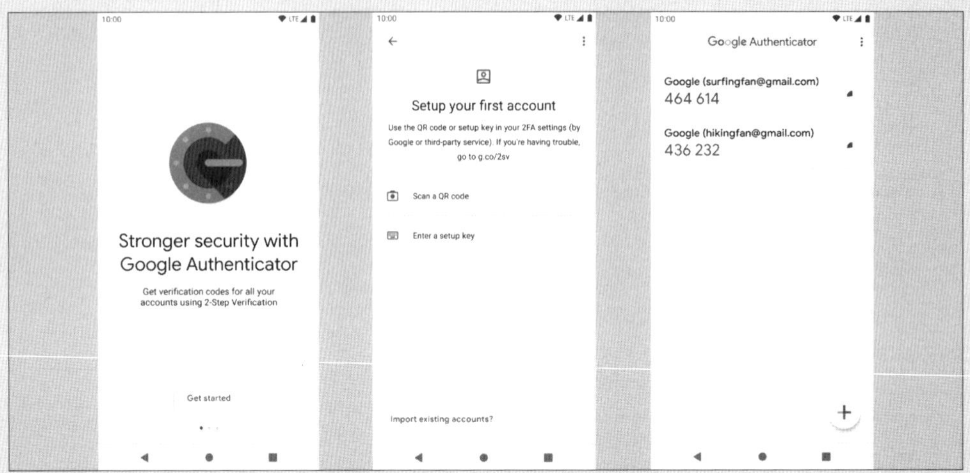

실습 5. QR 코드 표시 클릭

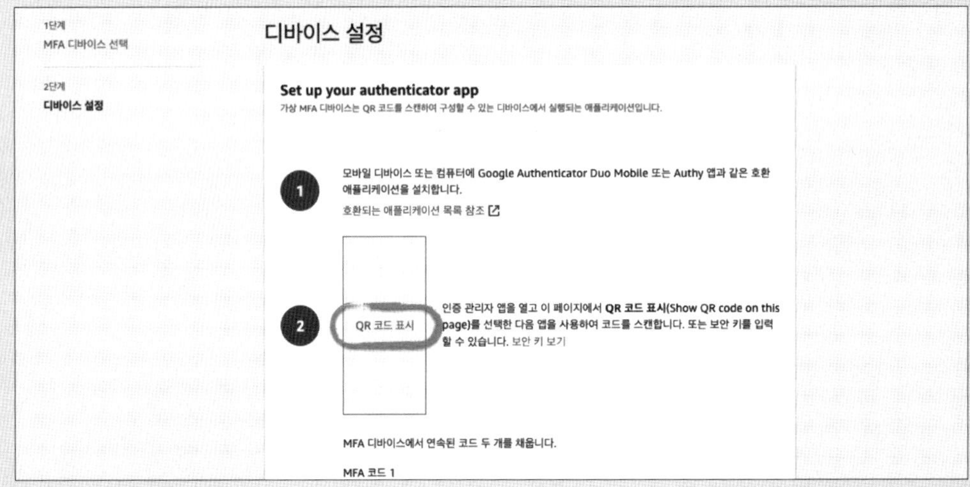

실습 6. QR 코드 > 구글 앱으로 QR 스캔

실습 7. 앱에 표시된 6자리 숫자 입력 > 갱신된 6자리 숫자 입력

인증 앱은 30초마다 새로운 인증 키를 생성하며, '코드 1'에 현재의 인증 키를 입력하고, 잠시 후 새로운 인증 키가 생성되면 이를 '코드 2'에 입력한다.

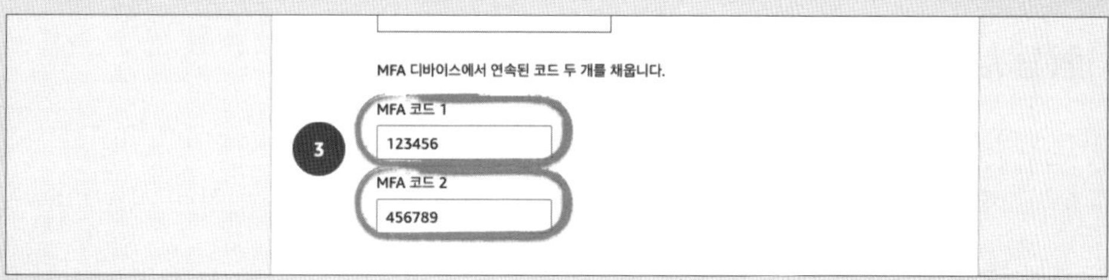

실습 8. MFA 디바이스 추가 후 목록 확인

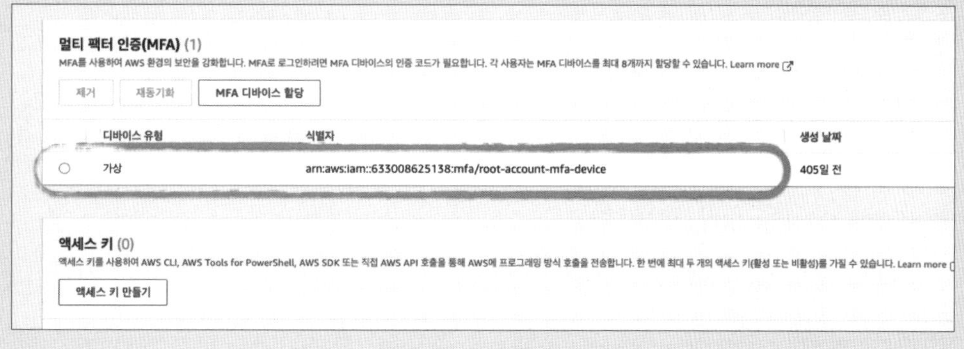

실습 9. 루트 유저 로그인 시 MFA 코드 입력

루트 유저에게 MFA 디바이스를 추가하면, 아이디, 패스워드 입력 후 세 번째 화면에서 MFA 코드 입력란이 나타난다.

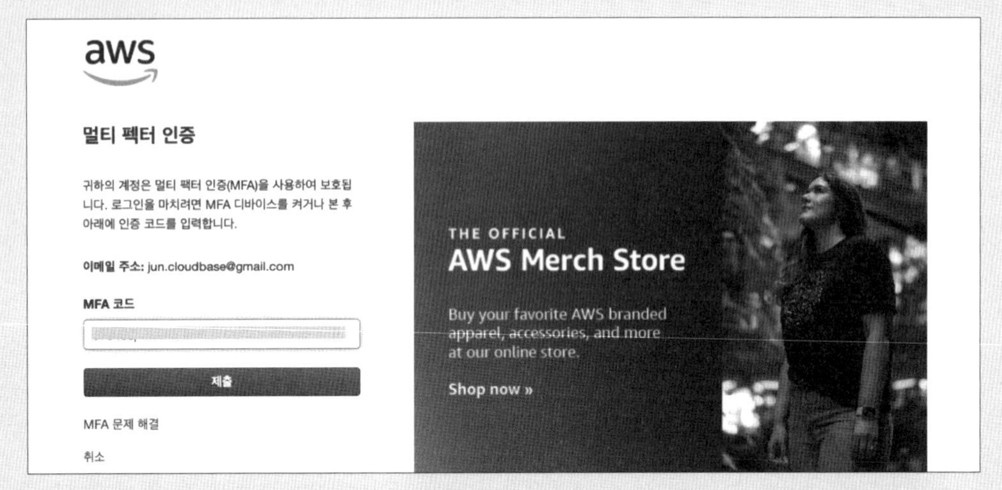

시험 응시 및 자격 관리

AWS 생태계는 매우 넓고 복잡다단하며 AWS 시험 응시 및 자격 관리도 어떤 면에서는 상당히 복잡한 구성을 지닌다. AWS 서비스 사용 체계와 교육, 응시 체계 등이 서로 다른 신분 인증 체계로 연결돼 있으며, 사용자는 응시 또는 교육 자료 탐색을 위해 여러 번의 로그인, 화면 이동을 거쳐야 한다.

조만간 프랙티셔너 시험에 응시할 계획이라면, 먼저 시험 가능 날짜와 시간대를 확인하는 것이 중요하며, 다음과 같은 순서를 거쳐서 시험 등록 페이지를 확인할 수 있다.

- 교육 및 자격증 개요
  https://aws.amazon.com/ko/training/?nc2=sb_tc
- AWS Certification 로그인
  https://www.aws.training/certification/?cta=cptopbanner

- 교육 및 자격증 - 대시보드
  https://www.aws.training/

과거엔 강남 등 각 지역에 분산된 테스트 센터에서 시험을 쳤지만 최근 수험생은 온라인 감독관 시험Online Proctored Exam 형식으로 응시하는 경우가 상당히 많아졌으며, 이에 대한 상세한 내용 역시 시험 등록 과정에서 확인할 수 있다.

활용 실습

AWS 교육 및 자격증 로그인 및 응시

실습 1. AWS Certification 로그인

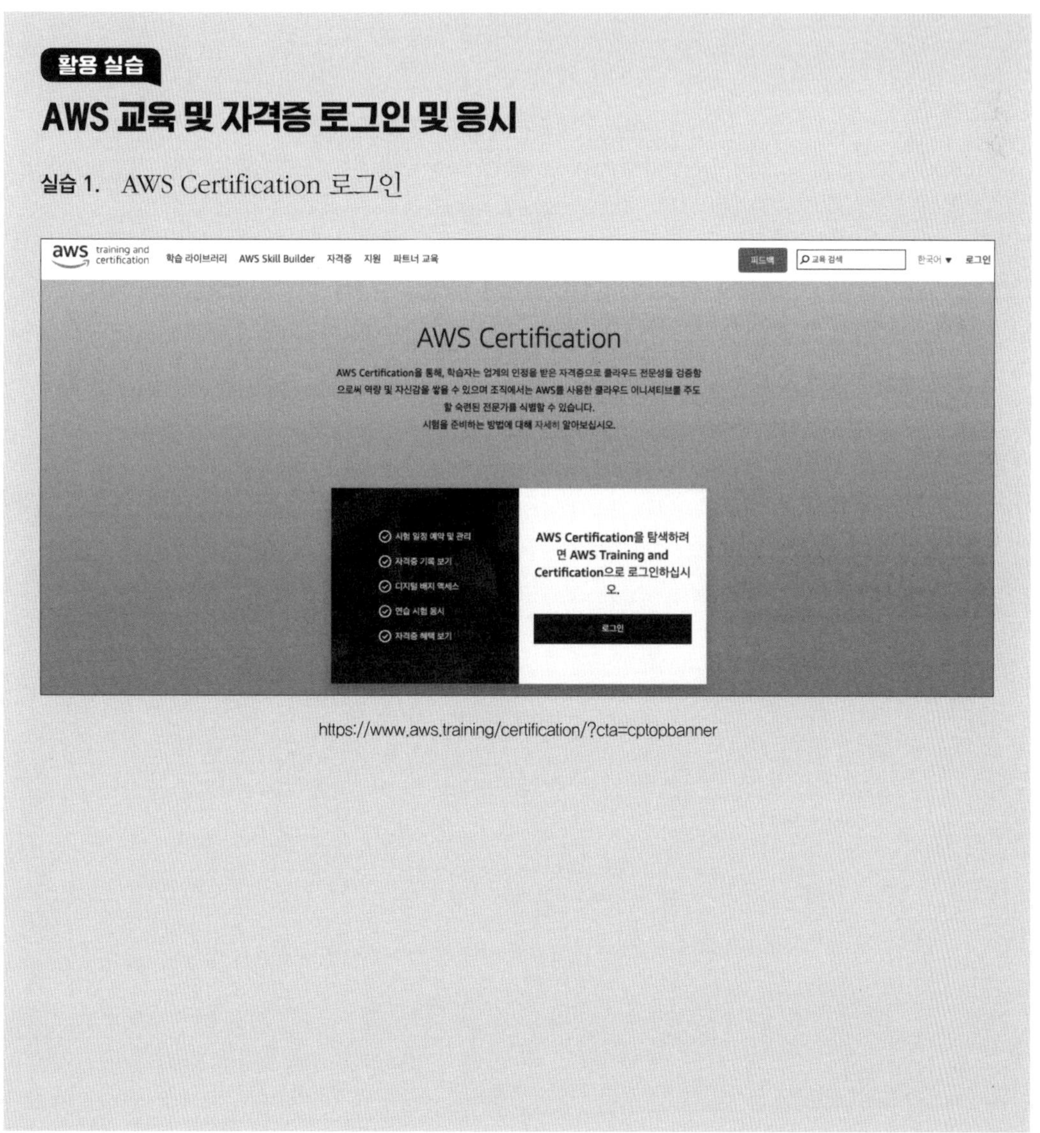

https://www.aws.training/certification/?cta=cptopbanner

실습 2. AWS Certification 로그인 > 성공

실습 3. AWS 교육 및 자격증 - 대시보드

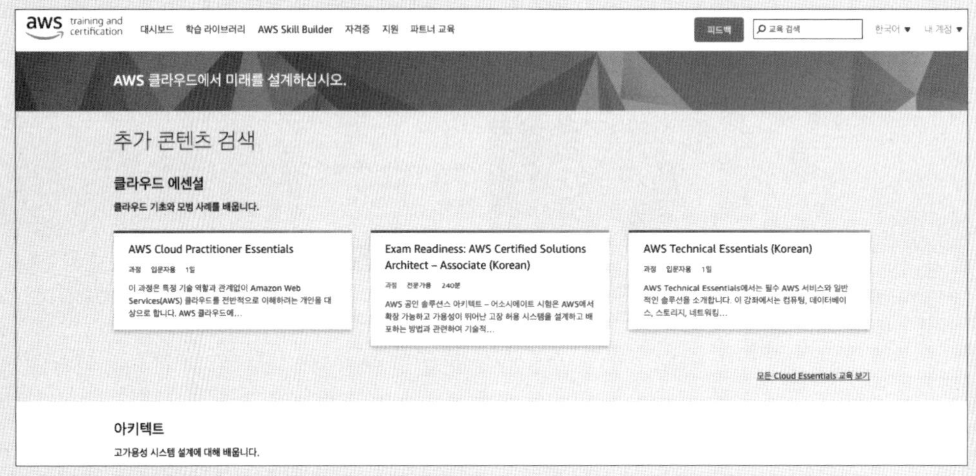

(출처: https://www.aws.training/)

실습 4. AWS 교육 및 자격증 - 시험 등록(응시)

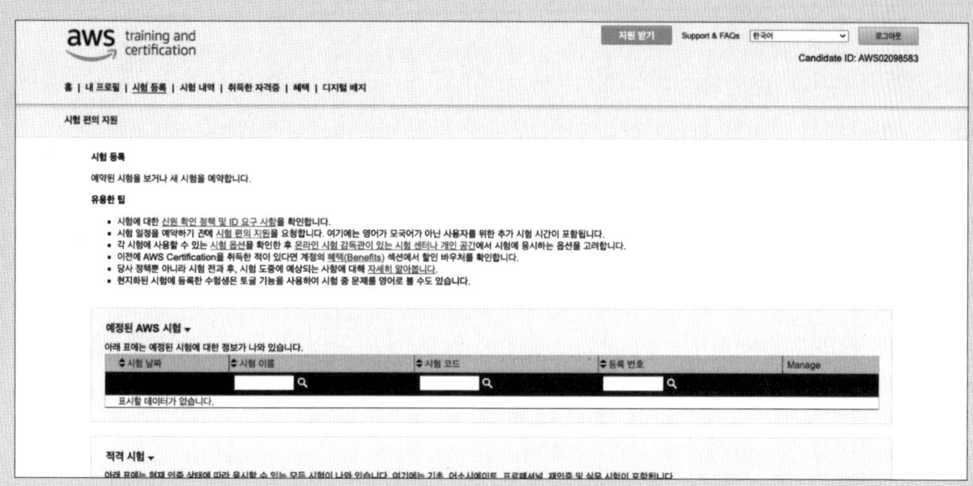

(출처: https://www.certmetrics.com/amazon/candidate/exam_scheduling.aspx)

정리

- AWS 계정account 생성을 위해서는 이메일, 패스워드, 신용카드 등을 준비한다.
- 루트 유저Root user는 AWS의 각종 리소스를 생성, 활용, 결제할 수 있는 AWS 계정 내 최상위 유저다.
- AWS Support 플랜 중 Developer 플랜은 워크로드 실험 및 테스트 고객에게 적합하고, Business 플랜은 프로덕션 워크로드 실행 고객에게, Enterprise On-Ramp 플랜은 프로덕션 및 비즈니스 크리티컬 워크로드 보유 고객에게, Enterprise 플랜은 비즈니스 및 미션 크리티컬 워크로드 실행 고객에게 적합하다.
- AWS 관리 콘솔Management Console은 AWS 리소스 관리에 필요한 각종 콘솔을 대시보드 형식으로 제공하는 웹 애플리케이션이다.
- MFA는 루트 유저 및 어드민 유저 등의 로그인 보안을 강화하는 소프트웨어 애플리케이션 또는 하드웨어 디바이스다.

- 루트 유저 또는 어드민 유저라면 일정 수준 이상의 복잡성을 지닌 패스워드와 MFA를 사용하는 것이 권장된다.
- AWS Certification 대시보드에서 시험 응시 및 자격 관리를 할 수 있으며, 테스트 센터를 방문해서 시험을 치르거나 온라인 감독관 시험 방식으로 응시할 수 있다.

기출 유형 분석 퀴즈

1. AWS 관리 콘솔에서 가능한 작업으로 옳지 않은 것은 무엇입니까? (AWS 관리 콘솔/가능하지 않은 작업)

A. 서버를 시작하거나 중지할 수 있다.
B. 보안 그룹을 설정하거나 변경할 수 있다.
C. 데이터베이스를 생성하거나 삭제할 수 있다.
D. 소스 코드를 작성하거나 편집할 수 있다.

2. AWS에서 제공하는 멀티 팩터 인증의 유형은 무엇입니까? (멀티 팩터 인증(MFA)/인증 유형)

A. SMS 멀티 팩터 인증
B. 이메일 멀티 팩터 인증
C. 하드웨어 토큰 멀티 팩터 인증
D. 모두 맞다.

3. AWS 계정 생성을 위해 필요한 것은 무엇입니까? (AWS 계정/계정 생성 준비)

A. 이메일 주소와 비밀번호
B. 이름과 성
C. 신용카드 정보
D. 모든 옵션이 필요하다.

4. AWS Developer Support 플랜은 무엇을 제공합니까? (AWS Support 플랜/Developer Support)

A. 24/7 기술 지원, 1시간 이내 우선적인 대응
B. 개발자용 기술 지원, AWS Trusted Advisor 지원

C. 개발자용 기술 지원, 1시간 이내 우선적인 대응, 보안
D. 모든 답변이 옳다.

5. AWS 계정 생성 후 첫 번째로 해야 할 작업은 무엇입니까? **(AWS 계정/주요 작업)**

A. EC2 인스턴스 생성하기
B. S3 버킷 만들기
C. 사용 계획 선택하기
D. 보안 설정 강화하기

6. AWS 관리 콘솔에서의 작업 이력을 확인할 수 있는 AWS 서비스는 무엇입니까? **(AWS 관리 콘솔/작업 이력 확인)**

A. AWS CloudTrail
B. Amazon CloudWatch
C. AWS Trusted Advisor
D. AWS Config

7. AWS 계정 생성 후, 사용자가 즉시 할 수 있는 것은 무엇입니까? **(AWS 계정/가능한 작업)**

A. 서비스 제한 증가 신청
B. 모든 AWS 서비스에 액세스 가능
C. AWS Identity and Access Management(IAM) 사용자 생성
D. 모든 답변이 옳다.

8. AWS Basic Support 플랜의 특징은 무엇입니까? **(AWS Support 플랜/Basic Support)**

A. 24/7 기술 지원, AWS Trusted Advisor 지원
B. 24/7 기술 지원, 1시간 이내 우선적인 대응
C. 우선적인 대응, 보안, 커뮤니티 포럼 액세스
D. 모든 답변이 옳다.

9. AWS Business Support 플랜은 어떤 특징을 가지고 있습니까? (AWS Support 플랜/Business Support)

A. 24/7 기술 지원, AWS Trusted Advisor 지원, 1시간 이내 우선적인 대응

B. 24/7 기술 지원, 1시간 이내 우선적인 대응, 개발자용 기술 지원

C. 특정 기술 지원, 우선적인 대응, AWS Trusted Advisor 지원

D. 모든 답변이 옳다.

10. AWS 계정에 멀티 팩터 인증을 설정하려면 무엇을 해야 합니까? (멀티 팩터 인증(MFA)/준비 사항)

A. 모바일 앱을 다운로드해 설정한다.

B. SMS나 이메일로 인증 코드를 받아 설정한다.

C. 하드웨어 토큰을 구매해 설정한다.

D. 모든 답변이 옳다.

11. AWS Enterprise Support 플랜의 특징은 무엇입니까? (AWS Support 플랜/Enterprise Support)

A. 고객 지정 기술 전문가 지원, 24/7 기술 지원, 15분 이내 우선적인 대응

B. 고객 지정 기술 전문가 지원, 개발자용 기술 지원, 24/7 기술 지원

C. 보안 및 용량 계획 지원, AWS Trusted Advisor 지원, 1시간 이내 우선적 대응

D. 모든 답변이 옳다.

12. AWS 관리 콘솔에 대한 설명으로 옳지 않은 것은 무엇입니까? (AWS 관리 콘솔/용도 및 목적)

A. AWS 서비스를 관리하는 데 필요한 모든 기능을 제공한다.

B. 웹 브라우저에서 액세스할 수 있다.

C. AWS CLI에서만 사용할 수 있다.

D. 다양한 AWS 서비스들에 대한 대시보드를 제공한다.

13. AWS 관리 콘솔에서 사용자는 무엇을 할 수 있습니까? (AWS 관리 콘솔/가능한 작업)

A. AWS 서비스에 대한 액세스 및 제어를 관리할 수 있다.

B. AWS 서비스에 대한 성능 지표를 모니터링할 수 있다.

C. AWS 서비스에 대한 로그 파일을 검색하고 분석할 수 있다.
D. 모든 AWS 서비스에 대한 코드를 작성하고 실행할 수 있다.

14. AWS 계정 생성 시 비밀번호 요구 사항은 무엇입니까? (AWS 계정/비밀번호 설정)

A. 최소 8자 이상, 대문자와 소문자, 숫자, 특수문자를 포함해야 한다.
B. 최소 6자 이상, 대문자와 소문자만 포함해야 한다.
C. 최소 10자 이상, 대문자와 소문자, 숫자만 포함해야 한다.
D. 비밀번호 요구 사항이 없다.

15. AWS에서 멀티 팩터 인증을 사용하는 이유는 무엇입니까? (멀티 팩터 인증(MFA)/사용 목적)

A. 보안성을 높이기 위해서
B. AWS 서비스 사용을 간편하게 하기 위해서
C. 사용자의 개인정보를 수집하기 위해서
D. AWS 서비스를 더욱 빠르게 제공하기 위해서

16. AWS에서 멀티 팩터 인증을 사용하면 어떤 이점이 있습니까? (멀티 팩터 인증(MFA)/사용 목적 또는 이점)

A. 보안성을 높일 수 있다.
B. 사용자의 개인정보를 더욱 안전하게 보호할 수 있다.
C. 액세스 제어를 더욱 강화할 수 있다.
D. 모두 맞다.

17. 금융 서비스 회사는 AWS 계정 활동이 거버넌스, 규정 준수 및 감사 규범을 충족하는지 확인하고자 한다. 클라우드 실무자로서 이 사용 사례에 대해 어떤 AWS 서비스를 추천하시겠습니까? (계정/AWS 계정 활동의 규정 준수 여부 확인)

A. CloudTrail
B. Config
C. CloudWatch
D. Trusted Advisor

18. AWS 공동 책임 모델에 따르면 다음 중 AWS의 책임은 무엇입니까? **(계정/AWS 공동 책임 모델), (정답 2개)**

A. 계정 보안을 위한 MFA 활성화
B. 복원성을 위해 다수의 가용 영역에 S3 데이터 복제
C. EC2 인스턴스에 액세스하기 위한 IAM 역할 생성
D. EC2 인스턴스의 하드웨어 교체, 업그레이드
E. S3 버킷 정책 생성

19. 다음 중 타사 소프트웨어와의 AWS 상호 운용성에 대한 지침, 구성 및 문제 해결에 대한 액세스를 제공하는 AWS Support 플랜은 무엇입니까? **(회원 가입, 플랜 선택/AWS Support 플랜), (정답 2개)**

A. Developer 플랜
B. Business 플랜
C. Enterprise 플랜
D. Enterprise On-Ramp 플랜

20. 다음 AWS Support 플랜 중 AWS Trusted Advisor 모범 사례 확인에서 7개의 핵심 확인에만 액세스할 수 있는 것은 무엇입니까? **(회원 가입, 플랜 선택/AWS Support 플랜), (정답 2개)**

A. Corporate 플랜
B. Enterprise 플랜
C. Developer 플랜
D. Basic 플랜
E. Business 플랜

정답 및 해설

1. **정답 D** AWS 관리 콘솔에서는 서버를 시작하거나 중지하고 보안 그룹을 설정하거나 변경하며 데이터베이스를 생성하거나 삭제하는 등의 다양한 작업을 수행할 수 있다. 하지만 소스 코드를 작성하거나 편집하는 것은 AWS 관리 콘솔에서는 불가능하다.

2. 정답 D AWS에서 제공하는 멀티 팩터 인증의 유형으로는 SMS 멀티 팩터 인증, 이메일 멀티 팩터 인증, 하드웨어 토큰 멀티 팩터 인증이 있다.

3. 정답 D AWS 계정 생성을 위해서는 이메일 주소, 비밀번호, 이름, 성 그리고 결제 정보가 필요하다.

4. 정답 C AWS Developer Support 플랜은 개발자용 기술 지원, 1시간 이내 우선적인 대응, 보안을 제공한다. 이 플랜은 개발자들이 AWS 서비스를 사용하면서 생길 수 있는 기술적인 문제에 대해 도움을 제공한다.

5. 정답 C AWS 계정 생성 후 첫 번째로 해야 할 작업은 사용 계획을 선택하는 것이다. AWS 사용 계획은 AWS 서비스를 사용하고 요금을 지불하는 방식을 정의한다.

6. 정답 A AWS 관리 콘솔에서의 작업 이력을 확인할 수 있는 AWS 서비스는 AWS CloudTrail이다. AWS CloudTrail은 AWS 계정에서 발생하는 모든 이벤트를 기록하고, 모니터링할 수 있도록 도와주는 서비스이며, 이를 통해 AWS 관리 콘솔에서의 모든 작업 이력을 추적하고, 보안 및 규정 준수를 위한 감사 추적을 할 수 있다.

7. 정답 D AWS 계정 생성 후 사용자는 서비스 제한 증가 신청, 모든 AWS 서비스에 액세스 가능, AWS Identity and Access Management(IAM) 사용자 생성을 할 수 있다.

8. 정답 A AWS Basic Support 플랜은 24/7 기술 지원과 AWS Trusted Advisor 지원을 제공한다. 이 플랜은 AWS에 대한 기본 지원을 제공하며, AWS 서비스에 대한 문제 해결, 기술 지원, AWS Trusted Advisor로부터의 권장 사항을 받을 수 있다.

9. 정답 A AWS Business Support 플랜은 24/7 기술 지원, AWS Trusted Advisor 지원, 1시간 이내 우선적인 대응을 제공한다. 이 플랜은 기업용 AWS 사용자들이 AWS 서비스를 사용하면서 발생할 수 있는 문제에 대해 지원을 제공한다.

10. 정답 D AWS 계정에 멀티 팩터 인증을 설정하려면 모바일 앱을 다운로드하거나 SMS나 이메일로 인증 코드를 받아 설정하거나 하드웨어 토큰을 구매해 설정할 수 있다.

11. 정답 A AWS Enterprise Support 플랜은 고객 지정 기술 전문가 지원, 24/7 기술 지원, 15분 이내 우선적인 대응을 제공한다. 이 플랜은 기업용 AWS 사용자들의 큰 규모의 요구 사항에 대해 지원을 제공하며, 보안 및 용량 계획 지원, AWS Trusted Advisor 지원 등 다양한 특징을 제공한다.

12. 정답 C AWS 관리 콘솔은 웹 브라우저에서 액세스할 수 있으며, AWS 서비스를 관리하는 데 필요한 모든 기능을 제공한다. 따라서 AWS CLI에서만 사용할 수 있는 것은 아니다.

13. 정답 A AWS 관리 콘솔을 사용하면, 사용자는 AWS 서비스에 대한 액세스 및 제어를 관리할 수 있다. 또한 AWS 서비스에 대한 성능 지표를 모니터링하거나 로그 파일을 검색하고 분석하는 등의 작업도 가능하다. 하지만 모든 AWS 서비스에 대한 코드를 작성하고 실행하는 것은 불가능하다.

14. 정답 A AWS 계정 생성 시 비밀번호는 최소 8자 이상, 대문자와 소문자, 숫자, 특수문자를 모두 포함해야 한다.

15. 정답 A 멀티 팩터 인증은 사용자의 인증 과정에 여러 가지 보안 인증 요소를 추가해 보안성을 높이기 위해 사용된다.

16. 정답 D 멀티 팩터 인증을 사용하면 보안성을 높이고, 사용자의 개인정보를 안전하게 보호하며, 액세스 제어를 강화할 수 있다.

17. 정답 A CloudTrail은 AWS 계정 활동이 거버넌스, 규정 준수 및 감사 규범을 충족하는지 확인할 수 있도록 돕는다.

18. 정답 B, D 다수의 가용 영역에 S3 데이터 복제하는 일, EC2 인스턴스의 하드웨어 교체, 업그레이드 등 클라우드 인프라 관리 업무는 AWS의 책임이다.

19. 정답 B, C 타사 소프트웨어와의 AWS 상호 운용성에 대한 지침, 구성 및 문제 해결에 대한 액세스를 제공하는 것은 Business 플랜과 Enterprise 플랜이다.

20. 정답 C, D Basic 플랜, Developer 플랜은 AWS Trusted Advisor 모범 사례 확인에서 7개의 핵심 확인에만 액세스할 수 있다.

2부

AWS의 주요 서비스 이해

4장

AWS 스토리지 서비스

연관 출제 영역

출제 영역 3: AWS 인프라 및 주요 서비스

3.1 AWS 클라우드에서 배포 및 운영 방법 정의
배포 모델, 온프레미스와 연결, CLI, SDK, API

3.2 AWS 글로벌 인프라 정의
리전, 가용 영역, 에지 로케이션, 고가용성, 재해 복구

3.3 핵심 AWS 서비스 식별
스토리지: S3, EBS, EFS, Storage Gateway

4장에서 다룰 주요 내용

- AWS 스토리지와 데이터 전송 옵션
- Amazon S3 개요 및 스토리지 클래스
- S3 버킷 버저닝, S3 데이터 암호화
- S3 접근 제어
- Snow 패밀리, EFS, Storage Gateway
- 활용 실습 - S3 버킷 생성
- 활용 실습 - S3 버킷에 객체 업로드
- 활용 실습 - S3 객체 공유('미리 서명된 URL' 방식)

AWS 스토리지와 데이터 전송 옵션

클라우드 컴퓨팅 환경에서는 다양한 속성의 데이터를 저장하기 위해 다양한 스토리지가 활용되며 AWS는 S3, EBS, EFS 등 다양한 스토리지 솔루션과 Storage Gateway 등 데이터 전송 솔루션을 제공한다. 이미 시중에는 Dropbox, 네이버 MyBox, 구글 Drive 등 다수의 유료, 무료인 스토리지 서비스가 제공되고 있으며, 클라우드나 기업용 IT 인프라를 다소 낯설게 느끼는 독자에게도 어느 정도 친숙한 주제가 아닐까 생각한다. 이번 4장에서는 기업 특유의 스토리지 사용 맥락과 주요 스토리지 솔루션의 특징 등에 대해 알아본다.

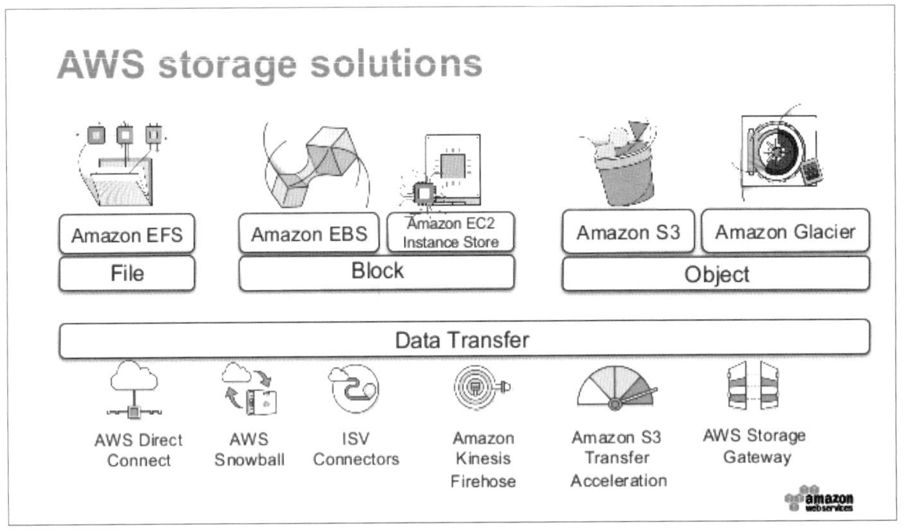

그림 4.1 AWS 스토리지의 종류와 연관성

(출처: https://aws.amazon.com/ko/blogs/startups/picking-the-right-data-store-for-your-workload/)

위 그림의 상단은 File, Block, Object 등 크게 세 가지 데이터 타입의 데이터별 솔루션을 보여주고, 하단은 데이터 전송 특성에 따른 다양한 솔루션을 보여준다. 프랙티셔너 레벨에서는 File, Block, Object 등 세 가지 데이터 타입에 대응하는 스토리지 솔루션이 어떤 것인지 이해하고, 온프레미스와 클라우드를 잇는 스토리지 솔루션으로는 어떤 것이 있는지에 대해서 이해하면 된다. 다음 로드맵인 어소시에이트 레벨에서는 이들 다양한 스토리지 솔루션의 연계 방법, 다양한 데이터 전송 맥락을 반영한 데이터 전송 솔루션 활용 등에 대한 이해가 필요하다.

- **객체 스토리지**Object Storage: 여기서 객체란 pdf, png, mp4 등 우리가 일상에서 흔히 사용하는 파일을 좀 더 전문적으로 지칭하는 용어다. 넷플릭스의 영화 서비스에서 사용되는 영화 파일은 이와 같은 객체 스토리지에 저장하게 되며, AWS에서는 S3가 대표적인 서비스다. 기업 특유의 스토리지 환경을 고려해 보안이 강화된 상태에서 데이터의 저장과 전송 기능이 제공되고 EC2 등 다른 서비스와의 원활하고 신속한 상호 작용을 위해 API 기반의 접근성이 제공된다. 최근 S3는 범용 객체 스토리지를 넘어, 수테라 바이트급 로그 데이터를 집약하고 분석할 수 있는 기업 데이터 레이크로서 의미가 강조되고 있다. S3는 고객 니즈와 데이터 속성에 따라 다시 여러 개의 클래스로 세분화되며, Glacier는 S3에 저장된 객체 데이터를 저렴한 비용으로 장기간 저장하기 위한 아카이브Archive 스토리지다.
- **블록 스토리지**Block Storage: 여러분의 컴퓨터 스토리지에는 pdf 등 파일을 여러분이 직접 저장할 수 있는 영역도 있지만, 운영체제OS나 소프트웨어가 실행되는 격리된 영역이 있으며, 이를 볼륨 또는 블록 영역이라 부른다. 즉, 여러분의 컴퓨터에서 macOS나 Windows가 설치되고 실행되는 영역이나 AWS의 EC2 인스턴스에서 Linux 등 서버 프로그램이 실행되는 영역이 블록 스토리지다. EC2 인스턴스 생성 시 여러분이 설정하게 되는 EBSElastic Block Store가 대표적인 블록 스토리지이며, RDS 데이터베이스 인스턴스 생성 시에도 이와 같은 블록 스토리지 옵션을 설정한다. 블록 스토리지는 워크로드 처리 성능과 밀접한 관련성이 있으며, EC2 인스턴스, RDS 인스턴스의 비용에도 영향을 미친다. 블록 스토리지에 대해서는 7장, 'EC2' 절에서 상세히 알아본다.
- **파일 스토리지**File Storage: 여러분은 드롭박스 등을 이용해서 팀 프로젝트용 자료를 공유해본 적이 있을 것이며, 파일 스토리지는 여러 가용 영역에 분산된 EC2 인스턴스 간의 파일을 공유하는 시스템으로서 의미를 지닌다. AWS에서는 EFSElastic File System가 대표적인 파일 스토리지 서비스다. EC2 인스턴스는 기본적으로 하나의 가용 영역에만 존재할 수 있으므로, 작업을 처리 과정에서 여러 개의 인스턴스가 커뮤니케이션해야 하는 경우 EFS라는 공유 파일 시스템을 사용하는 것이다.

- **온프레미스 데이터 전송**: 앞서 온프레미스와 클라우드의 차이에 대해 설명하면서 현대 IT 인프라 구성과 운영에 있어서 클라우드가 유리한 점이 무엇인지 알아보고, 그중에서도 퍼블릭 및 프라이빗 클라우드를 조합한 하이브리드 클라우드가 대세라고 언급한 바 있다. 2020년 전후, 기업 전용 데이터 센터 또는 온프레미스 환경은 프라이빗 클라우드 성격을 지니게 됐고, 내부적으로 구현하는 것이 유리하지 않은 부분은 AWS 등 외부의 퍼블릭 클라우드를 사용하는 것이 클라우드 도입의 큰 흐름으로 자리 잡았다. 이에 따라 기존의 데이터 센터(온프레미스)와 클라우드 간의 데이터 전송이 중요해졌고, 이를 위한 AWS의 대표적인 서비스가 Storage Gateway이다. 프랙티셔너는 물론 어소시에이트, 프로페셔널 등 모든 레벨에서 온프레미스와 클라우드 연결성 구현은 매우 중요한 출제 영역이며, 일단 스토리지 가운데 온프레미스와 AWS를 연결하는 서비스는 Storage Gateway라는 점을 기억하자.

Amazon S3 개요

AWS의 시작과 함께 클라우드 역사를 함께 한 서비스 중 하나가 S3이며 AWS의 가장 오래된 서비스이자 가장 중요한 서비스로 평가받는다. S3는 AWS의 주요 요소 연결하는 핵심 서비스이고, 시대 변화에 따라 다양한 기술적 요구 사항이 강조될 때, 스토리지 분야에서 늘 언급되는 요소다.

다른 범용 스토리지의 경우 최대 저장 용량이 정해져 있지만 엔터프라이즈급 객체 스토리지인 S3는 거의 무제한의 저장 용량을 제공한다. 단, S3에 저장 가능한 최대 객체 크기는 5TB, 한 번에 업로드 가능한 최대 객체 크기는 5GB, 멀티파트 업로드를 권장하는 객체 크기는 100MB라는 제약 조건이 있다.

신뢰성과 관련해 열한자릿수의 9가 사용돼 'Eleven Nine'이라고도 부르는 99.99999999999%의 내구성Durability 또는 신뢰성을 제공하며, 데이터 손실 가능성은 사실상 거의 없다는 의미다. 단, 이때 내구성과 구분할 개념이 가용성이며, S3에서 저장된 데이터를 잃어버릴 확률은 매우 낮다고 하더라도 네트워크로 연결된 클라우드와 AWS의 특성상 S3 서비스에 접속할 수 없는 상황이 발생할 수 있다. 이와 같은 서비스 접속 가능성을 수치화, 지표화한 것이 가용성Availability이다. 가용성은 S3 클래스마다 다르며, 이에 대해선 잠시 후 사례를 통해 설명한다.

S3는 결코 잃어버려서는 안 되는 기업의 민감한 데이터를 저장하는 서비스인 만큼, 특정 지역의 재난 상황에 대처 위한 자동 반복 저장 기능을 포함하고 있다. 이는 중복 구현Redundancy으로도 부르며, 기업용 클라우드의 특징 중 하나다. 가장 널리 사용되는 S3 스탠다드 클래스의 경우, 하나의 객체를 업로드하면 서로 다른 가용 영역에 3개의 객체 사본으로 저장된다.

4장 후반에서 S3에 대한 다양한 실습을 하게 되며, 기존 컴퓨터에 파일을 저장하고 내려받는 것과 S3에서의 작업이 뭔가 다르다는 느낌을 받게 될 것이다. 이는 S3가 객체를 버킷에 네임스페이스로 저장하는 클라우드 특유의 스토리지 특성 때문이라 할 수 있고, 전통적인 컴퓨터 파일 시스템에서의 파일 저장 및 활용 방식과 차이가 존재함을 알 수 있다.

(참조: https://docs.aws.amazon.com/ko_kr/AmazonS3/latest/userguide/Welcome.html)

S3 활용 전략

산업에 따라 다양한 객체 스토리지 활용 방법이 존재하며 S3 또한 산업과 개별 기업, 부서, 업무에 따라 다양한 방식으로 활용되고 있다. 다음 그림은 외부에서 S3로 유입되는 데이터가 어떤 것인지 보여주고, 이들 데이터가 S3에 저장돼 어떤 용도로 사용되는지 보여준다.

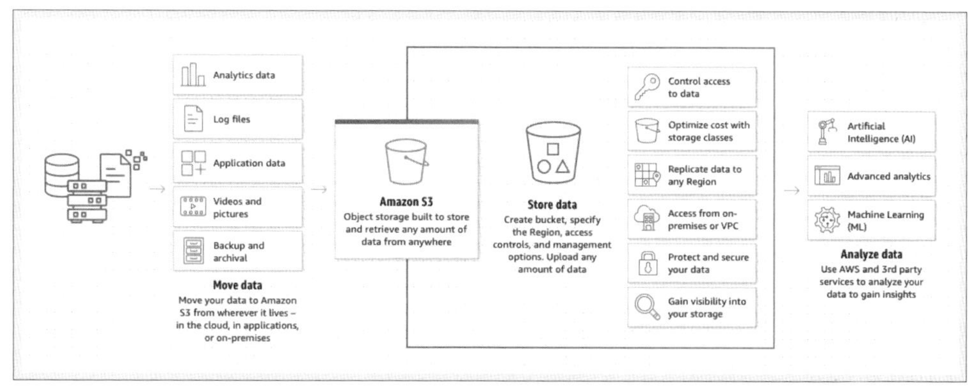

그림 4.2 S3 활용 프로세스

(출처: https://aws.amazon.com/ko/s3/?nc2=h_ql_prod_fs_s3)

S3의 보편적인 활용 방식은 다음과 같다.

- **데이터 백업**: 기업용 데이터 백업 및 재해 복구[DR, Disaster Recovery]에 활용된다. 데이터베이스를 비롯, 기업의 중요한 데이터는 이중, 삼중으로 보호하게 되며, 그중 한 방법이 복사본을 만들어두는 방식이다. 기업 규정에 따라 정기적으로 복사하고 저장하는 작업을 백업[Backup]으로 부르고, 이 복사본을 이용해서 데이터를 되살리는 작업을 복원[Restore]이라 부른다. 이와 같은 'Backup & Restore'는 현대 기업용 데이터베이스의 기본 기능이라고 부를 정도로 보편화된 작업이며, 재해 복구의 여러 기법 중 가장 저렴하고 전통적인 방식이 Backup & Restore라고 할 수 있다. 재해 복구에 대한 본격적인 내용은 어소시에이트 이상 레벨에서 다룬다.
- **정적 웹사이트 호스팅**: 현대 기업 웹사이트 중에는 글로벌 고객에게 간단한 내용을 공지하거나 어떤 제품을 지원하는 소프트웨어 다운로드를 돕거나, 유튜브 등 기업 브랜드 채널의 링크만 추가해도 될 정도로 간단한 구성도 많다. 글로벌 레벨에서 접속하는 수십만 명의 트래픽을 처리하기 위해 AWS의 각종 리소스를 사용하지만 웹페이지 자체의 내용은 단순할 때 선택할 수 있는 방식이 S3를 호스팅 자원으로 활용하는 것이다. HTML 등 서버와의 상호 작용이 거의 없는 요소로만 구성된 웹사이트를 정적 웹사이트[Static Website]라고 부르며, S3 버킷을 생성한 뒤 정적 웹사이트 호스팅 옵션을 선택하면 간단하게 글로벌 웹 서비스를 제공할 수 있다.

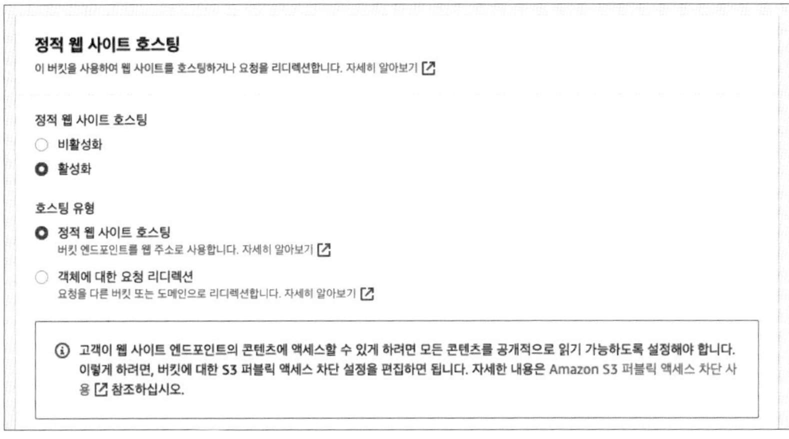

그림 4.3 정적 웹사이트 호스팅

- **애플리케이션 호스팅**: 기업용 모바일 앱 호스팅, 웹 앱 호스팅 등의 용도로 사용된다.
- **콘텐츠 배포, 고객 지원 소프트웨어 배포 창구**: 앞서 언급했던 넷플릭스의 글로벌 VOD 서비스를 위한 영화 파일 저장, 삼성전자의 글로벌 스마트폰 지원 서비스를 위한 업데이트 파일 저장의 용도로 널리 활용해왔다. 글로벌 배포시 S3 외 CloudFront 등 다양한 도구를 통합적으로 활용한다.
- **데이터 레이크**: IT 인프라를 적극 활용해 경쟁력을 높이려는 현대 기업은 시스템의 상호 작용 기록이라 할 수 있는 로그, 또는 고객과의 상호 작용 기록이라 할 수 있는 CRM 등의 데이터를 수테라바이트에서 수페타바이트 수준으로 누적하고 있다. 이와 같은 규모의 빅데이터는 일단 비용 효율성이 높은 스토리지에 저장한 뒤 이후 기업의 생산, 재무, 마케팅 등 다양한 니즈에 맞춰 데이터를 인출하고 변환해 분석하게 된다. 이와 같은 데이터 관리 체계를 데이터 레이크Data Lake로 부르며, AWS에서는 S3가 이와 같은 역할을 맡고 있다. S3에 저장된 수테라바이트의 데이터는 S3에 둔 채 직접 분석하거나 또 다른 전문 분석 서비스로 옮겨서 분석할 수 있다. 기업 빅데이터 센터로서 S3를 활용하는 주요 산업으로는 의약, 금융, 미디어 산업 등이 있다.
- **프라이빗 저장소**: S3는 CloudFormation, CodePipeline 등 인프라 배포 자동화 서비스를 이용해 DevOps, CI/CD 환경을 구성할 때, Git, Yum, Maven 같은 기업 전용 저장소로 활용된다. 인프라 배포 자동화, IaC 등에 대한 개념은 어소시에이트 레벨에서 소개한다.

S3의 기본 개념 1: 버킷

기업용 객체 스토리지인 S3를 이해하기 위한 중요한 세 가지 개념으로 버킷, 객체, 인터페이스API를 생각해볼 수 있다.

먼저 버킷bucket은 객체 저장 컨테이너로서 일반적인 컴퓨터 시스템의 폴더와 같은 역할을 한다. 여러분이 S3를 처음 이용하려 할 때 하는 일이 버킷 생성이고, 이때 버킷 네임을 정하게 되며, 버킷 네임은 여러 리전에서 유일무이한 이름이어야 한다. 앞서 S3를 설명하며 네임스페이스namespace라는 단어를 언급했으며, 네임스페이스란 컴퓨터 공간에서 특정 요소를 식별할 수 있는 기호 또는 이름이고, AWS S3 생태계에서 하나의 버킷은 다른 버킷과 구분되는 네임스페이스를 지닌다는 의미이다. 이를 활용해 복잡다단한 애플리케이션 구성에서 무수한 S3 버킷에 저장된 데이터를 정확하게 가져올 수 있다.

여러분 중 문서 작업을 하다가 기존의 중요한 문서를 이제 막 작성하던 새 문서로 덮어쓰기했던 씁쓸한 기억이 있는 독자도 있을 것이며, 기업 컴퓨팅 환경에서는 실수에 의한 또는 의도적인 덮어 쓰기 등은 매우 큰 문제가 될 수 있다. 이와 같은 문제를 방지하기 위해 S3 버킷 생성 시 버저닝Versioning 기능을 이용할 수 있다. S3 버킷 버저닝에 대해서는 잠시 뒤 다시 상세히 설명한다.

마지막으로, S3 버킷의 독특한 이름 체계를 살펴보겠다. 예를 들어 여러분이 cbasebucket 버킷을 생성하고, 여기에 welcome.jpeg 파일을 업로드했다면 다음과 같은 인터넷 주소(https://cbasebucket.s3.ap-northeast-2.amazonaws.com/welcome.jpeg)가 만들어지고, 이를 '가상 호스팅 스타일의 URL'이라고 부른다.

참조 링크 **S3 버킷 생성 및 활용**

https://docs.aws.amazon.com/ko_kr/AmazonS3/latest/userguide/creating-buckets-s3.html

S3의 기본 개념 2: 객체

다음, S3에 버킷에 저장되는 이미지, 문서 등을 객체object라 부르며, 하나의 객체는 이미지, 문서 등 데이터와 그 데이터의 속성을 설명하는 메타데이터로 구성된다.

앞서 cbasebucket 버킷에 welcome.jpeg 파일을 업로드했을 때 생성되는 가상 호스팅 스타일의 URL에 대해 설명했으며, 여기서 버킷에 welcome.jpeg 파일 네임을 '객체 키'라 부른다.

https://cbasebucket.s3.ap-northeast-2.amazonaws.com/welcome.jpeg

참조 링크 **S3 버킷에 객체 업로드 및 다운로드하기**

https://docs.aws.amazon.com/ko_kr/AmazonS3/latest/userguide/uploading-downloading-objects.html

S3의 기본 개념 3: API

글로벌 레벨에서 널리 사용되는 기술 또는 서비스는 나름의 편리성을 제공하기도 하고 다른 요소와의 호환성Compatibility을 지니고 있기도 한다. S3는 AWS의 여러 서비스 중에서도 유독 널리 사용되는 서비스이며, 그 비결 중 하나가 바로 높은 호환성이다. S3는 EC2 등 AWS 자체 서비스는 물론 Azure, GCP 등 타사 클라우드 및 상당히 많은 SaaS 서비스와 간편하게 연계해 사용할 수 있다. 예를 들어 삼성 클라우드 플랫폼을 이용하는 어떤 기업이 S3에 저장된 데이터에 접근해야 한다면, S3에 접근하기 위한 인터페이스 즉, APIApplication Programming Interface를 이용하면 된다.

AWS 내외부의 사용자 또는 서비스는 API를 통해 S3 버킷 내 파일의 생성, 읽기, 갱신, 삭제, 조회 등 각종 작업을 수행할 수 있다. S3는 기본적으로 REST API를 제공하며, HTTPS SOAP API도 지원한다. 즉, 워크로드 처리를 위해 표준 HTTP/HTTPS 요청과 관련된 모든 작업을 수행할 수 있다.

또한, S3 연계 애플리케이션을 효율적이며 효과적으로 개발할 수 있도록 Java, .NET, Python 등 다양한 언어를 지원하는 SDKSoftware Development Kit를 제공하고, 모바일, IoT SDK 등도 제공한다.

Amazon S3 스토리지 클래스

S3는 오랜 기간 객체 스토리지에 대한 기업의 다양한 니즈를 반영해왔으며 고객의 니즈에 따라 기존 클래스와의 상성 등을 고려해 세분화됐다. 현재는 가장 널리 사용되는 S3 Standard 외에 S3 Standard-IA, One Zone-IA 등 가용성 수준과 비용 부담 수준이 다른 클래스가 존재하며, 아카이브 스토리지인 Glacier도 데이터 접속 빈도, 데이터 저장 기간 등에 따라 Instant Retrieval, Flexible Retrieval, Deep Archive 등 세 가지 옵션 가운데 선택할 수 있다. 가용성은 클래스에 따라 다르지만, S3의 모든 클래스의 내구성은 99.999999999%로 동일하다.

그림 4.4 S3 스토리지 클래스

(출처: https://aws.amazon.com/ko/s3/storage-classes/?nc1=h_ls)

S3 Standard를 비롯, 다양한 스토리지 클래스는 다음과 같은 용도로 구분해서 사용할 수 있다.

- 일반적인 기업용 객체 스토리지로서 기업 내 다양한 부서가 자주 조회 및 업로드/다운로드하는 경우에는 S3 Standard가 적합하다.
- S3 Standard에 비해 접속 빈도가 낮은 경우엔 S3 Standard-IA가 적합하며, 신뢰성은 유지하되 가용성을 좀 더 낮춰도 문제가 없다면 S3 One Zone-IA를 사용해도 무방하다. 여기서 IA는 Infrequent-Access, 즉 접속 빈도 낮음의 의미이다.
- 몇 달 또는 몇 년에 한 번 접속하는 데이터라면 아카이브 스토리지인 Glacier가 적합하다. 예를 들어 석유화학산업의 안전 관리 일지 등은 종류에 따라 4년, 7년, 10년간의 의무 보유 기간이 있으며, 사고 등 별다른 일이 발생하지 않는다면 저장은 하되 연중 접속 가능성은 거의 없다고 할 수 있으며 이때는 비용이 훨씬 저렴한 Glacier가 적합한 것이다. Glacier의 세 가지 세부 옵션에 대해서는 잠시 후 설명한다.

- S3 Intelligent-Tiering은 데이터 접속 빈도 등에 따라 하나의 S3 클래스에서 또 다른 클래스로 데이터를 이동시켜주는 서비스다. 시간 경과에 따라 접속 빈도가 낮은 데이터를 좀 더 저렴한 클래스로 이동시키며, 처음엔 Frequent Access tier에 저장돼 있다가, 해당 데이터에 대해 30일간 접속이 없으면 Infrequent Access tier로 이동하고, 이후 90일간 접속이 없으면 Archive Access tier로 이동하는 방식이다.

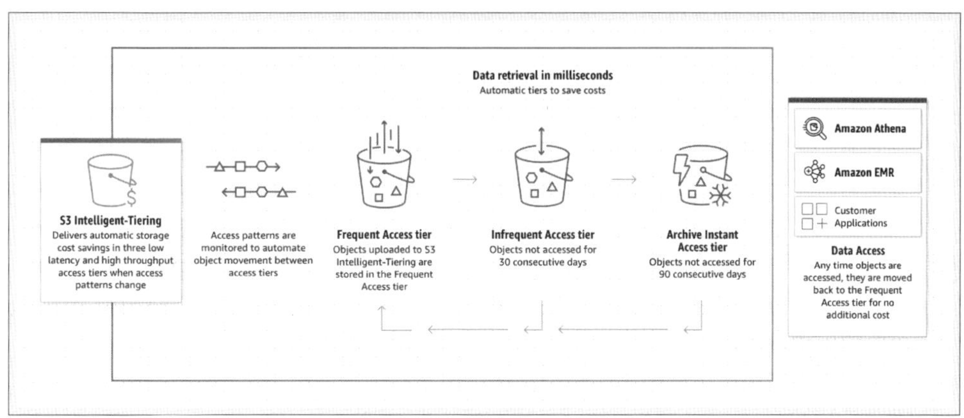

그림 4.5 S3 Intelligent-Tiering을 이용한 데이터 이동

(출처: https://www.stormit.cloud/blog/s3-intelligent-tiering-storage-class/)

S3 클래스 비교

S3 클래스 가운데 자주 비교 대상이 되는 S3 Standard와 S3 One Zone-IA에 대해 좀 더 상세히 알아보겠다.

표 4.1 S3 Standard와 S3 One Zone IA 특징 비교

S3 Standard	S3 One Zone-IA
• 기본형 스토리지, 잦은 입출력 • 가장 많은 사용자가 선택 • 3 AZ 기반 고가용성(99.99%) • 웹, 앱, 콘텐츠, 빅데이터 등 • S3 수명 주기 관리의 시작점	• 1 AZ, 가용성(99.5%) • 20~30% 저렴 • 가용성, 내구성의 필요성이 낮은 경우 • 보조 백업, S3 CRR 적합

S3 Standard와 One Zone-IA의 가장 큰 차이는 중복 구현의 수준이라고 할 수 있으며, S3 Standard는 3개의 가용 영역에 중복, 분산 저장되는 반면, One Zone-IA는 말 그대로 하나의 가용 영역에만 저장된다. 이에 따라 두 클래스의 비용 차이가 발생하게 되고, 이는 보장되는 가용성의 수준 차이에 의한 것이라고 할 수 있다.

One Zone-IA 설명 중 S3 CRR^Cross Region Replication^이 언급되고 있으며, CRR은 민감한 데이터의 안전한 저장, 대기 시간 최소화, 운영 효율성 증가 등을 목적으로 서로 다른 리전에 데이터를 저장하는 방식이다. 보통의 데이터라면 서울 리전 내 다수의 가용 영역에 분산해서 저장하는 것으로 충분하겠지만, 매우 민감한 데이터라면 서울 리전과 도쿄 리전으로 분산해서 저장해 지리적 재난 상황에 대비할 수 있다.

S3 Glacier

접속 빈도가 낮은 데이터를 수년간 보관하는 스토리지 개념을 아카이브^Archive^라 부르며, Glacier는 S3에 저장된 데이터를 매우 저렴한 비용으로 오랜 기간 저장하기 위한 아카이브 스토리지다. Glacier는 미디어 및 엔터테인먼트 산업의 고용량 콘텐츠를 장기간 저장하거나 헬스 케어 산업의 의료 연구 빅데이터 저장에 적합하다. 이 외 앞서 언급한 것과 같은 산업 안전 관리 등 법규로 장기 보관 의무를 명시한 데이터, 과학 연구 데이터 등이 포함되고, 장기 백업, 테이프 저장 장치 대체제로도 각광받고 있다.

Glacier는 인출 방식과 보관 기간 등을 기준으로 다음과 같이 세 가지 옵션이 있다.

표 4.2 Glacier 세 가지 옵션 특징 비교

Instant Retrieval	Flexible Retrieval	Deep Archive
• 가용성 99.9% • 즉시(밀리초) 인출 • 최소 객체 크기 128KB	• 가용성 99.99% • 1~5분, 3~5시간, 5~12시간 옵션 • 백업, DR, 오프사이트 데이터 저장	• 7~10년 장기 아카이브 스토리지 • 가용성 99.99% • 인출 12~48시간 소요 • 테이프 드라이브 대체

Glacier의 저장 비용은 S3 Standard 대비 대략 1/5 수준으로 매우 낮지만, 저장된 데이터를 꺼내는 데 많은 시간이 소요될 수 있다. Deep Archive의 경우, 저장된 데이터의 인출 요청을 하면 12시간에서 48시간이 소요되기도 한다.

S3 버킷 버저닝

이번 절에서는 앞서 가볍게 소개한 버킷 버저닝Versioning에 대해 좀 더 자세히 알아본다. 기업용 S3 버킷에는 애플리케이션을 구성하는 EC2 등 서비스가 생성하는 로그 데이터 등이 대량으로 저장되므로, 분석을 위해서나 비용 절감을 위해 특정 버킷에 있는 데이터를 다른 클래스의 버킷으로 안전하게 이동시키는 것은 결코 간단한 일이 아니다.

일례로 감사 팀에서 지난 10여 년간의 감사 보고서와 증빙 자료를 저장해둔 버킷이 있다면, 작업자의 실수에 의해 덮어 쓰기되거나 삭제되는 것을 막아야 할 것이다. 이와 같은 목적으로 활용하는 버킷 버저닝은 동일 버킷 내에 여러 개의 객체 변형을 보유하는 방식으로 기존 데이터의 망실을 방지한다.

예를 들어 2023년 3월 감사 보고서를 작성하고 버킷에 업로드했는데, 실수로 '2022년 3월 감사 보고서'라는 파일명을 사용한 경우, 새 파일에 의해 기존 파일이 덮어 쓰기되는 문제가 발생할 수 있다. 버킷 버저닝을 사용하면 실수로 올린 2022년 3월 감사 보고서와 기존의 원본 2022년 3월 감사 보고서가 모두 존재하게 된다. 즉, 모든 파일은 파일명 외에 고유의 ID를 지니며, 동일 파일명으로 덮어 쓰기를 하더라도 ID가 다른 여러 개의 사본이 그대로 존재할 수 있다.

아울러 실수로 특정 파일을 삭제하는 경우에도 S3는 객체를 영구적으로 제거하는 대신 다음 그림과 같은 삭제 마커Delete Marker를 삽입하므로 필요 시 언제든 복구할 수 있다.

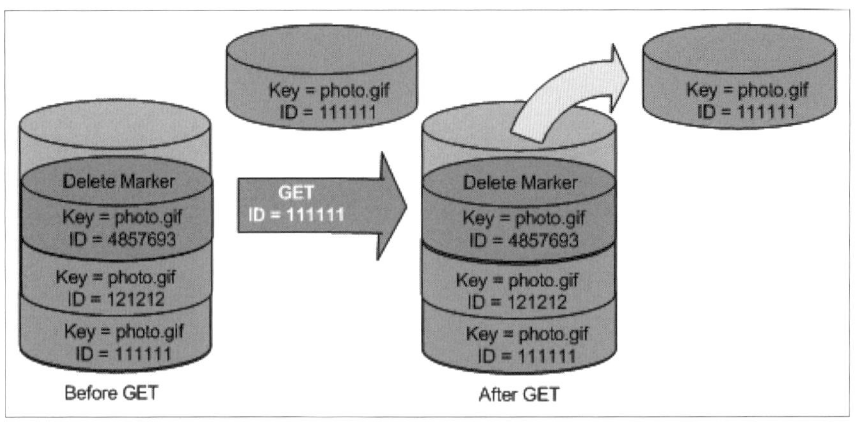

그림 4.6 버킷 버저닝의 작동 방식

(출처: https://docs.aws.amazon.com/ko_kr/AmazonS3/latest/userguide/Versioning.html)

이와 같은 버저닝은 S3 객체에 대한 수명 주기 관리Lifecycle Management와 함께 사용되며, 버킷 단위로 적용되고, 개별 저장 객체에 대해서만 버저닝을 적용하거나 예외로 할 수는 없다는 데 주의한다.

S3 데이터 암호화

AWS에서 데이터 암호화는 크게 두 가지, 전송 중 데이터의 암호화Encryption in Transit와 저장 중 데이터의 암호화Encryption at Rest로 나눠서 생각해볼 수 있다.

다음 그림을 보면 온프레미스 환경에서 기업 사용자 또는 고객은 데이터object를 클라우드에 전송하기에 앞서 자신이 가지고 있는 암호화 키Customer Key를 이용해 데이터를 암호화한다. 다음, 퍼블릭 인터넷을 통해 AWS S3에 데이터를 전송하되 SSL이라는 암호화 전송 방식을 사용한다. 마지막으로, AWS로 유입된 데이터는 자체 암호화 키를 이용해 다시 암호화한 뒤 S3 버킷에 저장한다.

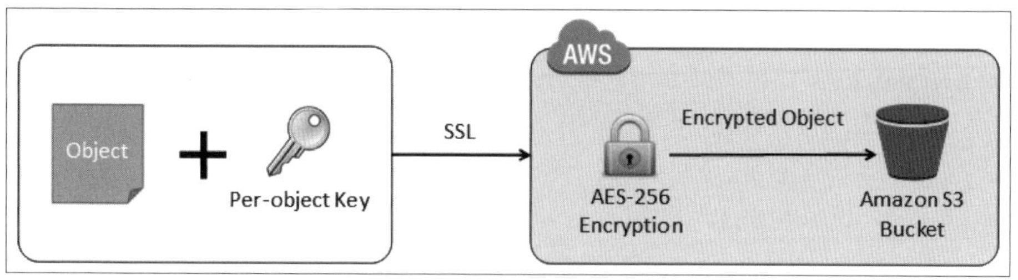

그림 4.7 S3 데이터 암호화 프로세스

(출처: https://aws.amazon.com/blogs/aws/s3-encryption-with-your-keys/)

국내외 산업 데이터 관련 법규에서는 반도체 등 엔지니어링 설계 데이터, 고객 개인정보가 포함된 데이터 등 민감한 데이터를 데이터 센터 외부로 내보낼 때 자체 키로 암호화해야 한다는 규정이 있는 경우가 있으며, 위 시나리오는 그러한 부분을 반영한 것이다. 고객이 사용하는 시스템을 클라이언트라고 하며, 위와 같이 고객이 직접 클라이언트에서 암호화하는 방식을 CSE(Client-Side Encryption) 방식이라 부른다.

HTTP/HTTPS

SSL은 인증서라고도 부르며, 여러분의 브라우저 입력창 URL에서 자주 볼 수 있는 HTTPS 방식의 전송을 위한 체계다. 보안성이 없는 웹 애플리케이션 데이터 전송 프로토콜인 HTTP와 달리, HTTPS(여기서 S는 Secure)는 암호화 기법을 추가한 보안성 데이터 전송 프로토콜이다. AWS는 Certificate Manager라는 이름의 SSL/TLS 인증서 관리 서비스를 제공한다.

참조 링크 HTTPS

https://en.wikipedia.org/wiki/HTTPS

AWS의 데이터 암호화 방식인 전송 중 데이터의 암호화와 저장 중 데이터의 암호화는 다음과 같은 속성을 지닌다. SSE(Server-Side Encryption)는 앞서 설명한 CSE와 대비되는 개념이며, AWS와 같은 서버 제공자측에서 암호화하는 방식을 의미한다. 저장 중 데이터의 암호화는 세 가지 방식이 있으며, 4장의 주제인 S3가 자동으로 암호화를 관리하는 방식은 SSE-S3이다.

표 4.3 데이터 암호화 방식 비교

전송 중 데이터의 암호화	저장 중 데이터의 암호화
• SSL/TLS (HTTPS) 데이터 암호화 • 업로드 전 암호화, 전송 중 암호화 상태 유지 • 콘텐츠 암호화 키(CEK)로 암호화	• SSE, 서버 측 암호화 방식 사용 • 데이터 작성, 인출 시 자동 암호화 및 복호화 • SSE-S3: S3에서 암호화, 키 관리 • SSE-C: 고객 보유 암호화 키 사용 • SSE-KMS: AWS KMS 이용

S3 접근 제어

클라우드는 기업의 애플리케이션 서비스, 데이터 등 주요 자원이 집약된 환경이므로 특정 서비스에 접근하거나 특정 스토리지에 포함된 데이터에 접근할 때 '접근 제어'라는 세분화된 방식으로 신분을 확인하고 정당한 작업의 수행 여부를 확인한다.

S3 버킷에는 민감한 정보가 포함될 수 있으므로 누가, 어떻게 특정 버킷에 접근할 것인지 통제하기 위한 리소스 기반 정책과 사용자 기반 정책, 두 가지 접근 제어 정책을 활용할 수 있다.

- **리소스 기반 정책**: S3 버킷 정책
- **사용자 기반 정책**: IAM 접근 정책

S3 버킷은 AWS 리소스 중 하나이며, 이들 리소스는 JSON 등 문서 형식으로 이용 규칙을 정의할 수 있다. 버킷을 생성한 뒤 '어떤 ID를 가진 사용자가/어떤 경로를 통해 들어와/어떤 버킷에서/어떤 작업을 할 수 있다'와 같은 내용을 정의해서 추가하면 되며, 다음 그림과 같이 다양한 권한의 사용자 또는 서비스가 특정 조건에 모두 부합할 때만 해당 버킷에 접근할 수 있도록 하는 것이 리소스 기반 정책이다.

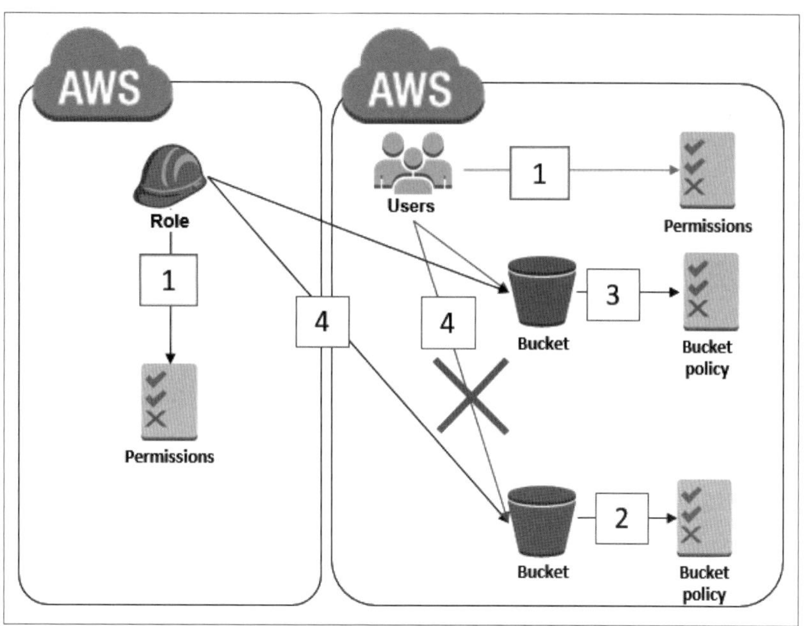

그림 4.8 S3 접근 제어

(출처: https://aws.amazon.com/blogs/security/how-to-restrict-amazon-s3-bucket-access-to-a-specific-iam-role/)

예를 들어 다음 리소스 기반 정책 문서는 S3에 대해 (TLS 인증서로 암호화된) HTTPS 접근만 허용하는 규칙을 담고 있다.

```
{
    "Version": "2012-10-17",
    "Statement": [{
        "Sid": "RestrictToTLSRequestsOnly",
        "Action": "s3:*",
        "Effect": "Deny",
        "Resource": [
            "arn:aws:s3:::DOC-EXAMPLE-BUCKET",
            "arn:aws:s3:::DOC-EXAMPLE-BUCKET1/*"
        ],
        "Condition": {
            "Bool": {
                "aws:SecureTransport": "false"
            }
        },
        "Principal": "*"
    }]
}
```

사용자 기반 정책은 S3 버킷과 같은 리소스에 부착할 수 있는 정책과 달리 AWS의 IAM 그룹, 유저, 롤 등 다양한 유형의 IAM 사용자에 접근 권한 문서를 부착하는 방식이며, 이에 관한 상세한 내용은 다음 5장에서 알아본다.

Snow 패밀리

앞서 NIST의 클라우드 정의에서 살펴본 것처럼 클라우드 스토리지는 기본적으로 인터넷과 연결돼 있는 상황을 전제로 하지만 산업 환경에 따라 하루 몇 회만 인터넷에 접속할 수 있거나 아예 인터넷 접속이 불가능한 환경이 있다. 석유, 천연가스를 시추하는 해양 플랜트 등이 대표적이며, 이와 같은 원격 업무 환경에서도 데이터 저장 및 관리는 매우 중요한 문제다. 이와 같은 상황에서 사용할 수 있는 스토리지가 Snowcone, Snowball Edge, Snowmobile 등으로 구성된 Snow 패밀리다.

그림 4.9 Snow 패밀리

(출처: https://aws.plainenglish.io/aws-snow-family-service-3fe305cd449e281)

- Snowcone은 패밀리 내 최소형의 데이터 전송 디바이스로서 저장 용량은 8TB이다. 저장 용량보다는 휴대성에 초점을 맞춘 이동식 스토리지 디바이스다.
- Snowball Edge는 앞서 언급한 해양 플랜트와 같은 간헐적 연결(제조, 산업, 운송 등), 원격(군사 또는 해양 작전 등)의 조건에 적합한 대용량 스토리지 디바이스다. 컴퓨팅 등 연산 성능에 초점을 맞춘 Compute Optimized 모델의 경우 저장 용량은 42TB이고, 고용량 저장에 초점을 맞춘 Storage Optimized 모델의 경우 저장 용량은 80TB에 이른다.

- Snowmobile은 45피트 컨테이너 차량형 모델로서 최대 저장 용량이 100PB에 이르며 암호화, 화재 진압, 보안 요원, GPS 추적, 경보 모니터링, 24/7 비디오 감시, 차량 에스코트 등 각종 지원 서비스를 제공받을 수 있다.

EFS

AWS는 EC2 외에도 Lambda, ECS, EKS 등 다양한 컴퓨팅 서비스를 제공하며, 이들 요소는 필요에 따라 서로 연결해 상호 작용할 수 있도록 하고 하나의 AZ에 있는 데이터를 다른 AZ로 보내야 하는 경우가 자주 발생한다. 또한 하이브리드 클라우드 시대이므로 온프레미스에 있는 컴퓨팅 리소스와 AWS의 컴퓨팅 리소스를 연결하는 일도 매우 중요한 일이다.

EFS[Elastic File System]는 다수의 AZ, 또는 위치에 분산된 다양한 컴퓨팅 리소스를 연결하는 공유 파일 시스템이며, 아래와 같이 AWS 내외부의 컴퓨팅 리소스에 탑재해 워크로드에 대한 연산 성능 최적화, 다양한 프로토콜 기반의 데이터 전송, 데이터 공유 및 추가 안정성 확보 등의 역할을 담당한다.

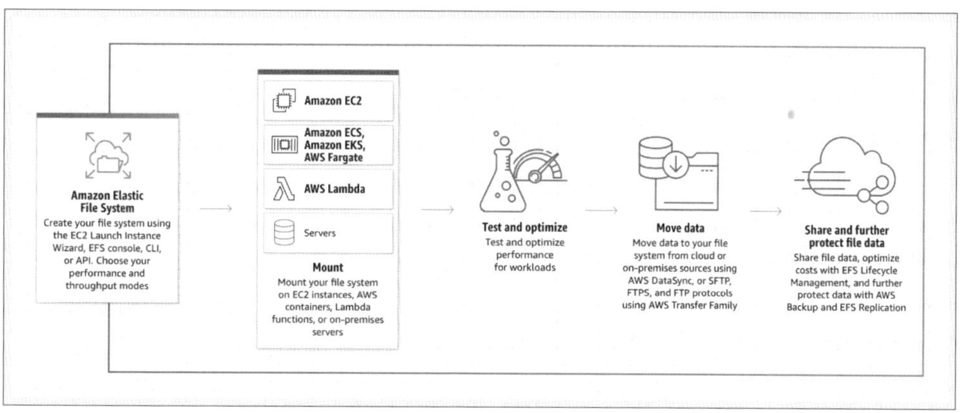

그림 4.10 EFS 활용 프로세스

(출처: https://aws.amazon.com/efs/)

EFS는 Linux 기반의 EC2 인스턴스에만 부착해서 사용할 수 있는 고가용성, 확장성의 AWS 관리형 NFS^{Network File System}이며, 저장 용량, 읽기 및 쓰기 용량 등 사용량에 의한 과금이 이뤄진다.

EFS의 활용 방식

다음 그림에서, us-west-2 리전에 3개의 AZ(2a, 2b, 2c)가 있고, 이들은 기업 전용 네트워크인 VPC내 3개의 서브넷 영역을 통해 접근할 수 있다.

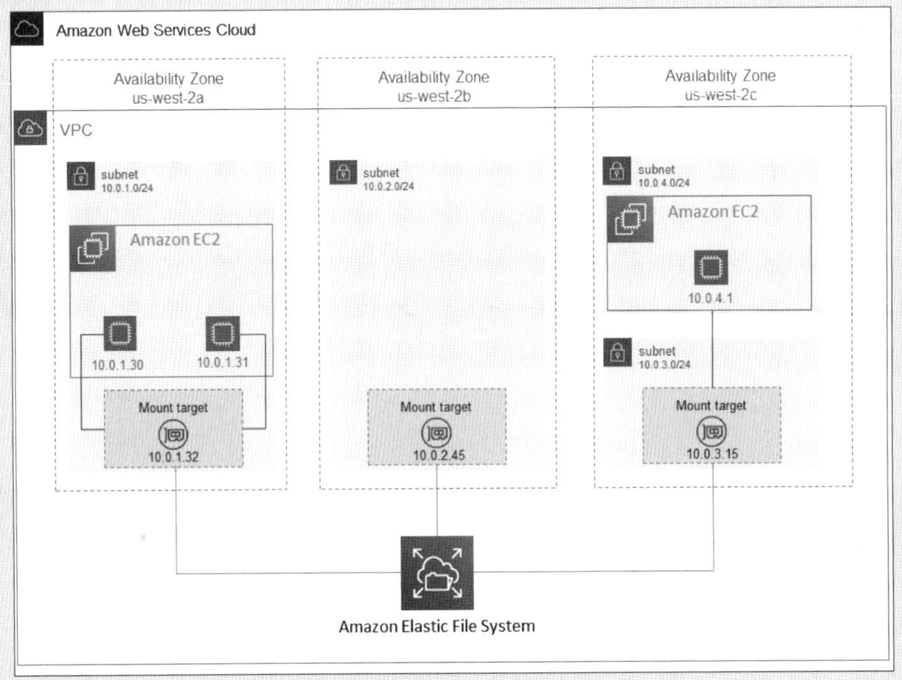

그림 4.11 EFS 기반의 멀티 AZ 공유 파일 시스템

(출처: https://docs.aws.amazon.com/ko_kr/efs/latest/ug/accessing-fs.html)

여러분은 EC2 인스턴스 생성 시 어떤 VPC와 서브넷 속에 생성할 것인지 지정하게 되며, 하나의 EC2는 지정된 서브넷을 넘어다닐 수 없다. 즉, 서로 다른 서브넷 혹은 AZ에 속한 EC2 인스턴스가 상호 작용하려면 일종의 공유 시스템이 필요하며, 이 역할을 수행하는 것이 EFS이다.

Storage Gateway

4장을 통해 우리는 클라우드와 온프레미스에 다양한 스토리지가 있다는 사실을 알게 됐다. 그렇다면 클라우드와 온프레미스에 존재하는 객체, 블록, 파일 스토리지 등 다양한 종류의 스토리지를 연결해서 서로 필요한 데이터를 주고받을 수 있도록 하는 일이 중요하며, Storage Gateway가 바로 이런 역할을 맡고 있다(Gateway는 말 그대로 '관문', '통로'의 의미를 지니며, AWS에는 Storage Gateway 외에도 API Gateway 등 다양한 Gateway 서비스가 있다).

- Storage Gateway는 온프레미스 데이터 스토리지와 클라우드 데이터 스토리지를 연결하며 DR, 백업 및 복구, 멀티 티어 스토리지 구현에 활용된다.
- Storage Gateway는 File Gateway, Volume Gateway, Tape Gateway 등 세 가지 유형이 제공된다.

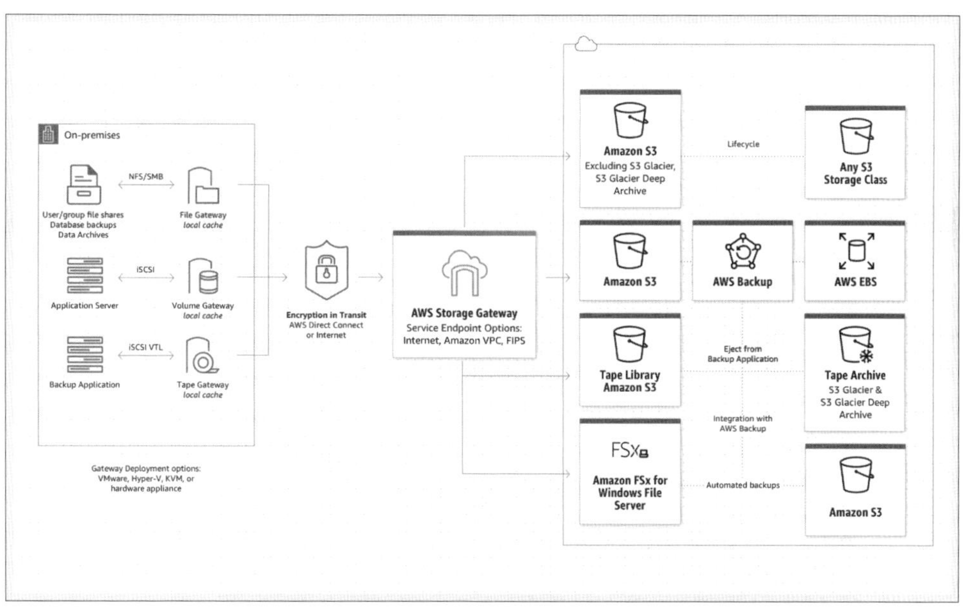

그림 4.12 Storage Gateway를 이용한 온프레미스–AWS 스토리지 연결

S3 버킷 생성

실습 결과: S3 버킷 생성, 버킷 속성 확인

실습 1. 상단 검색창에 's3' 입력, 서비스 선택

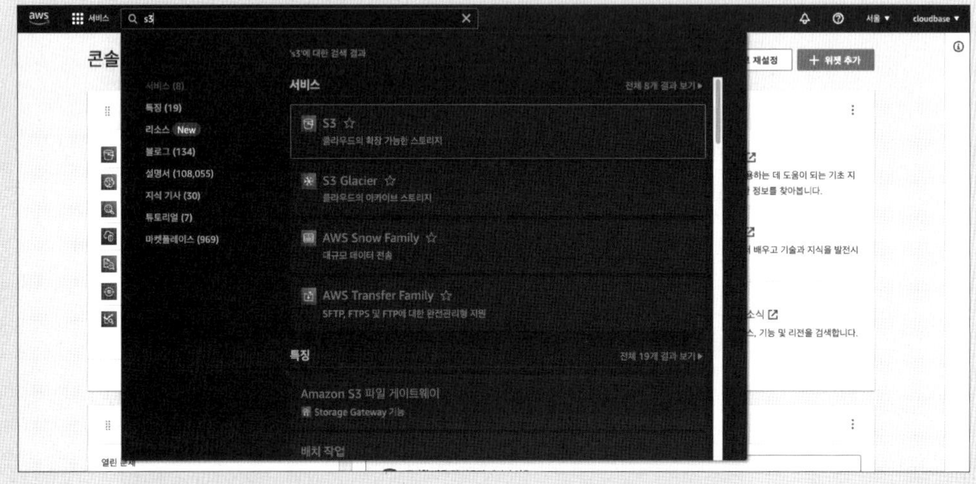

실습 2. S3 대시보드 (버킷 목록) > **버킷 만들기** 버튼 클릭

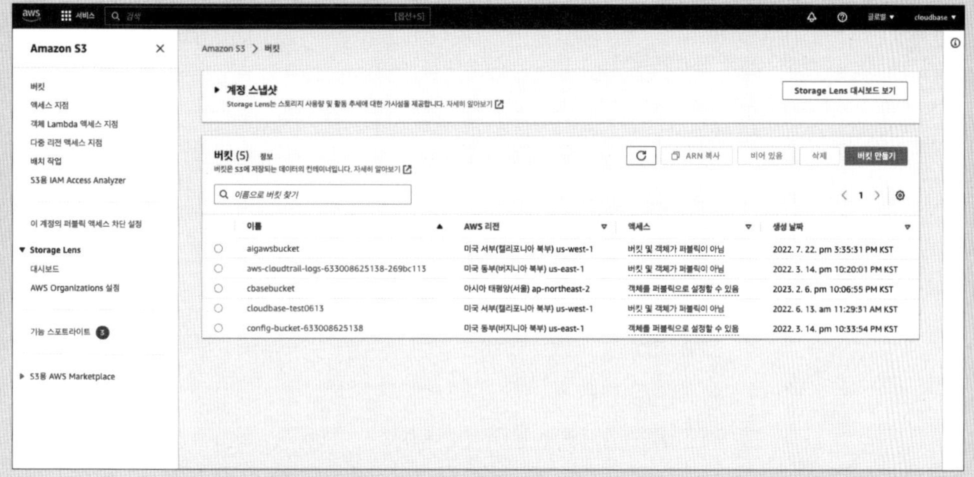

실습 3. 버킷 만들기 > 일반 구성 > 버킷 이름 입력

버킷 이름은 AWS 환경에서 유일무이해야 한다.

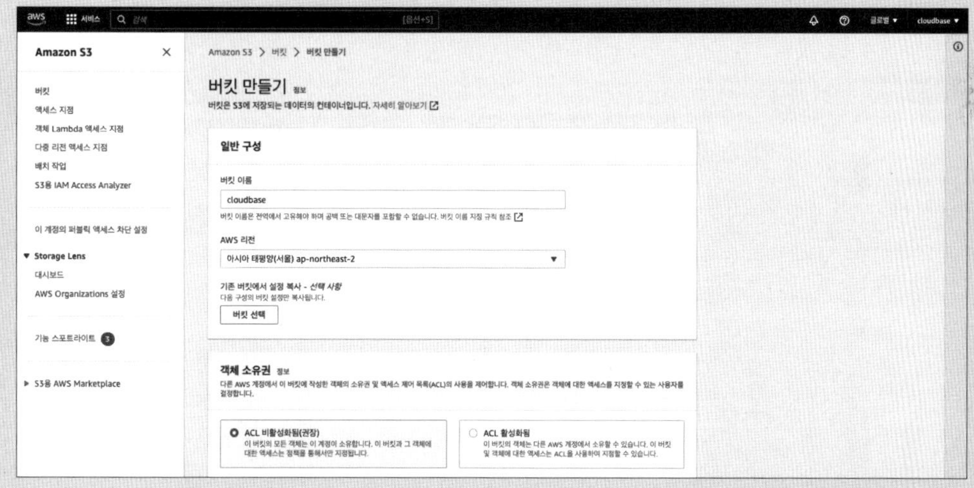

실습 4. 버킷 퍼블릭 액세스 > **차단** (기본 설정)

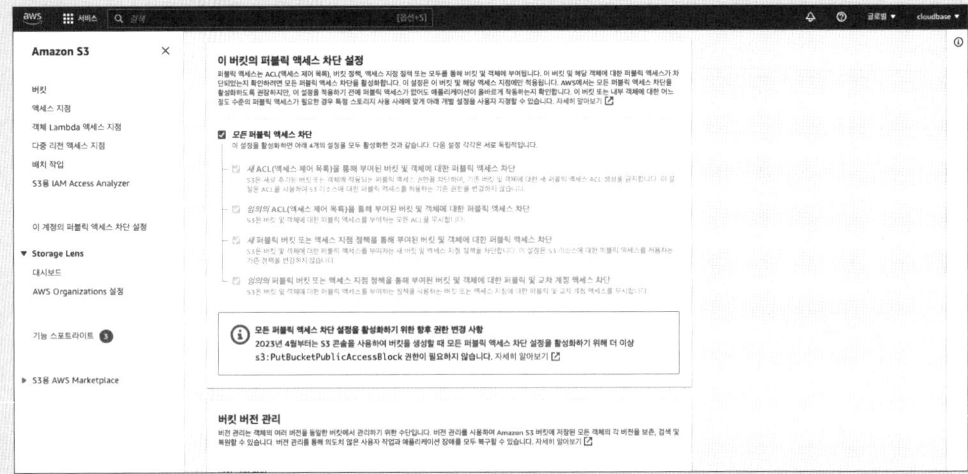

실습 5. 버킷 버전 관리, 태그, 기본 암호화 기본값 유지

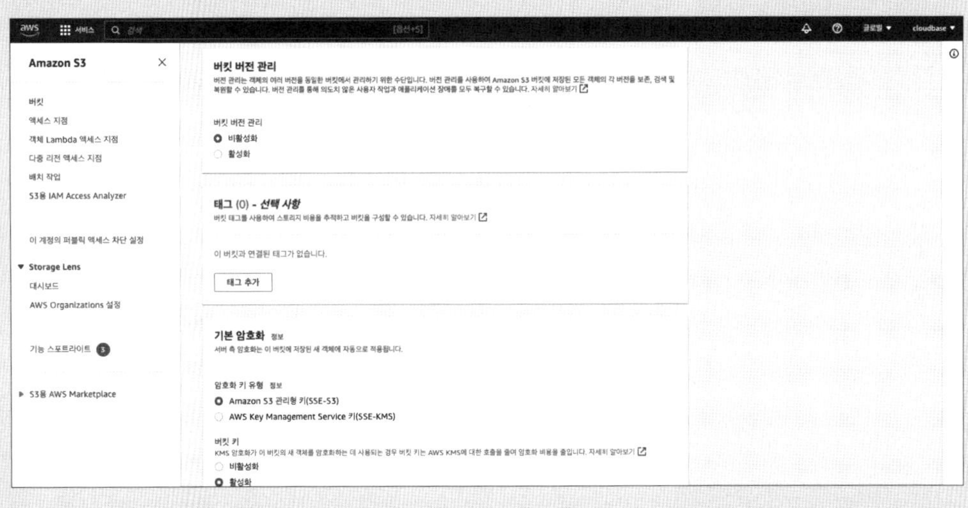

실습 6. 버킷 만들기 버튼 클릭

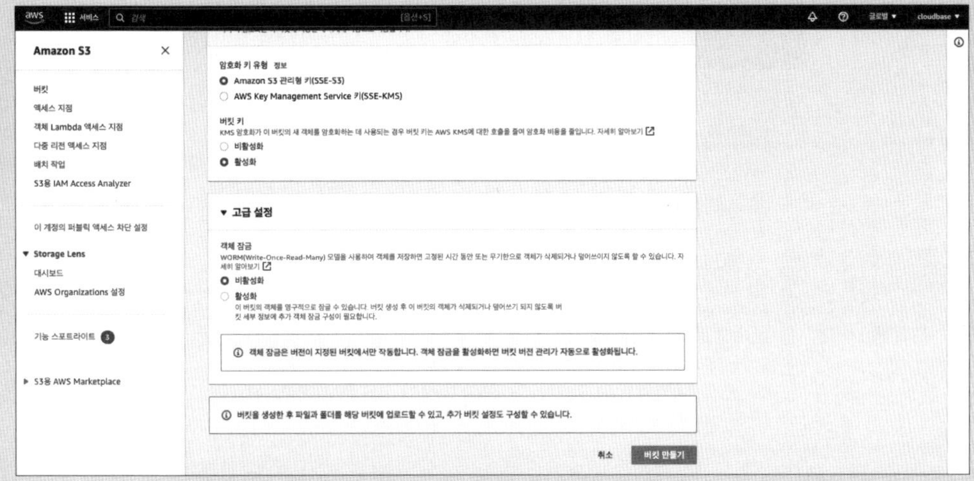

실습 7. 버킷 이름 중복 > 이름 규칙 확인 > 재시도

버킷 이름은 AWS 환경에서 유일무이해야 하며, 위와 같은 'cloudbase'와 같은 평범한 이름은 사용할 수 없는 경우가 많다.

실습 8. 새 버킷 생성 성공 ➤ 새 버킷 선택

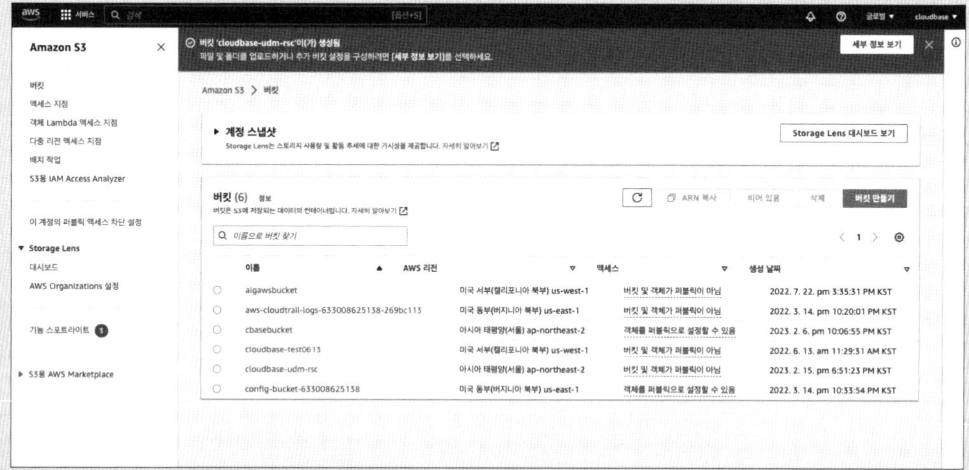

실습 9. cloudbase-udm-rsc 버킷 세부 정보 확인

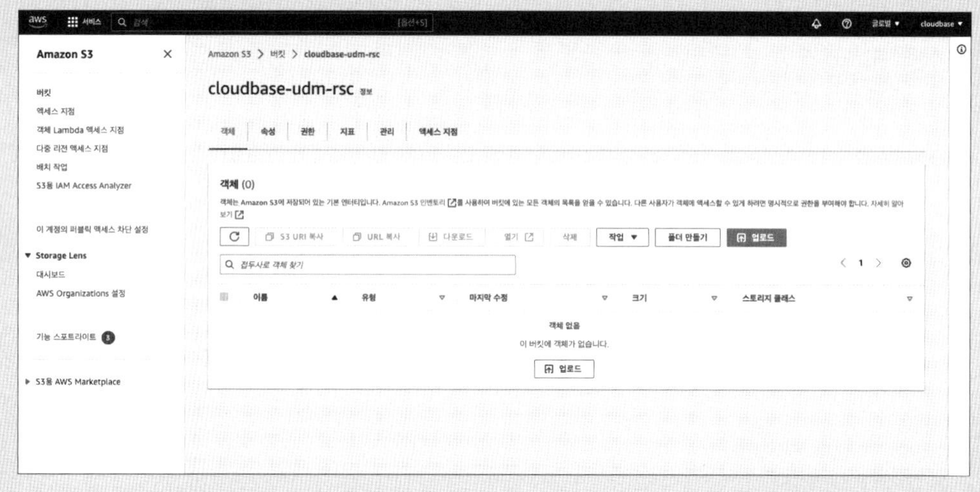

활용 실습

S3 버킷에 객체 업로드

실습 결과: 객체 업로드 성공

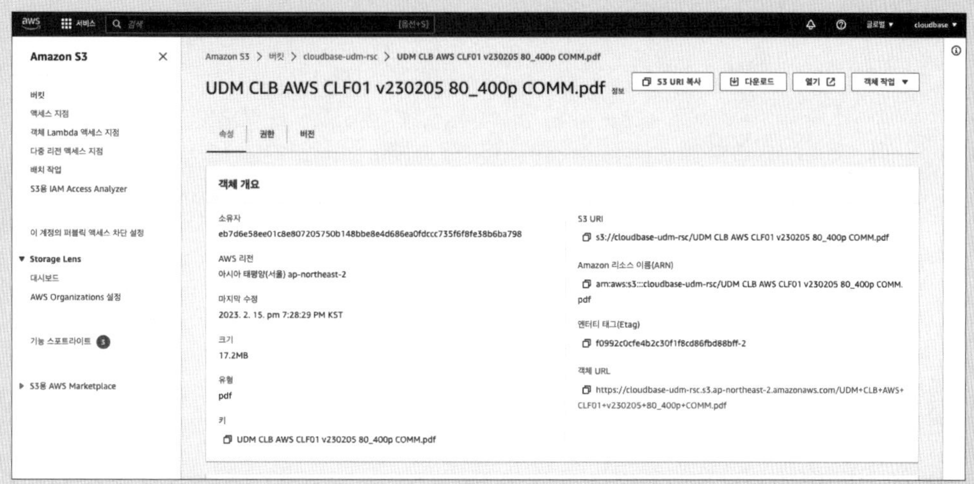

실습 1. S3 버킷 목록 ➤ 버킷 선택

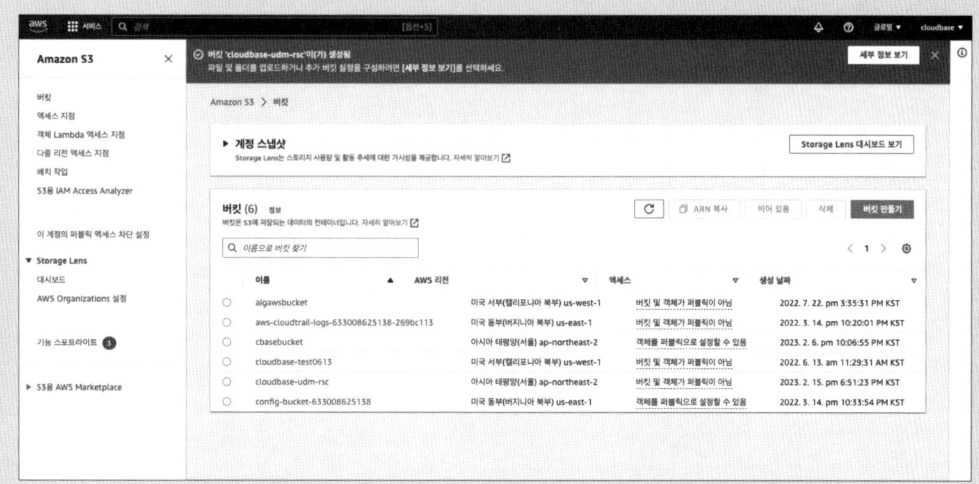

실습 2. cloudbase-udm-rsc 버킷 ➤ **업로드** 버튼 클릭

실습 3. 업로드 ➤ 파일 추가

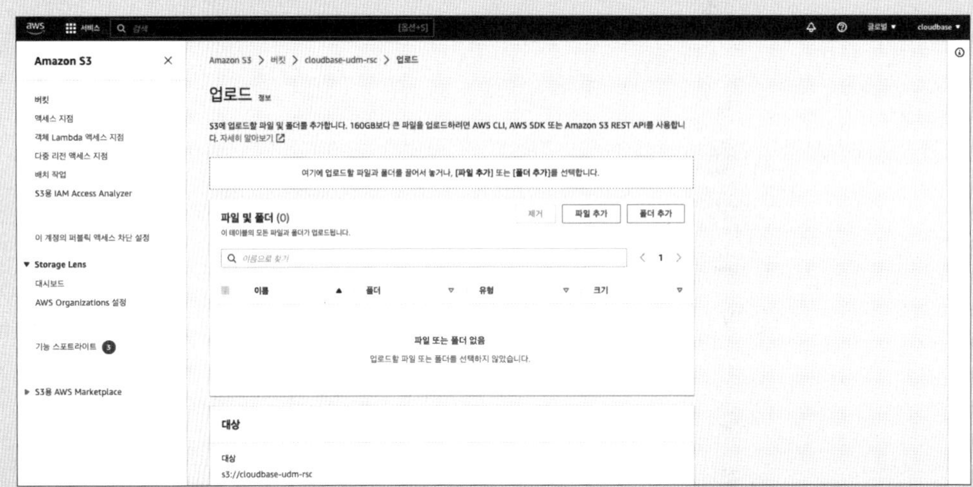

실습 4. 파일 추가됨(PDF 파일, 17.2MB)

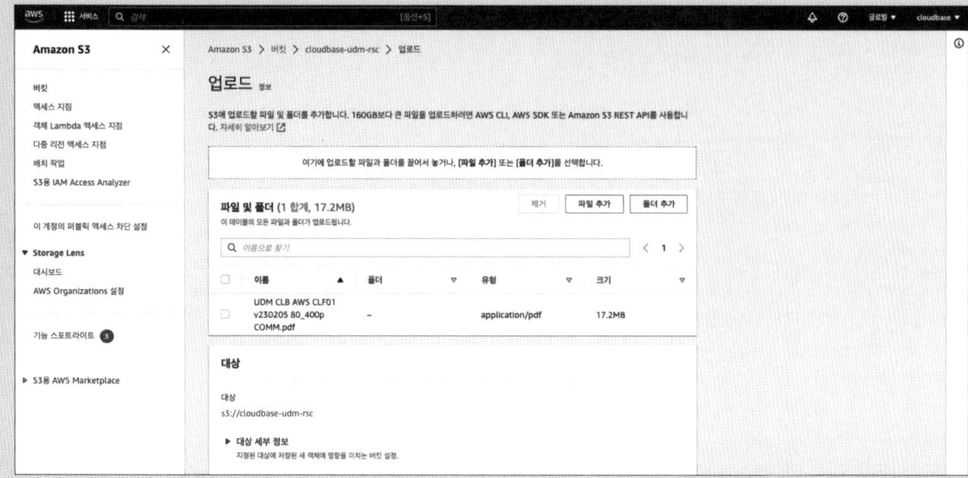

실습 5. 업로드 대상 버킷의 설정 확인

실습 6. S3 스토리지 클래스 ➤ Standard 선택

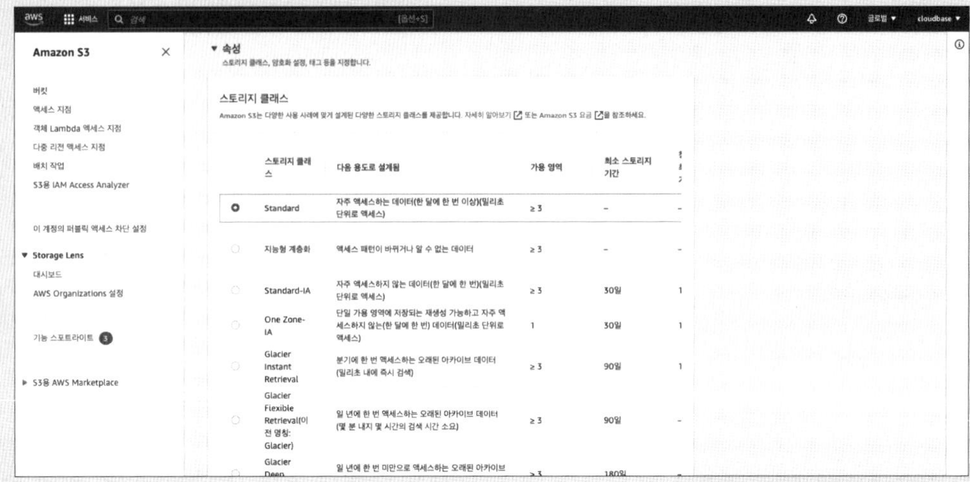

실습 7. 업로드 버튼 클릭

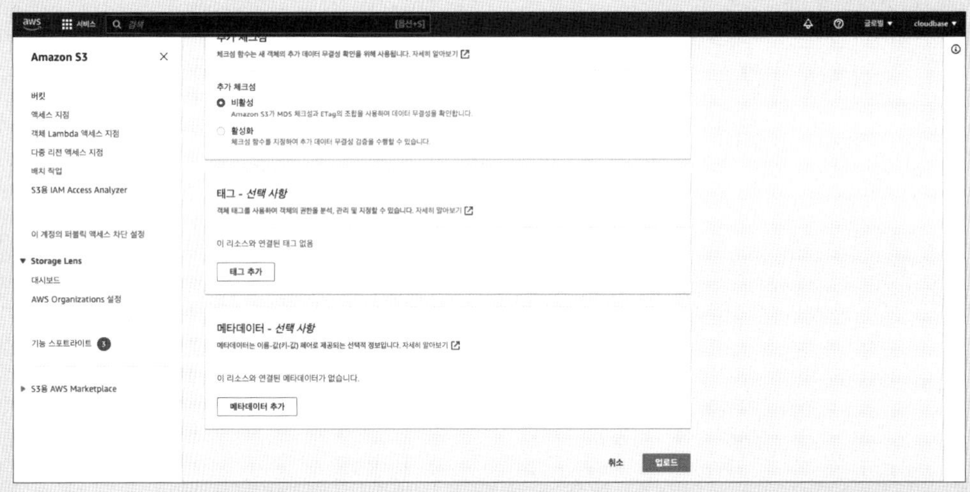

실습 8. 객체 업로드 성공

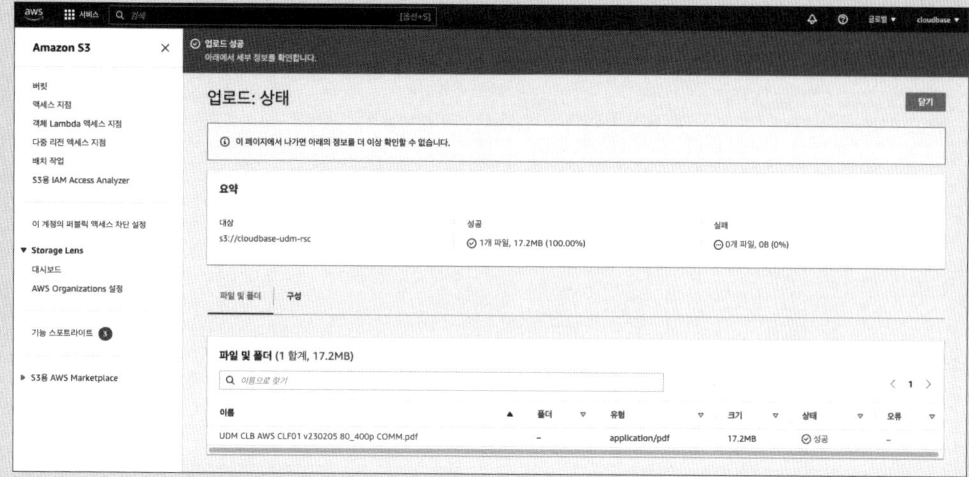

실습 9. 객체 속성 정보 확인 ➤ 객체 URL 클릭

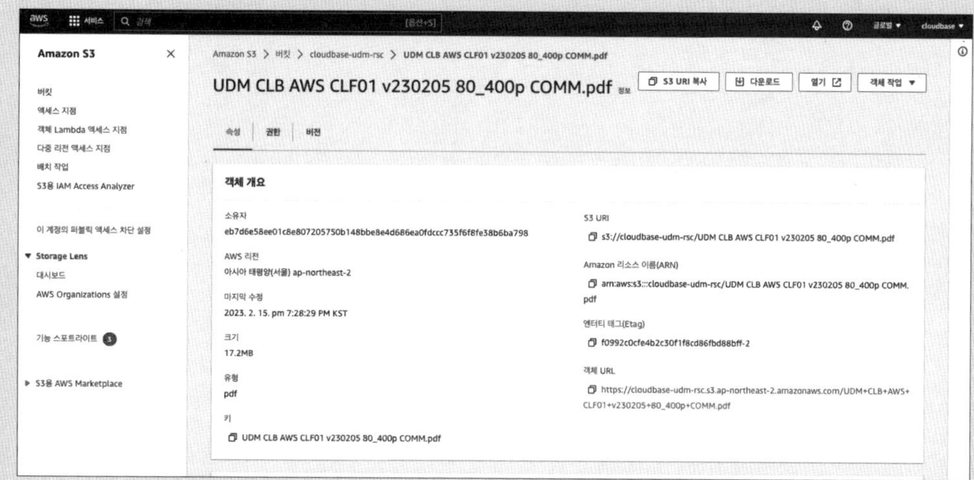

실습 10. 업로드한 객체에 접근할 수 없음 확인

This XML file does not appear to have any style information associated with it. The document tree is shown below.


```
▼<Error>
   <Code>AccessDenied</Code>
   <Message>Access Denied</Message>
   <RequestId>C1SF46ZVWRP4SZ4W</RequestId>
   <HostId>OcMV/ZK5JF45M2zo1HGwkSgmuDI39Xv+gXuhERqJkHLFU7duvYoIOND1IRoU5izKiJ2Jo03zEWo=</HostId>
 </Error>
```


실습 11. 다운로드 버튼으로 다운로드 가능

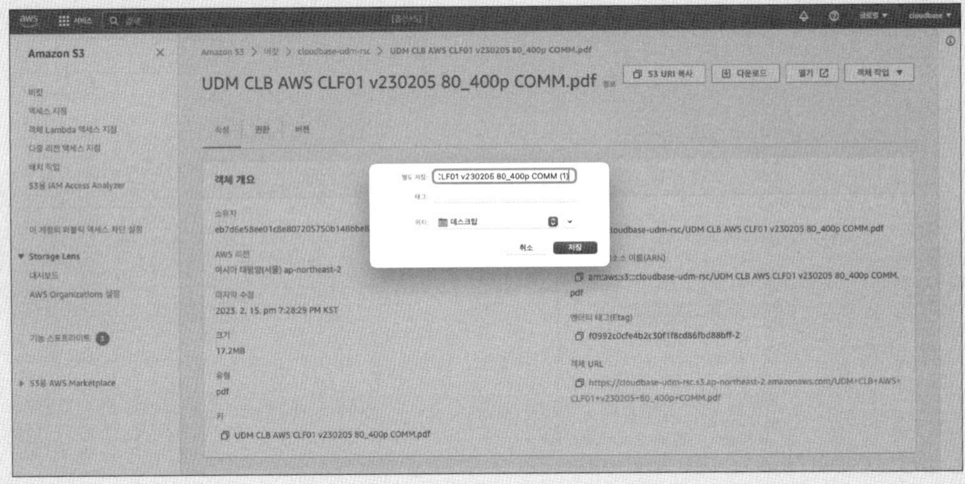

활용 실습

S3 객체 공유('미리 서명된 URL' 방식)

실습 결과: 미리 서명된 URL로 파일 공유

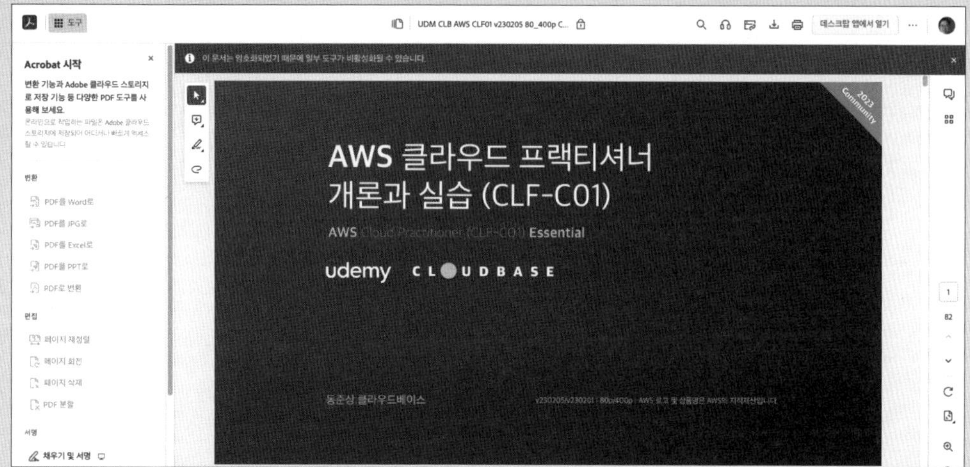

실습 1. S3 버킷 > 파일 및 폴더(객체 목록) > 객체 선택

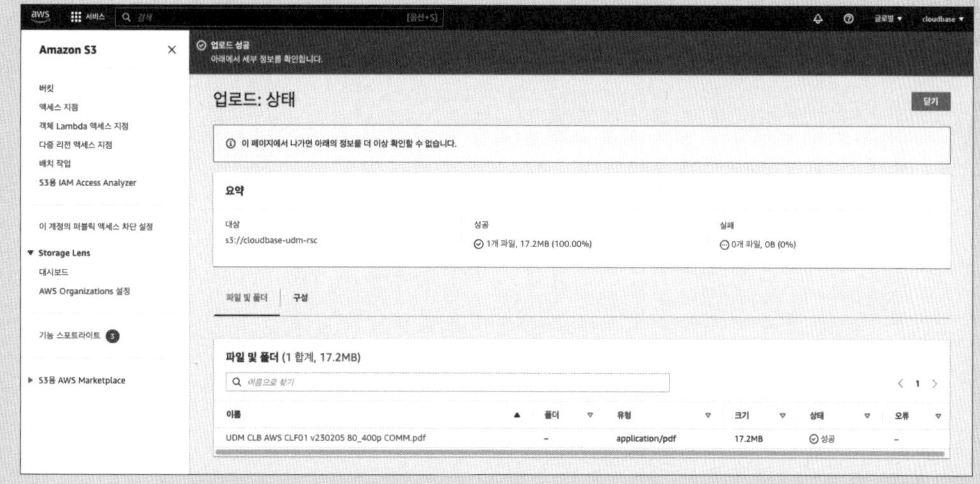

실습 2. 상단 객체 작업 클릭 ➤ 미리 서명된 URL 클릭

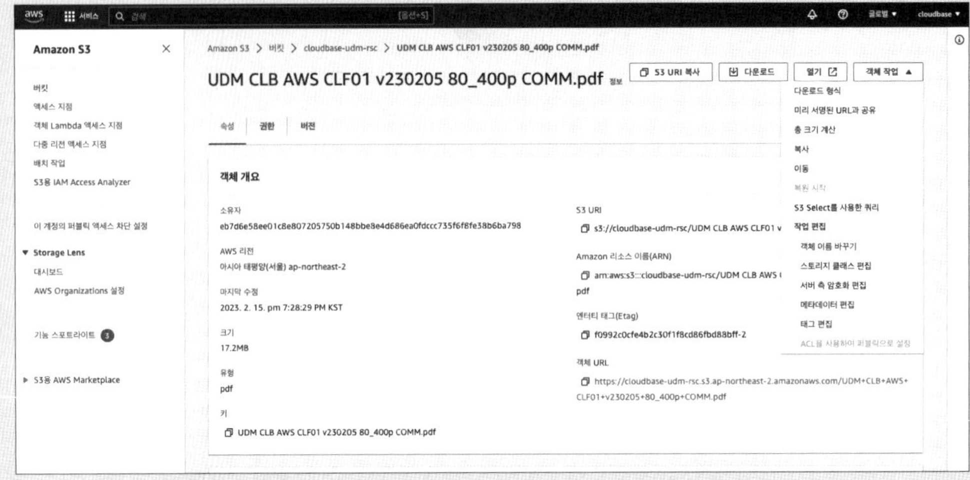

실습 3. 미리 서명된 URL 공유 ➤ 만료 기간 설정

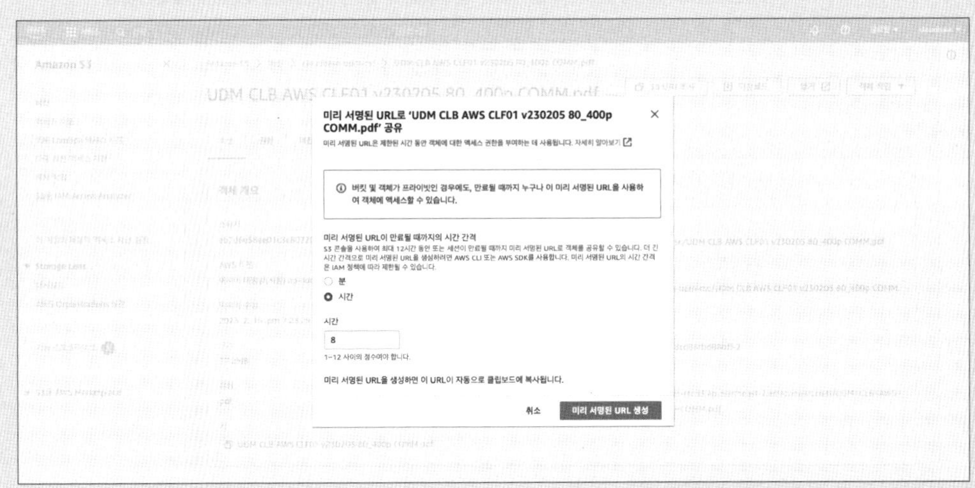

실습 4. 미리 서명된 URL 생성 및 자동 복사

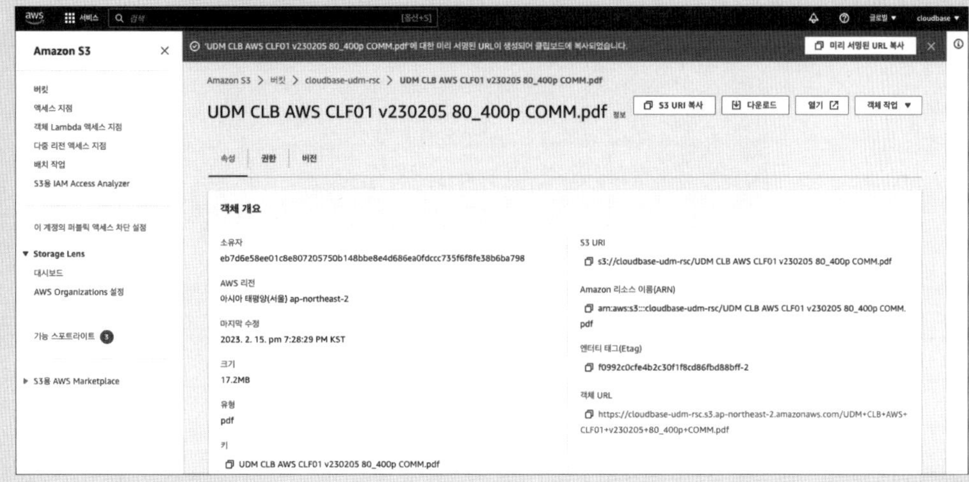

실습 5. 미리 서명된 URL 메모장 붙여넣기 결과

```
UDM CLB AWS CLF01 v230205 80_400p COMM.pdf 미리 서명된 URL

https://cloudbase-udm-rsc.s3.ap-northeast-2.amazonaws.com/UDM%20CLB%20AWS%20CLF01%20v230205%2
080_400p%20COMM.pdf?response-content-disposition=inline&X-Amz-Security-Token=IQoJb3JpZ2luX2Vj
EJL%2F%2F%2F%2F%2F%2F%2F%2F%2F%2FwEaDmFwLW5vcnRoZWFzdC0yIkgwRgIhAJkhONQhB8Egy0zrOGSg9xmtWn%2F
YYcV86M1cASXVzdx0AiEAsvHJdgo9xbl1nKtCpJ1ztAW8EqTyVE2xj1d9xkO9Fmgq6AIIKxAAGgw2MzMwMDg2MjUxMzgi
DJSqinppgOqaYs0O4yrFAnVfkT6Gkp9%2BkesDeXuGwoasYB5BW5Lx1ZbqxdDuktc%2Fr5a%2BmyFfsg3qElMJAckCJA0
eI9SfztnAfdxMK6pq02JLtBc42qkUdH2AYYVgKWjvb2UhRBiJx5W2NK2fkUAZwS3xrMeR46LioU%2FLEyFqjrOiHLp9KQ
041hqs2jMp2zTugIjOfyPp6%2F898JwMltdlrZFl1HZIyuthyYwcjZz23fIdeQKoDYrrVLVQAStE6th%2Fh0iBuvo%2FS
a6CWDkNTGEL4Pe9CMh6XG0TSDElgBm8dnyO3737NGyRlv0sANwXyLmXVbAXq8JlULBXuvpPJaTgY33hDq4WqolmwkrGjt
OFpcNcROEPH25SY8Xnu5GbDaoOwVhgtudGOvHoP0RfLpQfPPqBBx9%2BbfIW0vETt5ym13pmcvRy1GynLUBksjyKmeL1L
3KuihQwu7uynwY6sgI4473uaCPwzC3Q5JhDgKUBQ3rbxgXM8Z75MIxVkG1J%2FgZr%2Fd7Ufu9p7qU8fDNL6NjH3hXemI
yzjXipCYBXKr3c9XudL8f4P01TdCsg9cnFYubq0Mnw1izweaCrWYLTTWRXy0YMSBY2R%2BBZMCKshmdjUL%2B05IiK37Z
7i353yYUs3LLkJK3k%2FcOAq8CQUJb1qX%2BDhX5u%2BxCW6EabUAPRwh01Sg4qMw2fIrWNwLY19FZjgT%2FWgOgvxJko
3PjsH99r7ydr9OpE1O2p9nLQ2B%2BefOGHcSq7mw13kaFREVWNajr2MNz0DeQXb2vTzhUj3v1wo2ljEnjkt3C3rXXxHK%
2Bo%2BYPs9zK1ND4BLMwMb%2FE80CYpS%2F%2F8%2BnlRwlK2hrSxmss1eMHD2y9Ib7lGXaDQLzklNpU4edM%3D&X-Amz
-Algorithm=AWS4-HMAC-SHA256&X-Amz-Date=20230215T103320Z&X-Amz-SignedHeaders=host&X-Amz-Expire
s=28800&X-Amz-Credential=ASIAZGYSBCXZFXQRK5NT%2F20230215%2Fap-northeast-2%2Fs3%2Faws4_request
&X-Amz-Signature=3b350a96a37d926f629e8e76deb004246f039f5156c684a6e150547be2803d83
```

실습 6. 미리 서명된 URL 브라우저 붙여넣기 결과

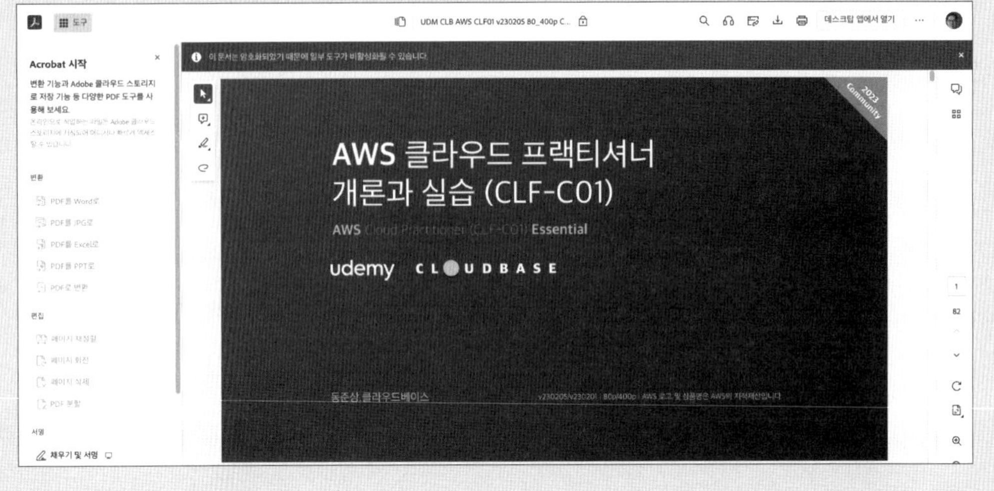

정리

- 기업용으로 사용되는 세 가지 주요 스토리지 타입으로는 File, Block, Object 스토리지가 있다.
- 객체 스토리지Object Storage는 pdf, png, mp4 등 다양한 형식의 파일을 저장하기 위한 스토리지이며, S3가 대표적이다.
- 블록 스토리지Block Storage는 운영체제OS나 소프트웨어가 실행되는 격리 영역을 위한 스토리지이며, EBS가 대표적이다.
- 파일 스토리지File Storage는 여러 가용 영역에 분산된 EC2 인스턴스 간의 파일 공유 시스템이자 스토리지이며, EFS가 대표적이다.
- 클라우드에서 온프레미스 스토리지로 데이터를 전송하기 위해 Storage Gateway를 사용한다.
- S3는 AWS의 주요 요소 연결하는 핵심 서비스이자, 글로벌 레벨에서 가장 유명한 객체 스토리지다.

- S3에 저장 가능한 최대 객체 크기는 5TB, 한 번에 업로드 가능한 최대 객체 크기는 5GB, 멀티파트 업로드를 권장하는 객체 크기는 100MB이다.
- S3 스탠다드 클래스의 경우, 하나의 객체를 업로드하면 서로 다른 가용 영역에 3개의 객체 사본으로 저장하는 중복성을 제공한다.
- S3는 데이터 백업, 정적 웹사이트 호스팅, 애플리케이션 호스팅, 고객 지원 소프트웨어 배포, 프라이빗 저장소, 데이터 레이크로 널리 사용된다.
- S3의 중요한 세 가지 개념으로는 버킷, 객체, 인터페이스가 있다.
- 버킷bucket은 객체 저장 컨테이너이며, 네임스페이스namespace라는 데이터의 그룹화, 계층화 방법을 사용한다.
- 버킷 버저닝versioning은 수명 주기 관리, 임의의 삭제 방지, 크로스 리전 복제 등을 위해 필수적인 개념이다.
- 객체object란 S3에 버킷에 저장되는 이미지, 문서 등을 의미하며, 객체 데이터 및 메타데이터로 구성된다.
- S3 API를 이용해 S3 버킷 내 파일의 생성, 읽기, 갱신, 삭제, 조회 등 각종 작업을 수행할 수 있다.
- 사용 맥락, 용도 및 예산에 따라 S3 Standard, Standard-IA, One Zone-IA, Glacier Instant Retrieval, Flexible Retrieval, Deep Archive 등 다양한 스토리지 클래스를 선택할 수 있다.
- AWS는 전송 중 데이터의 암호화Encryption in Transit 및 저장 중 데이터의 암호화Encryption at Rest 기법을 제공한다.
- AWS의 전송 중 데이터의 암호화 기법으로는 SSL/TLS 인증서 기반의 HTTPS 전송 프로토콜이 널리 사용된다.
- AWS의 저장 중 데이터의 암호화 기법으로는 암호화 키 관리 서비스인 KMS를 중심으로 SSE-S3, SSE-KMS, SSE-C 등 서버 측 암호화 기법이 널리 사용된다.

- S3 접근 제어를 위해 리소스 기반 정책인 S3 버킷 정책Bucket Policy과 사용자 기반 정책인 IAM 접근 정책IAM Access Policy이 사용된다.
- 정글, 오지 등 인터넷 접속이 어려운 환경, 해양 등 원격의 업무 환경에서는 Snowcone, Snowball Edge, Snowmobile 등 Snow 패밀리가 사용된다.
- Snowball Edge 중 Compute Optimized 모델은 저장 용량은 42TB, Storage Optimized 모델의 경우 저장 용량은 80TB에 이른다.
- EFSElastic File System는 다수의 AZ, 또는 위치에 분산된 다양한 컴퓨팅 리소스를 연결하는 공유 파일 시스템이자 스토리지다.
- Storage Gateway를 이용해 클라우드와 온프레미스에 존재하는 객체, 블록, 파일 스토리지 등 다양한 종류의 스토리지를 연결할 수 있다.
- Storage Gateway는 File Gateway, Volume Gateway, Tape Gateway 등 세 가지 유형이 제공된다.

기출 유형 분석 퀴즈

1. Amazon S3의 스토리지 클래스 중, 객체에 대한 액세스 빈도가 일정하지 않은 데이터에 사용하는 클래스는 무엇입니까? **(S3 스토리지 클래스)**

A. S3 Standard

B. S3 Standard-IA

C. S3 Intelligent-Tiering

D. Glacier

2. Linux 기반 Amazon EC2 인스턴스 및 온프레미스 서버에서 사용할 간단하고 확장 가능한 공유 파일 스토리지 솔루션을 제공하는 AWS 서비스는 무엇입니까? **(AWS의 기술과 서비스/Linux 기반 EC2 인스턴스 및 온프레미스 서버 공유 파일 시스템)**

A. AWS Managed ServicesAMS

B. Amazon S3 Glacier

C. Amazon Elastic Block Store^Amazon EBS

D. Amazon Elastic File System^Amazon EFS

3. Amazon S3에서 버전 관리^Versioning를 활성화하면 어떤 기능을 사용할 수 있습니까? (S3/버저닝)

A. 파일 삭제 방지

B. 파일 수정 이력 관리

C. 파일 복원

D. 모두 맞다.

4. Amazon S3에서 객체^Object의 최대 크기는 얼마입니까? (S3/객체)

A. 5GB

B. 50GB

C. 500GB

D. 5TB

5. Amazon S3의 스토리지 클래스 중 객체에 대한 액세스 빈도수가 낮은 데이터에 사용하는 클래스는 무엇입니까? (S3 스토리지 클래스)

A. S3 Standard

B. S3 Standard-IA

C. S3 One Zone-Infrequent Access

D. Glacier

6. Amazon S3에서 데이터를 저장할 때, 어떤 단위로 요금을 지불합니까? (S3/과금 방식)

A. 데이터의 용량

B. 데이터의 접근 빈도

C. 데이터의 암호화 여부

D. 데이터의 유효 기간

7. Amazon S3의 스토리지 클래스 중, 객체에 대한 액세스 빈도가 높은 데이터에 사용하는 클래스는 무엇입니까? **(S3 스토리지 클래스)**

A. S3 Standard

B. S3 Standard-IA

C. S3 One Zone-Infrequent Access

D. Glacier

8. S3 버킷에서 파일을 삭제할 때, 삭제된 파일을 복원할 수 있는 기능을 제공하는 것은 무엇입니까? **(S3 버킷/파일 복원)**

A. S3 Transfer Acceleration

B. S3 Object Lock

C. S3 Lifecycle

D. S3 Versioning

9. AWS Storage Gateway에서 로컬 디스크 저장소 게이트웨이는 어떤 작업을 수행할 수 있습니까? **(Storage Gateway/로컬 디스크 게이트웨이)**

A. 로컬 머신에서 스토리지를 사용할 수 있도록 한다.

B. Amazon S3 버킷을 로컬 디스크로 마운트한다.

C. 2개의 AWS 리전 간에 파일을 전송한다.

D. 로컬 파일 시스템과 Amazon EBS 스냅숏 간에 데이터를 복사한다.

10. S3 버킷에 대한 액세스 권한을 특정 AWS 계정에게만 부여하기 위해서 사용하는 것은 무엇입니까? **(S3 버킷/계정에 권한 부여)**

A. S3 Transfer Acceleration

B. S3 Object Lock

C. S3 Bucket Policies

D. S3 Access Points

11. Amazon Glacier에서 데이터를 안전하게 저장하기 위해 사용되는 기술은 무엇입니까? (Glacier/저장 기술)

A. S3 Transfer Acceleration

B. S3 Object Lock

C. S3 Bucket Policies

D. Glacier Vault Lock

12. Amazon EFS에서 어떤 유형의 확장성을 제공합니까? (EFS/확장성 유형)

A. 수직적 확장성

B. 수평적 확장성

C. 기하 급수적 확장성

D. 선형적 확장성

13. S3 버킷에서 공개적으로 접근 가능한 파일에 대한 접근 권한을 제어할 수 있는 기능은 무엇입니까? (S3 버킷/접근 권한 제어)

A. S3 Transfer Acceleration

B. S3 Object Lock

C. S3 Bucket Policies

D. S3 Encryption

14. AWS Storage Gateway에서 블록 스토리지 게이트웨이는 어떤 유형의 애플리케이션에 가장 적합합니까? (Storage Gateway/블록 스토리지지)

A. 대용량 파일 공유

B. 데이터 분석 및 처리

C. 데이터 백업 및 복원

D. 데이터 스트리밍 및 스트리밍 미디어 처리

15. AWS 리전 간 데이터 복제를 지원하는 AWS 서비스 또는 기능은 무엇입니까? **(AWS의 기술과 서비스/리전 간 복제), (정답 2개)**

A. Amazon S3

B. Amazon Elastic Block Store(Amazon EBS)

C. Amazon EC2 인스턴스 스토어

D. AWS Storage Gateway

E. Amazon RDS

16. 단일 Amazon S3 버킷에서 정적 웹사이트를 호스팅 중인 한 회사가 있다. 대기 시간을 줄이고 전송 속도를 높일 수 있는 AWS 서비스는 무엇입니까? **(AWS의 기술과 서비스/S3 기반 정적 웹사이트의 전송 속도 개선)**

A. AWS Elastic Beanstalk

B. Amazon DynamoDB Accelerator(DAX)

C. Amazon Route 53

D. Amazon CloudFront

17. Amazon S3에서 버킷bucket의 이름은 어떤 제한 사항이 있습니까? **(S3/버킷)**

A. 중복이 허용되지 않는다.

B. 3~63자 사이여야 한다.

C. 영문자와 숫자만 사용할 수 있다.

D. 모두 맞다.

18. 다음 중 AWS 클라우드에서 제공하는 스토리지 서비스는 무엇입니까? **(AWS의 스토리지), (정답 2개)**

A. EFS

B. EC2

C. S3

D. SNS

E. SQS

19. 다음 S3 스토리지 클래스 중 데이터를 검색하는 데 가장 많은 시간이 걸리는 것은 무엇입니까? (S3 스토리지 클래스)

A. S3 Glacier

B. S3 Intelligent-tiering

C. S3 Standard

D. S3 Glacier Deep Archive

20. 회사는 데이터에 자주 액세스하지는 않지만, 필요할 때 신속하게 액세스할 수 있는 스토리지 솔루션을 필요로 합니다. 다음 중 가장 비용 효율적인 S3 스토리지 클래스는 무엇입니까? (가장 비용 효율적인 S3 스토리지 클래스)

A. S3 Standard-AI

B. S3 Intelligent-Tiering

C. S3 Standard

D. S3 Glacier

정답 및 해설

1. **정답 C** S3 Intelligent-Tiering은 데이터에 대한 액세스 빈도가 일정하지 않은 경우에 사용하는 스토리지 클래스로, 자동으로 데이터를 S3 Standard, S3 Standard-IA 및 S3 One Zone-Infrequent Access 클래스 중에서 최적의 클래스로 이동한다. 이 클래스를 사용하면 데이터의 액세스 패턴에 따라 비용을 최소화할 수 있다.

2. **정답 D** Linux 기반 Amazon EC2 인스턴스 및 온프레미스 서버에서 사용할 간단하고 확장 가능한 공유 파일 스토리지 시스템은 Amazon EFS이다.

3. **정답 D** Amazon S3에서 버전 관리(Versioning)를 활성화하면 파일 삭제 방지, 파일 수정 이력 관리, 파일 복원 등의 기능을 사용할 수 있다.

4. **정답 D** Amazon S3에서 객체(Object)의 최대 크기는 5TB이다. 이는 업로드할 수 있는 최대 용량으로, 이보다 큰 용량의 객체를 업로드하려면 Amazon S3의 멀티파트 업로드 기능을 사용해야 한다.

5. **정답 C** S3 One Zone-Infrequent Access는 S3 Standard-IA보다 더 저렴하게 제공되는 스토리지 클래스로, 데이터가 단일 가용 영역에 저장되고, 다른 가용 영역에서 복제되지 않는다. 액세스 빈도가 낮은 데이터를 저장하는 데 사용된다.

6. **정답 A** Amazon S3에서는 데이터의 용량에 따라 요금을 지불한다. 저장된 데이터의 용량, 전송된 데이터의 용량, 버킷 내 객체의 수, 데이터 전송 요청의 수 등이 요금 산정의 기준이 된다.

7. 정답 A S3 Standard는 가장 일반적으로 사용되는 스토리지 클래스이며, 객체에 대한 액세스 빈도가 높은 데이터에 사용된다. 높은 내구성과 성능을 제공하며, 빠른 액세스 속도를 보장한다. 이 스토리지 클래스는 비용이 다른 스토리지 클래스보다 높지만, 높은 액세스 빈도에 대한 요구 사항을 충족시킬 수 있다.

8. 정답 D S3 버전 관리 기능을 사용하면 버킷에 저장된 객체의 모든 버전을 보존하고, 삭제한 객체도 복원할 수 있다.

9. 정답 A 로컬 디스크 저장소 게이트웨이는 로컬 머신에서 실행되며, 이를 통해 사용자는 Amazon S3와 같은 AWS 스토리지 서비스에 액세스하지 않고도 로컬 디스크에서 파일을 저장, 백업 및 검색할 수 있다.

10. 정답 D S3 액세스 포인트는 S3 버킷에 대한 액세스를 특정 AWS 계정, VPC, AWS Organization 또는 AWS 계정의 Amazon S3 인스턴스로 제한하는 가상 엔드포인트다.

11. 정답 D Glacier Vault Lock은 Vault에서 데이터를 더 이상 수정하거나 삭제할 수 없도록 설정하는 보안 기술이며, 이를 사용해 데이터를 안전하게 보호할 수 있다.

12. 정답 D Amazon EFS는 선형 확장성을 제공한다. 여러 가용 영역에서 자동으로 파일 시스템 용량을 확장하므로 애플리케이션 요구 사항에 따라 파일 시스템을 조정할 필요가 없다.

13. 정답 C S3 버킷 정책을 사용하면 버킷 내의 객체에 대한 액세스 권한을 정의할 수 있다. 이를 사용해 특정 IP 주소, IAM 사용자 또는 역할, AWS 계정 등에 대한 액세스를 제어할 수 있다.

14. 정답 D 블록 스토리지 게이트웨이는 네트워크를 통해 액세스할 수 있는 iSCSI 디바이스로서, 대량의 데이터를 고성능 디스크로 스트리밍할 수 있다. 이는 영상 및 음악 스트리밍, 미디어 프로덕션 및 게임 서버 등과 같은 데이터 스트리밍 및 스트리밍 미디어 처리 애플리케이션에 가장 적합하다.

15. 정답 A, E Amazon S3는 객체 복제를 통해 데이터를 다른 리전에 자동으로 복제할 수 있다. 이를 통해 고가용성 및 내구성을 제공하고 지리적으로 분산된 사용자 또는 애플리케이션에 대한 접근성을 개선할 수 있다. Amazon RDS는 Multi-AZ 배포를 통해 데이터베이스 인스턴스의 스탠바이 복제본을 다른 가용 영역에 자동으로 생성하고 업데이트한다.

16. 정답 D Amazon CloudFront는 AWS의 글로벌 캐싱 및 전송 네트워크를 사용해 정적 및 동적 콘텐츠를 빠르게 전송하고 사용자 지연 시간을 최소화할 수 있는 CDN(Content Delivery Network) 서비스다.

17. 정답 D Amazon S3에서 버킷의 이름은 중복이 허용되지 않으며, 3~63자 사이이며, 영문자와 숫자를 사용할 수 있다.

18. 정답 A, C 보기 중 AWS 클라우드에서 제공하는 스토리지는 S3, EFS이다.

19. 정답 D S3 스토리지 클래스 중 데이터를 검색하는 데 가장 많은 시간이 걸리는 것은 S3 Glacier Deep Archive이며, 데이터 인출에 최대 12시간이 소요된다.

20. 정답 A 보기 중 필요할 때 신속하게 액세스할 수 있으면서 가장 비용 효율적인 S3 스토리지 클래스는 S3 Standard-IA이다.

5장

AWS 권한 관리 서비스

연관 출제 영역

출제 영역 2: AWS의 보안 및 규정 준수

2.3 AWS 액세스 관리 기능 식별
IAM, MFA, 루트 유저, 액세스 키

5장에서 다룰 주요 내용

- IAM 개요
- IAM 그룹, 유저, 롤, 정책
- Amazon Cognito
- AWS Organizations
- 활용 실습 – IAM 대시보드에서 그룹 및 유저 생성

AWS IAM 개요

AWS라는 기업용 클라우드 환경에서 누군가에게 어떤 업무에 대한 권한을 부여할 때 이용하는 서비스가 IAM(Identity and Access Management)이며, 이름 그대로 ID와 리소스에 대한 접근 관리를 관장하는 서비스다. 매우 큰 기업의 업무 조직에서 누가 언제 어떤 업무를 어떻게 처리하느냐를 정의하고 모니터링하고 통제하는 일은 사실 매우 복잡하고 어려운 일이며, 클라우드라는 가상화된 공간에서 이와 같은 조직적인 통제를 하는 것은 더욱 어려울 수 있다. 하지만 부서의 조직 관리자는 IAM을 이용해 부서 배치, 업무 자원 할당, 부서 간 협력 등 복잡한 업무를 간단하게 처리할 수 있다.

그림 5.1 IAM의 핵심 기능 – 업무 그룹 및 담당자 생성, 권한 정책 생성, 접근 가능 자원 설정
(출처: https://aws.amazon.com/iam/?nc=sn&loc=0)

- **AWS 인프라에서의 신분 및 접근 관리**: IAM의 주요 기능은 첫째, 신분 인증(Authentication), 둘째, 권한 부여(Authorization)로 요약할 수 있다. 신분 인증은 이번에 입사한 C라는 팀원이 어떤 업무 권한을 부여받았는지, 어떤 자원에 접근해도 되는지를 확인하는 것을 의미하고, 권한 부여는 C 팀원이 가진 업무 권한에 맞게 특정 리소스에 대한 접근 권한을 부여하는 바를 의미한다. 신분 인증 과정에서 'C 팀원이 S3 서비스에 접속할 수 있다'는 것이 확인되더라도 명시적인 접근 권한 부여가 없으면 S3 내 특정 버킷에서 어떤 작업도 수행할 수 없다. 즉, 신분 인증 정보와 권한 부여 내역이 정확하게 일치해야만 AWS 서비스 및 데이터에 접근할 수 있다.

- **관리자는 IAM 통해 서비스 사용 권한 부여**: 클라우드 시대의 관리자는 IAM을 통해 특정 직원에게 간단하게 업무 자원을 제공하거나 혹은 그 반대로 업무 자원을 즉시 회수할 수 있다. 예를 들어 관리자는 운영 팀의 업무 내역에 맞춰 IAM으로 'OPS'라는 이름의 그룹IAM Group을 생성한 뒤, 운영 업무에 필요한 서비스와 리소스에 접근할 수 있는 정책IAM Policy을 추가한다. 다음 A, B, C, X, Y, Z 등 유저IAM User를 생성해 실제 운영 팀원에게 접근 경로, ID, 패스워드 등을 제공해 업무 환경에 접속할 수 있도록 한다. 이들 중 A, B, C 팀원을 OPS 그룹에 추가하면 즉시 해당 업무 자원을 이용할 수 있다.
- **유저, 그룹은 보안이 유지된 상태로 리소스에 접근**: 관리자는 IAM 유저가 로그인할 때 기업 규정에 맞는 복잡성을 지닌 패스워드를 사용하도록 설정하거나, 이들 패스워드를 일정 기간마다 변경하도록 정책을 정의할 수 있다. 아울러 어드민Admin 유저 등 접근 권한 수준이 높은 유저의 경우, MFA 등 추가 보안 체계를 이용하는 것이 권장되고, EC2 인스턴스와 같은 주요 리소스에 프로그래밍 방식으로 접근할 때는 액세스 키라는 별도의 보안 정보를 입력해야 한다. MFA, 액세스 키 등에 대해서는 잠시 후 상세히 설명한다.
- **감사, 로그 분석, 모니터링, 계정별 활동 리뷰 활용**: IAM은 업무 권한 부여에서 그치지 않고, 어떤 유저가 실제로 어떻게 작업을 수행했는지를 모니터링하고 분석할 수 있으며, 이는 추후 미리 정의된 업무 규정에 맞는 작업이었는지를 확인하는 감사 업무로 연결된다. AWS에는 유저의 서비스 및 리소스 활용 내역을 낱낱이 확인할 수 있는 CloudWatch, CloudTrail, Config 등 모니터링 및 감사 도구가 있으며, IAM은 이들 도구와 통합해 사용할 수 있다. CloudWatch 등 모니터링 도구에 대해서는 9장에서 알아본다.

신분 인증

IAM의 주요 역할 중 하나인 신분 인증Authentication은 기업 내 다양한 권한과 책임을 가진 임직원에게 업무에 맞는 자원의 이용 권한을 부여하는 방식이라는 면에서 중요하다. 우리가 일상적으로 사용하는 네이버 메일, 카카오 메신저 등을 이용할 때도 신분 인증을 하지만 이와 같은 서비스에게 사용자에게 접근을 허용한 자원은 매우 명확하게 구분되고, 또한 사용자마다 몇십 단계의 권한 계층을 부여할 필요는 없으므로, 수천 혹은 수만여 명이 근무하는 기업 특성을 반영해 IAM의 신분 인증 체계를 제공할 필요가 있다.

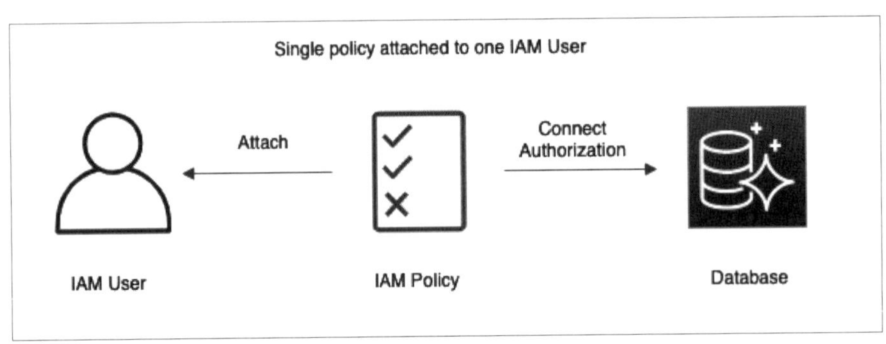

그림 5.2 IAM 신분 인증

(출처: https://aws.amazon.com/ko/blogs/database/using-iam-authentication-to-connect-with-pgadmin-amazon-aurora-postgresql-or-amazon-rds-for-postgresql/)

- 신분 인증 체계로서 IAM은 리소스에 접근하려는 사용자의 신분 확인한다. 이를 위해 먼저 회원 가입Sign-in, 회원 인증Log-in 등 체계가 필요하고, 등록된 회원 이용자 가운데에도 어드민(AdministratorAccess 정책 적용), 개발자(PowerUserAccess 정책 적용), 데이터베이스 어드민(DatabaseAdministrator 정책 적용) 등 일반적인 조직 체계에서 필요한 업무 권한을 갖는 유저를 정의해 관리자 또는 일반 사용자가 쉽게 활용할 수 있도록 한다.
- IAM은 유저 생성, 액세스 키, MFA 등 보안 수단 관리를 돕는다. 처음 AWS에 이메일 ID와 패스워드 그리고 신용카드 정보를 제공하고 가입한 유저를 루트 유저 또는 루트 어카운트Root Account로 부르며, 루트 유저가 로그인 후 가장 처음하는 일 중 하나가 바로 루트 계정을 대신할 어드민 계정의 IAM 유저를 생성하는 것이다. 이후 업무에 따라 임직원에게 적합한 권한을 지닌 IAM 유저 계정을 제공할 수 있으며, 특히 개발자 등 AWS 리소스를 프로그래밍 방식으로 접근하는 유저에게는 또 다른 보안 수단인 액세스 키를 제공해 EC2 인스턴스 등에 대한 보안 수준을 높일 수 있다.
- 신분 인증 체계로서 IAM은 유저의 접근 허용 관리, 유저의 수행 작업을 세부적으로 통제하는 데 활용된다.

- AWS 생태계에는 AWS로 회원 가입 및 로그인한 사용자 외에도 구글, 애플, 페이스북 등 다른 서비스 회원도 쉽게 포함시킬 수 있으며, 이와 같이 다른 서비스의 인증 방식으로 로그인한 회원을 싱글사인온SSO 방식으로 로그인한 회원 또는 연합 인증 유저federated user라 부른다. 마이크로소프트의 기업용 Windows 서버 및 서비스 회원 역시 자체 인증 방식을 거쳐서 간단하게 AWS 서비스에 접속할 수 있다.

권한 부여

AWS 유저로서 AWS 서비스를 원활하게 이용하려면 서비스에 대한 적절한 권한을 지니고 있어야 하며, 업무 관리의 간편성을 생각한다면 관리자 권한을 주고 알아서 일 처리를 잘 하도록 하는 방법도 있겠지만, 보안성을 생각한다면 작업자에게 딱 필요한 만큼만 업무 권한을 부여Authorization하고 작업 기간이 만료되면 해당 권한도 제거해야 할 것이다.

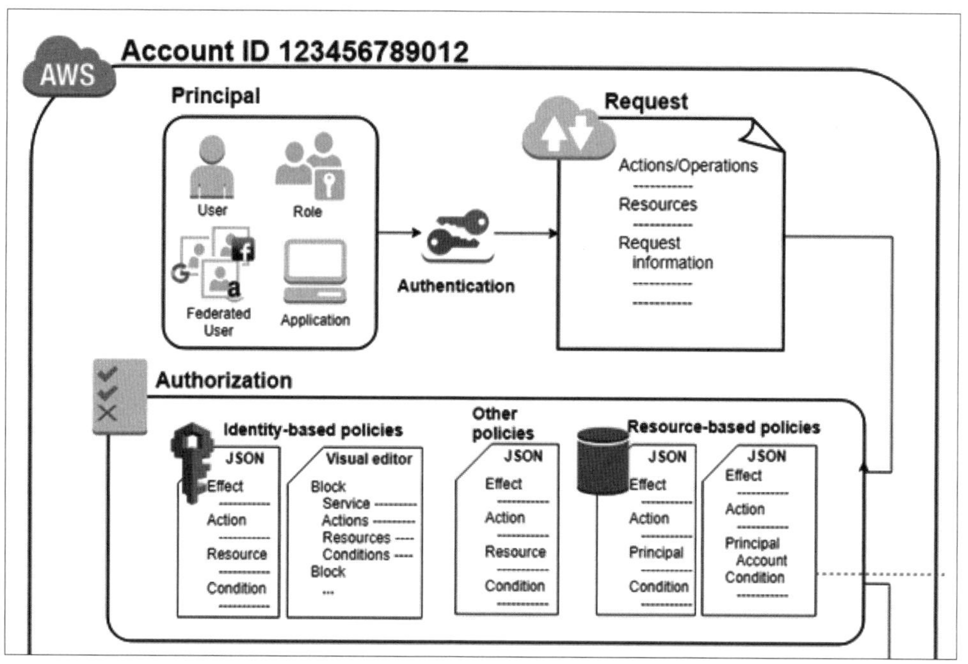

그림 5.3 IAM 권한 부여

(출처: https://docs.aws.amazon.com/IAM/latest/UserGuide/intro-structure.html)

- 권한 부여 체계로서 IAM은 사용자 행동을 세부적으로 관리할 수 있고, 특정 리소스에 대한 접근 권한을 세부적으로 부여하도록 돕는다. 예를 들어 모든 임직원이 S3의 업무용 버킷에 접근할 수 있다 하더라도 버킷 내 파일을 살펴보거나 내려받아서 읽어볼 수만 있는 권한의 사용자와 버킷에 파일을 업로드하고 삭제까지 할 수 있는 권한의 사용자를 구분해서 관리할 수 있다.
- AWS는 '최소 권한 부여Least Privileges'라는 권한 부여 가이드라인을 권장한다. 이는 업무 담당자에게 과잉 권한을 줘서는 안 되며, 정확하게 업무에 필요한 권한만을 부여해야 한다는 일종의 보안 원칙이다.
- 권한 부여 체계로서 IAM은 IAM 정책IAM Policy 문서를 통해 각종 작업에 대한 권한을 부여한다. IAM 정책이란 JSON 형식의 문서로 리소스에 대한 접근 권한의 규칙을 정리한 것이다. 사용자는 앞서 언급한 '버킷 목록 확인', '버킷에서 파일 다운로드' 등의 작업을 JSON 문서에 정의할 때 'ListBucket', 'GetObject' 등 사전 정의된 키워드를 이용해 간단하게 정의할 수 있다. 다음 절에서 간단한 IAM 정책 문서 사례를 살펴보자.

'S3 읽기 전용' 접근 권한 IAM 정책 예시

다음은 JSONJavaScript Object Notation 형식으로 작성된 전형적인 IAM 정책 문서 중 일부를 발췌한 것이다.

```
"Version": "2012-10-17",
"Statement": [
  {
    "Effect": "Allow",
    "Action": ["s3:ListBucket"],
    "Resource": ["arn:aws:s3:::<bucket_name>"]
  },
  {
    "Effect": "Allow",
    "Action": ["s3:GetObject"],
    "Resource": ["arn:aws:s3:::<bucket_name>/*"]
```

데이터 저장 및 전송을 위해 널리 사용되는 JSON 문서는 속성attribute과 값value으로 구성되며, IAM 정책 문서의 주요 속성 요소는 Version, Id, Statement, Sid, Effect, Principal, Action, Resource 등이다.

위 예시 문서에 나타난 주요 속성과 값의 관계는 다음과 같다.

- **Resource**: 정책이 효과를 발휘하는 AWS 서비스 자원을 의미한다. 위 문서에서는 리소스로 S3의 특정 버킷과 그 속에 포함된 모든 객체를 지정한다.
- **Action**: 리소스에 적용될 작업 내역이다. 위 문서에서는 S3의 버킷과 객체에 대해 ListBucket, GetObject 등 액션이 허용됨을 알 수 있다. ListBucket은 버킷 리스트(목록) 확인, GetObject는 객체 다운로드 액션이다.
- **Effect**: 정책의 효과는 허용Allow 또는 불허Deny, 두 가지 값을 지닌다.

이 외에도 Condition 등의 요소를 이용해 추가 실행 조건을 지정할 수 있다.

위 IAM 정책 문서가 적용된 IAM 그룹에 속한 유저가 있다면, 해당 IAM 유저에게 가능한 작업과 불가능한 작업은 다음과 같이 정리할 수 있다.

- **가능한 작업**: 버킷 목록 확인, 버킷 내 파일 다운로드
- **불가능 작업**: 버킷에 파일 업로드, 새 버킷 생성

즉, 누군가에게 작업을 위한 리소스 접근 권한을 부여할 때, IAM 정책 문서에 명시한 내용은 수행할 수 있지만, IAM 정책 문서에서 언급되지 않은 자원에는 결코 접근할 수 없다.

AWS 보안 자격 정보

AWS 생태계에는 다양한 권한의 사용자가 존재하고 회원 가입 방법, 수행하려는 업무, 요구되는 보안 수준에 따라 다양한 보안 자격 정보Security Credentials를 지니고 추가 보안 수단을 활용하게 된다.

- **e-mail, passwords**: 이 책을 읽는 독자 여러분이 실습을 위해 AWS 회원에 가입했고, AWS에 이메일과 패스워드로 로그인했다면, 여러분 대부분은 루트 계정을 가진 루트

유저Root User이다. AWS 신분 생태계의 최상위에 위치한 루트 유저에 대한 상세한 내용은 다음 절에서 알아본다.

- user name, passwords: 여기서 유저 네임은 IAM 유저 네임을 의미하며, 업무를 위해 관리 콘솔AWS Management Console에 로그인할 때 필요하다. 보통은 관리자가 작업자에게 IAM 유저 네임과 패스워드를 제공하고, 이를 전달받은 IAM 유저는 로그인 후 패스워드를 변경하고 사용한다.

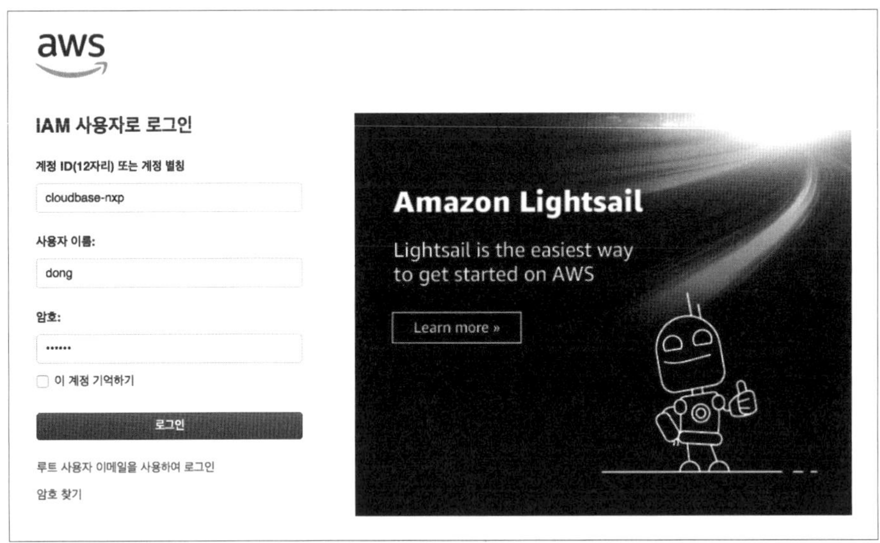

그림 5.4 관리 콘솔 로그인 화면

- access keys: AWS에서 프로그래밍 작업은 CLI, API, SDK 등 도구를 활용해 이뤄지며, 개발자 등 관련 업무 담당자에게는 이들 도구를 이용하기 위한 액세스 키가 필요하다. 잠시 후 좀 더 상세한 내용을 알아본다.
- key-pair: Amazon EC2 서버 로그인 시 사용하는 보안 정보로서 EC2 인스턴스 생성 시 키페어도 함께 생성해 다운로드 및 보관할 수 있다.
- MFAMulti-Factor Authentication: 루트 계정, 어드민 계정 등을 위한 추가 보안 인증 수단이다.

루트 계정 관리

루트 유저는 AWS 생태계의 최상위 보안 자격이자, 어드민, 파워 유저 등 다양한 유저를 생성해 AWS 내 다양한 자원에 접근하고 이용할 수 있는 막강한 신분이다. 또한 AWS 회원이라면 누구나 회원 가입 과정에서 신용카드 번호를 입력하게 되는데, AWS 이용과 관련된 모든 비용의 청구서를 받는 사람이 바로 루트 유저이기도 하다. 즉, 루트 유저는 권한도 많지만 비용 등 책임도 큰 보안 자격이므로 매우 신중하게 관리해야 하며, 프랙티셔너는 물론 어소시에이트 시험에도 자주 출제됐다.

- AWS 회원 가입 시, 루트 계정root account이 자동으로 생성된다.
- 루트 유저는 AWS 리소스에 대한 무제한의 접근 권한을 보유한다.
- 철저한 보안을 위해 AWS가 기본적으로 권장하는 이용 전략은 '불용 전략', 즉 루트 유저를 사용하지 않고, 어드민 권한AdministratorAccess의 유저를 생성해 루트 유저 대신 사용할 것을 권장한다. 루트 유저에 대한 'First-time access only' 가이드는 이런 맥락을 반영한 것이며, AWS 회원 가입 후 처음 로그인해서 어드민 유저 생성하고 이후엔 오직 어드민 유저로만 액세스하는 전략이다.
- AWS는 루트 계정 로그인 시 MFA 등 보안 요소를 추가하고, 강력한 암호 정책을 사용할 것을 권장한다.
- 또한 AWS는 루트 유저를 위한 액세스 키 생성을 금지하고 있는데, 이는 액세스 키가 CLI, API, SDK 환경 접속, 즉 프로그래밍 작업에 이용되는 보안 자격이기 때문이다.

참조 링크 **루트 유저 보안 모범 가이드**

https://docs.aws.amazon.com/ko_kr/accounts/latest/reference/best-practices-root-user.html

액세스 키

액세스 키Access Key는 CLI, SDK, API 등 프로그래밍 방식으로 접근할 때 필요한 추가 보안 자격 정보다. 액세스 키는 어떤 경우에도 외부에 노출하지 않아야 하며, 저장 및 관리에 각별히 주의해야 한다.

- 액세스 키는 'Access Key ID'와 'Secret Access Key' 조합으로 구성된다. 아래 액세스 키 화면에서 Access Key ID는 AKIAZGYSBCXZEBBKU5NT인 것을 알 수 있지만, Secret Access Key는 외부로 드러나지 않는다는 점을 알 수 있다.

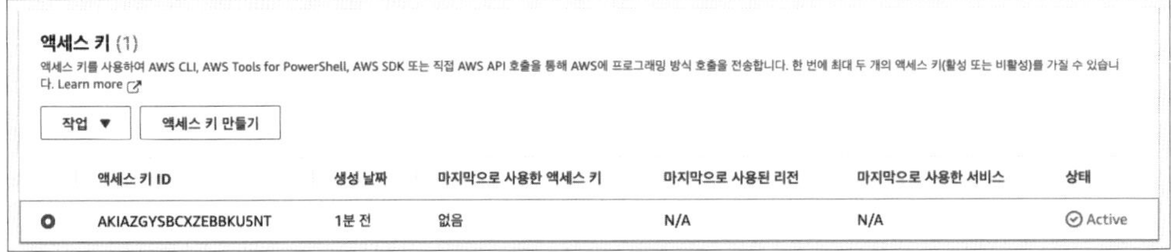

그림 5.5 Access Key

- 액세스 키는 비대칭 키Asymmetric Key 방식을 사용하는데, 이는 공개 키-비공개 키를 조합하는 방식이다. Access Key ID는 공개 키로서 외부로 드러나 있으며, Secret Access Key는 액세스 키 생성 당시에만 확인하거나 CSV 파일 형식으로 다운로드할 수 있다.
- 액세스 키를 분실한 경우, 기존 키를 삭제한 뒤 새 키를 발급해 사용한다.

AWS IAM: 그룹, 유저, 롤, 정책

IAM의 신분 인증과 권한 부여라는 기능을 실무적으로 활용할 수 있는 방법이 바로 IAM 그룹, IAM 유저(사용자), IAM 롤(역할)을 생성하고 활용하는 것이다. 다음 그림은 IAM 그룹, 유저, 롤, 정책 등을 통합적으로 관리할 수 있는 도구인 IAM 대시보드이며, IAM과 관련된 주요 알림, IAM 리소스 상태 정보 등이 일목요연하게 제공된다.

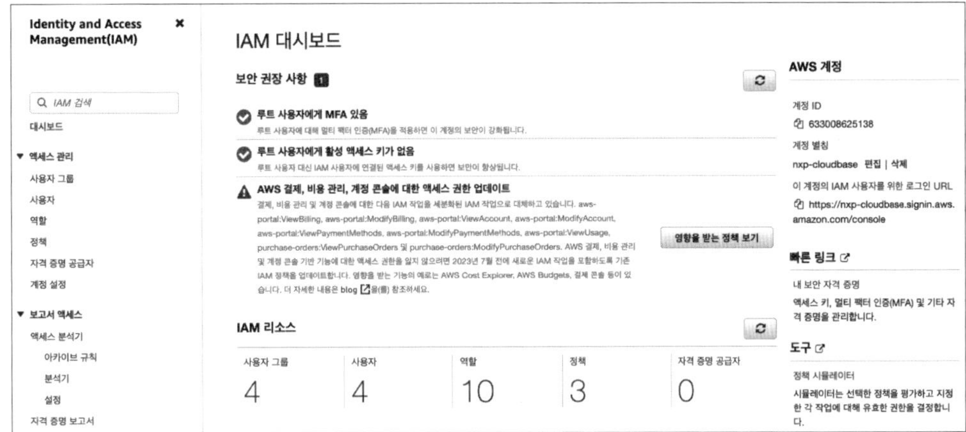

그림 5.6 IAM 대시보드

이번 절에서는 IAM 그룹, 유저, 롤에 대한 이해를 돕기 위해 가상의 물류 서비스 기업인 로지스타Logistar의 조직 구성 및 권한 관리 방식을 예로 든다.

가상 기업 Logistar의 예

이번 절의 소개를 위해 만든 가상 기업인 Logistar는 물류 스타트업으로서, 라스트 마일 물류 빅데이터를 기업의 주요 경쟁력으로 삼기 위해 AWS의 인프라와 각종 서비스를 활용하려 한다. Logistar의 기업 개요는 다음과 같다.

- 물류 서비스 기업
- 물류 빅데이터 전략적 활용 목표
- 공동 대표 2인 포함, 10인의 임직원
- 경영MN, 운영OP, 개발DV, 분석AN 등 4개 팀

그림 5.7 Logistar 전체 임직원의 팀별 구성

(출처: https://medium.com/google-design/redesigning-android-emoji-cb22e3b51cc6)

IAM 그룹

IAM 그룹Group은 다수의 역할과 권한을 지닌 식별 요소IAM Identities 중 하나로서 경영, 개발, 운영, 분석 등 팀별 업무 권한을 적용할 수 있는 단위다. 예를 들어 분석 팀원에게 필요한 서비스 및 접근 권한을 제공해야 할 때, 관리자는 IAM 그룹에 관련 권한을 IAM 정책 문서를 추가하는 방식으로 제공할 수 있다. 그리고 이 그룹에 분석 팀원의 IAM 유저를 추가하면 그룹이 지닌 권한을 팀원도 갖게 된다. 다른 부서의 팀원과 분석 업무 자원을 공유해야 하는 경우 해당 팀원의 IAM 유저를 그룹에 추가하면 된다.

- 하나의 IAM 그룹에 다수의 IAM 유저 개체를 추가할 수 있다. 이를 통해 다수의 유저에게 부서 공통의 업무를 처리하도록 할 수 있다.
- 하나의 IAM 유저는 다수의 IAM 그룹에 포함될 수 있다. 이를 통해 하나의 유저가 여러 부서의 업무를 처리하도록 할 수 있다.
- IAM 그룹에 추가된 유저는 해당 그룹의 역할과 권한을 물려받게 되며, 이와 같은 관계를 그룹에서 유저로의 권한 상속inheritance이라 부른다.

그림 5.8 IAM 그룹 목록

위 그림은 그룹 목록 화면이며 그룹 이름, 이에 포함된 유저의 수, 적용된 업무 권한 등이 포함된다. 그룹 이름을 클릭하면 해당 그룹에 포함된 유저와 권한에 대한 세부 내용을 확인할 수 있다.

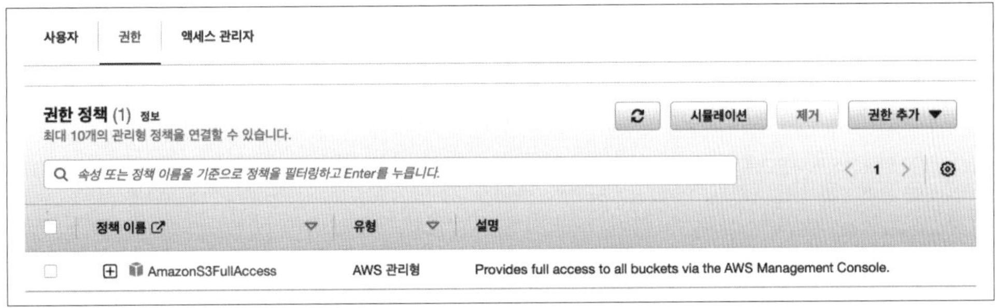

그림 5.9 IAM 'MN' 그룹에 적용된 권한 정책 내역

Logistar 업무 조직과 그룹 기반 업무 자원 할당

앞서 예로 든 Logistar의 조직 구성에서 경영(MN), 운영(OP), 개발(DV), 분석(AN) 등 4개 팀이 있다. 개발 팀의 업무 자원을 분석 팀과 공유해야 하는 경우 분석 팀원의 IAM 유저를 개발 팀의 IAM 그룹에 추가하면 된다. 같은 방식으로 하나의 그룹에 다른 팀원을 추가함으로써 관련 업무 자원을 공유할 수 있다.

그림 5.10 Logistar 전체 임직원의 팀별 구성
(출처: https://medium.com/google-design/redesigning-android-emoji-cb22e3b51cc6)

IAM 유저

IAM을 통해 AWS 서비스에 접근하는 신뢰 개체는 IAM 유저, IAM 롤을 지닌 서비스, 개발 등의 업무 수행을 돕는 외부 파트너 등 다양하다. IAM 유저는 관리자가 계정에 추가한 유저이며, 기본적으로는 우리 부서에 속한 사람, 팀원을 위한 신뢰 개체다. 즉, 한 달여 동안 우리 부서의 업무를 지원하게 될 외부 파트너, 다음 주 감사 업무를 앞두고 우리 팀의 상용 프로젝트 자원을 살펴보려는 감사 팀원에겐 IAM 유저가 아닌 다른 임시 권한 부여 방식으로 업무 자원에 접근할 수 있도록 한다.

- AWS 리소스에 대한 장기 접근 권한 제공 방식이다.
- 개발자 등 프로그래밍 작업을 위해 액세스 키를 발급할 수 있다.

EC2 등 또 다른 서비스, 외부 개발자 그리고 우리 부서원은 아니지만 업무 자원을 공유해야 하는 다른 사용자에게는 다음과 같은 방식으로 접근 권한을 부여한다.

- AWS 서비스 간에는 롤 부여 방식assuming roles으로 임시 접근 권한을 제공할 수 있다. 가령 S3 버킷에 저장된 데이터를 EC2 인스턴스가 필요로 한다면, EC2 인스턴스에 S3 버킷 접근을 위한 롤 또는 역할을 부여해 업무를 수행하도록 할 수 있다.

- 외부 파트너 및 다른 팀원 등 우리 부서원이 아닌 외부 사용자는 임시 보안 자격 또는 SSO 방식으로 접근을 허용할 수 있다. 작업 처리 기한이 있는 경우, 임시 보안 자격으로 특정 서비스에 대한 기한이 만료되면 자동으로 접근이 차단되도록 할 수 있다.

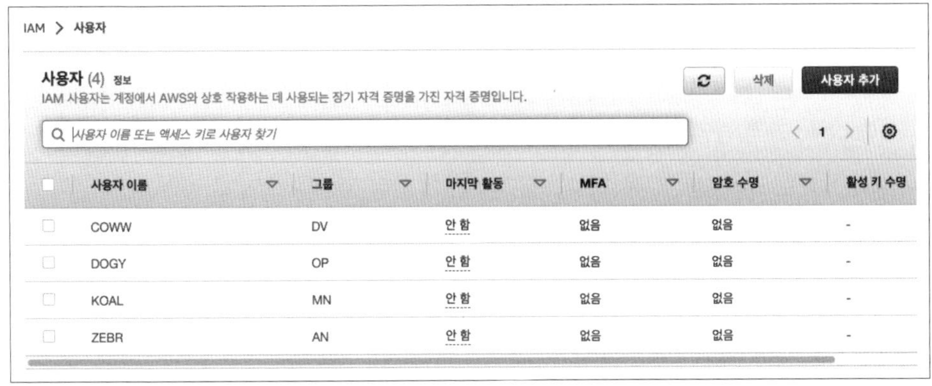

그림 5.11 IAM 유저 목록

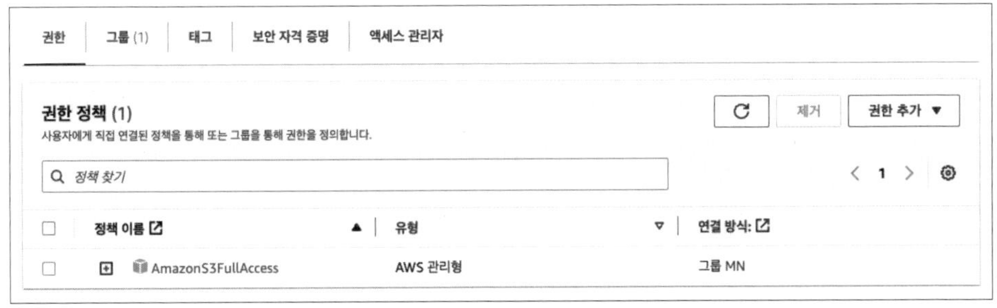

그림 5.12 IAM 'KOAL' 유저가 지닌 권한 정책(MN 그룹으로부터 상속)

Amazon Cognito

AWS 생태계에서는 IAM으로 신분 인증을 한 사용자 외에도 구글 로그인 등 다양한 인증 방식으로 신분을 확인받은 기업 내외부의 사용자가 AWS 서비스와 이를 기반으로 만든 애플리케이션을 이용한다. 특히 업무용 애플리케이션을 배포하고 수천여 명의 조직 내외부 사용자가 이용해야 한다면 IAM보다 일반 사용자의 접근성이 높은 회원 가입 및 로그인 방식이 필요한데, 이를 위한 서비스가 바로 Cognito이다.

Cognito는 AWS 내외부 사용자의 회원 가입, 로그인을 지원한다. 예를 들어 모바일 애플리케이션 개발 및 배포 시, Cognito로 간단하게 회원 가입 및 로그인 기능을 구현할 수 있다.

- **Cognito 사용자 풀**User Pools: 애플리케이션 유저를 위한 회원 가입, 로그인 등 기능을 제공한다.
- **Cognito 자격 증명 풀**Identity Pools: 클라이언트에서 AWS 리소스에 직접 접근하기 위한 AWS ID(credential)를 제공한다.

다음 그림은 조직 외부 사용자가 S3와 연관된 웹 애플리케이션을 이용하려 할 때 Cognito를 통해 신분 인증을 하는 절차를 보여준다. Cognito는 신분 인증을 위한 사용자 풀User Pools과 권한 부여를 위한 자격 증명 풀Identity Pools로 구분된다.

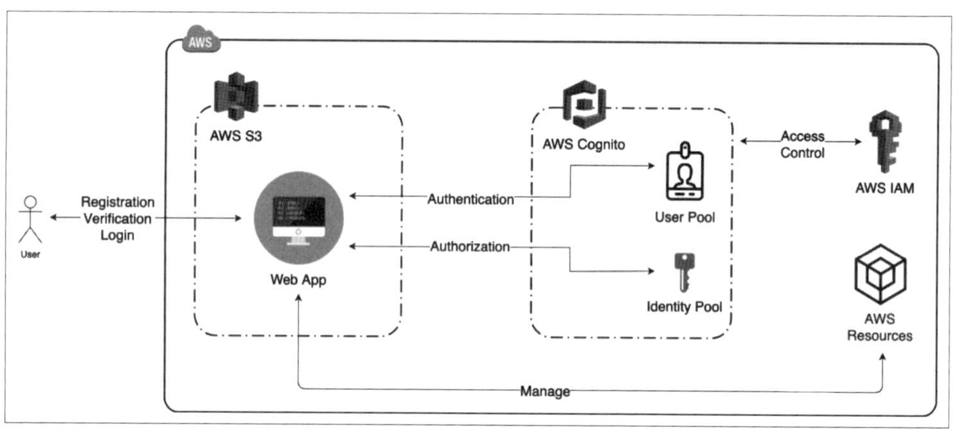

그림 5.13 Cognito 기반의 신분 인증 및 접근 권한 부여

(출처: https://medium.com/@sumindaniro/user-authentication-and-authorization-with-aws-cognito-d204492dd1d0)

다음 그림은 Cognito 사용자 풀 생성 화면이며 로그인 환경 구성 시 기본적으로 Cognito 사용자 풀 유형이 포함되고 추가로 페이스북, 구글, 애플 등의 외부 자격 증명을 선택할 수 있다. Cognito 사용자 풀에 로그인할 때 사용자 이름, 이메일, 전화번호 등의 입력 여부를 정하도록 하는 등 AWS 기반 서비스의 회원 가입 및 로그인 기능을 간편하게 구현할 수 있다.

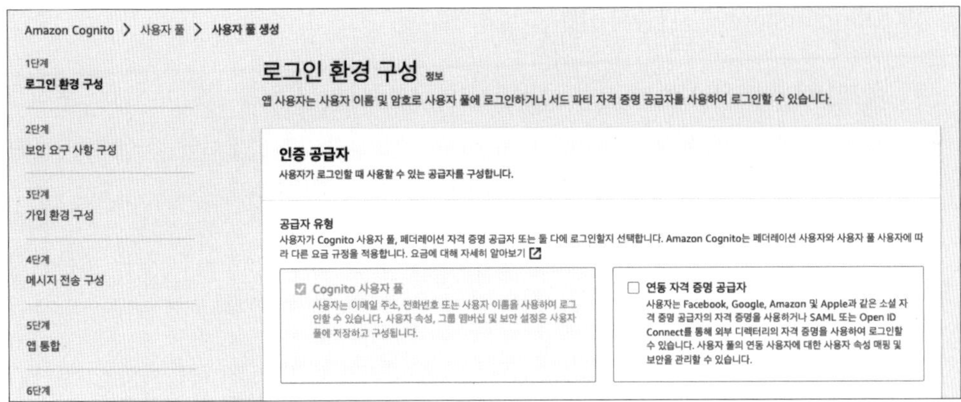

그림 5.14 Cognito 사용자 풀 생성 화면

AWS Organizations

AWS Organizations는 대규모 기업 조직을 위한 중앙집중식 리소스 관리 체계, 거버넌스 도구로서 계정 생성, 계정 추가, 계정 그룹화, 정책 적용, 서비스 활성화 등의 작업을 통합적으로 수행할 수 있도록 지원한다. 과거, 부서별 관리자가 IAM 계정을 생성하고 서비스를 이용한 뒤 각 부서에 할당된 예산에 따라 비용을 집행하는 경우가 많았지만, 기업 내 여러 부서가 각자 계정을 관리하다 보면 효율적인 자원 할당 및 이용이 어려워지므로 이를 기업의 대표 계정 하나로 단일화하고, 클라우드에 최적화된 방식으로 관리하려는 체계가 AWS Organizations이다.

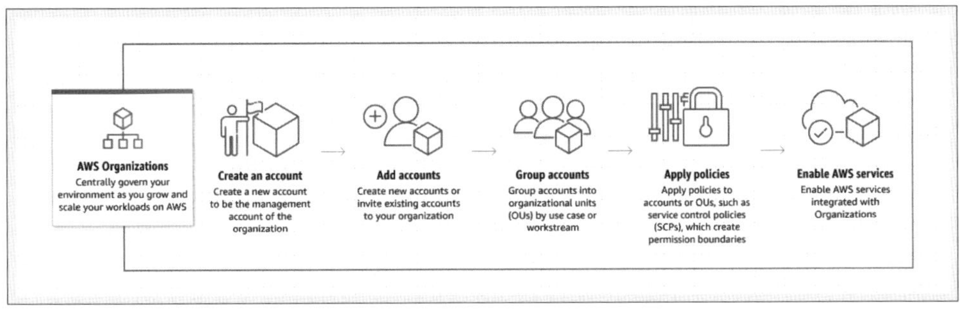

그림 5.15 AWS Organizations 활용 프로세스

(출처: https://aws.amazon.com/ko/organizations/)

AWS Organizations는 다음과 같은 특징을 지닌다.

- 다양한 부서를 위한 멀티 어카운트 환경을 구현해 좀 더 원활하게 비즈니스 로직을 반영할 수 있고, 신속한 조직 확장이 가능하며, 결제 업무도 간소화할 수 있다. 아울러 부서별로 계정을 관리할 때보다 좀 더 체계적이며 통합적인 보안 제어가 가능하다.
- OU[Organizational Unit]라는 조직 단위를 사용하며, 이는 Organization 계정을 세분화한 논리 그룹이다.
- SCP[Service Control Policy]는 AWS Organizations의 서비스 제어 정책이며, 서비스 내 작업 규칙을 정의한다.
- 앞서 IAM은 웹 기반의 IAM 대시보드에서 계정 관리 업무를 수행했지만, Organizations는 리소스 계정 또는 개별 조직 계정을 프로그래밍 방식으로 생성 및 관리할 수 있다.

활용 실습

IAM 대시보드에서 그룹 및 유저 생성

실습 1. AWS 관리 콘솔에서 IAM 대시보드를 연다.

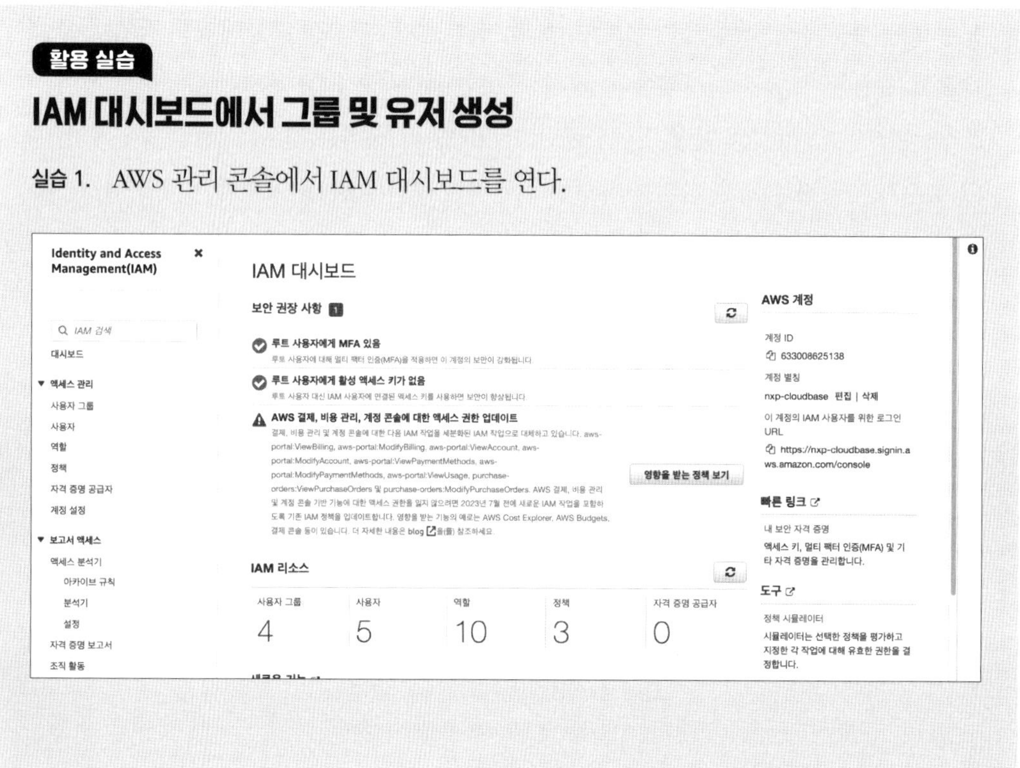

IAM 대시보드 중앙 상단의 보안 권장 사항과 중앙 하단의 IAM 리소스 상태 정보를 확인한다. IAM 대시보드 우측에는 여러분의 AWS 계정 정보와 내 보안 자격 증명 등에 대한 빠른 링크가 제공된다. IAM 대시보드 좌측에는 액세스 관리, 보고서 액세스와 관련 콘솔로 이동할 수 있는 메뉴 및 링크가 제공된다. 좌측 액세스 관리 메뉴에서 '사용자 그룹'을 선택한다.

실습 2. 사용자 그룹은 IAM 사용자의 컬렉션이며, 이미 생성한 그룹이 있는 경우 목록에 표시된다. 화면 우측 상단의 **그룹 생성** 버튼을 클릭한다.

실습 3. 사용자 그룹 생성 화면에서 그룹 이름 지정, 그룹에 사용자 추가, 권한 정책 연결 등의 작업을 진행할 수 있다. 이번 실습에서는 그룹 이름을 지정하고, 그룹에 사용자 추가는 건너뛰고, 권한 정책을 연결한다. 권한 정책 검색창에 'S3'를 입력하고 필터링된 목록 중 'AmazonS3FullAccess'를 선택한다.

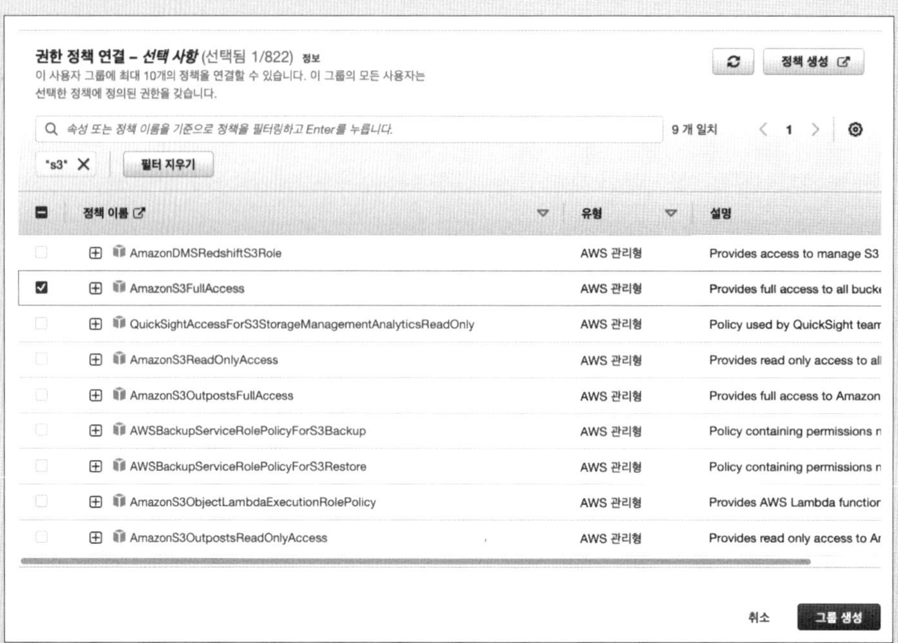

실습 4. 화면 우측 하단의 **그룹 생성** 버튼을 클릭해 그룹 생성 작업을 완료한다. 사용자 그룹 목록에서 방금 생성한 그룹을 확인하고 사용자, 권한, 액세스 관리자 등 세부 정보를 확인한다.

IAM > 사용자 그룹 > AU

AU

삭제

요약

편집

사용자 그룹 이름	생성 시간	ARN
AU	March 22, 2023, 18:00 (UTC+09:00)	arn:aws:iam::633008625138:group/AU

사용자 | 권한 | 액세스 관리자

권한 정책 (1) 정보
최대 10개의 관리형 정책을 연결할 수 있습니다.

시뮬레이션 | 제거 | 권한 추가 ▼

속성 또는 정책 이름을 기준으로 정책을 필터링하고 Enter를 누릅니다.

정책 이름	유형	설명
AmazonS3FullAccess	AWS 관리형	Provides full access to all buckets via the AWS Management Console.

실습 5. 좌측 액세스 관리 메뉴에서 '사용자'를 선택한다. 사용자는 장기적으로 사용할 수 있는 자격 증명을 지닌 신뢰 개체다. 이미 생성한 사용자가 있는 경우 목록에 표시된다. 화면 우측 상단의 **사용자 추가** 버튼을 클릭한다.

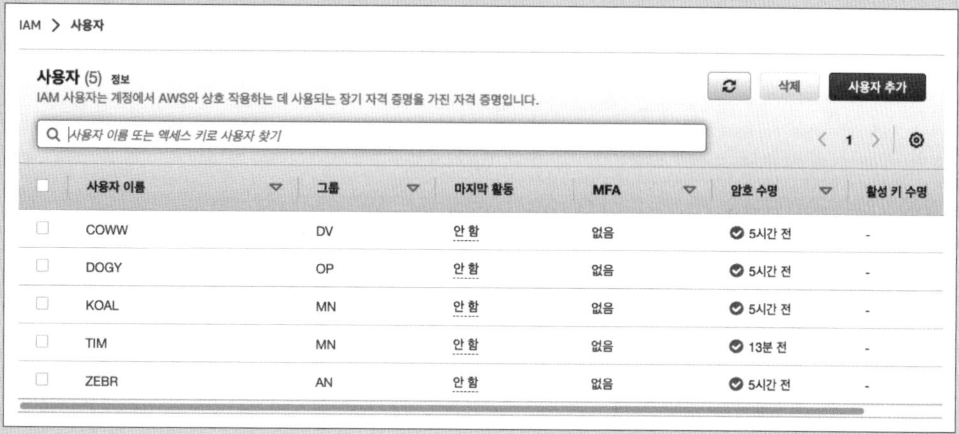

사용자 이름	그룹	마지막 활동	MFA	암호 수명	활성 키 수명
COWW	DV	안 함	없음	5시간 전	-
DOGY	OP	안 함	없음	5시간 전	-
KOAL	MN	안 함	없음	5시간 전	-
TIM	MN	안 함	없음	13분 전	-
ZEBR	AN	안 함	없음	5시간 전	-

실습 6. 사용자 생성은 4단계로 구성되며, 1단계 사용자 세부 정보 지정에서 사용자 이름을 입력하고, 'AWS Management Console에 대한 사용자 액세스 권한 제공' 옵션을 선택한 뒤, **IAM 사용자를 생성하고 싶음** 라디오 버튼을 클릭한다. 콘솔 암호는 '사용자 지정 암호'를 선택하고 규칙에 따라 암호를 입력한 뒤, 이후 실습의 편의를 위해 '사용자는 다음 로그인 시 새 암호를 생성해야 한다' 옵션을 끈다. **다음** 버튼을 클릭하고 2단계 권한 설정으로 넘어간다.

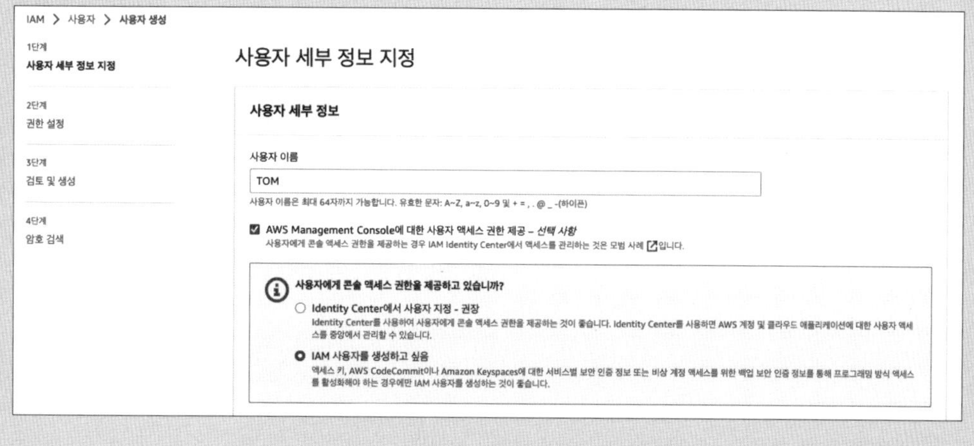

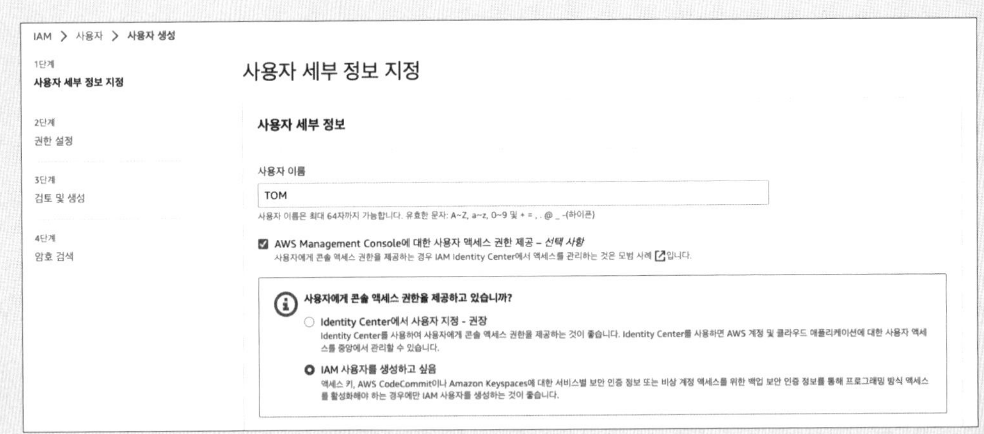

실습 7. 2단계 권한 설정 화면에서 권한 옵션으로는 그룹에 사용자 추가, 권한 복사, 직접 정책 연결 등 세 가지가 주어지며, 이번에는 '그룹에 사용자 추가' 옵션을 선택한다. 다음 사용자 그룹 목록에서 방금 생성한 그룹을 선택한다. **다음** 버튼을 클릭하고 3단계 검토 및 생성으로 넘어간다.

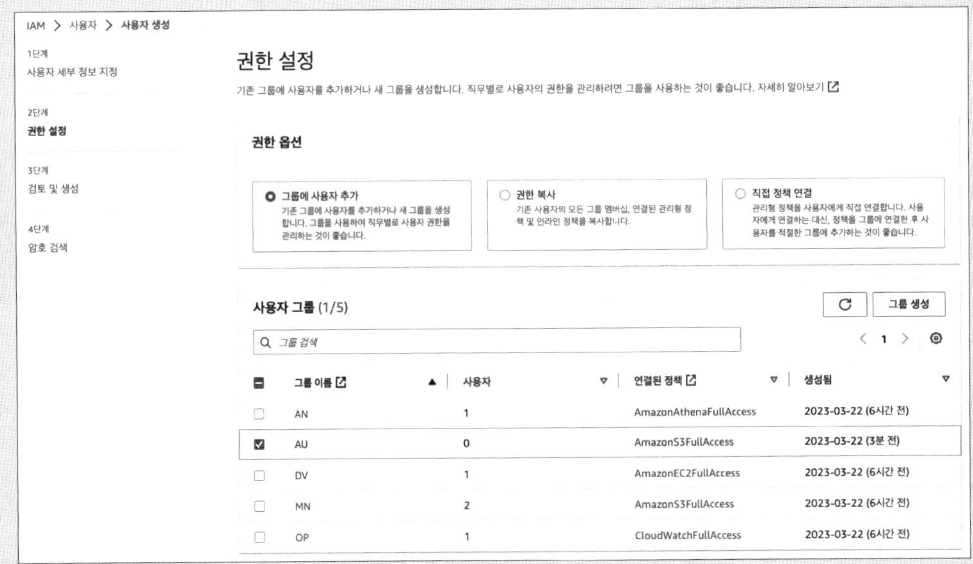

실습 8. 사용자 생성 내용을 확인하고 화면 우측 하단의 **사용자 생성** 버튼을 클릭해 사용자 생성 작업을 완료한다.

IAM > 사용자 > 사용자 생성

1단계
사용자 세부 정보 지정

2단계
권한 설정

3단계
검토 및 생성

4단계
암호 검색

검토 및 생성

선택 사항을 검토합니다. 사용자를 생성한 후 자동 생성된 암호를 보고 다운로드할 수 있습니다(활성화된 경우).

사용자 세부 정보

사용자 이름	콘솔 암호 유형	암호 재설정 필요
TOM	Custom password	아니요

권한 요약

< 1 >

이름	유형	다음과 같이 사용
AU	그룹	권한 그룹

태그 - *선택 사항*

태그는 리소스를 식별, 구성 또는 검색하는 데 도움이 되도록 AWS 리소스에 추가할 수 있는 키 값 페어입니다. 이 사용자와 연결할 태그를 선택합니다.

리소스와 연결된 태그가 없습니다.

새 태그 추가

최대 50개의 태그를 더 추가할 수 있습니다.

취소 이전 사용자 생성

실습 9. 사용자가 성공적으로 생성됨과 동시에 4단계인 암호 검색 화면이 나타난다. 여기서 콘솔 로그인 세부 정보를 확인하고 이 내용을 요약한 CSV 파일을 다운로드할 수 있다.

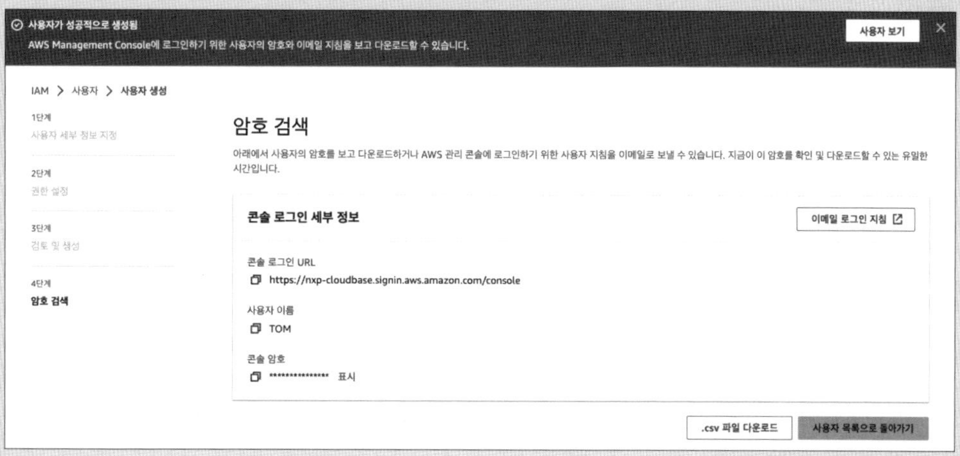

사용자가 성공적으로 생성됨
AWS Management Console에 로그인하기 위한 사용자의 암호와 이메일 지침을 보고 다운로드할 수 있습니다.

사용자 보기

IAM > 사용자 > 사용자 생성

1단계
사용자 세부 정보 지정

2단계
권한 설정

3단계
검토 및 생성

4단계
암호 검색

암호 검색

아래에서 사용자의 암호를 보고 다운로드하거나 AWS 관리 콘솔에 로그인하기 위한 사용자 지침을 이메일로 보낼 수 있습니다. 지금이 이 암호를 확인 및 다운로드할 수 있는 유일한 시간입니다.

콘솔 로그인 세부 정보

이메일 로그인 지침

콘솔 로그인 URL
https://nxp-cloudbase.signin.aws.amazon.com/console

사용자 이름
TOM

콘솔 암호
*************** 표시

.csv 파일 다운로드 사용자 목록으로 돌아가기

실습 10. 사용자 목록으로 돌아가 새로 추가된 사용자에 대한 요약 정보를 확인하고 권한, 그룹, 태그, 보안 자격 증명, 액세스 관리자 탭에 포함된 내용을 살펴본다.

정리

- IT 부서의 조직 관리자는 IAM을 이용해 부서 배치, 업무 자원 할당, 부서 간 협력 등 복잡한 업무를 간단하게 처리할 수 있다.
- IAM의 두 가지 주요 기능은 신분 인증Authentication과 권한 부여Authorization다.
- IAM의 주요 구성 요소는 그룹, 유저, 롤, 정책이다.
- IAM 유저 및 그룹은 보안이 유지된 상태로 리소스에 접근할 수 있고, IAM 활동은 감사, 로그 분석, 모니터링, 계정별 활동 리뷰로 활용된다.
- IAM 정책은 JSON 형식의 문서로 작성하며 '버킷 목록 확인', '버킷에서 파일 다운로드' 등의 작업을 수행하는 권한을 부여할 수 있다.

- IAM 그룹에 어드민AdministratorAccess, 개발자PowerUserAccess, 데이터베이스 어드민DatabaseAdministrator 등 정책을 적용해 관련 업무 권한을 간단하게 부여할 수 있다.
- IAM 정책 문서에는 Resource, Action, Effect 등 세부 속성이 존재한다.
- 구글 로그인 등 다른 인증 방식으로 로그인한 회원을 싱글사인온SSO 회원 또는 연합 인증 유저federated user라고 부르며, IAM을 이용해 리소스 접근 권한을 부여할 수 있다.
- 최소 권한 부여Least Privileges 원칙은 정확하게 업무에 필요한 권한만을 부여해야 한다는 IAM 가이드라인이다.
- AWS 보안 자격 정보는 업무 및 보안 수준에 따라 세분화되며, 루트 유저는 e-mail, passwords로 로그인하고, IAM 유저는 전용의 페이지에서 user name, passwords로 로그인한다.
- AWS에서 CLI, API, SDK 등 도구를 활용해 프로그래밍 작업을 수행하려면 액세스 키를 사용해야 한다. 액세스 키는 'Access Key ID'와 'Secret Access Key' 조합으로 구성된다.
- MFAMulti-Factor Authentication는 루트 계정, 어드민 계정 등을 위한 추가 보안 인증 수단이다.

기술 유형 분석 퀴즈

1. EC2 인스턴스에서 실행되는 애플리케이션 서버를 보유한 한 회사가 있습니다. 이 앱 서버는 프라이빗 S3 버킷 내의 콘텐츠에 액세스해야 합니다. 이 요구 사항을 충족하기 위해 권장되는 접근 방식은 무엇입니까? **(AWS의 기술과 서비스/프라이빗 콘텐츠 액세스)**

A. 적절한 권한의 IAM 역할을 생성한다. 역할을 EC2 인스턴스와 연결한다.

B. EC2 인스턴스와 S3 간 프라이빗 통신을 위해 VPC 피어링 연결을 구성한다.

C. 공유 액세스 키를 생성한다. 하드코딩된 키를 사용하도록 EC2 인스턴스를 구성한다.

D. 보안 소스에서 액세스 키를 읽도록 애플리케이션을 구성한다.

2. AWS IAM에서 그룹의 역할은 무엇입니까? **(IAM/그룹)**

A. 사용자의 권한을 상속받아 간단히 관리할 수 있다.
B. 다른 AWS 계정과의 권한 공유를 허용한다.
C. AWS 리소스를 보호하기 위한 추가적인 계층으로 사용된다.
D. IAM 정책을 작성할 때 사용자 대신 그룹을 지정할 수 있다.

3. AWS Organizations에서 계정을 그룹화하는 기능을 무엇이라고 합니까? **(Organizations/계정 그룹화)**

A. Organization Units
B. Service Control Policies
C. AWS Accounts
D. Resource Groups

4. Amazon Cognito에서 사용자를 인증하기 위한 방법이 아닌 것은 무엇입니까? **(Cognito/사용자 인증 방법)**

A. AWS STS
B. OAuth 2.0
C. OpenID Connect
D. SAML

5. Amazon Cognito를 사용해 앱을 개발할 때 사용자 데이터를 저장하기 위해 사용하는 서비스가 아닌 것은 무엇입니까? **(Cognito/사용자 데이터 저장 위치)**

A. Amazon S3
B. Amazon DynamoDB
C. Amazon EBS
D. Amazon RDS

6. 다음 중 AWS Identity and Access Management^IAM^를 사용해 구현할 수 있는 보안 모범 사례는 무엇입니까? (AWS와 클라우드 보안/IAM 보안 모범 사례)

A. 모든 사용자에 대한 AWS 관리 콘솔 액세스를 해제한다.

B. 모든 IAM 사용자에 대한 비밀 키를 생성한다.

C. 사용자에게 특정 태스크에 대한 수행 권한만을 부여한다.

D. AWS 자격 증명을 Amazon EC2 인스턴스 내에 저장한다.

7. AWS IAM에서 역할은 무엇입니까? (IAM/역할), (정답 2개)

A. AWS 리소스에 대한 액세스를 허용하는 사용자와 그룹의 권한 모음이다.

B. 다른 AWS 계정과의 권한 공유를 위한 AWS 정책이다.

C. 인스턴스, 컨테이너, Lambda 함수 등과 같은 AWS 리소스에 연결할 수 있는 IAM 신뢰 개체다.

D. 외부 서비스 또는 애플리케이션에게 AWS 자원에 대한 액세스 권한을 부여하는 방법이다.

8. IAM 사용자의 액세스 키 관리에 대한 설명으로 옳지 않은 것은 무엇입니까? (IAM/액세스 키)

A. 보안 액세스 키를 분실한 경우 해당 액세스 키를 삭제하고 새 키를 생성해야 한다.

B. 액세스 키는 IAM 사용자에 대한 장기 보안 인증이다.

C. AWS CLI 또는 AWS API에 대한 프로그래밍 요청에 서명할 수 있다.

D. 액세스 키는 액세스 키 ID와 보안 액세스 키로 구성된다.

E. 계정당 하나의 액세스 키를 생성할 수 있고, 교체 가능하다.

9. 시스템 관리자는 어떻게 사용자의 AWS Management Console에 로그인 보안 계층을 추가합니까? (AWS와 클라우드 보안/보안 레이어)

A. Amazon Cloud Directory 사용

B. AWS Identity and Access Management(IAM) 역할 감사

C. Multi-Factor Authentication 활성화

D. AWS CloudTrail 활성화

10. 다음 중 AWS 통합 결제Consolidated Billing의 이점은 무엇입니까?
(AWS의 요금 및 결제/Organizations)

A. 대량 구매 요금 할인
B. 공유 액세스 권한
C. 각 계정에 대한 여러 청구서
D. 리소스를 태깅할 필요가 없어짐

11. Amazon Cognito Identity Pool을 사용하는 이유가 아닌 것은 무엇입니까?
(Cognito/Identity Pool)

A. 사용자 관리 용이성 증대
B. 회원 가입 및 로그인 기능 제공
C. 사용자 인증과 권한 부여 통합
D. 애플리케이션에서 사용자 데이터를 안전하게 저장

12. Amazon Cognito에서 제공하는 기능 중에서 다음 중 어떤 것이 포함되지 않는 기능입니까? (Cognito/주요 기능)

A. 사용자 인증 및 권한 부여
B. 사용자 그룹 관리
C. 메시징 서비스
D. 사용자 데이터 동기화

13. AWS Organizations에서 구성원 계정을 생성하기 위해 필요한 요소는 무엇입니까?
(Organizations/구성원 계정 생성)

A. 구성원 계정 이름과 이메일 주소
B. 구성원 계정 이름과 비밀번호
C. 구성원 계정 이름, 이메일 주소, 비밀번호, 결제 정보
D. 구성원 계정 이름, 이메일 주소, 비밀번호, 조직 담당자의 승인

14. AWS IAM에서 인라인 정책과 관리형 정책의 차이점은 무엇입니까? **(IAM/정책), (정답 2개)**

A. 인라인 정책은 한 번에 하나의 사용자나 그룹에 대해서만 적용된다.

B. 인라인 정책은 IAM에서 미리 작성된 정책 중에서 선택할 수 있다.

C. 관리형 정책은 한 번 작성하면 여러 사용자와 그룹에 적용할 수 있다.

D. 관리형 정책은 IAM에서 직접 작성할 수 있으며, 인라인 정책은 불가능하다.

15. 금융 서비스 회사는 AWS 계정 활동이 거버넌스, 규정 준수 및 감사 규범을 충족하는지 확인하려고 합니다. 클라우드 실무자로서 이 사용 사례에 대해 어떤 AWS 서비스를 추천하시겠습니까? **(AWS 계정 감사)**

A. Inspector

B. CloudTrail

C. Config

D. CloudWatch

E. Trusted Advisor

16. 다음 중 AWS 리소스에 대한 프로그래밍 방식 액세스를 제공하기 위해 권장되는 방법은 무엇입니까? **(프로그래밍 액세스)**

A. Multi-factor Authentication[MFA]을 사용해 프로그래밍 방식으로 AWS 리소스에 액세스

B. 액세스 키 ID, 보안 액세스 키를 사용해 프로그래밍 방식으로 AWS 리소스에 액세스

C. 새 IAM 사용자를 생성하고 사용자 이름과 암호 공유

D. IAM 그룹을 사용해 프로그래밍 방식으로 AWS 리소스에 액세스

17. 회사는 자체 AWS 계정이 있는 각 장치가 있는 여러 장치에서 예약된 EC2 인스턴스를 사용합니다. 그러나 일부 유닛은 예약 인스턴스를 충분히 활용하지 못하는 반면, 다른 유닛은 더 많은 예약 인스턴스를 필요로 합니다. 클라우드 실무자로서 다음 중 가장 비용 최적화된 솔루션으로 추천하는 것은 무엇입니까? (조직 유닛/OU/예약 인스턴스)

A. Trusted Advisor를 이용해 모든 유닛을 포함한 AWS 계정을 관리할 수 있도록 한 뒤, 모든 유닛이 예약 인스턴스를 공유하도록 한다.

B. Systems Manager를 이용해 모든 유닛을 포함한 AWS 계정을 관리할 수 있도록 한 뒤, 모든 유닛이 예약 인스턴스를 공유하도록 한다.

C. Cost Explorer를 이용해 모든 유닛을 포함한 AWS 계정을 관리할 수 있도록 한 뒤, 모든 유닛이 예약 인스턴스를 공유하도록 한다.

D. Organizations를 이용해 모든 유닛을 포함한 AWS 계정을 관리할 수 있도록 한 뒤, 모든 유닛이 예약 인스턴스를 공유하도록 한다.

18. 다음 중 AWS Organizations에서 조직 생성 및 삭제에 대한 설명 중 옳지 않은 것은 무엇입니까? (Organizations/조직 생성 및 삭제)

A. 삭제한 조직은 정책 여부에 상관 없이 복구할 수 없다.

B. 조직을 생성할 때 조직이 통합 결제 기능만 지원하는 옵션을 선택할 수 있다.

C. 관리 계정은 SCP에 어떤 영향도 받지 않으며, SCP는 멤버 계정에만 영향을 준다.

D. 조직을 삭제하면 조직에서 관리 계정이 제거되고 조직 자체가 삭제된다.

E. 조직을 삭제하면 모든 멤버 계정이 자동으로 제거된다.

19. EC2 인스턴스 그룹에서 S3 버킷의 데이터를 검색해야 하는 경우, IAM에서 생성해야 하는 것은 무엇입니까? (IAM/서비스 간 소통), (정답 2개)

A. IAM 그룹

B. IAM 사용자

C. IAM 정책

D. IAM 역할

E. AdminAccess

20. 다음 중 IAM이 애플리케이션 배포의 확장성을 제공하는 방법은 무엇입니까? (IAM/확장성 제공), (정답 2개)

A. 하나의 IAM 사용자에게 다수의 권한을 부여해 자율적으로 업무를 수행하도록 할 수 있다.

B. IAM 그룹을 통해 한 번에 다수의 사용자에게 권한을 할당할 수 있다.

C. 다수의 내외부 사용자가 일시에 호스트 애플리케이션에 접속하도록 할 수 있다.

D. IAM 역할 및 정책을 통해 리소스 접근 권한을 제공하는 방식을 통해 다수의 인스턴스에 일관된 리소스 접근 방식을 제공할 수 있다.

E. IAM 기반 권한 제한을 통해 S3 버킷에서 의도치 않은 삭제를 방지할 수 있다.

정답과 해설

1. 정답 A 앱 서버가 S3 버킷 파일에 접근하기 위한 IAM 역할을 생성하고, 이를 EC2 인스턴스에 연결하면 된다.

2. 정답 A AWS IAM에서 그룹을 이용해 사용자의 권한을 상속을 통해 간단히 관리할 수 있다.

3. 정답 A AWS Organizations에서 계정을 그룹화하는 기능은 Organization Units(OU)이다. OU를 사용해 계정을 분류하고, 계정 간에 권한을 관리하고, 서비스 제어 정책을 적용할 수 있다.

4. 정답 A OAuth 2.0, SAML, OpenID 등은 Cognito에서 사용자를 인증하기 위한 방법이지만, AWS STS는 임시 보안 자격 증명 발급에 사용되는 보안 토큰 서비스다.

5. 정답 C Cognito 사용자 데이터를 저장하기 위해 S3, RDS, DynamoDB를 사용할 수 있지만 EBS는 사용할 수 없다.

6. 정답 C IAM 보안 모범 사례는 '최소한의 권한 부여'이며, 사용자에게 특정 태스크에 대한 수행 권한만을 부여하는 것을 의미한다.

7. 정답 C, D AWS IAM에서 역할(role)은 인스턴스, 컨테이너, Lambda 함수 등과 같은 AWS 리소스에 연결할 수 있는 IAM 신뢰 개체(entity)이며 일시적인 보안 자격 증명을 생성하고 이를 사용해 AWS 리소스에 대한 액세스를 제어할 수 있다.

8. 정답 E 장기적으로 액세스 키를 사용하는 경우 액세스 키를 생성, 수정, 교체할 수 있고, 최대 2개의 액세스 키를 생성할 수 있다.

9. 정답 C 사용자의 AWS Management Console에 로그인 보안 계층을 추가하기 위해 Multi-Factor Authentication(MFA)을 활성화할 수 있다.

10. **정답 A** AWS 통합 결제의 장점 중 하나는 조직 차원에서 대량으로 AWS 서비스 및 리소스를 사용하는 데 대한 요금 할인 혜택이 제공된다는 것이다.

11. **정답 B** 회원 가입 및 로그인 기능은 Amazon Cognito User Pool을 이용해 구현할 수 있다.

12. **정답 C** 메시징은 Cognito의 기능이 아니며, AWS의 메시징 서비스로는 SQS, SNS 등이 있다.

13. **정답 D** AWS Organizations에서 구성원 계정을 생성할 때는 구성원 계정의 이름과 이메일 주소, 비밀번호를 설정해야 하고, 조직 담당자가 이를 승인하면 구성원 계정이 조직에 추가된다.

14. **정답 A, C** AWS IAM에서 관리형 정책은 한 번 작성하면 여러 사용자와 그룹에 적용할 수 있고, 인라인 정책은 한 번에 하나의 사용자나 그룹에 대해서만 적용된다.

15. **정답 B** 각종 이벤트를 면밀히 추적하는 CloudTrail은 AWS 계정 활동의 감사 업무에 널리 사용된다.

16. **정답 B** AWS 리소스에 대한 프로그래밍 방식 액세스를 위해서는 액세스 키 ID, 보안 액세스 키를 사용한다.

17. **정답 D** Organizations를 이용해 모든 유닛을 포함한 AWS 계정을 관리할 수 있도록 한 뒤, 모든 유닛이 예약 인스턴스를 공유하도록 하는 방식이 가장 비용 효율적이다.

18. **정답 E** 조직의 모든 멤버 계정을 제거한 후에만 조직을 삭제할 수 있다.

19. **정답 C, D** EC2 인스턴스가 S3 버킷에 액세스하려면 이에 맞는 IAM 역할 및 정책을 생성해서 연결해야 한다.

20. **정답 B, D** IAM 그룹을 통해 한 번에 다수의 사용자에게 권한을 할당하거나, IAM 역할 및 정책을 통해 리소스 접근 권한을 제공하는 방식으로 애플리케이션 배포의 확장성을 제공할 수 있다. 하나의 IAM 사용자에게 다수의 권한을 부여해 자율적으로 업무를 수행하도록 하는 것은 IAM 보안 모범 사례에 어긋난다.

6장

AWS 네트워킹 서비스

연관 출제 영역

출제 영역 2: AWS의 보안 및 규정 준수

2.2 AWS 클라우드 보안 및 규정 준수 개념 정의
데이터 암호화, 서비스별 암호화 기능, 모니터링

2.4 보안 지원을 위한 리소스 식별
네트워크 보안, 보안 보고서, Trusted Advisor
출제 영역3: AWS 인프라 및 주요 서비스

3.2 AWS 글로벌 인프라 정의
리전, 가용 영역, 에지 로케이션, 고가용성, 재해 복구

3.3 핵심 AWS 서비스 식별
네트워킹: VPC, SG, Route 53, Direct Connect

6장에서 다룰 주요 내용

- VPC 활용 및 네트워크 연계
- VPC 서브넷
- 라우팅 테이블
- NACL – 서브넷 보안
- 온프레미스와 클라우드 연결
- CDN
- DNS
- 활용 실습 – 커스텀 VPC 생성

Amazon VPC 개요 및 핵심 내용

기업용 클라우드 환경은 광대역 네트워크, 즉 인터넷을 주요 전송 방식으로 사용하므로 클라우드에 포함된 각종 서버와 데이터 등 자원을 안전하면서도 효율적으로 관리하기 위한 체계가 필요하다. VPC^Virtual Private Cloud^는 바로 이와 같은 목적으로 만들어진 기업용 가상 프라이빗 클라우드 네트워크다.

VPC는 리전별 클라우드 데이터 센터의 구현 체계이자 퍼블릭 네트워크와 프라이빗 네트워크의 결합이라 할 수 있다. 여기서 퍼블릭 네트워크는 인터넷과 기본적인 연결성을 지닌 네트워크이며, 프라이빗 네트워크는 인터넷과의 연결성이 기본적으로 배제된 네트워크이다. VPC에서는 이들 개념을 각각 퍼블릭 서브넷^Public Subnet^, 프라이빗 서브넷^Private Subnet^으로 부른다.

사용자는 VPC를 이용해 EC2 인스턴스, RDS 데이터베이스 등 각종 클라우드 리소스를 논리적 영역에 격리해^isolate^ 안전하게 관리할 수 있다. 또한 필요에 따라 VPC에 격리된 서비스라든가 리소스와 외부를 연결하는 다양한 네트워크 서비스를 이용할 수 있으며, 이 부분은 잠시 후 '클라우드 네트워크의 확장' 절에서 소개한다.

VPC는 VPC의 하위 영역인 서브넷 외에도 다음과 같이 다양한 요소와 기능으로 구성된다.

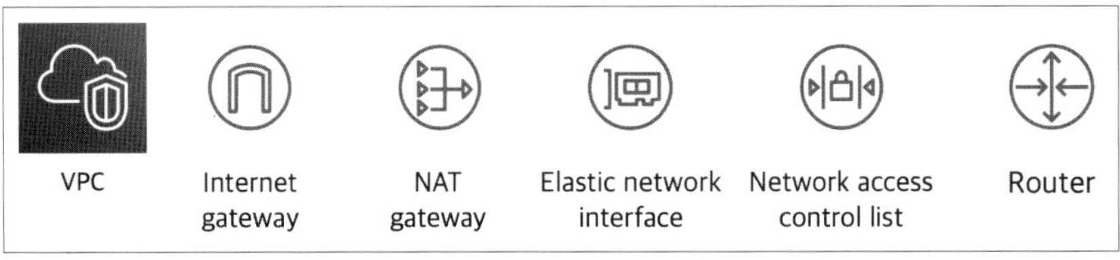

그림 6.1 VPC의 주요 구성 요소

(출처: AWS Architecture Icons)

다음은 2개의 VPC를 생성한 뒤 하나는 퍼블릭 서브넷, 다른 하나는 프라이빗 서브넷으로만 구성한 네트워크 구현 사례다. 원활한 인터넷 접속이 중요한 공유 서비스를 위해서는 퍼블릭 서브넷이 적합하고, 데이터베이스 등 외부와의 격리성이 중요한 컨슈머 서비스는 프라이빗 서브넷으로 구성했다.

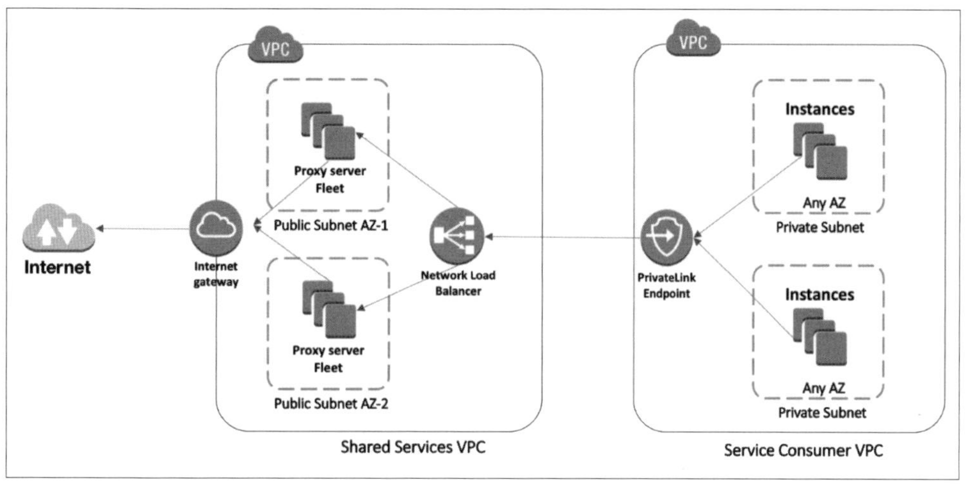

그림 6.2 퍼블릭 서브넷과 프라이빗 서브넷을 이용한 VPC 구성
(출처: https://aws.amazon.com/ko/blogs/networking-and-content-delivery/how-to-use-aws-privatelink-to-secure-and-scale-web-filtering-using-explicit-proxy/)

VPC 활용 및 네트워크 연계

하나의 VPC는 퍼블릭 및 프라이빗 서브넷으로 구성되며, 퍼블릭 서브넷은 App 서버 구성 등에 사용하고, 프라이빗 서브넷은 DB 서버 구성의 목적으로 주로 사용한다.

VPC는 외부 네트워크와 격리된 영역이며, 심지어 다른 VPC와도 격리된 상태를 유지한다. 따라서 기업에서 자사가 운영하는 여러 개의 VPC에 포함된 서버 등을 제대로 활용하려면 이들 VPC 간의 소통을 위한 연결 장치가 필요하다. 서로 다른 VPC를 연결하는 대표적인 방법으로는 VPC 피어링과 VPC 엔드포인트가 있다.

VPC 피어링VPC Peering은 서로 다른 VPC 간의 일대일 연결 방식이다. VPC는 하나의 리전 내, 예를 들면 서울 리전 내에 다수의 가용 영역에 존재할 수 있는데, VPC 피어링을 통해 다수의 가용 영역에 분산된 VPC를 연결할 수 있는 것이다. 또한 서울 리전과 도쿄 리전에 분산된 VPC를 연결하는 크로스 리전 방법으로도 VPC 피어링을 사용할 수 있다. 다음 그림은 서로 다른 2개의 VPC를 연결하는 VPC 피어링을 보여준다.

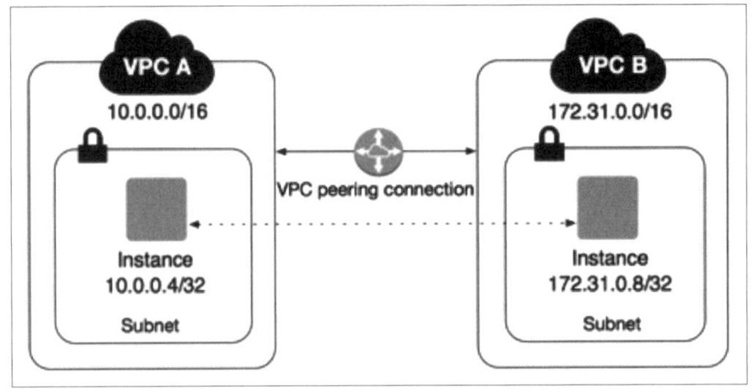

그림 6.3 서로 다른 2개의 VPC를 연결하는 VPC 피어링
(출처: https://docs.aws.amazon.com/vpc/latest/privatelink/concepts.html)

VPC 엔드포인트Endpoints는 S3, DynamoDB 등 VPC 밖에 존재하는 다른 서비스를 연결할 때, 또는 다른 VPC 내 리소스를 연결하는 방식으로 활용된다. AWS의 서비스 가운데에는 VPC 내부에만 존재하는 EC2, RDS 등 서비스도 있지만, 우리가 아는 상당히 많은 서비스는 VPC 바깥 영역에 존재한다. 서버리스 계열의 스토리지인 S3, NoSQL 데이터베이스인 DynamoDB 모두 VPC 외부에 존재하는 서비스이며, 이들과 VPC 내부를 연결해야 할 때 VPC 엔드포인트를 사용한다. AWS PrivateLink는 VPC 엔드포인트 생성 및 관리를 돕는 서비스다.

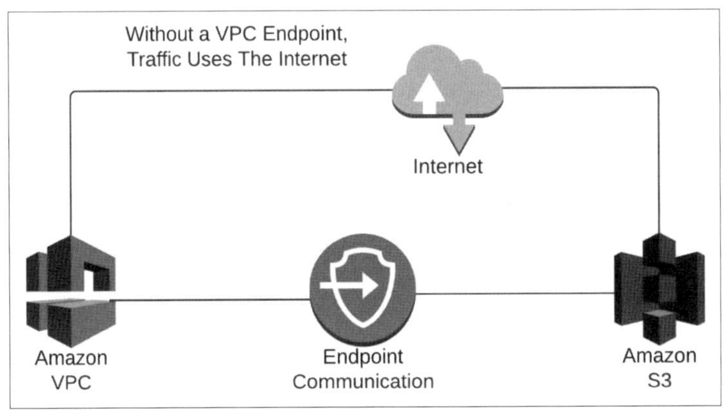

그림 6.4 VPC 엔드포인트를 이용한 VPC 외부 서비스(S3) 연결
(출처: https://blog.knoldus.com/connect-s3-bucket-via-vpc-endpoint-in-aws/)

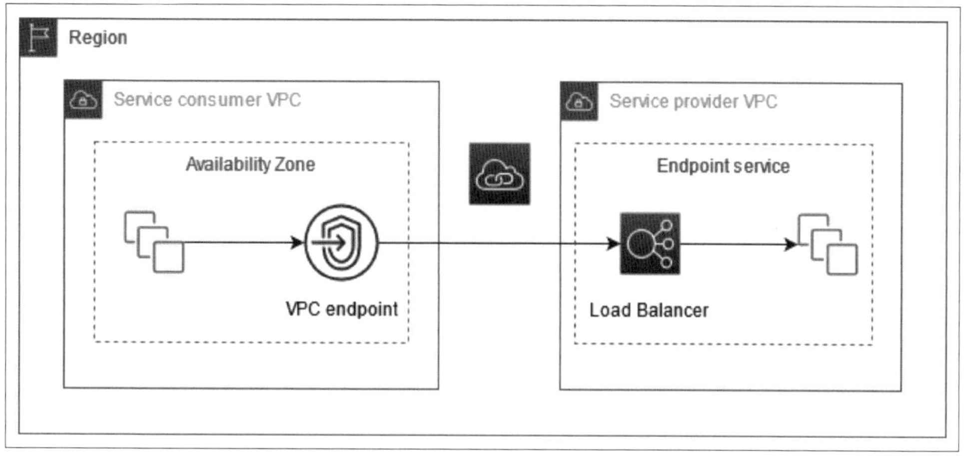

그림 6.5 VPC 엔드포인트를 이용한 VPC와 또 다른 VPC 내 리소스 연결
(출처: https://docs.aws.amazon.com/vpc/latest/privatelink/concepts.html)

VPC와 AWS 내 다른 VPC 또는 다른 외부 서비스를 연결해야 하는 경우도 있지만, AWS와 온프레미스를 연결해야 하는 경우도 있을 것이다. AWS와 기존의 기업 데이터 센터를 연결하는 일은 현재와 같은 하이브리드 클라우드 시대에는 매우 중요하며, AWS-온프레미스를 프라이빗 전용선으로 연결하는 Direct Connect, AWS-온프레미스 연결을 위한 VPN, Transit Gateway 등의 서비스가 있다. 이에 대해서는 2절에서 좀 더 자세히 알아본다.

기본 VPC

예전엔 기업용 네트워크 설정은 상당한 지식과 경험을 필요로 하는 난이도 높은 분야였으나 클라우드 시대에 AWS 등 클라우드 제공 사업자가 제공하는 몇 가지 도구를 활용하면 매우 간단하게 기업용 네트워크를 설정하고 가상 서버를 추가하거나 애플리케이션 배포를 준비할 수 있다. AWS는 모든 사용자가 즉시 사용할 수 있도록 기본 VPC[Default VPC]를 제공하며, 사용자는 별도의 네트워크 설정 작업 없이도 바로 EC2 인스턴스를 서브넷에 배포할 수 있다.

기본 VPC는 AWS 계정 생성 시 자동으로 함께 만들어지며, 글로벌 주요 리전별 VPC가 모두 활성화된다. 독자 여러분이 AWS의 다양한 리전 중 하나를 선택하고 바로 EC2 인스턴스 등을 생성해 활용할 수 있는 이유는 바로 이 때문이다.

다음 7장에서 AWS 컴퓨팅 서비스 및 EC2 인스턴스에 대해 알아보게 될 텐데, 새 EC2 인스턴스는 (다른 VPC를 지정하지 않는 이상) 기본 VPC 내에 생성된다. 네트워크 작업을 수행하다가 기본 VPC 설정 중 맞지 않는 부분이 있다면 서브넷을 추가하거나 라우팅 테이블을 변경해 여러분이 원하는 내용을 반영할 수 있다.

그림 6.6 기본 VPC 세부 정보 예시

위 그림에서 보는 것처럼 기본 VPC에는 Public, Private IPv4 주소와 DNS 호스트 이름 등이 제공되고, 네트워크 레벨의 보안 규칙인 NACL도 포함돼 있지만, IPv6 주소는 정의돼 있지 않으므로 IPv6 트래픽 처리를 위해서는 별도의 설정 작업이 필요함을 알 수 있다.

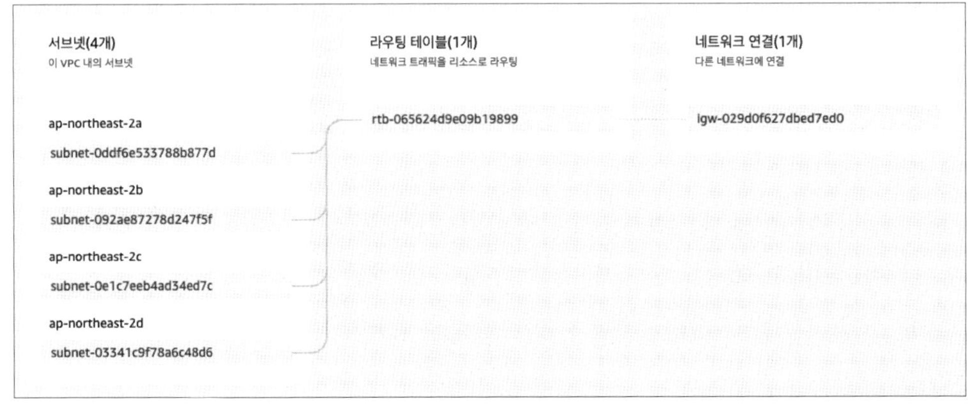

그림 6.7 기본 VPC의 Resource map 예시

위 그림은 기본 VPC의 Resource map이며, 이 VPC에 포함된 네트워크 요소를 한눈에 보여준다. 기본적으로 4개의 서브넷이 존재하고, 트래픽의 전송 규칙인 라우팅 테이블과 인터넷 연결을 위한 인터넷 게이트웨이 등이 기본적으로 포함돼 있음을 알 수 있다.

VPC 서브넷

서브넷subnet은 VPC라는 단일 네트워크 영역을 논리적으로 분할한 세부 영역이며, 퍼블릭 서브넷은 주로 기업 웹 페이지 등 인터넷 연결용으로 활용되고, 프라이빗 서브넷은 주로 데이터베이스 등 배타적 보안성 연결에 활용된다.

VPC 및 서브넷 생성 시, 워크로드를 기준으로 Dev, Test, Prod 등의 VPC를 생성하고, 이 속에 각각 퍼블릭과 프라이빗 서브넷을 포함시킬 수 있다. 또는 용도에 따라 Shared Service, Service Consumer 등의 VPC를 생성하고, 하나의 VPC는 모두 퍼블릭 서브넷으로만 구성하고 다른 하나는 모두 프라이빗 서브넷으로만 구성할 수 있다.

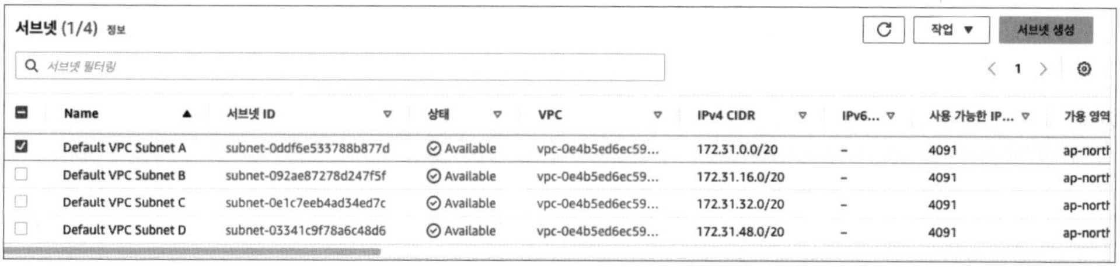

서브넷 (1/4) 정보

Name	서브넷 ID	상태	VPC	IPv4 CIDR	IPv6...	사용 가능한 IP...	가용 영역
Default VPC Subnet A	subnet-0ddf6e533788b877d	Available	vpc-0e4b5ed6ec59...	172.31.0.0/20	-	4091	ap-nortl
Default VPC Subnet B	subnet-092ae87278d247f5f	Available	vpc-0e4b5ed6ec59...	172.31.16.0/20	-	4091	ap-nortl
Default VPC Subnet C	subnet-0e1c7eeb4ad34ed7c	Available	vpc-0e4b5ed6ec59...	172.31.32.0/20	-	4091	ap-nortl
Default VPC Subnet D	subnet-03341c9f78a6c48d6	Available	vpc-0e4b5ed6ec59...	172.31.48.0/20	-	4091	ap-nortl

그림 6.8 기본 VPC에 포함된 서브넷 목록 예시

위 그림은 기본 기본 VPC에 포함된 서브넷 목록이며, 각 서브넷을 클릭해 세부 정보를 확인할 수 있다. 기본 VPC 서브넷에서, 라우팅 테이블은 모두 인터넷 게이트웨이를 포함하고 NACL은 인바운드, 아웃바운드 모두 모든 트래픽을 허용하는 내용으로 정의했다.

주소 범위 지정을 위한 CIDR 블록의 이해

앞서 언급한 넷플릭스 앱(클라이언트)과 넷플릭스 서버가 소통하려면 고유의 주소가 필요하다. 이와 같이 네트워크로 연결된 리소스가 서로 소통하려면 각 리소스의 주소(특히 인터넷에서 통용되는 IPv4 주소)가 필요하며, 잠시 이에 대한 내용을 알아보자.

VPC는 CIDR 블록으로 서브넷의 주소 범위를 정의한다. 위 서브넷 목록 그림 우측을 보면 '사용 가능한 IP' 항목이 보일 것이다. 여기서는 4,091개의 주소를 사용할 수 있다는 의미인데, 이와 같은 주소 개수는 그림 중간, 'IPv4 CIDR'로 결정된 것이다.

IPv4 주소 범위는 'A.B.C.D/N'과 같은 형식의 CIDR 블록으로 정의하며, 주소 개수는 다음의 공식을 따른다.

$$\text{가용 주소 개수} = 2^{(32-N)}$$

(단, IPv4 CIDR 블록: A.B.C.D/N, N=0~32)

위 공식에 따르면 172.31.0.0/28의 경우, 주소 개수는 $2^{(32-28)} = 2^4 = 16$개이고, 172.31.0.0/32의 경우, 사용 가능한 주소 개수는 $2^{(32-32)} = 2^0 = 1$개이다.

앞서 언급한 기본 VPC 서브넷 A의 IPv4 CIDR 블록은 '172.31.0.0/20'이며, 이 중 '172.31.0.0'은 Base IP라 부르고, '/20'은 Subnet Mask라 부른다.

표 6.1 CIDR 블록을 이용한 IPv4 주소 범위 및 개수 정의

172.31.0.0	/20
Base IP	Subnet Mask
IPv4 CIDR 블록	

이 가운데 주소 개수를 결정하는 것은 서브넷 마스크 값인 /20이며, 계산식에 대입하면 $2^{(32-20)} = 2^{12} = 4,096$임을 알 수 있다. 4,091과 5가 차이가 나는 이유는 AWS가 네트워크 관리 등의 목적으로 주소 영역 중 앞뒤 주소 5개를 예약해서 사용하기 때문이다. 결국 이번 예시에 사용된 기본 VPC 서브넷 A의 가용 주소 개수는 4,091개가 된다.

라우팅 테이블

라우팅 테이블RT, Route Table은 서브넷에 포함된 트래픽 전송 규칙이며, 목적지에 데이터 패킷을 전송하기 위한 정보를 담고 있다.

하나의 라우팅 테이블은 대상(주소)과 타깃(리소스)으로 구성된다. 예를 들어 독자 여러분이 피자를 배달시켰을 때, '대상'은 여러분의 집 주소(A아파트 101동 101호), '타깃'은 집의 현관 또는 집 앞 공용 배송 박스 등 정확한 배송 위치로 생각할 수 있다. 넷플릭스 서버에 영화 재생을 요청했을 때, 여러분 집 네트워크 장치의 IP 주소가 '대상'이고, 이 IP 주소에 연결된 여러 장치 중 여러분의 스마트 TV, 스마트폰 등이 '타깃'이 된다.

표 6.2 라우팅 테이블의 대상과 타깃

대상(Destination)	타깃(Target)
목적지(IP 주소)	local, igw– 등(주소 내 리소스)

다음 그림은 기본 VPC 서브넷 A의 라우팅 테이블이며, Destination은 172.31.0.0/16, Target은 local임을 알 수 있고, 인터넷 트래픽이 유입되는 0.0.0.0/0 주소에 연결된 장치는 인터넷 게이트웨이[IGW, Internet GateWay]임을 알 수 있다.

> **참고** AWS 관리 콘솔에서 영어 원문은 'Route Table'이지만 한국어 버전은 '라우팅 테이블'로 표기되고 있고, 테이블 내 Destination과 Target을 모두 '대상'으로 표기되고 있다. 이 책은 영어 원문과 사용 맥락 등을 고려해 라우팅 테이블, 대상, 타깃으로 표기한다.

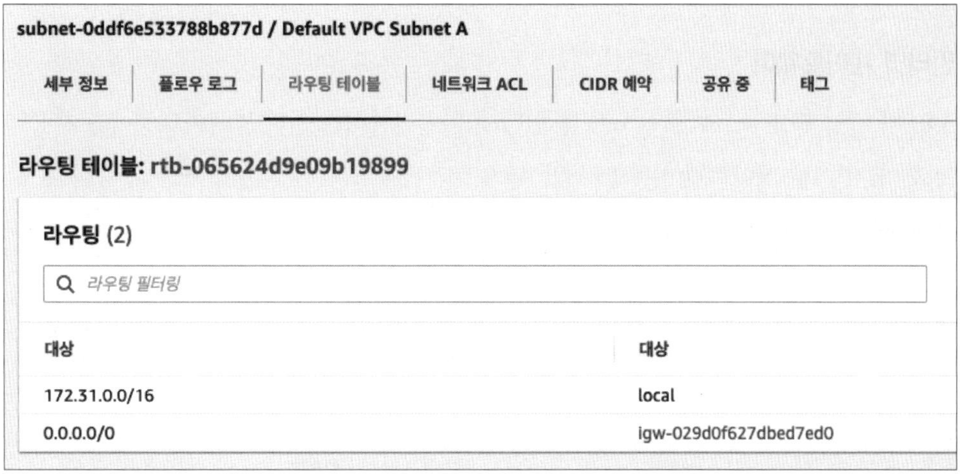

subnet-0ddf6e533788b877d / Default VPC Subnet A

세부 정보 | 플로우 로그 | 라우팅 테이블 | 네트워크 ACL | CIDR 예약 | 공유 중 | 태그

라우팅 테이블: rtb-065624d9e09b19899

라우팅 (2)

라우팅 필터링

대상	대상
172.31.0.0/16	local
0.0.0.0/0	igw-029d0f627dbed7ed0

그림 6.9 기본 VPC 서브넷 A의 라우팅 테이블 예시

다음 그림은 데이터베이스가 포함된 프라이빗 서브넷이며, 이에 연결된 메인 라우팅 테이블의 내용을 확인할 수 있다. 서브넷마다 이와 같은 라우팅 테이블을 이용해 어떤 주소 내 어떤 장치 또는 위치에 트래픽을 전송할 것인지 명확하게 정의할 수 있다. 민감한 정보를 포함한 데이터베이스의 경우, 아래 메인 라우팅 테이블에서 보듯, 인터넷 게이트웨이를 통해 직접 인터넷에 연결하는 대신 NAT 게이트웨이를 통해 우회적으로 인터넷에 연결하게 된다.

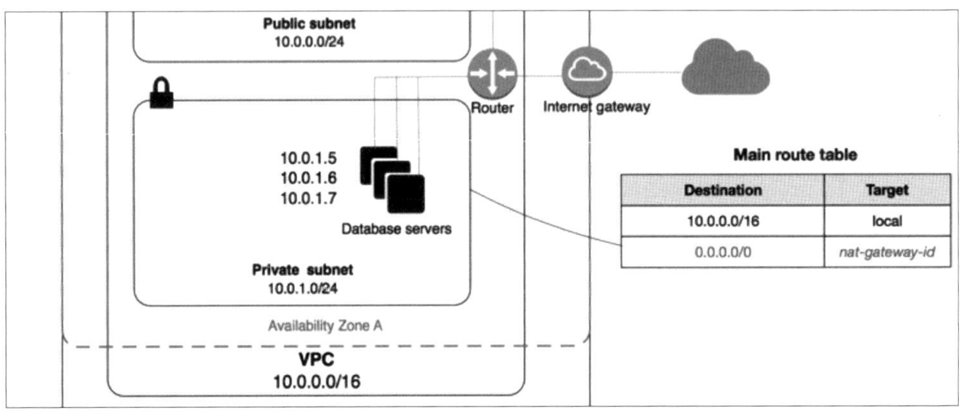

그림 6.10 메인 라우팅 테이블 활용 예시

(출처: https://docs.aws.amazon.com/ko_kr/vpc/latest/userguide/VPC_Scenario2.html)

인터넷 게이트웨이

AWS의 기업 전용 네트워크인 VPC를 인터넷과 연결하려면 인터넷 게이트웨이를 사용해야 한다. 인터넷 게이트웨이는 IPv4 및 IPv6 트래픽을 모두 지원하며 확장성, 중복성, 고가용성을 지닌 VPC 구성 요소다.

igw-029d0f627dbed7ed0

세부 정보 | 태그

세부 정보

인터넷 게이트웨이 ID	상태	VPC ID	소유자
igw-029d0f627dbed7ed0	Attached	vpc-0e4b5ed6ec59aec71 | Default VPC	633008625138

그림 6.11 기본 VPC 서브넷 A의 인터넷 게이트웨이 예시

인터넷 게이트웨이는 별다른 설정 없이 인터넷 게이트웨이 ID를 참조하는 방식으로 간단하게 사용할 수 있으며, 아래와 같이 서브넷의 라우팅 테이블에 인터넷 게이트웨이 엔트리를 추가하면 된다.

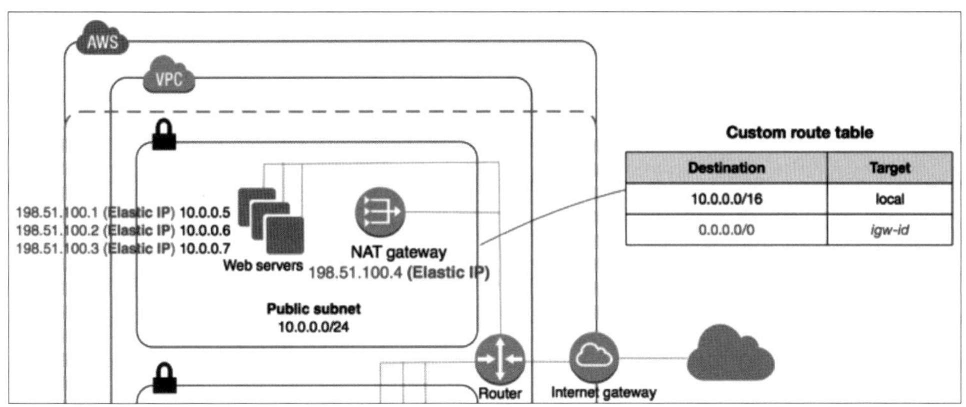

그림 6.12 퍼블릭 서브넷의 커스텀 라우팅 테이블에 정의된 IGW
(출처: https://docs.aws.amazon.com/ko_kr/vpc/latest/userguide/VPC_Scenario2.html)

NACL – 서브넷 네트워크 보안

AWS 내 VPC의 네트워크 보안은 크게 서브넷 레벨의 NACL과 EC2 레벨의 보안 그룹으로 나뉜다. VPC는 기본 설정의 NACL을 제공하며, NACL과 보안 그룹의 주요 차이점은 다음과 같다.

표 6.3 NACL과 보안 그룹의 주요 차이점

NACL(Network Access Control List)	보안 그룹(SG, Security Group)
• 서브넷 레벨의 네트워크 보안 • 스테이트리스 속성(리턴 트래픽 기본 거부) • 규칙 번호에 따라 우선 적용(1 높음, 100 낮음) • 허용/거부 규칙 모두 가능	• EC2 레벨의 네트워크 보안 • 스테이트풀 속성(리턴 트래픽 기본 허용) • 트래픽 허용 전 규칙 적용 여부 결정 • 허용 규칙만 가능

네트워크 보안과 관련해 먼저 하나의 서브넷 속에 EC2 인스턴스를 생성하면 EC2 인스턴스의 가상 네트워크 장치인 ENI도 활성화된다. ENI에 포함돼 EC2 관련 트래픽의 보안

규칙을 정의한 것이 보안 그룹이고, 서브넷 관련 트래픽의 보안 규칙을 정의한 것이 NACL이다.

다음 그림은 NACL과 보안 그룹의 관련성을 보여준다. 서브넷 외부에서 유입된 트래픽은 NACL → 보안 그룹 순으로 서브넷 내의 인스턴스에 전달되고, 인스턴스가 외부로 보내는 트래픽은 보안 그룹 → NACL 순으로 서브넷 외부로 전달된다.

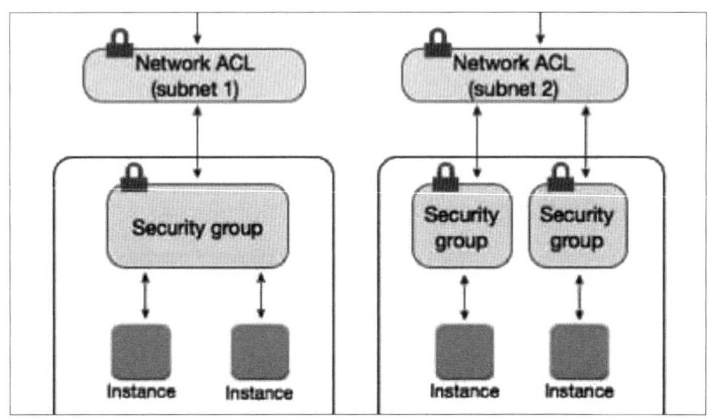

그림 6.13 NACL과 보안 그룹의 관련성

(출처: https://www.arridae.com/blogs/Amazon-Web-Services.php)

NACL은 IPv4, IPv6 인바운드, 아웃바운드 트래픽을 모두 필터링하며, 기본적으로는 모든 트래픽을 차단한다.

네트워크 ACL: acl-0a4c09cb5b2c87d69 네트워크 ACL 연결 편집

인바운드 규칙 (2)

규칙 번호	유형	프로토콜	포트 범위	소스	허용/거부
100	모든 트래픽	모두	모두	0.0.0.0/0	Allow
*	모든 트래픽	모두	모두	0.0.0.0/0	Deny

아웃바운드 규칙 (2)

규칙 번호	유형	프로토콜	포트 범위	대상	허용/거부
100	모든 트래픽	모두	모두	0.0.0.0/0	Allow
*	모든 트래픽	모두	모두	0.0.0.0/0	Deny

그림 6.14 기본 VPC 서브넷 A에 연결된 기본 NACL 예시

앞서 나온 그림은 기본 VPC 서브넷 A에 연결된 기본 NACL을 보여주며, 유입 트래픽을 위한 '인바운드 규칙', 유출 트래픽을 위한 '아웃바운드 규칙'이 별도로 정의돼 있음을 알 수 있다. 보안 그룹과 달리 NACL은 규칙 번호의 우선순위에 따라 규칙이 적용되고, 허용 규칙과 거부 규칙을 모두 정의할 수 있다.

클라우드 네트워크의 확장

지금까지 살펴본 내용을 통해 AWS 내 리소스와 서비스를 위한 전용 네트워크 서비스인 VPC를 잘 이해하게 됐을 것이다. 이번 절에서는 AWS 네트워크를 온프레미스와 연결하는 방법 그리고 AWS 기반 애플리케이션 서비스를 해외 지사 또는 글로벌 수십만 명의 사용자와 연결하는 방법에 대해 알아본다.

표 6.4 클라우드 네트워크의 확장 방식

클라우드와 온프레미스 연결	CDN과 DNS
• VPN • Direct Connect	• CDN: CloudFront • DNS: Route 53

온프레미스와 클라우드 연결

기업의 중요한 데이터를 포함한 EC2 인스턴스, RDS 데이터베이스 인스턴스는 기업 전용 격리 네트워크인 VPC에서 안전하게 실행될 수 있지만, 기업 내 다양한 조직과의 협업을 위해, 본사의 데이터를 해외 지사에 전송하기 위해 그리고 서버 또는 데이터베이스 소프트웨어의 업데이트 등을 위해 외부 네트워크와 안전하게 연결할 필요가 있다. VPN과 Direct Connect는 온프레미스와 AWS 클라우드 환경을 연결하기 위한 대표적인 서비스다.

AWS VPN

VPN(Virtual Private Network)은 AWS 클라우드와 온프레미스 네트워크, 리모트 오피스, 클라이언트 디바이스 등을 안전하게 연결한다. VPN은 Site-to-Site VPN(S2S VPN)과 Client VPN 등 두 가지 방식을 사용할 수 있다.

표 6.5 VPN 연결의 두 가지 방식 비교

S2S VPN	Client VPN
온프레미스와 AWS 네트워크를 암호화 터널로 연결	온프레미스에서 VPN 소프트웨어 클라이언트를 이용해 간편하게 AWS 네트워크에 연결

다음 그림은 온프레미스 환경에서 실행되는 EC2 인스턴스와 AWS 클라우드 환경에서 실행되는 EC2 인스턴스를 S2S VPN으로 연결하는 방식을 보여준다.

참고 AWS 쪽에 연결된 Transit Gateway는 VPC 등 AWS의 다양한 네트워크 자원을 연결할 수 있는 네트워크 허브 서비스다.

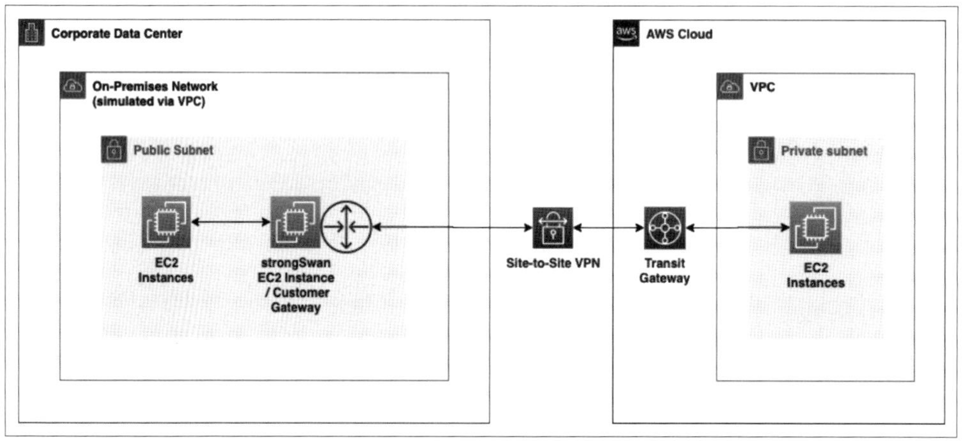

그림 6.15 S2S VPN을 이용한 온프레미스와 AWS(Transit Gateway) 연결

(출처: https://aws.amazon.com/blogs/networking-and-content-delivery/simulating-site-to-site-vpn-customer-gateways-strongswan/)

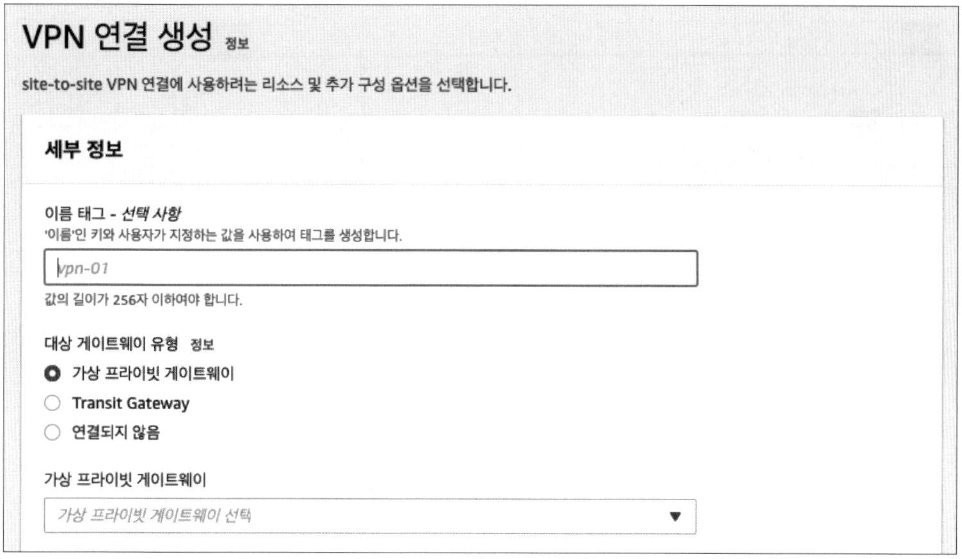

VPN 연결 생성 정보

site-to-site VPN 연결에 사용하려는 리소스 및 추가 구성 옵션을 선택합니다.

세부 정보

이름 태그 - *선택 사항*

'이름'인 키와 사용자가 지정하는 값을 사용하여 태그를 생성합니다.

vpn-01

값의 길이가 256자 이하여야 합니다.

대상 게이트웨이 유형 정보

가상 프라이빗 게이트웨이

Transit Gateway

연결되지 않음

가상 프라이빗 게이트웨이

가상 프라이빗 게이트웨이 선택

그림 6.16 S2S VPN 연결 생성 화면

VPN은 기업은 물론 가정에서도 사용하는 퍼블릭 네트워크를 이용한다는 측면에서 범용성이 높다는 장점이 있으며 암호화 터널 기법으로 데이터 전송 보안의 수준을 높일 수 있다. 하지만 퍼블릭 인터넷망은 국가 또는 지역마다 전송 속도 차이가 클 수 있고, 기본적으로 속도가 아주 빠르지 않다는 면에서 전송 안정성을 보장하기 어려울 수 있다. 또한 국가 또는 산업별로 퍼블릭 네트워크를 이용해 민감한 기업 데이터를 전송하는 것을 법으로 제한하는 경우도 있으므로 이에 대한 대안이 필요하다. 그 대안이 바로 Direct Connect이다.

AWS Direct Connect

Direct Connect와 VPN은 클라우드와 온프레미스 네트워크를 연결한다는 공통점이 있지만 VPN이 퍼블릭 네트워크를 사용하는 반면, Direct Connect는 기업 전용의 프라이빗 네트워크를 사용한다는 큰 차이점이 있다. 기업 전용 네트워크를 사용하므로 기업 외부에서 통신 내용을 볼 수 없고, 이 때문에 전송 암호화의 필요성도 없다.

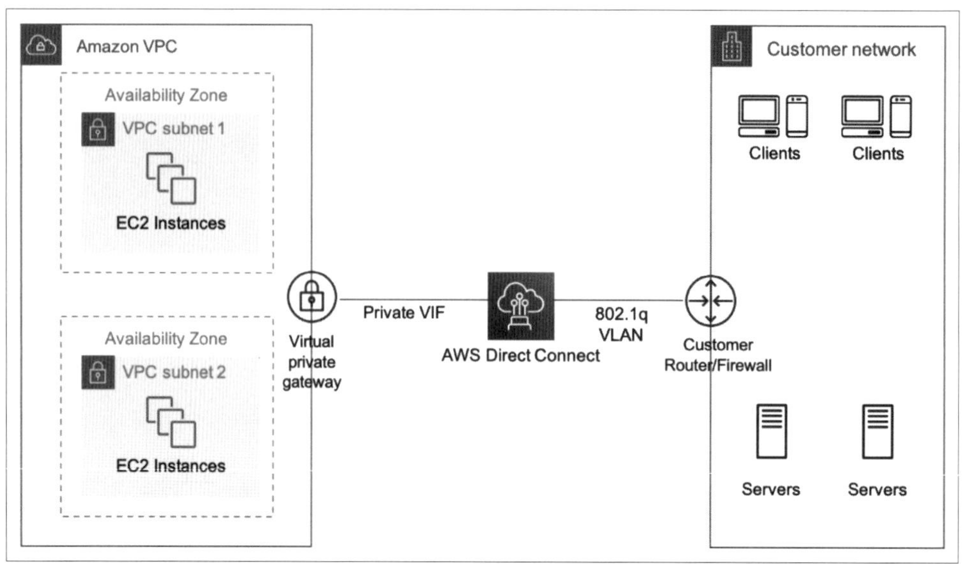

그림 6.17 Direct Connect를 이용한 온프레미스와 AWS 연결

(출처: https://docs.aws.amazon.com/ko_kr/directconnect/latest/UserGuide/Welcome.html)

프라이빗 네트워크 기반의 Direct Connect가 지닌 장점은 전용선이라 안심하고 쓸 수 있다는 점도 있지만, 퍼블릭 인터넷망 대비 전송 속도가 높고 더 안정적이라는 점이다. 즉, Direct Connect를 이용해 대량의 데이터를 좀 더 효율적으로 전송할 수 있고, 실시간 데이터를 안정적으로 전송할 수 있다. 또한 앞서 언급한 퍼블릭 인터넷망 전송에 제약을 받는 반도체 등 핵심 산업의 데이터 전송 시 사용할 수 있다.

그림 6.18 Direct Connect 연결 구성 화면

Direct Connect는 연결 마법사를 이용해 간단하게 연결 생성 및 구성 작업을 진행할 수 있으며, 복원력 수준에서 최대 복원력, 높은 복원력, 개발 및 테스트 등의 옵션 중 선택해 워크로드의 중요성에 따라 차별화된 복원력을 제공할 수 있다. 위 화면은 연결 구성에서 희망 대역폭 등을 설정하는 화면이며 최소 1Gbps에서 최대 100Gbps에 이르는 대역폭을 선택할 수 있다.

CDN

콘텐츠 전송 네트워크Content Delivery Network를 의미하는 CDN은 인터넷의 역사와 함께 상당 기간 발전해왔으며, 넷플릭스가 글로벌 VOD 서비스를 제공할 때 애플이 아이폰 업데이트 파일을 글로벌 사용자에게 배포할 때 필요한 요소 중 하나가 바로 CDN이다.

다음 그림은 CDN의 작동 방식을 잘 보여주고 있으며, 넷플릭스 영화 서비스를 한국에서 시청하는 것을 예로 들어보자. 기본적으로 한국 시청자가 영화를 요청하면 넷플릭스 미국 본사의 서버에서 영화를 보여줄 것이다. 하지만 한국에서 화제가 된 해당 영화를 시청하는 사람이 수백만 명이라는 점을 생각하면 미국 본사 서버가 매우 많은 부담을 겪을 것이고 회선 이용료 지출도 많을 것이다.

기존 방식을 개선해, 한국과 미국 본사 중간(에지 로케이션)에 서버(캐시 서버)를 두고 영화를 제공한다면, 미국 본사 서버의 부담이 줄고, 회선 이용료 지출도 절감될 것이다.

> **참고** 캐시 서버는 요청량이 많은 영화는 더 많은 영화 파일을 임시 저장하므로 인기가 급상승한 영화의 요청에 좀 더 잘 대응할 수 있다.

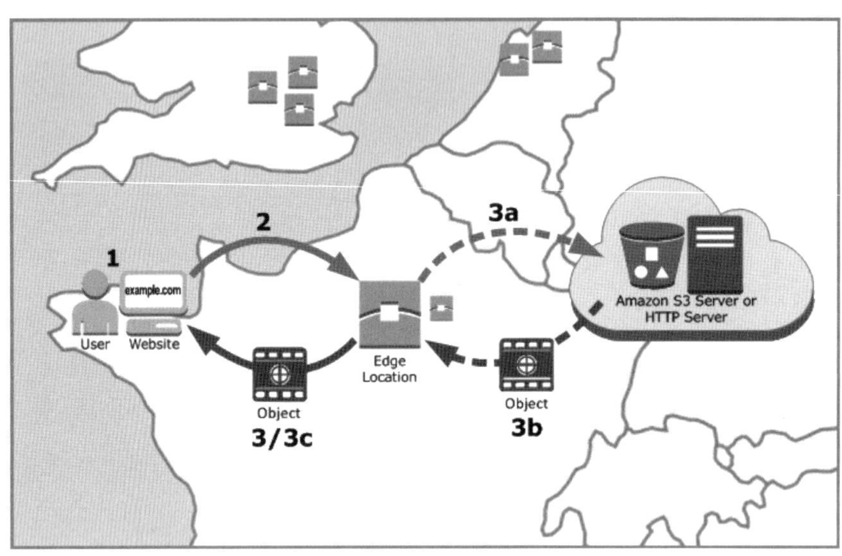

그림 6.19 CDN의 작동 방식

(출처: https://docs.aws.amazon.com/ko_kr/AmazonCloudFront/latest/DeveloperGuide/HowCloudFrontWorks.html)

CDN은 영화 파일, 소프트웨어 패치 파일 등 정적 콘텐츠는 물론 동적 콘텐츠의 전송에 활용되는 네트워크 서비스이며, Amazon CloudFront가 대표적이다.

Amazon CloudFront

CloudFront는 빠르고 안전하게 웹 콘텐츠를 전송하는 CDN 서비스이며, 글로벌 450여 개의 에지 로케이션Edge Location을 통해 전송 속도를 향상시킨다.

비디오 스트리밍, S/W 업데이트 배포 등 정적 콘텐츠 전송과 API 가속화 등 동적 콘텐츠 전송에 활용된다.

CloudFront는 읽기 성능을 향상시키는데, 이는 콘텐츠를 에지 로케이션에 캐싱Caching하기 때문이다. 캐싱은 원본origin에 대한 임시 복사본cached copy의 개념으로, 대규모의 수요는 원본 서버와 함께, 요청량에 비례해 확장된 에지 캐시 서버에서 처리해 성능을 높인다. 한국 넷플릭스에서 〈기묘한 이야기〉가 인기가 많으면 다수의 임시 복사본을 생성해 늘어난 요청에 대응하는 방식이다.

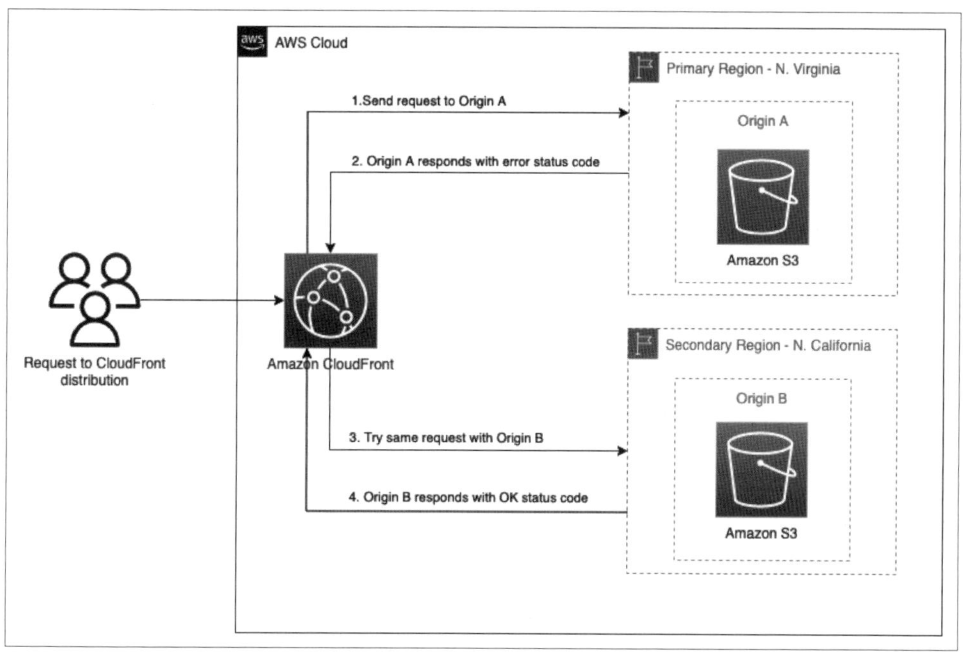

그림 6.20 CloudFront의 작동 방식

(출처: https://disaster-recovery.workshop.aws/en/labs/basics/cloudfront.html

위 그림에서, 사용자가 요청하면 CloudFront는 '기본 리전'에서 파일을 찾는데, 만일 이곳에 해당 파일이 없으면, '보조 리전'에서 파일을 찾은 뒤 사용자에게 전달한다. 이와 같은 원본 파일 저장 위치를 원본 출처라는 의미로 오리진Origin이라 부른다. CloudFront 오리진으로 S3 버킷, S3 정적 웹사이트는 물론 EC2 인스턴스, ALB, HTTP 백엔드 등을 지정할 수 있다.

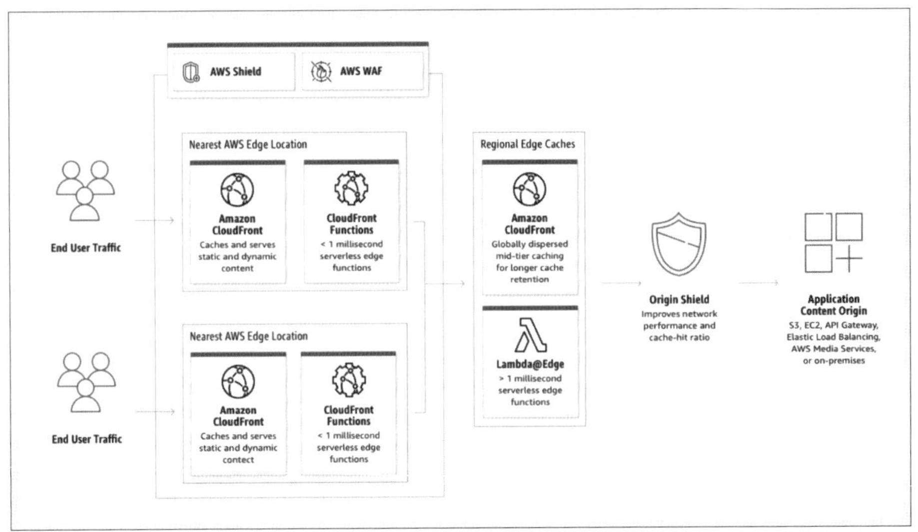

그림 6.21 CloudFront의 요청 처리 방식과 보안 레이어
(출처: https://aws.amazon.com/cloudfront/?nc2=h_ql_prod_nt_cf)

전 세계에 분산된 수억 명에 이르는 사용자의 요청에 효과적으로 대응하기 위해 AWS는 국가별, 지역별로 존재하는 450여 개 이상의 에지 로케이션 중 요청 사용자와 가장 가까운 에지 로케이션을 통해 콘텐츠를 제공한다. CloudFront는 HTTP/HTTPS(레이어7) 방식으로 콘텐츠를 전송하며, Shield, WAF 등을 통해 보안을 유지한다. 다음 그림은 CloudFront 배포 생성 시 에지 로케이션 지역 선택 및 보안(WAF) 설정 단계를 보여준다. WAF는 AWS의 웹 보안 도구다.

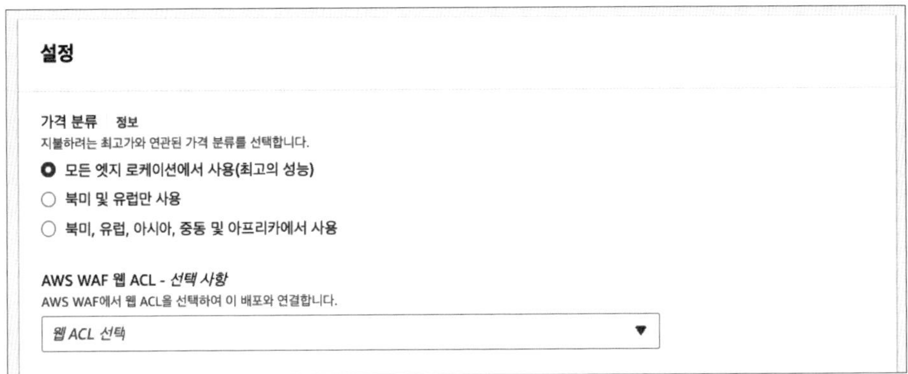

그림 6.22 CloudFront 배포 생성 – 에지 로케이션 지역 선택 및 보안(WAF) 설정

DNS

인터넷의 태동과 함께 글로벌 레벨에서 필수적으로 사용되는 네트워크 서비스가 바로 DNS[Domain Name System]이며, 사람이 읽기 쉬운 도메인 네임을 컴퓨터가 처리하기에 적합한 IP 주소로 변환하는 시스템이다. 기술적인 절차는 복잡한 편이지만, 우리가 이번 절에서 이해할 부분은 DNS 기술의 개요와 AWS의 DNS 서비스인 Route 53의 개요다.

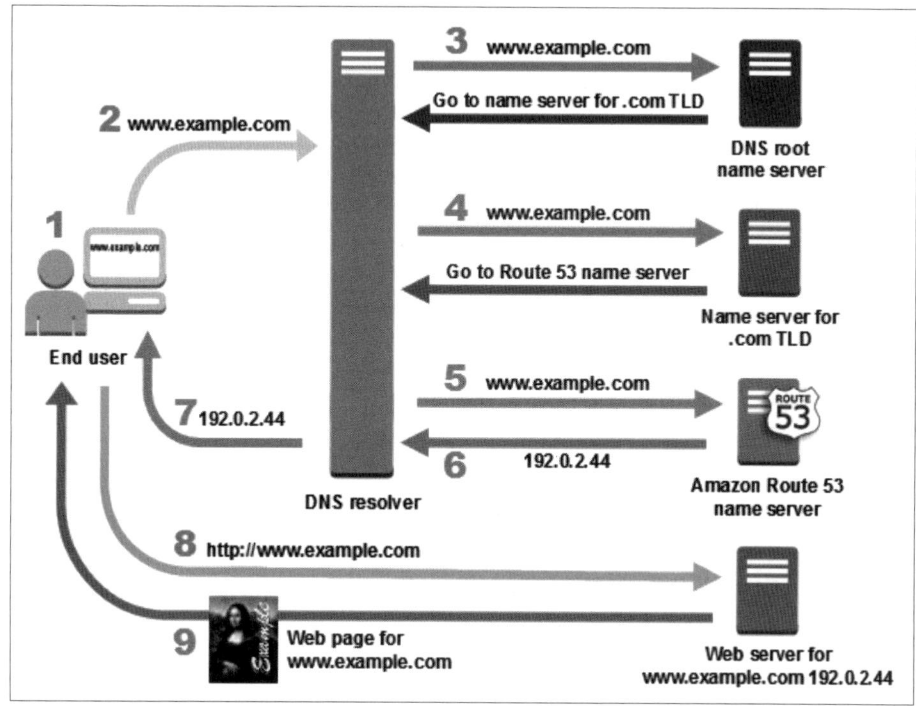

그림 6.23 DNS 작동 방식

(출처: https://aws.amazon.com/route53/what-is-dns/)

표 6.6 호스트 네임을 IPv4 주소로 변환

호스트 네임	IPv4 주소
www.google.com	172.217.12.110

앞서 소개한 그림과 표를 간단히 설명하자면, 인터넷 도메인 네임은 계층적 이름 구조를 사용하며 상위 이름 계층에서 하위 이름 계층으로 이동하며 이에 대응하는 정확한 주소를 찾게 된다. 이때 다양한 계층을 대표하는 네임 서버를 거치게 되며 .com ➤ google.com ➤ www.google.com 순으로 조회해 172.217.12.110라는 정확한 주소를 얻어 해당 서버에 작업을 요청하게 된다.

Amazon Route 53

Route 53는 사용자 요청을 AWS 및 온프레미스 웹 애플리케이션에 연결하는 고가용성, 확장성, 완전관리형 DNS 서비스다. Route 53는 Domain Registrar로서 고객의 도메인 네임 등록 및 관리 작업을 도우며, Route 53 엔드포인트에 연결된 리소스의 헬스 체크 기능을 제공한다.

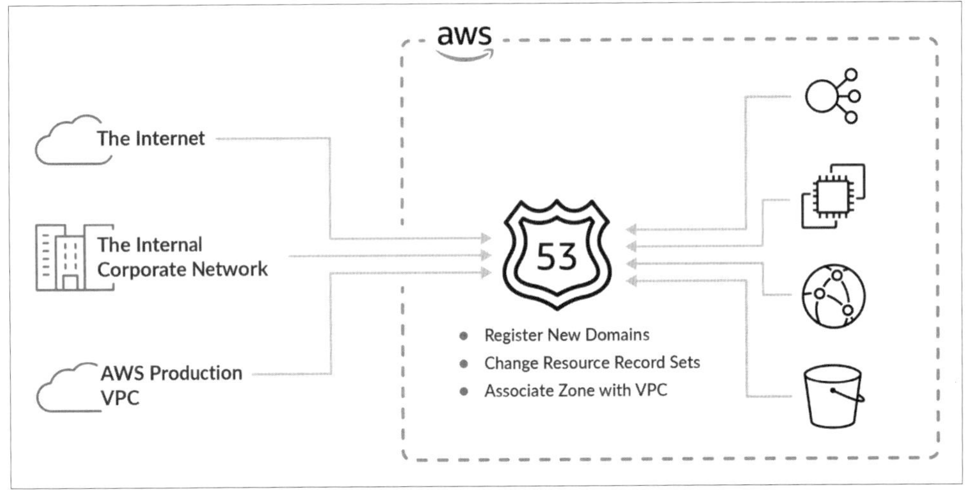

그림 6.24 Route 53 개요

(출처: https://sysdig.com/blog/how-to-secure-aws-route-53-with-sysdig/)

사용자는 Route 53를 이용해 글로벌 네트워크 트래픽 관리, 고가용성 애플리케이션 구축, 프라이빗 DNS 설정 등의 작업을 효과적으로 처리할 수 있다.

Route 53는 글로벌 최종 사용자의 요청을 효과적으로 처리하기 위해 다음과 같이 다양한 라우팅 정책을 제공한다.

- **단순 라우팅**: example.com으로 이동
- **가중치 라우팅**: 지정 비율(60:40)
- **장애 대응 라우팅**: 액티브-패시브 구성
- **지연 시간 라우팅**: 여러 리전 중 응답이 빠른 쪽
- **지리 위치 라우팅**: 사용자 최인접
- **지리 근접 라우팅**: 최인접 위치 & 위치 이동
- **다중 응답 라우팅**: 무작위로 8개 응답 요청

예를 들어 지리 위치 라우팅의 경우, 다음 그림과 같이 사용자와 가장 가까운 리전으로 요청 트래픽을 보내고 가중치 라우팅의 경우, 지정 비율로 요청 트래픽을 보낸다.

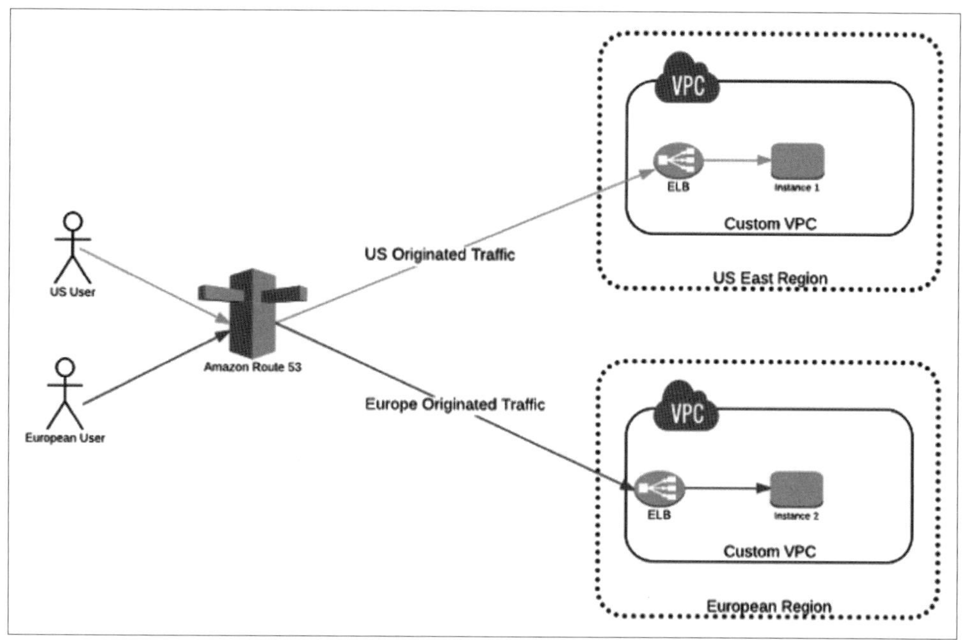

그림 6.25 Route 53의 라우팅 정책 - 지리 위치 라우팅 정책의 경우

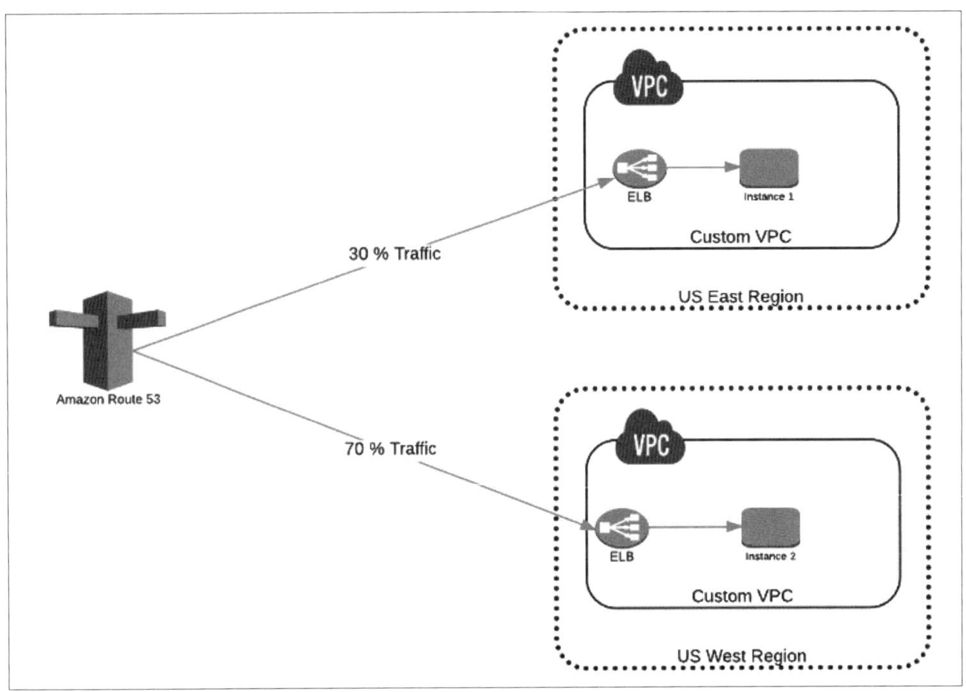

그림 6.26 Route 53의 라우팅 정책 – 가중치 라우팅 정책(30:70)의 경우

(출처: https://medium.com/awesome-cloud/aws-amazon-route-53-routing-policies-overview-285cee2d4d3b)

다음 그림은 Route 53 호스팅 영역 생성 화면이며, 퍼블릭 인터넷을 통해 외부 고객이 접속할 수 있는 퍼블릭 호스팅 영역과 VPC를 통해 기업 조직 내부적으로 접속하는 프라이빗 호스팅 영역 옵션 중 선택할 수 있다.

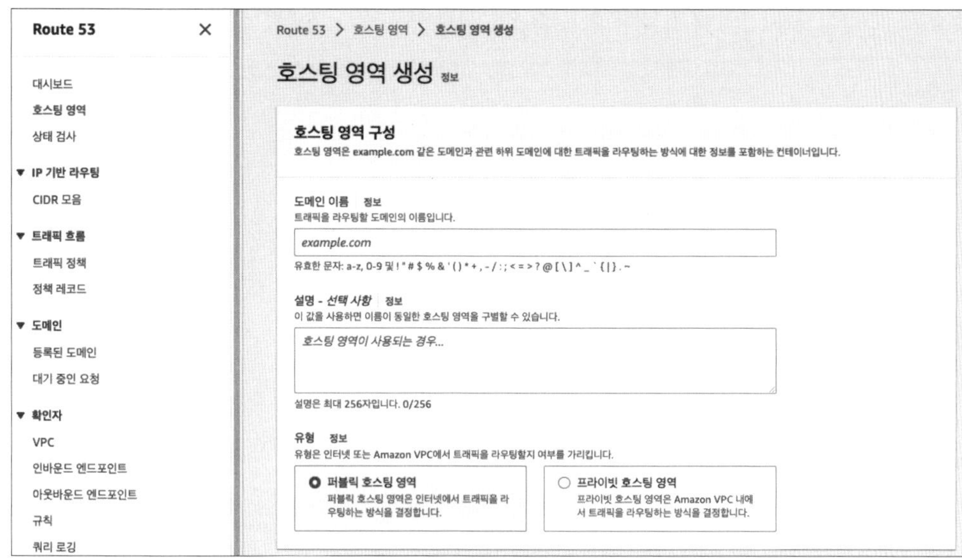

그림 6.27 Route 53 호스팅 영역 생성 화면 – 퍼블릭 또는 프라이빗 호스팅 영역 선택

활용 실습

커스텀 VPC 생성

실습 1. 커스텀 VPC 생성 – 'VPC 등' 옵션 선택

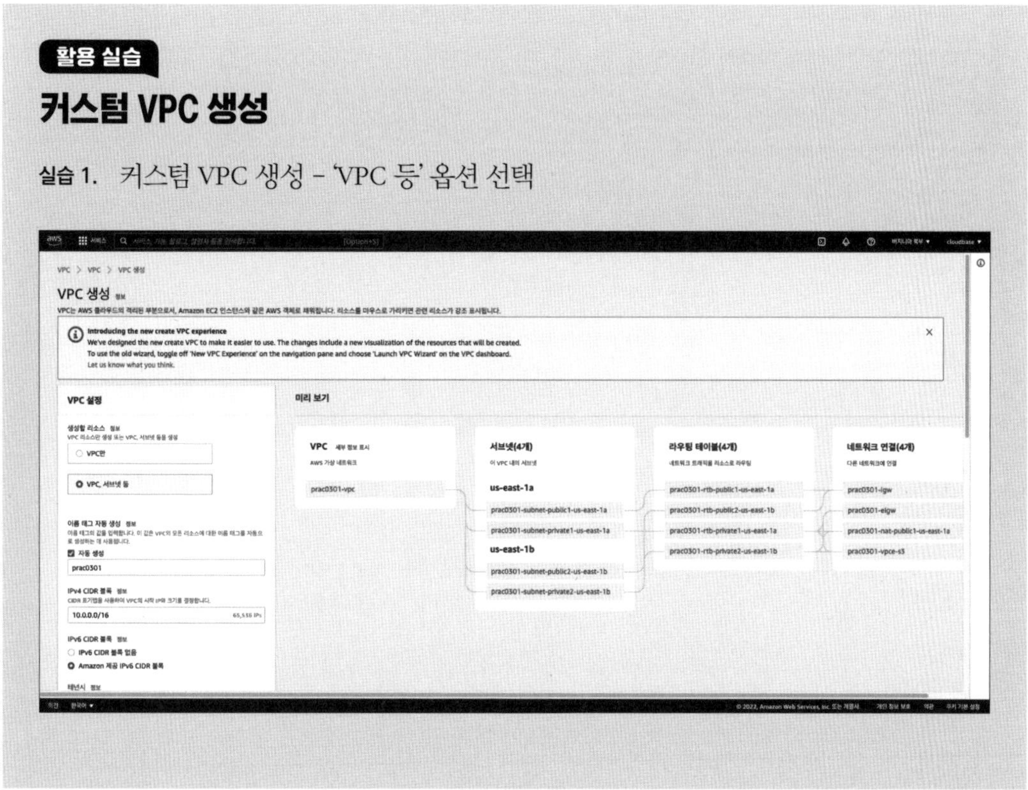

실습 2. 2개의 가용 영역에 퍼블릭과 프라이빗 서브넷을 각각 2개씩 총 4개의 서브넷 생성

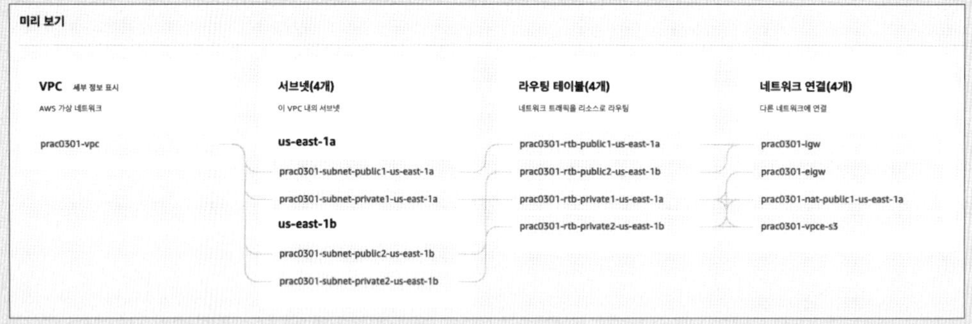

실습 3. NAT 게이트웨이와 NAT 엔드포인트 추가

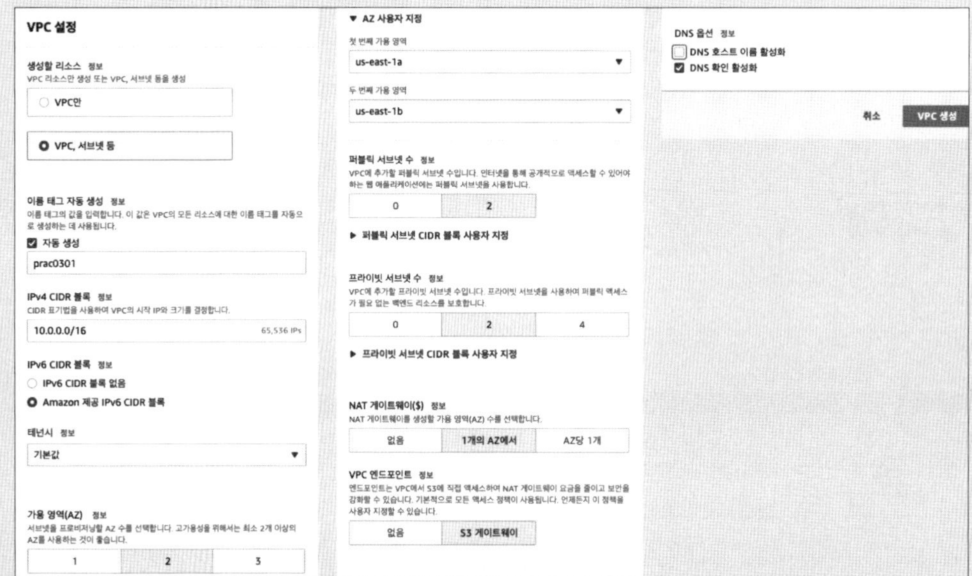

실습 4. VPC 생성 결과 확인

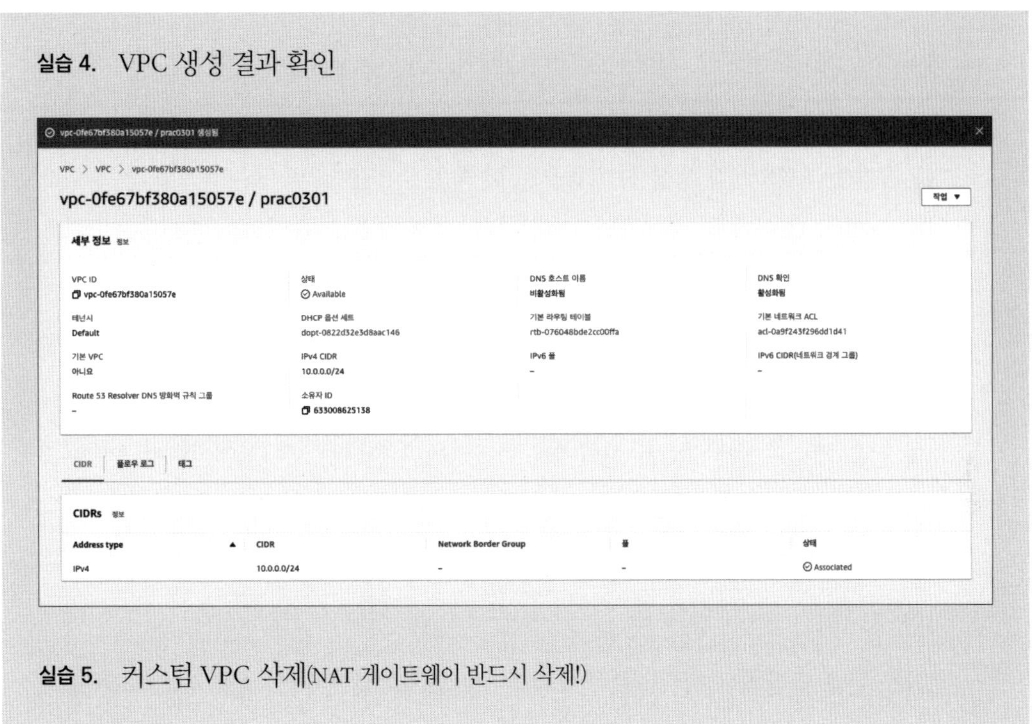

실습 5. 커스텀 VPC 삭제(NAT 게이트웨이 반드시 삭제!)

정리

- VPC Virtual Private Cloud는 기업용 가상 프라이빗 클라우드 네트워크다.
- VPC는 퍼블릭 서브넷 Public Subnet, 프라이빗 서브넷 Private Subnet 등 논리적 영역으로 구분된다.
- VPC에는 인터넷 게이트웨이, NAT 게이트웨이, Router, NACL, ENI 등 요소와 기능이 포함돼 있다.
- 서로 다른 VPC 간의 일대일 연결이 필요한 경우 VPC 피어링 VPC Peering 기법을 사용한다.
- S3, DynamoDB 등 VPC 밖에 존재하는 다른 서비스를 연결할 때, 또는 다른 VPC 내 리소스를 연결할 때는 VPC 엔드포인트 Endpoints를 사용한다.

- 서버리스 스토리지인 S3, 서버리스 데이터베이스인 DynamoDB를 연결할 때 VPC 엔드포인트 게이트웨이를 사용한다.
- 기본 VPC는 AWS 계정 생성 시 자동으로 함께 만들어지며 Public, Private IPv4 주소와 DNS 호스트 이름 등이 제공되고, 네트워크 레벨의 보안 규칙인 NACL이 포함되므로, 간편하게 네트워크 환경을 활용할 수 있다.
- 라우팅 테이블은 서브넷에 포함된 트래픽 전송 규칙이며, 목적지에 데이터 패킷을 전송하기 위한 정보를 담고 있다.
- 기업 전용 네트워크인 VPC를 인터넷과 연결하려면 인터넷 게이트웨이Internet Gateway를 사용한다.
- VPC 대표적인 두 가지 보안 요소는 서브넷 레벨의 NACL과 EC2 레벨의 보안 그룹SG이다.
- 보안 그룹과 달리 NACL은 규칙 번호의 우선순위에 따라 규칙이 적용되고, 허용 규칙과 거부 규칙을 모두 정의할 수 있다.
- 온프레미스와 AWS 클라우드 환경을 연결하기 위한 대표적인 서비스로는 VPN과 Direct Connect가 있다.
- VPN은 퍼블릭 네트워크를 사용하고, Direct Connect는 기업 전용 프라이빗 네트워크를 사용한다.
- CloudFront는 빠르고 안전하게 웹 콘텐츠를 전송하는 CDNContent Delivery Network 서비스이며, 글로벌 450여 개의 에지 로케이션Edge Location을 통해 전송 속도를 향상시킨다.
- Route 53는 고가용성, 확장성, 완전관리형 DNSDomain Name System 서비스로서 고객의 도메인 네임 등록, 관리, 리소스 헬스 체크 기능을 제공한다.

기출 유형 분석 퀴즈

1. Amazon VPC에서 다음 중 VPC의 IP 주소 범위를 정의하는 데 사용되는 것은 무엇입니까? (VPC/IP 주소 범위)

   A. VPC 보안 그룹
   B. VPC 엔드포인트
   C. VPC 네트워크 ACL
   D. VPC 가상 라우터
   E. VPC 서브넷

2. Amazon VPC에서 다음 중 인터넷에서 직접 액세스할 수 있는 서브넷은 무엇입니까? (VPC/인터넷 액세스)

   A. 퍼블릭 서브넷
   B. 프라이빗 서브넷
   C. 가상 서브넷
   D. NAT 서브넷
   E. 라우팅 서브넷

3. AWS Route 53에서 다음 중 라우팅 정책에 포함되지 않는 것은 무엇입니까? (Route 53/라우팅 정책)

   A. Simple Routing
   B. Weighted Routing
   C. Failover Routing
   D. Location-based Routing
   E. Traffic Flow

4. 미디어 콘텐츠 서비스 기업인 I사는 AWS가 제공하는 기업 전용 네트워크 환경인 VPC를 사용하려 합니다. 다음 VPC 및 네트워크 보안에 대한 설명 중 옳은 것은 무엇입니까? **(AWS의 기술과 서비스/VPC와 보안), (정답 2개)**

A. 보안 그룹과 NACL은 VPC의 보안 규칙을 정의한다.

B. NAT 게이트웨이로도 보안 규칙을 정의할 수 있다.

C. 보안 그룹은 허용 및 거부 규칙을 모두 지닐 수 있다.

D. NACL은 허용 및 거부 규칙을 모두 지닐 수 있다.

E. EC2 인스턴스에서 전송한 트래픽은 NACL을 거쳐 보안 그룹을 통해 외부로 전달된다.

5. Amazon VPC에서 EC2 인스턴스에서 사용하는 보안 그룹의 특징은 무엇입니까? **(VPC/보안 그룹)**

A. 인바운드 및 아웃바운드 트래픽에 대한 허용 규칙을 정의할 수 있다.

B. VPC 내의 서로 다른 서브넷 간에 트래픽을 전달한다.

C. NAT 게이트웨이와 함께 사용해 인터넷에 연결된 리소스에 액세스할 수 있다.

D. 퍼블릭 및 프라이빗 IP 주소를 제공한다.

E. VPC 엔드포인트와 함께 사용해 특정 서비스에 대한 보안 액세스를 허용할 수 있다.

6. 회사가 AWS 내에서 가상 네트워크를 생성할 수 있도록 하는 AWS 네트워킹 서비스는 무엇입니까? **(AWS의 기술과 서비스/네트워크)**

A. AWS Config

B. Amazon Route 53

C. AWS Direct Connect

D. Amazon Virtual Private Cloud(VPC)

7. AWS Route 53에서 다음 중 TTL^Time To Live^이란 무엇입니까? **(Route 53/TTL)**

A. Route 53 레코드의 유효 기간을 정의하는 것

B. DNS 서버에서 캐시된 레코드를 삭제하는 시간

C. Route 53 레코드에 대한 공식적인 인증 기관의 서명

D. Route 53에서 사용하는 DNS 서버의 대역폭

8. 라스트마일 스타트업인 J사는 VPC 서브넷에 EC2 인스턴스를 생성했으며, VPC 외부에 존재하는 서비스에 연결하기 위해서 VPC 엔드포인트를 이용할 수 있다는 사실을 알게 됐습니다. 다음 중 VPC 엔드포인트 게이트웨이로 연결할 수 있는 AWS 스토리지 또는 데이터베이스 서비스는 무엇입니까? (AWS의 기술과 서비스/VPC 엔드포인트), (정답 2개)

A. S3

B. EFS

C. EBS

D. RDS

E. DynamoDB

9. 온프레미스 운영에서 AWS 클라우드로의 전용 프라이빗 연결을 원하는 한 회사가 있습니다. 이 연결을 제공할 AWS 서비스 또는 기능은 무엇입니까? (AWS의 기술과 서비스)

A. AWS VPN

B. AWS PrivateLink

C. VPC Endpoint

D. AWS Direct Connect

10. AWS CloudFront에서 에지 로케이션이란 무엇입니까? (CloudFront/에지 로케이션)

A. 사용자와 CloudFront 엔드포인트 간의 경로

B. CloudFront 엔드포인트와 원본 서버 간의 경로

C. CloudFront 엔드포인트가 배포되는 지리적 위치

D. CloudFront 엔드포인트에서 캐시되는 데이터의 크기

E. CloudFront 엔드포인트의 대역폭

11. 다음 중 프라이빗 서브넷에서 인터넷에 액세스하기 위해 사용되는 것은 무엇입니까? (VPC/프라이빗 서브넷)

A. 가용 영역

B. 인터넷 게이트웨이

C. 퍼블릭 IP 주소

D. 프라이빗 IP 주소

E. NAT 게이트웨이

12. 단일 Amazon S3 버킷에서 정적 웹사이트를 호스팅 중인 한 회사가 있습니다. 대기 시간을 줄이고 전송 속도를 높일 수 있는 AWS 서비스는 무엇입니까? (AWS의 기술과 서비스)

A. AWS Elastic Beanstalk

B. Amazon DynamoDB Accelerator(DAX)

C. Amazon Route 53

D. Amazon CloudFront

13. AWS CloudFront에서 다음 중 "Invalidation"이란 무엇입니까? (CloudFront/Invalidation)

A. 캐시된 데이터의 유효기간을 조정하는 작업

B. 특정 파일 또는 디렉터리를 캐시에서 제거하는 작업

C. CloudFront 배포를 시작하는 작업

D. CloudFront의 에지 로케이션을 추가하는 작업

E. CloudFront 배포에 대한 보안 인증서를 구성하는 작업

14. Amazon VPC에서 다음 중 Network Access Control List^NACL^의 주요 기능은 무엇입니까? (VPC/NACL)

A. 서브넷의 IP 주소 범위를 정의하는 것

B. 서브넷 간의 트래픽을 제어하는 것

C. 보안 그룹에서 수행할 수 없는 보안 기능을 제공하는 것

D. 인터넷 연결을 설정하는 것

15. Amazon VPC에서 NACL 규칙에 대한 올바른 정의는 무엇입니까?
(VPC/NACL 규칙), (정답 2개)

A. 규칙은 우선순위 번호 순으로 적용된다.

B. 하나의 VPC 내에 여러 개의 NACL이 존재할 수 있다.

C. 기본 NACL은 모든 인바운드 및 아웃바운드 IPv4 트래픽을 거부한다.

D. 규칙은 보안 그룹에서 작성한 규칙과 동일하게 작성된다.

16. 다음 중 AWS와 온프레미스 네트워크를 연결하기 위한 서비스는 무엇입니까?
(AWS와 온프레미스 연결), (정답 2개)

A. Amazon VPC

B. AWS Direct Connect

C. Amazon EC2

D. Amazon VPN

E. AWS Lambda

17. 다음 중 AWS Direct Connect를 사용해 온프레미스 데이터 센터와 AWS를 연결할 때 필요한 것은 무엇입니까? (Direct Connect/연결 구성)

A. 인터넷 연결

B. 가상 프라이빗 게이트웨이

C. 가상 프라이빗 클라우드

D. 가상 프라이빗 서버

E. 전용 연결

18. 다음 중 AWS VPC 서비스에 대한 올바른 설명은 무엇입니까? (VPC/보안 그룹/NAT), (정답 2개)

A. 보안 그룹은 허용 규칙만 지닐 수 있다.

B. NAT 게이트웨이는 AWS에서 관리한다.

C. 보안 그룹은 허용 및 거부 규칙을 모두 지닐 수 있다.

D. NACL은 허용 규칙만 지닐 수 있다.

E. NAT 인스턴스는 AWS에서 관리한다.

19. 미디어 콘텐츠 서비스 기업인 I사는 AWS가 제공하는 기업 전용 네트워크 환경인 VPC를 사용하려 합니다. 다음 VPC 및 네트워크 보안에 대한 설명 중 옳은 것은 무엇입니까? **(VPC/보안 그룹/NACL), (정답 2개)**

A. 보안 그룹과 NACL은 VPC의 보안 규칙을 정의한다.
B. NAT 게이트웨이로도 보안 규칙을 정의할 수 있다.
C. 보안 그룹은 허용 및 거부 규칙을 모두 지닐 수 있다.
D. NACL은 허용 및 거부 규칙을 모두 지닐 수 있다.
E. EC2 인스턴스에서 전송한 트래픽은 NACL을 거쳐 보안 그룹을 통해 외부로 전달된다.

20. 트래픽을 여러 리소스로 라우팅하고 각 리소스로 라우팅되는 트래픽의 양을 선택하는 데 사용하는 AWS Route 53 라우팅 정책은 무엇입니까? **(Route 53 라우팅 정책)**

A. 대기 시간 라우팅 정책
B. 단순 라우팅 정책
C. 장애 조치 라우팅 정책
D. 가중치 라우팅 정책
E. 지리 위치 라우팅 정책

정답 및 해설

1. **정답 E** VPC는 가상 네트워크를 생성하며, IP 주소 범위는 VPC에서 사용할 수 있는 IP 주소 블록이다. 이때 IP 주소 범위를 정의하는 것은 VPC 내의 서브넷이다.
2. **정답 A** 퍼블릭 서브넷이란 인터넷에서 직접 액세스할 수 있는 서브넷을 의미한다.
3. **정답 E** Traffic Flow는 Route 53의 라우팅 정책과 무관하다.
4. **정답 A, D** VPC의 보안 규칙은 보안 그룹과 NACL로 정의할 수 있고, NACL은 허용 및 거부 규칙을 모두 지닐 수 있다.
5. **정답 A** 보안 그룹은 EC2 인스턴스에 대한 인바운드 및 아웃바운드 트래픽에 대한 허용 규칙을 정의한다.
6. **정답 D** VPC는 기업 전용 가상 네트워크 생성 서비스다.
7. **정답 B** Route 53에서 TTL을 이용해 DNS 서버에서 캐시 레코드의 삭제 시간을 조정할 수 있다.

8. 정답 A, E VPC 엔드포인트 게이트웨이로 연결할 수 있는 AWS 스토리지는 S3, 데이터베이스 서비스는 DynamoDB이다.

9. 정답 D 온프레미스와 AWS 클라우드를 프라이빗 전용선으로 연결하는 서비스는 Direct Connect다.

10. 정답 C 에지 로케이션이란 CloudFront 엔드포인트가 배포되는 지리적 위치다.

11. 정답 E NAT 게이트웨이는 프라이빗 서브넷에서 인터넷에 액세스하기 위해 사용한다.

12. 정답 D CloudFront는 S3 버킷 기반 정적 웹사이트의 전송 속도를 높여준다.

13. 정답 B CloudFront는 캐시 기반 서비스이며, Invalidation이란 특정 파일 또는 디렉터리를 캐시에서 제거하는 작업을 의미한다.

14. 정답 B NACL은 서브넷 간의 트래픽을 제어하는 데 사용된다.

15. 정답 A, B NACL 규칙은 우선순위 번호 순으로 적용되며, 하나의 VPC 내에 여러 개의 서브넷이 존재할 수 있으므로, 이에 대응해 여러 개의 NACL이 존재할 수 있다. 기본 NACL은 모든 인바운드 및 아웃바운드 IPv4 트래픽을 허용한다.

16. 정답 B, D VPN과 Direct Connect는 AWS와 온프레미스 네트워크를 연결하기 위한 서비스다.

17. 정답 E Direct Connect를 사용해 온프레미스 데이터 센터와 AWS를 연결할 때 전용 연결(Dedicated Connection)을 생성한다.

18. 정답 A, B 보안 그룹은 허용 규칙만 지닐 수 있고, NAT 게이트웨이는 AWS에서 관리한다

19. 정답 A, D 보안 그룹과 NACL을 이용해 VPC의 보안 규칙을 정의한다. NACL은 허용 및 거부 규칙을 모두 지닐 수 있다.

20. 정답 D 각 리소스로 라우팅되는 트래픽의 양을 선택하는 라우팅 정책은 가중치 라우팅 정책이다.

7장

AWS 컴퓨팅 서비스

연관 출제 영역

출제 영역 1: 클라우드의 핵심 개념 및 특징

1.3 다양한 클라우드 아키텍처 설계 원칙 설명
장애 대비, 모놀리스, 마이크로서비스, 분산화

출제 영역 3: AWS 인프라 및 주요 서비스

3.2 AWS 글로벌 인프라 정의
고가용성

3.3 핵심 AWS 서비스 식별
컴퓨팅: EC2, ASG, ELB, Lambda, ECS

출제 영역 4: AWS의 요금 및 비용 관리

4.1 AWS의 다양한 요금제 비교 및 대조
온디맨드 인스턴스, 예약 인스턴스, 스폿 인스턴스

7장에서 다룰 주요 내용

- Amazon EC2 개요와 핵심
- EC2 인스턴스의 주요 스토리지
- 오토 스케일링과 로드 밸런싱
- EC2 인스턴스의 네트워크 및 보안
- PaaS, 서버리스, 컨테이너
- 활용 실습 – EC2 인스턴스 생성
- 활용 실습 – EC2 인스턴스 연결

Amazon EC2 개요와 핵심

지금까지 우리는 AWS의 네트워크, 스토리지, 권한 관리 등 다양한 핵심 서비스를 살펴봤다. 7장에서는 이들 요소가 모두 상호 작용하며 실행되는 AWS의 컴퓨팅 서비스에 대해 알아본다. 실무에서나 수험 준비에 있어 EC2, Lambda, ECS 등 AWS의 컴퓨팅 서비스의 중요성은 매우 크며, 프랙티셔너부터 프로페셔널까지 상당한 비중으로 언급되고 출제되는 IaaS 속성을 지닌 EC2를 제대로 이해하려면 AWS의 네트워크VPC, 스토리지EBS, 권한 관리Role 등에 대한 기본적인 이해가 필요하다는 점을 알아둬야 한다.

AWS가 제공하는 다양한 컴퓨팅 서비스 중 EC2는 IaaS, Lambda는 서버리스, ECS는 컨테이너라는 기술 철학 또는 사조를 대표한다는 면에서 동일한 컴퓨팅 카테고리에 속해 있지만 사용 맥락이나 방식 등은 매우 다르다. EC2 등 컴퓨팅 서비스는 이 책의 주제인 프랙티셔너 레벨에서도 매우 중요한 내용이지만 어소시에이트, 프로페셔널에서도 매우 비중 있게 언급되는 중요한 주제다(어소시에이트는 컴퓨팅 자원의 모범적이며 효율적인 구성 방식에 대해, 프로페셔널은 컴퓨팅 자원의 유지 보수와 접근 방식, 인프라 자동화 등에 대해 주로 다룬다).

EC2 개요

EC2Elastic Compute Cloud는 기업용 컴퓨팅을 위한 서버 및 서버 구성 요소를 가상화한 서버 인스턴스 생성 및 관리 서비스이며, 서버 구성에 필요한 스토리지, 네트워크, 보안 속성을 간편하게 제어할 수 있다.

- **EC2는 최소의 시간 투자로 서버의 각종 환경 설정이 가능하다** 물리적 환경에서 서버의 필수 환경 요소인 네트워크, 보안 등을 설정하고 정상 작동 여부를 확인하는 데는 많은 시간과 노력이 필요하지만 가상 환경 기반의 EC2 인스턴스는 미리 준비된 서버 이미지(AMI)를 이용해, 기업 업무 환경에 최적화된 연산 성능, 스토리지 용량, 네트워크, 보안 등을 간편하게 설정할 수 있다.
- **간단한 서버 획득, 부팅 작업, 대량의 서버 배포가 가능하다** 전통적인 데이터 센터는 예측된 용량에 맞춰 물리적 서버를 증설할 때 고가의 서버 구입에 대한 결제와 운영 인력 배치, 늘어난 서버를 위한 네트워크와 전력망 등을 준비하는 데 상당 기간이 소요된

다는 문제점이 존재한다. 이에 비해 EC2 인스턴스는 필요 시 거의 즉각적으로 서버를 획득하고, 신속하게 부팅 작업을 마친 수십, 수백여 개의 인스턴스를 자동으로 배포할 수 있다.

- **워크 로드에 따라 신속하게 스케일업/스케일다운할 수 있다** 예를 들어 온라인 커머스 운영사가 평소 다섯 대의 EC2 인스턴스를 운영하다가 11월 세일 시즌을 맞아 트래픽에 대응해야 할 경우 불과 수 분만에 인스턴스를 열 대, 스무 대로 증가시킬 수 있다. 급증한 트래픽은 로드 밸런서를 통해 새로 추가된 인스턴스에 효율적으로 배분할 수 있고, 이후 세일 시즌이 끝날 무렵 트래픽이 급감하면 추가했던 서버를 모두 종료시켜 서버 운영 비용을 최소화할 수 있다.

다음은 AWS 아키텍처 다이어그램에 자주 등장하는 EC2 인스턴스 아이콘 모음이다. 사용 맥락 등에 따라 아이콘 이미지가 약간씩 다름을 알 수 있다.

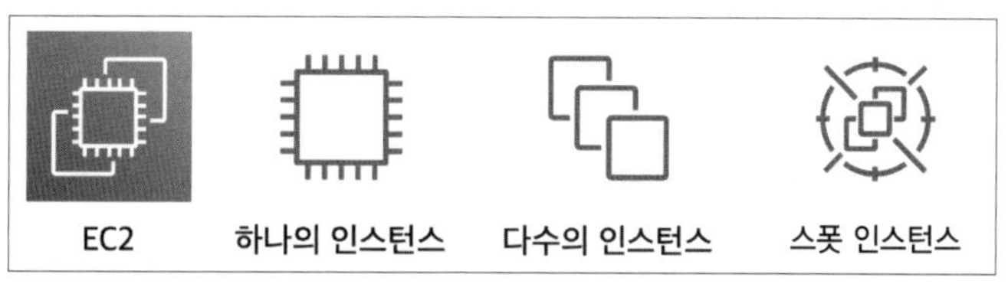

그림 7.1 다양한 사용 맥락을 반영한 EC2 인스턴스 아이콘
(출처: AWS Architecture Icons)

EC2 핵심 내용

컴퓨팅 서비스인 EC2 공식 개발자 문서는 PDF 버전으로 (집필 시점 기준) 2,012페이지에 달하며, AWS의 다른 서비스에 비해서 설명이 훨씬 더 많은 편이다. 그 이유는 '클라우드 컴퓨팅'을 구현을 위해서는 CPU, RAM 등 전형적인 연산 장치도 필요하지만 가상화 서버 생성을 위한 이미지, 기업 전용 프라이빗 및 퍼블릭 네트워크, 고성능 스토리지, 오토 스케일링 등 다양한 요소가 연계돼야 하기 때문이다. 이처럼 복잡한 클라우드 컴퓨팅 기술 체계를 한 단어로 정의한 것이 EC2이며, 입문자 및 준전문가를 위한 EC2의 핵심 내용은 다음과 같다.

- AMI(Amazon Machine Image): 가상 서버, 즉 인스턴스를 생성하기 위한 이미지(설계도)다.
- EBS(Elastic Block Store): 인스턴스 실행에 필요한 OS와 각종 소프트웨어가 설치되는 블록(볼륨) 스토리지다.
- ASG(Auto Scaling Group): 오토 스케일링 기법으로 서버의 확장 및 축소를 자동화할 수 있다.
- ELB(Elastic Load Balancer): 트래픽 증가 등 요청량에 따라 다수의 서버에 부하(워크로드)를 분산시킨다.
- VPC(Virtual Private Cloud): 기업 전용 가상 네트워크이며 하나의 EC2 인스턴스는 VPC 서브넷에 생성된다.

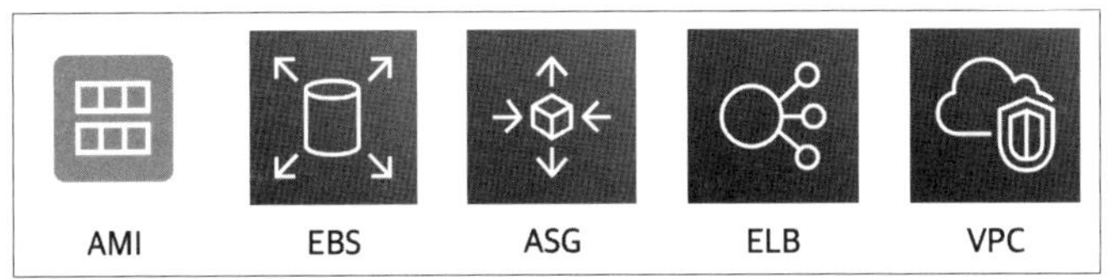

그림 7.2 EC2와 관련된 핵심 내용
(출처: AWS Architecture Icons)

참조 링크 **EC2 공식 개발자 문서(PDF 보기 권장)**

https://docs.aws.amazon.com/ko_kr/AWSEC2/latest/UserGuide/concepts.html

AMI – EC2 인스턴스 생성 방법

앞서 업무 환경 가상화에 대한 개념을 설명하며 VD(Virtual Desktop)에 대해 간단히 설명한 바 있는데, 이와 같은 VD를 다른 업무 담당자와 공유할 때는 가상화된 업무 환경 자체를 하나의 파일로 묶어서 전달하고, 업무 담당자는 자신의 컴퓨터에 이 파일을 풀어서 가상 업무 환경에 접속하게 된다. 이와 같은 방식으로 사용되는 가상 환경 묶음 파일을 가상화 이미지 또는 그냥 이미지로 부른다.

기업 컴퓨팅 환경 또는 구성 정보 또한 상당히 복잡한 내용을 담은 일종의 설계도라고 할 수 있으며, 이를 저장하거나 전송할 때 '이미지화'해 저장 및 전송하게 된다. AMI는 Amazon Machine Image의 줄임말이자 EC2 인스턴스 생성의 토대가 되는 이미지 파일이며, 가상 서버 실행에 필요한 S/W 구성 정보를 포함한 설계도[blue print]이다.

- AMI는 서버 실행에 필요한 OS, 앱 서버 S/W, 응용 S/W 등 세부 요소를 포함한다.
- 기업 업무에 최적화된 AMI를 이용해 다수의 가상 서버를 해외 지사 등에 쉽게 배포할 수 있다.
- AMI를 이용해 EC2 인스턴스를 생성하려는 기업은 AWS 배포 AMI, 마켓플레이스 AMI, 커뮤니티 AMI 등 다양한 목적으로 만들어진 이미지 가운데 선택할 수 있다.

다음 그림은 AWS 배포 AMI이며, 사용자는 OS, 볼륨 타입, 시간당 이용료 등 다양한 조건을 비교해 채택 여부를 결정할 수 있다.

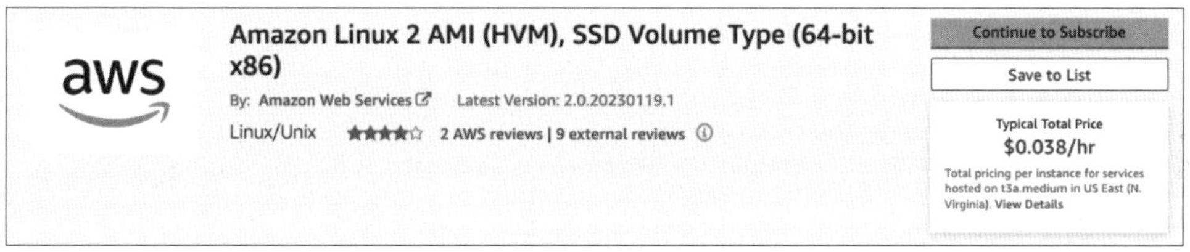

그림 7.3 AMI 예시 – Amazon Linux 2 AMI

EC2 인스턴스는 글로벌 수백만 사용자가 이용하므로, 보안 및 네트워크 수준, 스토리지 용량과 같은 컴퓨팅 서비스로서 기본 속성 외에 머신러닝, 데이터 분석, DevOps 등 특화된 목적을 위한 아키텍처 구성을 필요로 하며, 이런 목적에 좀 더 적합한 AMI를 선택해 EC2 인스턴스를 생성해 사용할 수 있다.

그림 7.4 사용자의 필요에 따라 선택할 수 있는 AMI의 주요 카테고리
(출처: EC2 AMI, https://docs.aws.amazon.com/ko_kr/AWSEC2/latest/UserGuide/AMIs.html)

AMI를 이용한 호스트 서버 구성

사용자는 EC2 인스턴스 생성 화면에서 다음 그림과 같이 AMI 목록에서 AMI를 선택할 수 있다. 가장 널리 사용되는 Amazon Linux 외 Windows, macOS 등 다양한 운영체제를 선택할 수 있다.

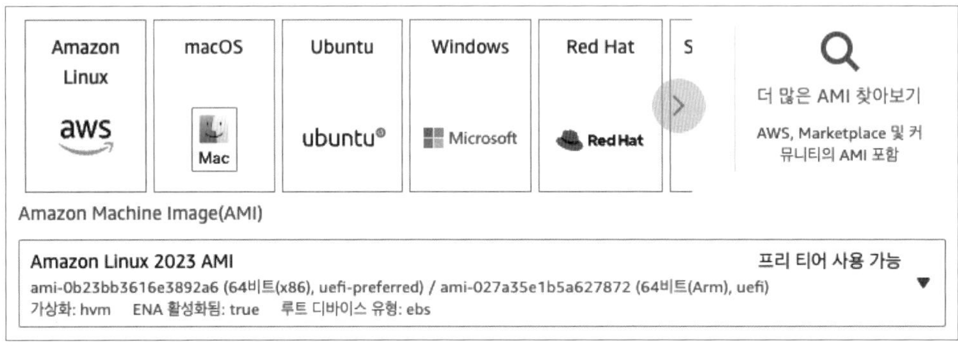

그림 7.5 EC2 인스턴스 생성 시 AMI 선택 화면

AMI를 이용해 인스턴스를 생성할 때, 다음과 같이 하나 또는 다수의 인스턴스를 일괄적으로 생성할 수 있다.

- 하나의 인스턴스로 구성된 호스트 서버 생성
- 다수의 인스턴스로 구성된 호스트 서버(서버 플릿server fleet) 생성

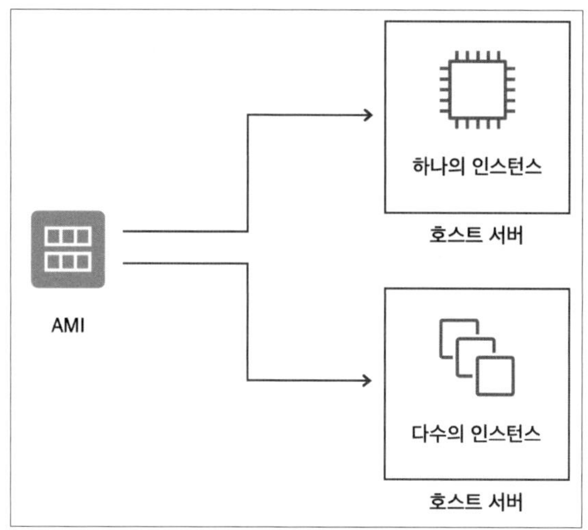

그림 7.6 AMI를 이용한 인스턴스 생성

기업용 서버 환경에서는 평상시에 본래의 업무를 수행하는 서버와 트래픽 급증 등 특수한 상황에 대비하기 위한 서버를 복수로 운영하는 경우가 대부분이므로, 하나의 AMI를 이용해서 다수의 인스턴스로 구성된 호스트 서버를 관리하는 방식이 필요하다. 이와 같은 개념은 이후 안정성reliability, 가용성availability 등의 측면에서 다시 설명한다.

본사(서울 리전)의 AMI를 두바이 지사(UAE 리전)와 공유하는 사례

AWS를 처음 이용하는 사용자라면 기본적으로 권장되는 AMI로 EC2 인스턴스를 생성해서 사용하겠지만, 기업이 일정 기간 EC2 인스턴스를 사용하면서 업무에 필요한 각종 구성을 적용하고 S/W를 추가하면서 기업 업무에 최적화된 인스턴스로 발전할 수 있다. 이런 경우 기업이 본사와 국내, 해외 지사 등으로 구성된다면 본사에서 최적화한 인스턴스를 최근 설립한 해외 지사가 함께 쓸 수 있다면 업무 효율이 더욱 높아질 것이다.

AMI로 EC2 인스턴스를 생성하는 것도 가능하지만 사용하던 EC2 인스턴스를 AMI 이미지로 만드는 것도 가능하므로, 다음 그림과 같이 기업 내 서로 다른 조직이 동일한 업무 환경을 AMI 복사 및 전달이라는 방식으로 손쉽게 구성할 수 있다.

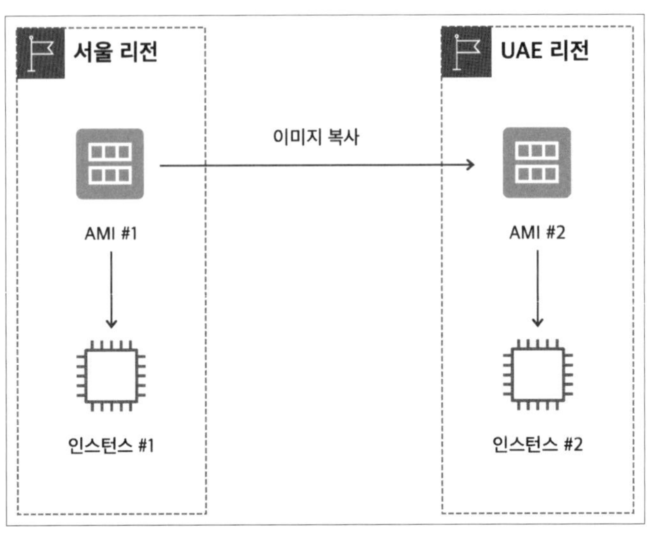

그림 7.7 서울 리전의 AMI를 UAE 리전과 공유하는 방식

- 먼저, 본사(서울 리전)에서 오랜 기간 사용하며 업무 특성에 최적화한 EC2 인스턴스로 커스텀 이미지[AMI]를 생성한다.
- 다음, 해외 지사(UAE 리전) 내 다른 계정 유저에게 커스텀 이미지를 복사해 전달한다.
- 마지막으로, 해외 지사 유저가 전달받은 AMI로 EC2 인스턴스를 생성하고 본사와 동일한 업무 환경에서 지사 업무를 수행한다.

AMI 외에도 글로벌 기업들이 널리 사용하는 VMWare 기반 가상 서버 이미지도 VM Import/Export 등의 도구를 이용해 AWS 환경으로 가져와서 가상 서버 생성에 사용할 수 있다.

부팅 방식별 AMI 유형

EC2 인스턴스의 구성 및 추가된 설정, S/W 및 데이터 등은 별도의 스토리지에 저장되며, 사용자는 이를 이미지화한뒤 다른 사용자와 공유할 수 있다. 이때, 생성된 이미지는 앞서 저장에 사용한 스토리지가 '인스턴스 스토어' 또는 'EBS' 여부에 따라 부팅 방식이 달라진다.

- **인스턴스 스토어 기반 AMI**: S3에 저장된 부팅 이미지로 EC2 인스턴스를 시작한다.
- **EBS 기반 AMI**: EBS 볼륨에 저장된 부팅 이미지로 EC2 인스턴스를 시작한다.

EC2 인스턴스의 스토리지는 물리적 저장 장치인 인스턴스 스토어와 네트워크 연결 저장 장치인 EBS 두 가지가 있으며, 각 스토리지 옵션의 특성에 따라 부팅 이미지 위치가 달라지게 된다. 이들 EC2 인스턴스의 스토리지 옵션에 대해서는 잠시 후 2절에서 설명한다.

다음 그림은 인스턴스 스토어 기반의 AMI로 새 인스턴스 생성하는 과정을 보여주며, 원본 AMI(AMI #1)로 생성한 원본 인스턴스(Instance #1)의 저장 장치인 인스턴스 스토어에 기록된 원본 인스턴스의 최신 버전 정보가 스냅숏snapshot이라는 이름으로 S3 스토리지에 저장된다. 이후 최신의 인스턴스를 생성하려는 경우, S3에 저장된 스냅숏 이미지(AMI #2)를 이용해 새로운 인스턴스를 생성할 수 있다.

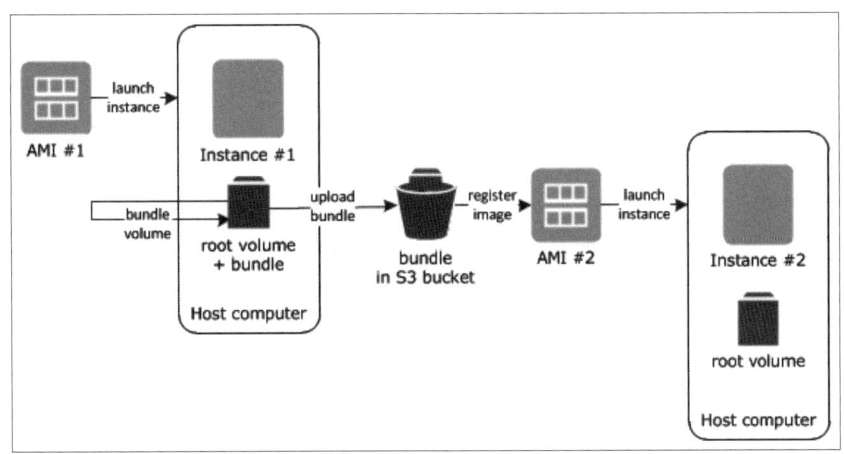

그림 7.8 인스턴스 스토어 기반의 AMI로 새 인스턴스 생성하기

(출처: https://docs.aws.amazon.com/AWSEC2/latest/UserGuide/creating-an-ami-instance-store.html)

EC2 환경 설정 옵션

EC2 인스턴스를 시작할 때는 이름과 태그, 애플리케이션 및 OS 이미지(AMI), 인스턴스 유형, 키 페어(로그인), 네트워크 설정, 스토리지 구성, 고급 세부 정보 등이 필요하다. 이 중 네트워크 설정의 경우, 과거엔 서버 설정 등에 대한 경험이나 사전지식 없이 임의로 진행하기 어려운 부분이었으나, 최근엔 누구든 별 어려움 없이 네트워크 설정을 완료할 수 있도록 더욱 간편화, 자동화되고 있다.

그림 7.9 인스턴스 시작 구성 – 서버 로그인을 위한 키 페어 및 VPC, 서브넷 등 네트워크 설정

EC2 환경 설정의 주요 옵션은 다음과 같다.

- AMI 옵션 중 OS: Linux, Windows, Mac OS
- 연산 및 입출력 성능: CPU, RAM

- 스토리지: Instance Store, EBS, EFS, FSx
- 네트워크: VPC, CIDR, Subnet, IGW
- 방화벽: 보안 그룹(SG, security group)
- 초기 서버 환경 설정: user-data

EC2 인스턴스 타입 예시: m5.xlarge

EC2 인스턴스 중 널리 사용되는 타입을 기준으로 인스턴스 환경 설정 내용을 살펴보자. 다음 그림은 M5 계열 인스턴스 목록이며, M5에는 다시 M5n, M5a 등 세분화된 그룹이 존재함을 알 수 있다. 이 가운데 m5.xlarge 인스턴스의 기술 사양을 살펴보자.

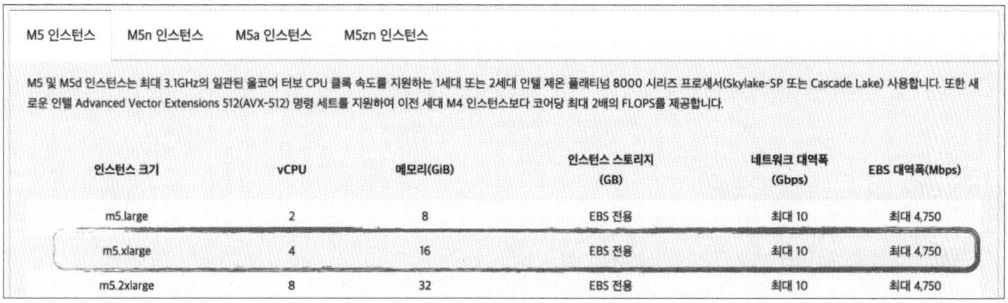

M5 인스턴스 M5n 인스턴스 M5a 인스턴스 M5zn 인스턴스

M5 및 M5d 인스턴스는 최대 3.1GHz의 일관된 올코어 터보 CPU 클록 속도를 지원하는 1세대 또는 2세대 인텔 제온 플래티넘 8000 시리즈 프로세서(Skylake-SP 또는 Cascade Lake) 사용합니다. 또한 새로운 인텔 Advanced Vector Extensions 512(AVX-512) 명령 세트를 지원하여 이전 세대 M4 인스턴스보다 코어당 최대 2배의 FLOPS를 제공합니다.

인스턴스 크기	vCPU	메모리(GiB)	인스턴스 스토리지 (GB)	네트워크 대역폭 (Gbps)	EBS 대역폭(Mbps)
m5.large	2	8	EBS 전용	최대 10	최대 4,750
m5.xlarge	4	16	EBS 전용	최대 10	최대 4,750
m5.2xlarge	8	32	EBS 전용	최대 10	최대 4,750

그림 7.10 m5.xlarge 인스턴스 기술 사양

(출처: https://aws.amazon.com/ko/ec2/instance-types/m5/)

m5.xlarge 인스턴스의 기술 사양에서, m5.xlarge는 인스턴스 크기를 나타내고, 이외 vCPU, 메모리(GiB), 인스턴스 스토리지(GB), 네트워크 대역폭(Gbps), EBS 대역폭(Mbps) 등의 성능 관련 정보가 제공됨을 알 수 있다. 위 표에서는 인스턴스 크기별로 vCPU와 메모리 용량 차이가 눈에 띈다.

M5에서 M은 인스턴스 클래스, 5는 인스턴스 세대 버전을 의미하고, xlarge는 해당 클래스 내에서의 등급을 의미한다. 인스턴스 클래스는 M 외에도 아래 인스턴스 유형 목록에서 보는 것처럼 인스턴스 설계 목적에 따라 매우 다양한 유형이 존재한다.

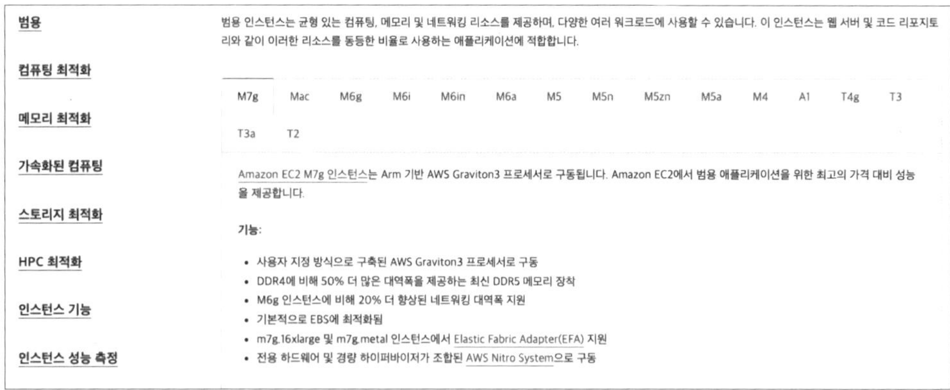

그림 7.11 인스턴스 유형 – 범용, 컴퓨팅 최적화, 메모리 최적화 외
(출처: https://aws.amazon.com/ko/ec2/instance-types/)

M5 인스턴스가 세대를 의미하므로, M4보다 전반적으로 최신의 기술이 반영됐다고 볼 수 있으며, 최신의 세대 버전이 동일 가격 대비 좀 더 높은 성능을 제공하는 경향이 있다.

EC2 인스턴스 가격 모델

기업용 컴퓨팅 자원인 EC2는 다양한 측면에서 중요성을 지니며, 비용과 관련해 많은 관심을 받고 있다. 특히 변동성 높은 산업군이 클라우드를 채택하는 비중이 높으므로, 글로벌 레벨에서 수많은 고객이 자사의 서비스를 이용하는 것은 긍정적인 부분이지만, 이에 따라 발생하는 많은 컴퓨팅 비용은 클라우드 담당자의 걱정거리가 아닐 수 없다.

AWS는 컴퓨팅 비용 관리를 위한 몇 가지 옵션을 제공하며, 그중 대표적인 것이 EC2 인스턴스 가격Pricing 모델이다. EC2 인스턴스 사용자는 예정된 사용 기간, 컴퓨팅 자원 활용 방식, 작업의 연속성 또는 중단 가능성 등을 고려해 다음 옵션 중 선택할 수 있다.

표 7.1 EC2 인스턴스 가격 모델 비교

온디맨드(On-demand)	예약(Reserved)	스폿(Spot)
• 1년 미만 • 사용량 예측 어려운 경우 • 변동성에 대응	• 1년 이상 • 사용량 예측 용이 • 세 가지 세부 옵션	• 입찰 방식으로 저렴 • 단기적 활용 • 작업 중단 대비

온디맨드 인스턴스는 클라우드 특유의 멀티 태넌시, 탄력성, 확장성 등을 기준으로 했을 때, 가장 대표적인 가격 모델이라 할 수 있다. 예를 들어 기간 확정이 어렵고, 트래픽 증가 수준도 예상하기 어려운 온라인 커머스 세일 시즌에 추가하기 적합한 것이 온디맨드 인스턴스라 할 수 있다. 며칠, 몇 달 등 1년 미만의 기간 동안 사용하려 할 때, 신사업과 같이 기존 사용량 데이터가 없거나 추후 사용량 예측이 어려운 경우에 적합하다. 단, 위 세 가지 옵션 중 단위 시간당 이용 요금이 가장 비싸다.

예약 인스턴스는 일정한 수준의 안정성을 고려한 가격 모델이다. 예를 들어 지난 3년간 온라인 커머스를 운영해왔고 앞으로 몇 년 동안 AWS 리소스를 기반으로 온라인 커머스를 운영하려 한다면, 예약 인스턴스가 적합하다. 이는 운영 경험 및 데이터가 있으므로 필요한 수준의 컴퓨팅 성능과 자원을 파악하고 있고, 향후 1년 이상 사용할 것이기 때문이다. 온디맨드 대비 40% 가까이 저렴하다.

스폿 인스턴스는 단기적 활용에 초점을 맞춘 가격 모델이다. 이를테면 증권사에서 매주 수요일과 목요일 18~22시 사이, 수억 건의 거래 데이터를 집중적으로 분석하려 할 때 수백여 개의 스폿 인스턴스를 생성해 작업을 진행하고 비용도 아낄 수 있다. 스폿 인스턴스의 가격은 위 세 가지 옵션 중 가장 저렴하다는 장점이 있다. 경쟁 입찰 방식을 사용하기 때문이다. 단, 나보다 높은 금액을 제시하는 사람이 나타나면 사용 중인 인스턴스가 해제되므로 작업 중단에 대비해야 한다. 글로벌 탑티어 기업 상당수가 비용 절감 등을 목적으로 적극적으로 활용한다.

m5.xlarge	On-demand	Spot Instance	Reserved Instance
Hourly Rate	$0.192	$0.0821	$0.116
Savings over On-Demand	0	57%	40%
Type	N/A	N/A	Standard RI
Terms	N/A	N/A	Partial upfront 1year
OS	Linux	Linux	Linux
Region	US East (N. Virginia)	US East (N. Virginia	US East (N. Virginia)

그림 7.12 온디맨드-스폿-예약 인스턴스 가격 비교

(출처: https://parquantix.com/amazon-ec2-spot-instances/)

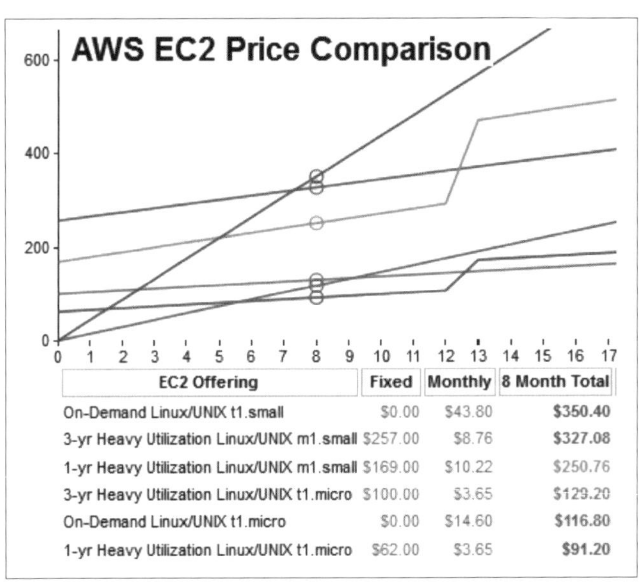

EC2 Offering	Fixed	Monthly	8 Month Total
On-Demand Linux/UNIX t1.small	$0.00	$43.80	$350.40
3-yr Heavy Utilization Linux/UNIX m1.small	$257.00	$8.76	$327.08
1-yr Heavy Utilization Linux/UNIX m1.small	$169.00	$10.22	$250.76
3-yr Heavy Utilization Linux/UNIX t1.micro	$100.00	$3.65	$129.20
On-Demand Linux/UNIX t1.micro	$0.00	$14.60	$116.80
1-yr Heavy Utilization Linux/UNIX t1.micro	$62.00	$3.65	$91.20

그림 7.13 온디맨드-예약 인스턴스 기간별 비용 예측
(출처: https://github.com/kenklin/aws-price-comparison-chart)

이 외에 기업 고유의 요구 사항을 반영한 물리적인 EC2 서버를 사용하기 위한 전용 호스트Dedicated Host 가격 모델이 있다. 기존 데이터 센터에서 사용하던 소프트웨어 라이선스, 기업에 특화된 OS 환경, 정부 또는 산업 요건 충족 등 다양한 이유로 공유 테넌시 기반 EC2 인스턴스를 사용할 수 없는 기업에게 적합하다(집필 시점 현재, 전용 호스트 기반의 m5 클래스의 시간당 요금은 $5.069로서 위 표에 있는 다른 가격 모델에 비해 상당한 차이가 있음을 알 수 있다).

EC2 멀티 테넌시 모델

EC2 인스턴스 생성 시, 고급 세부 정보 옵션에서 테넌시를 선택할 수 있다. 테넌시는 앞서 클라우드 개요에서 설명한 바 있으며, 가상화된 리소스를 나눠서 사용하는 방식을 정의한다. 다음 그림은 EC2 인스턴스 생성 중 테넌시 설정 화면이며, 공유 테넌시Shared Tenancy가 기본 설정이고 전용 인스턴스, 전용 호스트 등 다른 옵션도 선택할 수 있다.

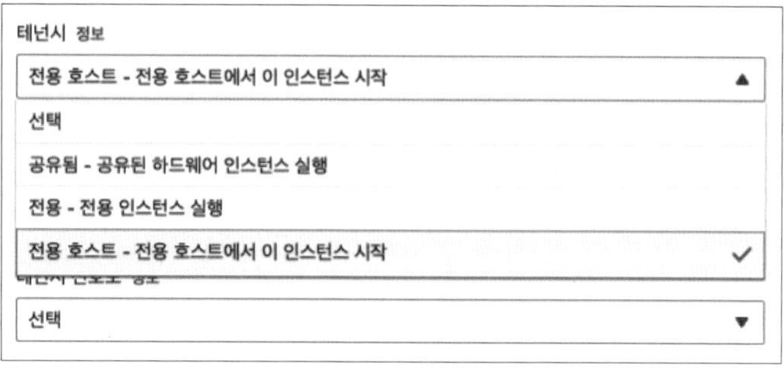

그림 7.14 EC2 인스턴스 생성을 위한 테넌시 설정

클라우드 환경에서 널리 사용하는 멀티 테넌시는 다음과 같은 특징을 지닌다.

- CPU 등 하드웨어 리소스를 가상화해 다수의 사용자가 공유하는 방식이다.
- 하나의 물리적 서버 자원을 가상화해 여러 개의 EC2 인스턴스 서비스로 제공할 수 있다.
- 1개의 물리적 CPU로 가상화된 16개의 vCPU를 만들어서 제공할 수 있다.
- 일반적인 컴퓨터 사양에는 존재하지 않은 수백 개의 CPU를 결합하는 방법으로 사용될 수도 있다.
- 리소스 공유 기법을 사용하므로 기업 전용의 물리적인 서버에 비해 성능이 낮은 경향이 있다.

멀티 테넌시multy-tenancy 기반 인스턴스를 사용하는 주요 이유는 좀 더 효율적이며 저렴하게 컴퓨팅 자원을 사용할 수 있다는 것이지만 기업에 적용되는 법규, 산업 규정에 따라 멀티 테넌시가 적합하지 않은 경우도 있다.

- 기본적인 기업 업무 환경이라면 기본 설정인 공유 테넌시가 적합하다.
- 국방 및 방위 산업 등 엄격한 보안이 요구돼 가상의 자원이라도 엄격히 격리된 상태에서 사용해야 하는 경우라면 전용 인스턴스, 전용 호스트 등 전용 테넌시Dedicated-tenancy가 적합하다.

스폿 인스턴스

앞서 스폿 인스턴스 가격 모델을 중심으로 설명했지만, 경쟁 입찰 방식에서 기인하는 작업 중단 대비, 스폿 플릿 구성 등 온디맨드와 구분되는 다양한 기술적 특징이 존재한다. 이에 대한 내용은 다음 레벨인 어소시에이트에서 주로 다룬다. 프랙티셔너 레벨에서 기억할 스폿 인스턴스의 특징은 다음과 같다.

- 온디맨드보다 훨씬 저렴한 비용으로 사용할 수 있는 예비 EC2 용량이다. 이미 예약 및 온디맨드 인스턴스를 사용하지만 더 많은 컴퓨팅 자원을 저렴하게 이용해야 하는 경우, 스폿 인스턴스는 좋은 대안이 된다.
- 리전별 컴퓨팅 인프라의 장기적 수요/공급에 따라 이용료가 자동으로 조정된다. AWS가 컴퓨팅 자원을 경쟁 입찰 방식으로 제공하는 이유는 컴퓨팅 자원의 최유효 이용 관점에서 생각해볼 수 있다. 즉, AWS 리전마다 특정 시기에 잉여 컴퓨팅 자원이 존재할 수 있으며, 이를 저렴하게라도 제공하는 것이 AWS에게도 좀 더 나은 선택이라는 것이다. 다음 쪽에 나올 그림은 us-east-1 리전의 6개 가용 영역별 인스턴스 가격 추이를 보여주며, 자원의 할당 및 재할당 알고리듬에도 불구하고 가용 영역별로 가격 차이가 발생함을 알 수 있다.
- 데이터 분석, 배치 작업, 백그라운드 프로세싱 등의 작업에 적합하다. 스폿 인스턴스 특유의 인스턴스 해제 및 작업 중단에 대해 불안감을 느끼는 독자분도 있겠으나, 상당수의 상용 애플리케이션은 이와 같은 서버 중단을 처리하는 나름의 체계를 갖고 있으므로 실무적으로는 큰 문제는 아니라 할 수 있다. 또한 클라우드 기반의 빅데이터 분석 등 작업은 오랜 시간 실행되고, 중간 작업 상태를 저장하며 진행하므로 스폿 인스턴스의 작업 중단에 큰 영향을 받지 않는다. 실행 중단에 대처할 수 있는 작업과 비용 효율성이 중요한 데이터 분석, 일괄 처리 등은 스폿 인스턴스에 적합하다.

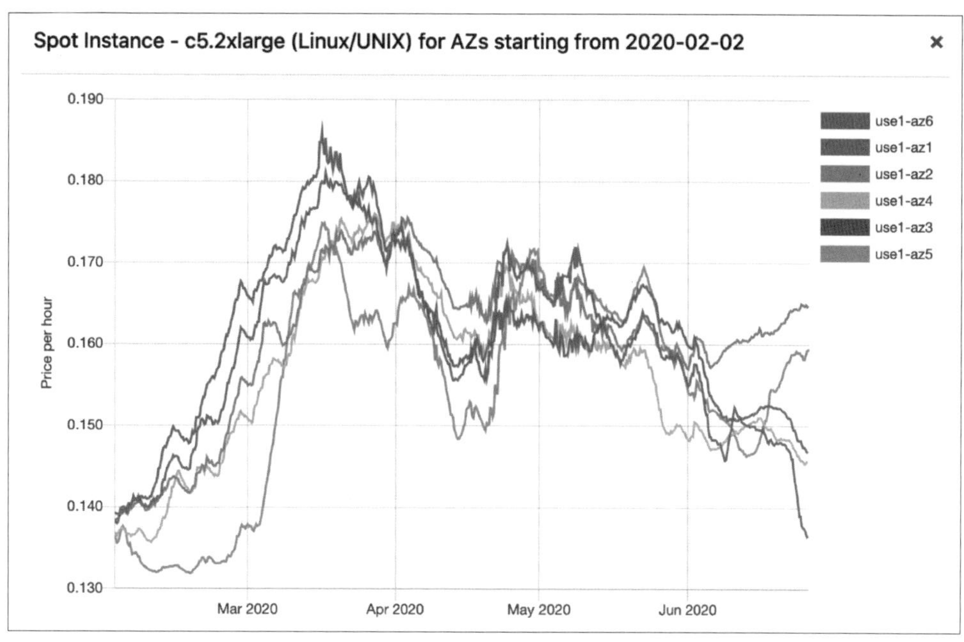

그림 7.15 스폿 인스턴스 월별 가격 추이(us-east-1 리전의 경우)

(출처: https://docs.aws.amazon.com/ko_kr/AWSEC2/latest/UserGuide/using-spot-instances.html)

EC2 인스턴스의 주요 스토리지

지난 4장에서 S3를 중심으로 한 AWS 스토리지에 대해 알아봤다. AWS의 주요 스토리지 중 하나라고 할 수 있는 EBS에 대해서는 많이 언급하지 못했다. EBS는 EC2 인스턴스 생성 시 설정하는 블록 스토리지이며, EC2 인스턴스 또는 (다음 8장에서 소개할) RDS 데이터베이스 인스턴스의 성능과 직결된다는 측면에서 7장에서 자세히 알아본다.

EC2 인스턴스는 가상 서버로서 기능을 수행하기 위해 OS와 각종 S/W를 포함하고 있으며, 이들 요소가 실행되는 영역을 볼륨 스토리지 또는 블록 스토리지로 부른다.

표 7.2 EC2 인스턴스의 주요 스토리지 비교

인스턴스 스토어	EBS	EFS
• 물리적 하드 드라이브 볼륨 • 임시 스토리지	• 네트워크 드라이브 볼륨 • 영구 스토리지	• 공유 파일 시스템 • 여러 AZ에 흩어진 EBS 연결

먼저, 다음 그림에서 호스트 컴퓨터 영역을 보면 인스턴스 A, B 아래 화살표로 연결된 인스턴스 스토어가 있으며, 이 스토리지는 EC2 인스턴스에 물리적으로 부착돼 있음을 나타낸다. 즉, 인스턴스 스토어Instance Store는 여러분의 컴퓨터에 있는 하드 드라이브HDD 볼륨의 역할을 한다.

다음, Host Computer 우측 EBS 영역을 보면 EC2 인스턴스와 별도의 영역에 존재하는 EBS가 각각 하나씩 화살표로 연결돼 있음을 알 수 있으며, 이 스토리지는 필요 시 EC2 인스턴스에 부착하거나 떼어서 따로 관리할 수 있음을 의미한다. 즉, EBSElastic Block Store는 네트워크 드라이브 볼륨 역할을 한다.

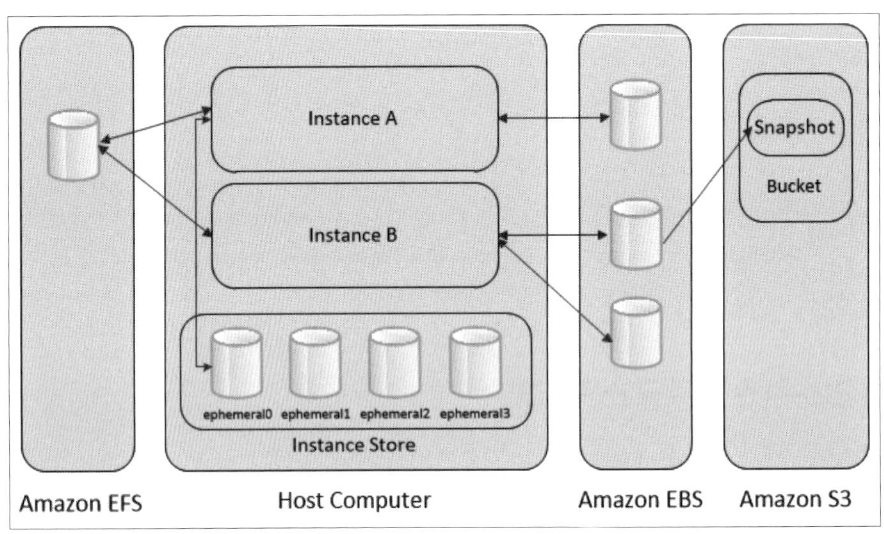

그림 7.16 EC2 인스턴스 스토리지의 종류 및 연결 방식

(출처: https://docs.aws.amazon.com/ko_kr/AWSEC2/latest/UserGuide/Storage.html)

다음, Host Computer 좌측 EFS 영역을 보면 EC2 인스턴스와 별도의 영역에 스토리지가 있고 EBS와 달리 하나의 EFS가 2개의 EC2를 모두 연결하고 있음을 알 수 있다. 즉, EFSElastic File System는 서로 다른 가용 영역에 존재하는 EC2 인스턴스를 연결하는 공유 파일 시스템의 역할을 한다.

EBS 볼륨

EBS 볼륨은 인스턴스를 위한 네트워크 드라이브이며 하나의 가용 영역 내에서 사용할 수 있다. 앞서 EBS 볼륨이 인스턴스와 별도의 영역에 존재한다고 설명했는데, 이는 인스턴스의 생성 또는 종료 여부와 상관없이 EBS 볼륨이 유지될 수 있음을 나타낸다. 이런 이유로 EBS 볼륨을 영구 스토리지persistent storage라고 부른다. 그림에서 본 것처럼 EBS 볼륨은 한 번에 하나의 인스턴스에만 부착할 수 있으며, 필요에 따라 교체할 수 있다.

EBS 볼륨은 다음과 같은 세 가지 종류가 제공된다.

- **범용 스토리지(gp2/gp3, SSD)**: 기업용 서비스의 개발 및 테스트 등 워크로드에 적합한 저비용 고성능 스토리지 옵션이며, PIOPS보다 비용 효율성이 높다.
- **PIOPS 스토리지(io1/io2 PIOPS, SSD)**: 고성능 컴퓨팅을 위해 I/O(입출력) 처리 성능이 최대화된 스토리지 옵션이며, 고성능의 데이터베이스 및 상용 워크로드에 적합하다.
- **마그네틱 스토리지(st1/sc1, HDD)**: 세 가지 옵션 중 가장 저렴하며, 중요성이 낮은 워크로드에 적합하다. 장기간 실행돼 경제성이 중요한 빅데이터 분석, 데이터웨어하우스 등에 사용된다.

이들 스토리지 구성은 다음 9장의 RDS 데이터베이스 인스턴스에서도 매우 유사한 내용으로 다시 등장한다.

인스턴스 스토어

인스턴스 스토어는 EC2 인스턴스에 (물리적으로) 부착된 고성능 하드 디스크다. 인스턴스가 종료되면 인스턴스 스토어도 함께 종료되므로 인스턴스 스토어는 인스턴스와 생애 주기life cycle가 동일한 임시 스토리지ephemeral storage라고 부른다. 프랙티셔너 및 어소시에이트 시험에서는 EBS에 대한 질문 빈도가 더 높지만, 인스턴스 스토어는 다음과 같은 두 가지의 매우 큰 장점을 지녔다.

- **IOPS 성능이 EBS보다 월등해 버퍼, 캐시용으로 널리 사용된다** IOPS 성능이 우수한 이유는 인스턴스 스토어는 인스턴스에 직접적으로 부착돼 있어서 초당 읽기 및 쓰기 속도가 매우 빠른 반면, EBS는 네트워크로 연결돼 있으므로 상대적으로 IOPS 성능이 낮다고 할 수 있다.
- **무엇보다 무료다** 인스턴스를 생성하면 기본적으로 제공되므로 추가 비용 부담이 없다. 이에 비해 EBS는 사용량에 따라 상당한 비용 부담이 있을 수 있다. 하지만 인스턴스에 예기치 못한 문제가 생겨서 인스턴스를 재시작해야 하는 경우, 인스턴스 스토어에 저장된 데이터 손실이 발생할 수 있다. 따라서 안정성을 위해 EBS 등에 백업, 복제를 권장한다.

오토 스케일링과 로드 밸런싱

클라우드 컴퓨팅 특유의 탄력성과 확장성을 구현하는 기술적 개념이 오토 스케일링과 로드 밸런싱이다. 오토 스케일링auto-scaling은 말 그대로 '자동으로 크기 조절을 한다'는 개념을 담고 있으며, 처리해야 하는 트래픽 또는 워크로드에 따라 EC2 인스턴스를 지정된 수만큼 증가시키거나 감소시킬 수 있다. 로드 밸런싱load-balancing은 '업무 부하를 분산시킨다'는 개념을 담고 있으며, 오토 스케일링을 통해 증가된 EC2 인스턴스에 트래픽을 적절하게 분산시켜 원활한 처리를 도울 수 있다.

확장성과 가용성의 개념

확장성

기존의 IT 인프라 설계에서 확장성Scalability의 개념은 크게 수직적 확장과 수평적 확장으로 나뉘며, 관계형 및 비관계형 데이터베이스 등 비분산형 시스템은 수직적 확장이 적합하고 넷플릭스, 인스타그램 등 현대적인 분산형 애플리케이션은 수평적 확장이 적합하다. 하지만 클라우드 최적화 또는 클라우드 네이티브 아키텍처에서는 기본적으로 수평적 확장에 무게를 두며, 오토 스케일링 및 로드 밸런싱 모두 수평적 확장의 개념을 반영한다.

표 7.3 수직적 확장과 수평적 확장 개념 비교

수직적 확장(Vertical Scaling)	수평적 확장(Horizontal Scaling)
• H/W 업그레이드 콘셉트 • 인스턴스 용량 상향 또는 하향 • 기존 t2.micro를 t2.large로 교체 • 데이터베이스(비분산형 시스템) • RDS, ElastiCache	• 클라우드의 탄력성(elasticity) • 인스턴스의 수 증가 또는 감소 • 웹 및 모바일 애플리케이션 등 현대 분산형 시스템 • ASG, ELB로 구현

수직적 확장은 컴퓨터 업그레이드의 개념이며 t2.micro 인스턴스로 시작했지만 성능 부족을 느끼고 t2.large 인스턴스로 변경하는 것과 같은 인스턴스 용량의 상향 (또는 하향) 조정이다. 온프레미스 환경의 데이터베이스, RDS 데이터베이스 모두 워크로드 대비 성능이 부족하다면 수직적 확장으로 성능을 개선할 수 있다.

수평적 확장은 트래픽 또는 워크로드 급증 시 인스턴스의 수를 증가시켜서 대응하는 방식이다. 넷플릭스 모바일 애플리케이션의 접속자가 급증하면, 오토 스케일링 정책에 따라 인스턴스의 수를 증가시키고 로드밸런서로 부하를 분산시켜서 서비스를 원활하게 제공할 수 있으며, 이는 수평적 확장의 대표적인 방식이다.

가용성

가용성Availability은 온프레미스와 클라우드 환경을 비교할 때 자주 언급되는 개념이다. 신뢰성reliability, 내구성durability이 데이터 손실 가능성과 관련된 개념이라면, 가용성은 특정 서비스에 대한 접속 가능성을 의미한다. 다음은 시간을 기준으로 한 가용성 계산 공식이다.

$$Availability = \frac{Available\ for\ Use\ Time}{Total\ Time}$$

그림 7.17 시간을 기준으로 한 가용성 계산 공식(이용 가능 시간/총 시간)
(출처: https://docs.aws.amazon.com/wellarchitected/latest/reliability-pillar/availability.html)

예를 들어 연중 365일 내내 쉬지 않고 제공되는 서비스가 있는데 5일간 해당 서비스에 접속할 수 없었다면 5/365는 접속 불능 기간, 360/365는 접속 가능 기간이다. 이는 해당 서비스가 연간 98.6%(=360/365)의 가용성을 지닌다는 뜻이다.

이번 절에서 오토 스케일링과 로드 밸런싱을 워크로드 처리를 위한 성능의 확장 측면에서 소개하고 있으나, 오토 스케일링은 서비스의 가용성을 높이는 데도 기여할 수 있다. 싱글 AZ에서 하나의 EC2 인스턴스로 서비스를 제공하는 방식보다는 멀티 AZ에서 오토 스케일링과 로드 밸런싱 기반의 EC2 인스턴스로 서비스를 제공했을 때, 개별 AZ의 정전, 네트워크 오류 등 문제가 발생해도 사용자가 문제 없이 서비스를 이용할 수 있는 확률이 높아진다.

- 멀티 AZ, 중복 구현Redundancy을 통해 가용성을 높은 수준으로 유지할 수 있고, 재난 상황 속에서 운영/데이터 손실을 최소화할 수 있다.
- 멀티 AZ 기반의 오토 스케일링은 능동적인 가용성 관리 방식이고, 멀티 AZ 기반의 RDS 데이터베이스 구성은 수동적인 가용성 관리 방식이라 할 수 있다.

EC2 오토 스케일링

EC2 오토 스케일링은 워크로드에 따라 EC2 인스턴스를 자동으로 증가 또는 감소시킨다. 이를 위해서는 어떤 기준으로 조정을 시작할 것인지, 증가시킬 인스턴스의 종류는 무엇인지, 그리고 몇 개의 인스턴스를 증가 또는 감소시킬 것인지 등의 내용을 정의해야 한다.

- EC2 오토 스케일링은 오토 스케일링 그룹, 시작 템플릿, 조정 정책 등을 이용해 자동화된 스케일링 작업을 수행한다. 이 중 시작 템플릿Launch Template은 스케일링 작업 시 어떤 유형의 인스턴스를 추가할지 정의하는 것이며, 다음 그림과 같이 시작하되 앞서 살펴본 EC2 인스턴스 생성 화면과 거의 동일하다.
- EC2 오토 스케일링을 사용해 내오류성 및 가용성을 향상시킬 수 있고, 적절한 축소 정책을 통해 EC2 인스턴스 실행 비용을 절감할 수 있다.
- 영화, 음악, 게임 등 콘텐츠의 인기도에 따라 트래픽이 급변하는 미디어 산업, 엔터테인먼트 산업 등의 변동성 높은 수요에 대응할 수 있는 컴퓨팅 자원 제공 전략이다.

- 조정 정책Scaling Policy을 정의해 희망 용량만큼 인스턴스를 추가할 수 있으며, 사용자가 값을 직접 입력하는 정적인 조정 외에 동적 크기 조정 정책Dynamic Scaling Policies, 예측 크기 조정 정책Predictive Scaling Policies, 예약된 작업Scheduled Actions 등으로 조정 작업을 자동화할 수 있다.

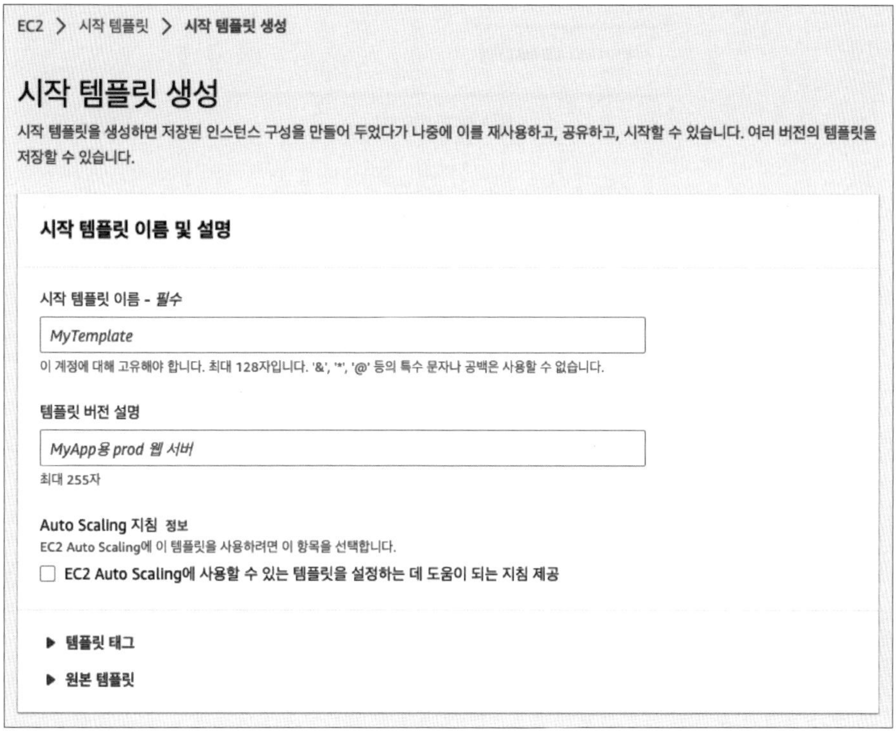

EC2 > 시작 템플릿 > 시작 템플릿 생성

시작 템플릿 생성

시작 템플릿을 생성하면 저장된 인스턴스 구성을 만들어 두었다가 나중에 이를 재사용하고, 공유하고, 시작할 수 있습니다. 여러 버전의 템플릿을 저장할 수 있습니다.

시작 템플릿 이름 및 설명

시작 템플릿 이름 - *필수*

MyTemplate

이 계정에 대해 고유해야 합니다. 최대 128자입니다. '&', '*', '@' 등의 특수 문자나 공백은 사용할 수 없습니다.

템플릿 버전 설명

MyApp용 prod 웹 서버

최대 255자

Auto Scaling 지침 정보

EC2 Auto Scaling에 이 템플릿을 사용하려면 이 항목을 선택합니다.

☐ EC2 Auto Scaling에 사용할 수 있는 템플릿을 설정하는 데 도움이 되는 지침 제공

▶ 템플릿 태그

▶ 원본 템플릿

그림 7.18 EC2 오토 스케일링을 위한 시작 템플릿 생성 화면

오토 스케일링 그룹

오토 스케일링 그룹ASG은 Auto Scaling에 의해 생성 및 관리되는 인스턴스의 논리적 그룹이며 다음과 같이 최대 및 최소 크기 그리고 희망 용량으로 자동 조정할 인스턴스의 수를 지정할 수 있다.

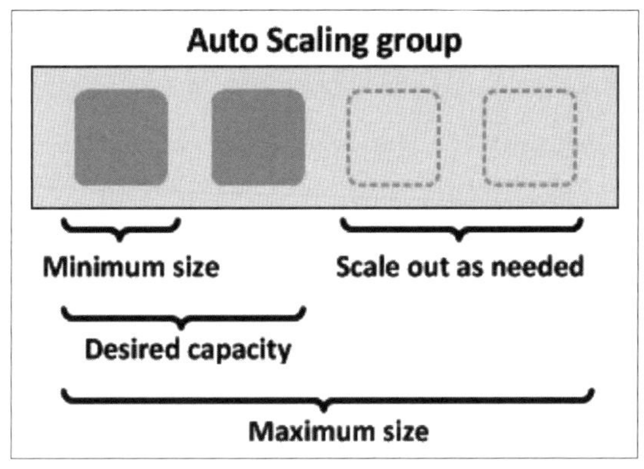

그림 7.19 오토 스케일링 그룹의 희망 용량 및 크기

(출처: https://docs.aws.amazon.com/ko_kr/autoscaling/ec2/userguide/what-is-amazon-ec2-auto-scaling.html)

예를 들어 오토 스케일링 그룹에 최소 1개의 인스턴스를 유지하고, 워크로드 증가 수준에 따라 최대 4개의 인스턴스를 추가할 수 있다. 이때 워크로드를 반영해 실제로 유지되는 용량을 원하는 용량 또는 희망 용량Desired Capacity이라 부르고 다음 그림과 같이 입력해 항상 2개의 인스턴스가 유지되도록 할 수 있다.

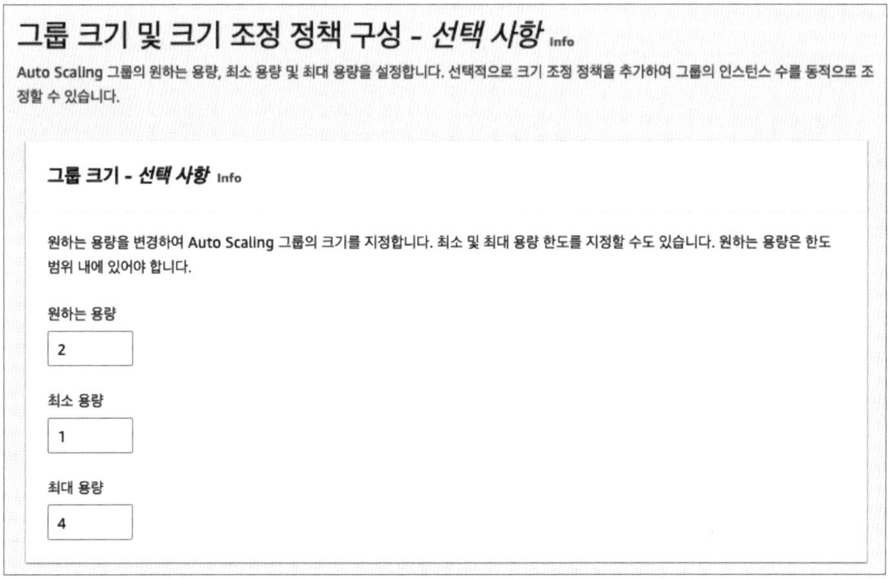

그룹 크기 및 크기 조정 정책 구성 - *선택 사항* Info

Auto Scaling 그룹의 원하는 용량, 최소 용량 및 최대 용량을 설정합니다. 선택적으로 크기 조정 정책을 추가하여 그룹의 인스턴스 수를 동적으로 조정할 수 있습니다.

그룹 크기 - *선택 사항* Info

원하는 용량을 변경하여 Auto Scaling 그룹의 크기를 지정합니다. 최소 및 최대 용량 한도를 지정할 수도 있습니다. 원하는 용량은 한도 범위 내에 있어야 합니다.

원하는 용량

2

최소 용량

1

최대 용량

4

그림 7.20 오토 스케일링 그룹의 그룹 크기 설정 화면

이와 같은 크기 조정은 수동으로 또는 자동으로 할 수 있으며, 평균 CPU 사용률 등 기준이 되는 수치 또는 지표에 따라 자동으로 조정하는 동적 조정 정책을 추가할 수 있다.

동적 조정 정책은 다음과 같은 세 가지가 있으며, AWS는 대상 추적 및 단계별 조정 방식을 권장한다.

- **대상 추적**Target-Tracking: 대상 지표의 목푯값
- **단계별**Step-Scaling: 알람 수준에 따라 조정
- **단순**Simple-Scaling: 알람 시 지정 크기 증가

그림 7.21 오토 스케일링 그룹의 그룹 크기 조정 정책(타깃 추적) 설정 화면

위 그림은 타깃 추적 방식으로 그룹 크기를 조정하는 정책을 정의하는 것이며, 평균 CPU 사용률이 50%를 넘으면 미리 지정한 만큼 인스턴스가 추가된다.

Amazon Elastic Load Balancer

ELB(Elastic Load Balancer)는 앞서 살펴본 로드 밸런싱 기능을 구현한 네트워크 서비스로 다음 그림과 같이 트래픽 로드를 오토 스케일링 등으로 추가한 다수의 인스턴스에 적절하게 분산시킨다.

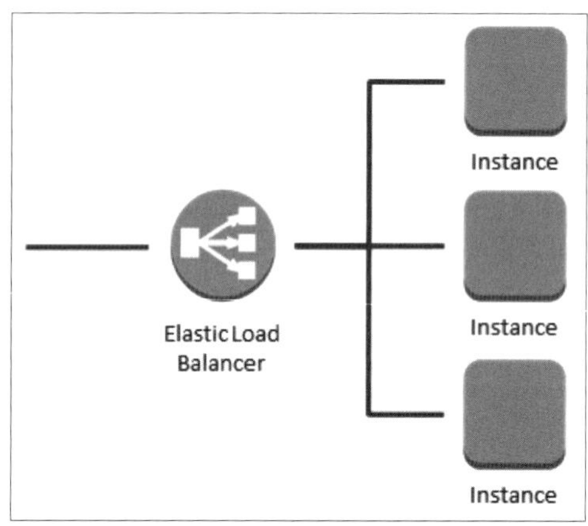

그림 7.22 Elastic Load Balancer 로드 분산

(출처: https://aws.amazon.com/elasticloadbalancing/)

- ELB는 작동하는 네트워크 레이어에 따라 ALB(Application Load Balancer), NLB(Network Load Balancer), GLB(Gateway Load Balancer) 등 세 가지가 있다.

> **참고** ALB는 HTTP, HTTPS 프로토콜을 사용하는 네트워크 레이어 7에 대응하는 로드 밸런서이고, NLB는 TCP, UDP, TLS 등 레이어 4, GLB는 GWLB 등 레이어 3에 대응한다.

- ELB는 EC2 인스턴스, ASG, ECS, CloudWatch 등과 연결해 사용한다.
- Route 53, WAF, Global Accelerator 등 다른 네트워크 서비스와 연계해서 사용한다.
- ELB의 주요 기능 중 하나는 헬스 체크(Health Check)이며, 로드 밸런서는 인스턴스 상태를 확인(응답 요청)한 뒤 트래픽을 보내게 되며, 이를 자주, 정기적으로 하므로 인스턴스가 정상 상태인지를 알 수 있다. 로드 밸런서는 응답이 늦거나 없는 인스턴스에는 트래

픽을 전송하지 않게 되며, 이와 같은 헬스 체크 데이터는 모니터링을 담당하는 CloudWatch 등 다른 서비스에 전달돼 해당 인스턴스의 종료, 수정 여부를 결정할 수 있다.

- (앞서 소개한 오토 스케일링과 함께) ELB 역시 멀티 AZ 기반으로 다수의 인스턴스를 운영하는 데 필요한 요소이며 고가용성 구현에 도움을 준다.

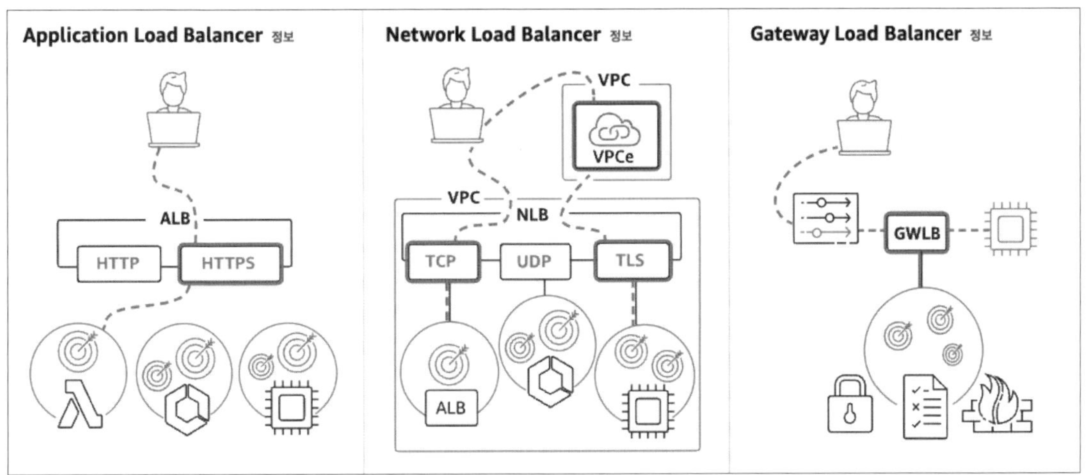

그림 7.23 세 가지 유형의 ELB – ALB, NLB, GLB

EC2 인스턴스의 네트워크 및 보안

지금까지 EC2 인스턴스 생성 및 활용에 필요한 스토리지, 오토 스케일링 등의 요소를 살펴봤으며, 특히 중요한 요소가 VPC를 중심으로 한 네트워크 연결이다. 지난 6장에서 VPC를 먼저 살펴본 이유도 EC2 인스턴스의 방대한 설명 중 네트워크 부분이 상당 부분을 차지하기 때문이다. 7장에서는 EC2 인스턴스 생성 실무 차원에서 필요한 네트워크 및 보안 구성에 대해 간단히 알아본다.

EC2 인스턴스는 다음 그림과 같이 VPC 내부에, 더 정확히는 VPC의 하위 네트워크 영역인 서브넷subnet에 생성된다. 서브넷은 기본 프라이빗 IP 주소로서 IPv4 주소를 지니며, 외부 서비스 등은 이 주소를 통해 EC2 인스턴스에 접근할 수 있다.

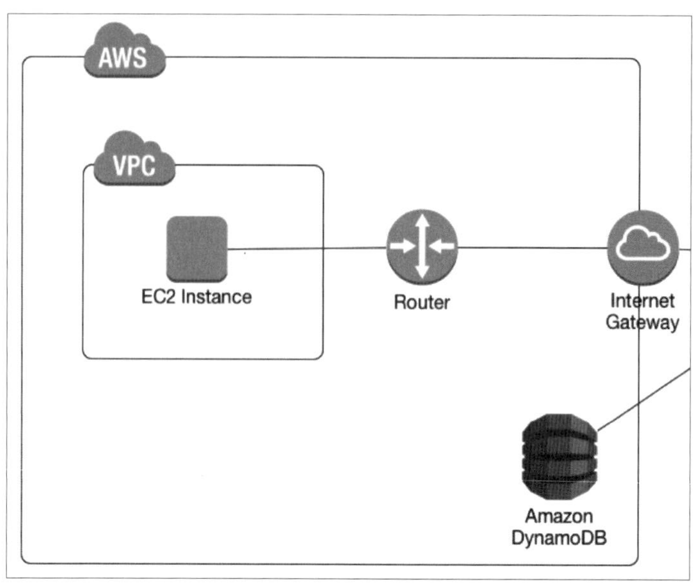

그림 7.24 EC2 인스턴스와 연결되는 다양한 네트워크 요소
(출처: https://docs.aws.amazon.com/ko_kr/AWSEC2/latest/UserGuide/ec2-networking.html)

다음 그림은 EC2 인스턴스 생성 화면 중 네트워크 설정 단계이며, 초기 설정값으로 기본 VPC, 기본 서브넷이 연결된다. 아래 화면에서는 인터넷과의 원활한 연결을 보장하기 위해 퍼블릭 IP를 자동으로 할당하지만, 보안에 민감한 작업을 수행하는 인스턴스의 경우 퍼블릭 IP를 아예 추가하지 않는 경우도 있다.

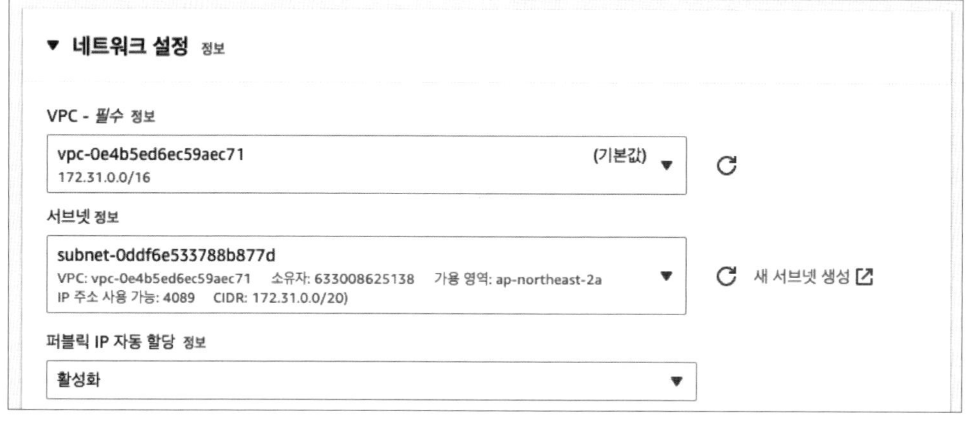

그림 7.25 EC2 인스턴스 생성을 위한 네트워크 설정

보안 그룹

EC2 인스턴스의 보안 요소는 인스턴스 레벨의 보안 그룹Security Groups과 네트워크 레벨의 NACL로 이원화돼 있다. 보안 그룹은 EC2 인스턴스를 위한 방화벽firewall이며, EC2 인스턴스로 유입/유출되는 트래픽을 통제한다.

다음 그림의 경우 테스트, 개발, 상용 서비스 계정 등을 위한 3개의 VPC가 있으며, 이 속에 포함된 EC2 인스턴스 그룹은 서로 다른 트래픽 규칙이 적용될 필요가 있다. 데이터베이스 등 중요 자산과 연결되는 상용 서비스 계정의 경우, 퍼블릭 인터넷 접근 차단 등 매우 엄격한 트래픽 규칙으로 인스턴스 그룹을 보호할 필요가 있다. 반면 테스트 및 개발 계정은 상용 서비스 계정에 비해 좀 더 유연한 트래픽 규칙을 통해 외부 리소스에 접근해 관련 업무를 좀 더 원활하게 수행할 수 있다. 이와 같이 인스턴스 그룹의 서로 다른 목적을 반영해 다양한 트래픽 규칙을 적용할 수 있는 것이 보안 그룹이다.

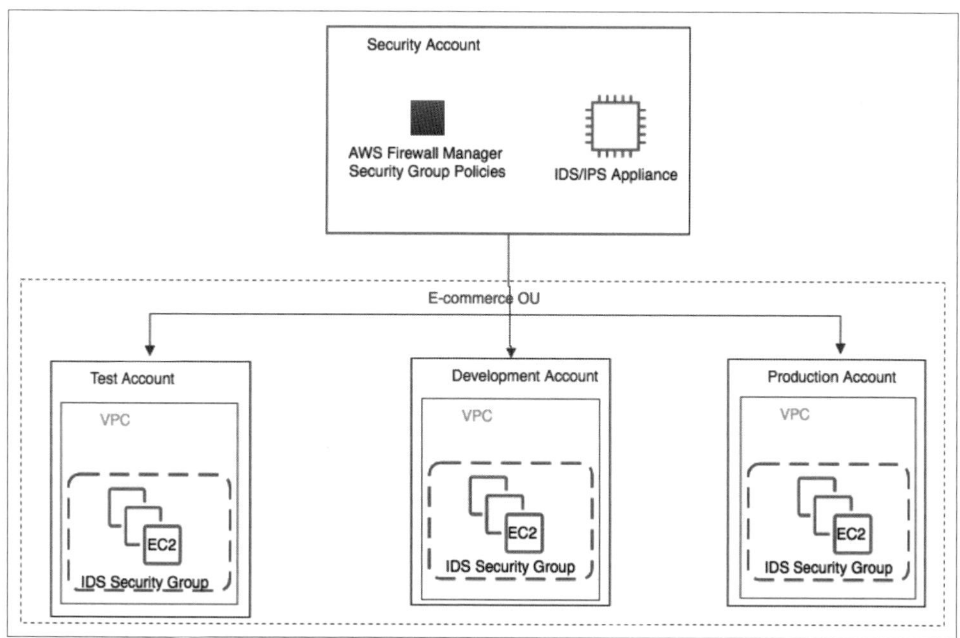

그림 7.26 트래픽 규칙에 의해 EC2 인스턴스를 보호하는 보안 그룹

(출처: https://docs.aws.amazon.com/ko_kr/AWSEC2/latest/UserGuide/default-custom-security-groups.html)

보안 그룹은 다음과 같이 인바운드 및 아웃바운드 규칙 두 가지를 정의하는 방식으로 작동하며, 외부 네트워크에서 EC2 인스턴스에 접근하려면 인바운드 규칙에 소스, 프로토콜, 포트 범위 등이 정의돼 있어야 한다. 다음 그림에서 유형은 트래픽 유형을 의미하고 SSH, RDP, HTTP/HTTPS 등을 선택할 수 있다. SSH[Secure Shell]는 소프트웨어 엔지니어 등이 Linux 기반 서버 및 인스턴스에 접속하는 데 사용한다. HTTP/HTTPS를 선택하면 퍼블릭 인터넷 트래픽이 인스턴스에 접근할 수 있다.

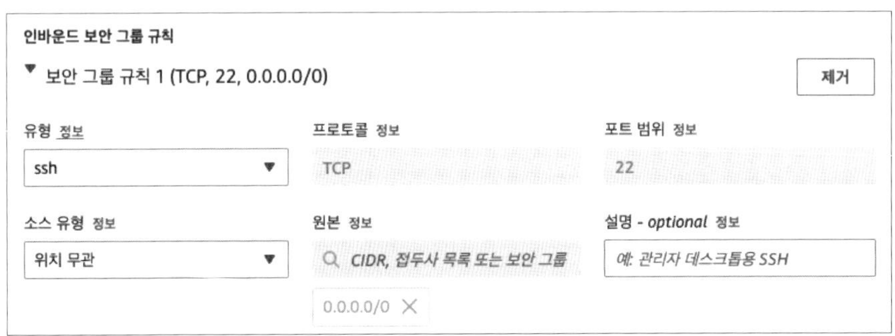

그림 7.27 SSH 트래픽 유형의 접근을 허용하는 인바운드 규칙

다음 그림은 EC2 인스턴스의 기본 보안 그룹 설정 내역이다. 아웃바운드 규칙에서 대상 주소[Destination]에 0.0.0.0/0과 ::/0, 두 가지가 정의돼 있으며 이는 각각 모든 주소 범위의 IPv4, IPv6 트래픽을 허용한다는 의미다.

인바운드 규칙

소스	프로토콜	포트 범위	설명
보안 그룹 ID(자체 리소스 ID)	모두	모두	동일한 보안 그룹에 할당된 네트워크 인터페이스 및 연결된 인스턴스로부터의 인바운드 트래픽을 허용합니다.

아웃바운드 규칙

대상 주소	프로토콜	포트 범위	설명
0.0.0.0/0	모두	모두	모든 아웃바운드 IPv4 트래픽을 허용합니다.
::/0	모두	모두	모든 아웃바운드 IPv6 트래픽을 허용합니다. 이 규칙은 VPC에 연결된 IPv6 CIDR 블록이 있는 경우에만 추가됩니다.

그림 7.28 EC2 인스턴스의 기본 보안 그룹 설정 내역

시험에 자주 출제되는 기본 보안 그룹Default Security Group의 특징은 다음과 같다.

- 기본 보안 그룹은 모든 아웃바운드 트래픽을 허용한다.
- 스테이트풀stateful 속성을 지니며, 요청에 대한 응답은 규칙과 무관하게 전달이 허용된다.
- 보안 그룹의 규칙은 필요에 따라 언제든 추가 또는 삭제할 수 있다.
- 보안 그룹 내 다수의 규칙이 존재하면, 가장 허용적인 규칙이 우선적으로 적용된다.

PaaS, 서버리스, 컨테이너

PaaS(Platform-as-a-Service)

지금까지 살펴본 EC2가 IaaS 속성을 반영한 컴퓨팅 서비스라면 AWS에서 PaaS, SaaS에 적합한 컴퓨팅 서비스도 찾아볼 수 있을 것이다. 사실 지난 10여 년간의 흐름은 IaaS 모델에 이어 PaaS, SaaS가 각광받고 있으며, 독자 여러분이 일상적으로 쓰게 될 컴퓨팅 서비스도 PaaS, SaaS 모델에 속할 가능성이 더 높다.

IaaS가 전통적인 데이터 센터에서 오랜 기간 사용하던 서버 인프라를 가상화해 서버에 대한 통제력을 높인 모델이라면, PaaS는 서버에 대한 통제력 대신 기업용 애플리케이션의 개발 속도 향상에 초점을 맞춘 모델이다. 2010년 이후, 모바일과 소셜의 폭발적인 성장세에 힘입어 애플리케이션 개발에 사용되는 공통 요소 - 회원 가입, 로그인, 게시판, 구매, 결제 등을 레고 블록처럼 미리 만들어놓고 필요할 때 간단히 가져다 쓸 수 있도록 만든 클라우드 기반 백엔드가 바로 PaaS이다.

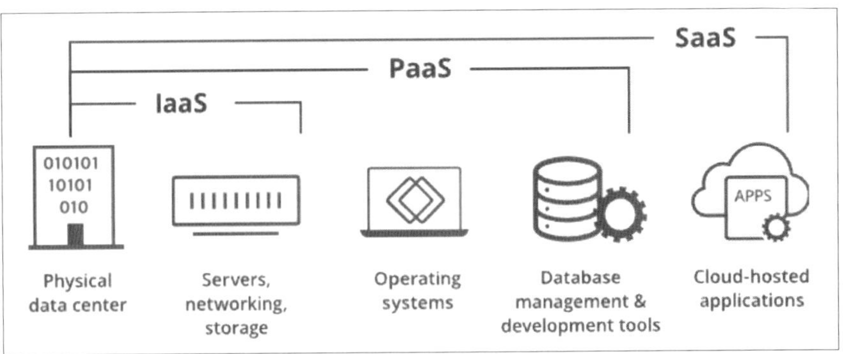

그림 7.29 PaaS의 개념 – IaaS, SaaS와 비교

(출처: https://www.cloudflare.com/learning/serverless/glossary/platform-as-a-service-paas/)

PaaS에는 위 그림과 같이 서비스 인프라, OS, Middleware, DB 그리고 개발자 도구 등이 함께 제공되므로 웹 및 앱 서비스의 출시 속도를 앞당기는 데 큰 도움이 됐다. PaaS는 잠시 후 설명할 서버리스Serverless 콘셉트와 상당 부분 유사성이 있으며, 스케일링 방식 등은 차이가 있다.

AWS가 제공하는 대표적인 PaaS 서비스로는 Elastic Beanstalk가 있다.

AWS Elastic Beanstalk

Elastic Beanstalk는 서버 등 인프라 프로비저닝 없이 신속하게 웹 앱을 배포하고 자동으로 스케일링을 할 수 있는 PaaS 계열 서비스이며, 다음 그림과 같이 기업용 애플리케이션 구현을 위한 모바일 API 백엔드를 제공하고, 자동 패치 및 업그레이드를 지원하는 완전 관리형fully-managed 서비스다.

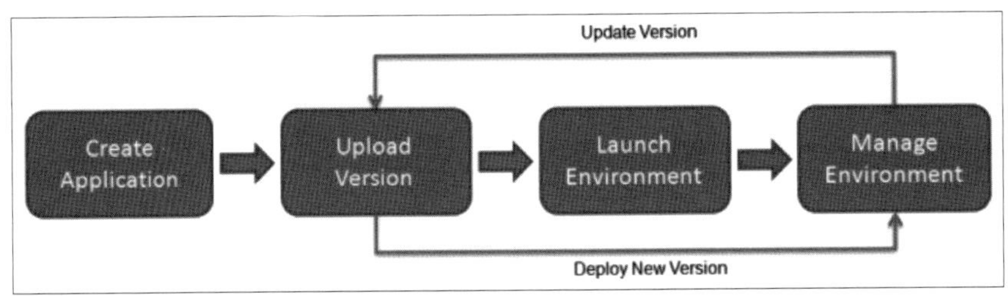

그림 7.30 Elastic Beanstalk 작동 방식

(출처: https://docs.aws.amazon.com/ko_kr/elasticbeanstalk/latest/dg/Welcome.html)

Elastic Beanstalk는 Java, .NET, Node.js, Python 등 다양한 언어 기반의 서버 실행 환경을 제공하며, 다음 그림과 같이 Elastic Beanstalk 관리 콘솔 화면에서 원하는 플랫폼을 선택할 수 있다.

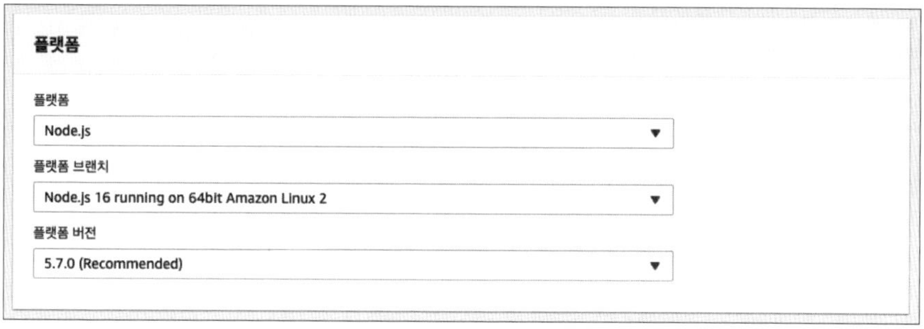

플랫폼

플랫폼

Node.js

플랫폼 브랜치

Node.js 16 running on 64bit Amazon Linux 2

플랫폼 버전

5.7.0 (Recommended)

그림 7.31 Elastic Beanstalk 웹 앱용 플랫폼 선택

사용자는 Elastic Beanstalk 관리 콘솔의 코드 영역에 애플리케이션 코드만 업로드하면 글로벌 레벨에 거의 즉각적으로 애플리케이션 서비스를 제공할 수 있고, 이와 같은 서비스 운영에 필요한 패치 및 보안 업데이트, 로드 밸런싱, 오토 스케일링 등은 Elastic Beanstalk가 자동으로 처리한다.

애플리케이션 코드

샘플 애플리케이션
샘플 코드를 사용하여 바로 시작합니다.

코드 업로드
컴퓨터에서 소스 번들을 업로드하거나, Amazon S3에서 소스 번들을 복사하십시오.

소스 코드 오리진

버전 레이블
이 버전의 애플리케이션 코드에 고유한 이름입니다.

예: v0.0.1-20230325

소스 코드 오리진
최대 크기 512MB

로컬 파일

퍼블릭 S3 URL

파일 선택

업로드된 파일이 없음

그림 7.32 Elastic Beanstalk 애플리케이션 코드 업로드

Elastic Beanstalk는 기존 데이터 센터(레거시 인프라)에서 실행되고 있는 기업용 애플리케이션을 클라우드로 간편하게 마이그레이션하고 각종 관리 업무를 자동화하는 애플리케이션 마이그레이션Application Migration 도구로서도 의미가 있다.

서버리스

서버리스Serverless는 서버 배포 및 관리 필요성 없이 코드만 간편하게 실행하기 위한 기술 콘셉트로서 애플리케이션 및 데이터 관리 업무를 통합해 효율적인 운영이 가능하도록 돕는다.

Lambda 등 서버리스 계열의 서비스는 이벤트에 대응해서 작동한다는 점, 거의 무한대At any scale의 자동화된 크기 조정 기능을 갖추고 있다는 점, 서버 환경 등을 사용자가 명시적으로 선택하지 않는다는 점 등에서 앞서 설명한 PaaS와 구분될 수 있다. 서버리스는 현대적인 클라우드 아키텍처의 전형으로 각광받고 있으며, 클라우드 네이티브 속성을 반영해 기본적으로 고가용성을 제공한다. 사용자는 이용량을 기준으로 한 종량제 요금을 부담한다.

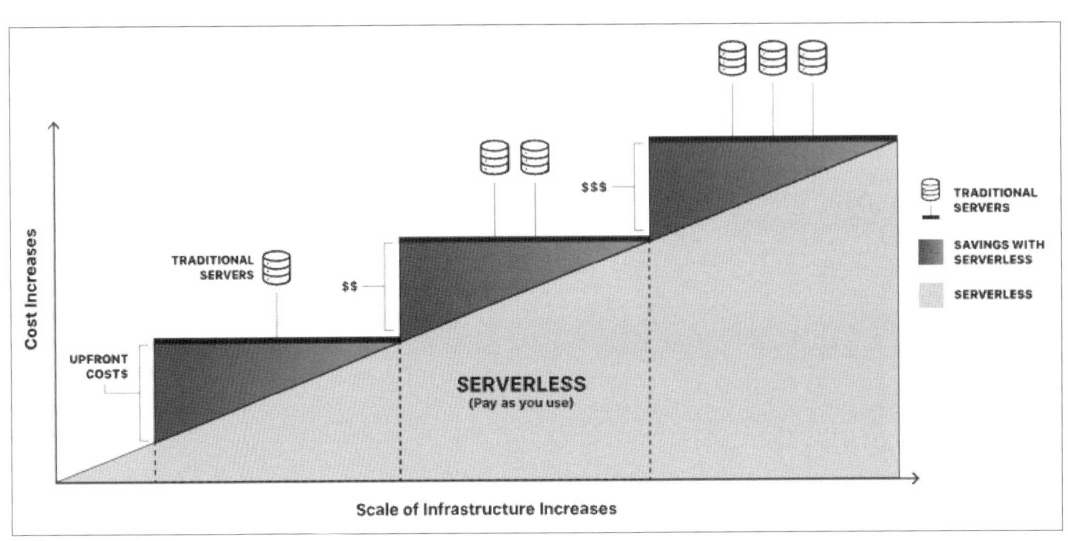

그림 7.33 서버리스의 연속적 오토 스케일링에 따른 비용 절감

(출처: https://www.cloudflare.com/learning/serverless/what-is-serverless/)

기업은 서버리스 기반의 애플리케이션을 운영함으로써 시장 요구에 대한 대응 속도를 높일 수 있고, 트래픽 급증 상황에 효과적으로 대응하는 것은 물론, 트래픽 급감 시에도 연속적이며 자동화된 스케일링을 통해 (과잉 프로비저닝으로) 낭비되는 비용을 줄일 수 있다. 다음 그림은 단계적 오토 스케일링 기법을 사용하는 기존의 서버에 비해 연속적인 오토 스케일링 기반의 서버리스 서버가 운영 비용을 절감시킬 수 있음을 보여준다.

AWS가 제공하는 서버리스 계열의 주요 서비스로는 S3, Lambda, SQS, Fargate, EventBridge, API Gateway, DynamoDB, Aurora Serverless, Redshift Serverless 등 다양하며, 글로벌 기업 환경 변화에 대응해 급변하는 워크로드에 직접적으로 반응할 수 있는 서버리스 계열 서비스가 지속적으로 출시되고 있다.

참조 링크 **AWS의 서버리스 설명**

https://aws.amazon.com/ko/serverless/

참조 링크 **CloudFlare의 서버리스 설명**

https://www.cloudflare.com/learning/serverless/what-is-serverless/

AWS Lambda

Lambda는 AWS를 대표하는 이벤트 기반event-driven 서버리스 컴퓨팅 서비스로서 프랙티셔너는 물론 어소시에이트, 프로페셔널에 이르기까지 폭넓게 출제되는 인기 영역이다. Lambda에서 이벤트에 대응해서 실행되는 코드를 함수function라 부르며, 클라우드 업계에서는 이와 같은 서버리스 모델을 FaaSFunction as a Service로도 부른다.

Lambda는 인프라 프로비저닝 없이 코드를 실행할 수 있고, 고도의 확장성 및 연속적 스케일링을 제공한다. 예를 들어 글로벌 수천만 명의 사용자가 이용하는 사진 기반 애플리케이션이 있다고 했을 때, 이들 사용자가 찍은 사진이 스토리지에 저장되면, 이 이벤트에 반응해 Lambda 함수가 실행되고, 사진을 다양한 플랫폼에 맞는 적절한 크기로 줄이는 작업을 자동으로 처리할 수 있다. 다음 그림은 이와 같은 시나리오를 반영한 것이다.

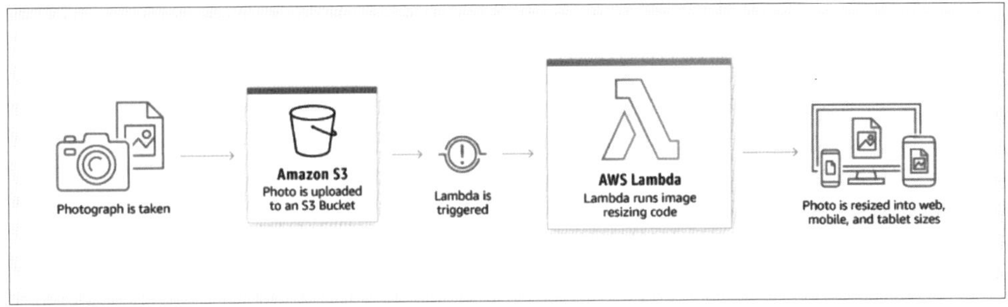

그림 7.34 Lambda의 활용 시나리오(인스타그램과 같은 사진 앱의 경우)
https://docs.aws.amazon.com/ko_kr/lambda/latest/dg/welcome.html)

Lambda 이용 시, 함수 생성 화면에서 미리 정의된 범용 설정 및 코드를 이용할 수 있으며, (잠시 후 살펴볼) 컨테이너 이미지 업로드 방식으로도 함수를 생성할 수 있다.

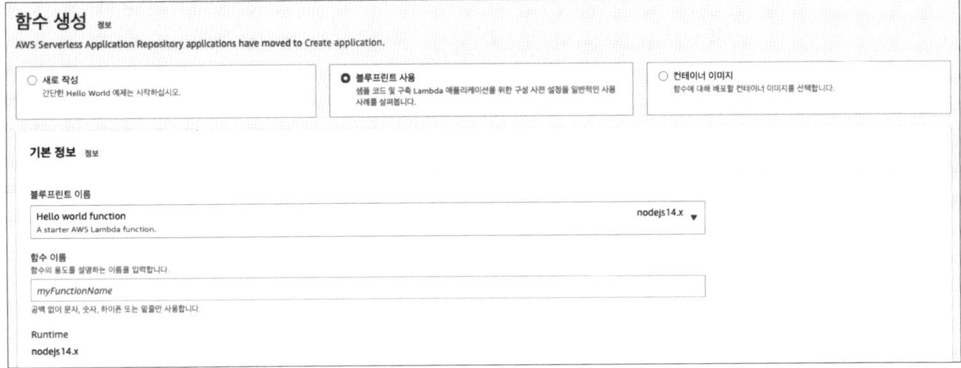

그림 7.35 Lambda 함수 생성(블루프린트 사용)

사용자는 Lambda 함수 목록에서 AWS의 각종 서비스에 접근하고 활용하기 위한 다양한 예시 코드를 살펴볼 수 있으며, 다음 그림은 블루프린트 사용 옵션에서 선택할 수 있는 S3 객체 작업에 대한 기본 함수 코드다.

Lambda 함수 코드

Code is preconfigured by the chosen blueprint. You can configure it after you create the function. 자세히 알아보기 about deploying Lambda functions.

```python
import json
import urllib.parse
import boto3

print('Loading function')

s3 = boto3.client('s3')


def lambda_handler(event, context):
    #print("Received event: " + json.dumps(event, indent=2))

    # Get the object from the event and show its content type
    bucket = event['Records'][0]['s3']['bucket']['name']
    key = urllib.parse.unquote_plus(event['Records'][0]['s3']['object']['key'], encoding='utf-8')
    try:
        response = s3.get_object(Bucket=bucket, Key=key)
        print("CONTENT TYPE: " + response['ContentType'])
```

그림 7.36 Lambda 함수 코드 예시(S3 객체에 대한 작업)

컨테이너

컨테이너Container는 서버리스와 함께 현대 IT 인프라 구성 및 리소스 활용에 있어 가장 각광받는 기술이며, 하나의 컨테이너에는 애플리케이션 코드와 시스템 라이브러리, 시스템 설정 및 기타 종속성 요소 등 애플리케이션 실행 환경이 모두 포함돼 있다. 다음 그림과 같이 하나의 하드웨어 및 OS 위에 애플리케이션과 실행 환경(의존성 요소dependency)을 담은 여러 개의 컨테이너를 실행할 수 있으므로 가상화된 서버에 비해 서버 운영 효율성을 더욱 높일 수 있다(참고로 가상 서버는 각각의 서버마다 OS와 가상화 레이어 등 부가 요소가 필요하다).

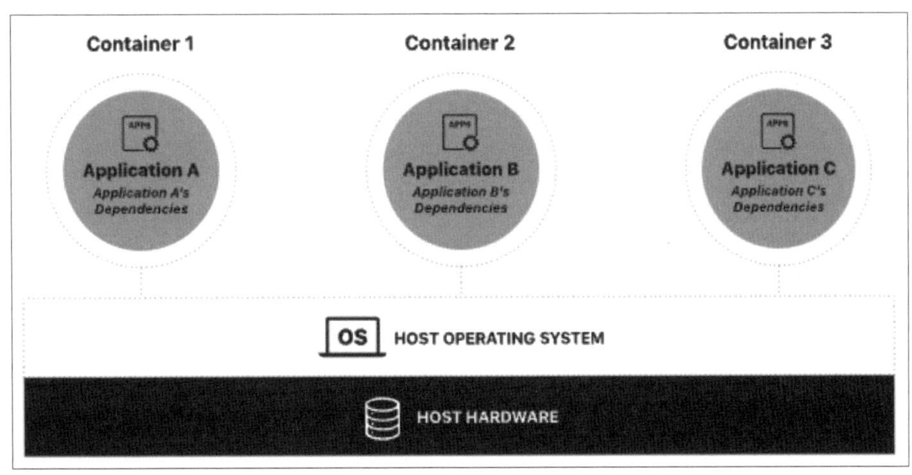

그림 7.37 기본적인 컨테이너 아키텍처

(출처: https://www.cloudflare.com/learning/serverless/serverless-vs-containers/)

소비자의 요구 사항이 급변하는 요즘 애플리케이션의 신속한 배포는 매우 중요하며, 컨테이너와 서버리스는 기존 물리 서버 설치 또는 가상 서버 구성보다 훨씬 빠른 배포 방식이다. IT 산업에서 널리 알려진 컨테이너 엔진으로는 Docker가 있다.

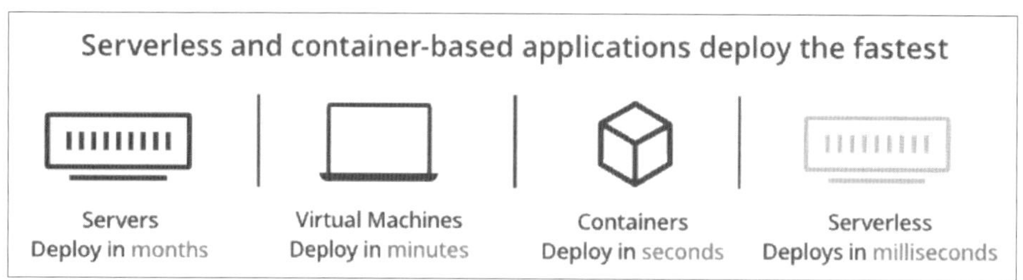

그림 7.38 컨테이너와 서버리스는 애플리케이션을 신속하게 배포할 수 있는 기술
(출처: https://www.cloudflare.com/learning/serverless/serverless-vs-containers/)

아울러 컨테이너화된 애플리케이션은 호스팅 위치에 관계없이 실행되므로 플랫폼 호환성 등에 대한 문제에서 자유로운 편이며, 컨테이너화된 애플리케이션을 이미지로 만들어서 국내외 지사나 파트너 기업과 간편하게 공유할 수 있다. 과거 업무 환경 구성에 사용되던 가상 데스크톱, 가상 서버 등의 환경도 최근엔 컨테이너 기반의 서비스로 대체되고 있다.

Amazon ECS와 EKS

AWS에는 다수의 컨테이너 서비스가 있으며 ECS, EKS 등이 대표적이다. ECS는 AWS가 자체적으로 만든 컨테이너 플랫폼 서비스이고, EKS는 오픈 소스인 Kubernetes 기반의 컨테이너 플랫폼 서비스다.

Amazon ECS

ECS^Elastic Container Service^는 컨테이너화 앱의 배포, 관리, 크기 조정을 위한 완전관리형 컨테이너 오케스트레이션 서비스로서 CI/CD 및 자동화 도구와 연계해 수천 개의 컨테이너를 시작 및 관리할 수 있다. 다음 그림과 같이 컨테이너 이미지 저장, 관리, 배포 서비스인 ECR^Elastic Container Registry^에 저장된 컨테이너 이미지를 ECS로 가져온 뒤 다양한 실행 환경에서 컨테이너를 실행할 수 있다.

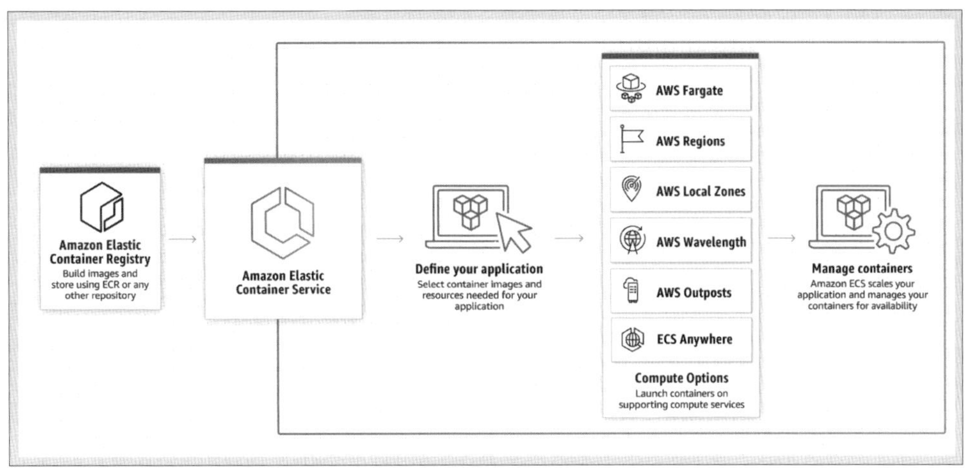

그림 7.39 ECS 활용 프로세스

컨테이너는 컨테이너 클러스터Cluster 구성을 위한 일정 수준의 컴퓨팅 인프라가 필요하며, ECS는 IaaS 기반의 EC2 또는 서버리스 기반의 Fargate 위에 클러스터 구성 후 사용할 수 있다. ECS는 기존 EC2 등 가상 서버 방식에 비해 자율적인 프로비저닝, ALB 통합 오토스케일링 등을 통해 비용 효율성을 높일 수 있다.

컨테이너 기술은 IT 산업 전반에서 폭넓게 사용되고 있으며, 클라우드는 물론 온프레미스 환경에서도 활용 중이다. 기존 온프레미스 환경에서 실행되던 애플리케이션을 클라우드로 이전하는 경우, 다음 그림과 같이 온프레미스 서버에서 실행되던 Docker 등 컨테이너를 ECS로 간편하게 마이그레이션할 수 있다.

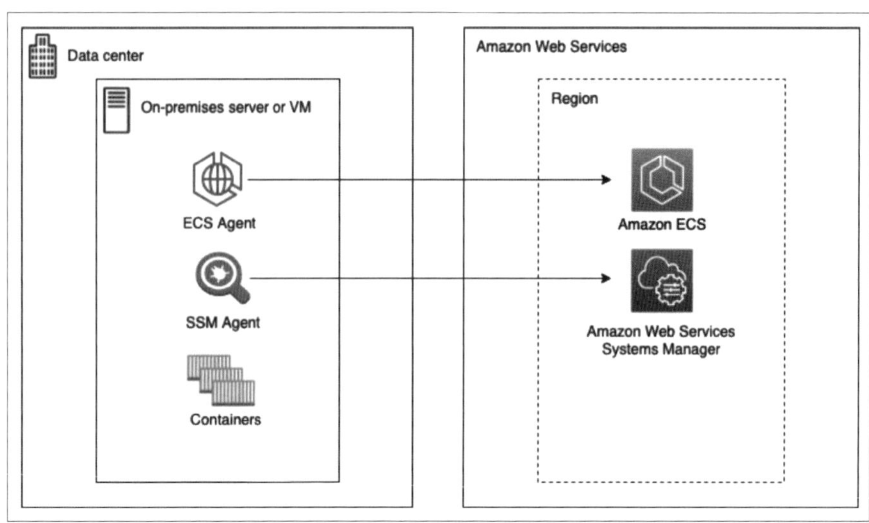

그림 7.40 ECS를 활용한 온프레미스 컨테이너 연계
(출처: https://docs.aws.amazon.com/ko_kr/AmazonECS/latest/developerguide/ecs-anywhere.html)

ECS를 사용하려 할 때는 다음과 같이 네트워크, 컴퓨팅 인프라 등 컨테이너 클러스터를 먼저 생성한다.

그림 7.41 ECS 클러스터 생성 – 네트워크 구성

Amazon EKS

앞서 살펴본 ECS는 AWS가 자체적으로 만든 컨테이너 서비스인 반면, EKS^Elastic Kubernetes Service^는 오픈 소스인 Kubernetes를 기반으로 한다. Kubernetes는 K8S로 줄여서 표기하기도 하며 수천, 수만여 개의 컨테이너에 대한 효율적 자원 배분, 업무 조정의 역할을 의미하는 오케스트레이션^Orchestration^ 도구로 널리 알려져 있다. 오픈 소스인 Kubernetes는 많은 장점을 제공하지만 배포나 구성 작업이 복잡하다는 문제가 있었고, 이에 AWS가 K8S를 좀 더 쉽게 사용할 수 있도록 관리형 서비스로 구현한 것이다.

EKS가 수행하는 컨테이너 오케스트레이션 작업이란 컨테이너화 앱의 배포, 확장, 관리 업무를 자동으로 처리하는 것을 말한다.

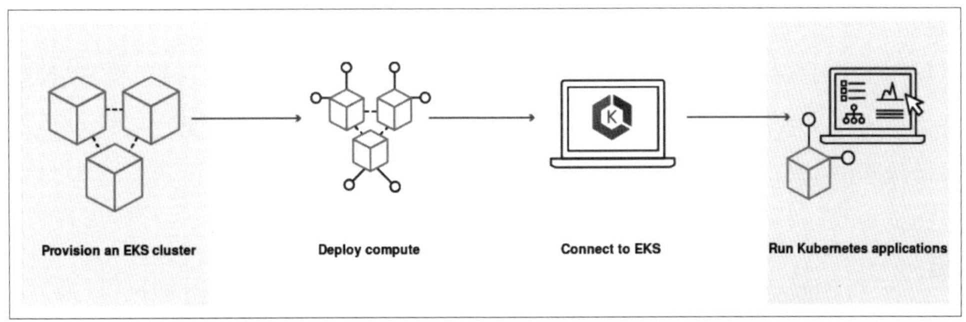

그림 7.42 EKS 클러스터 배포 및 Kubernetes 애플리케이션 실행 절차
(출처: https://docs.aws.amazon.com/ko_kr/eks/latest/userguide/getting-started.html)

다음 그림에서 보듯, EKS 역시 ECS의 경우처럼 클러스터 구성을 위한 서버 인프라(EC2 또는 Fargate)를 먼저 배포해야 하며, 사용자가 직접 Kubernetes를 설치해서 사용하는 경우에 비해 컨트롤 플레인 및 노드 설치, 운영 등 클러스터 관리 부담을 줄일 수 있다는 장점이 있다.

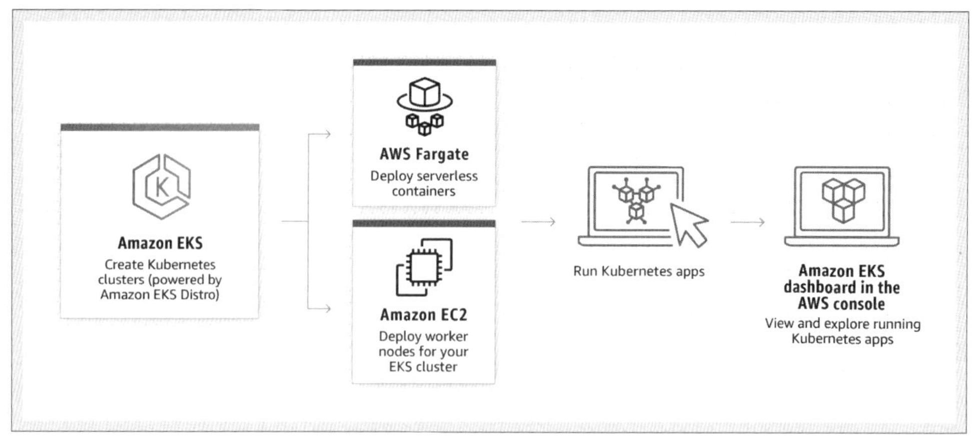

그림 7.43 EKS 활용 프로세스

https://aws.amazon.com/ko/eks/?nc2=h_ql_prod_ct_eks

EKS는 멀티 AZ 기반 컨트롤 플레인 실행 및 크기 조정을 통해 고가용성을 제공한다. 다음 그림에서 보듯 EKS의 Kubernetes 노드가 3개의 AZ에 분산돼 실행되므로 하나의 AZ에 장애가 발생해도 다른 노드를 통해 정상적으로 서비스를 제공할 수 있다.

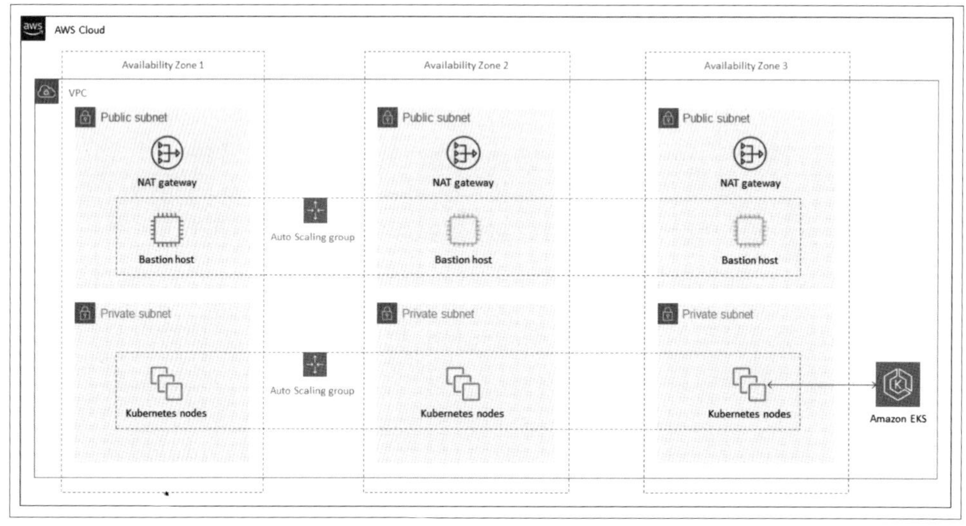

그림 7.44 EKS의 멀티 AZ 기반 고가용성 구성

(출처: https://www.devopsschool.com/blog/amazon-elastic-kubernetes-service-amazon-eks-architecture-explained-with-diagram/)

EKS 클러스터를 구성할 때는 다음 그림과 같이 Kubernetes 버전을 입력하고 추가 암호화 옵션 등을 선택한다.

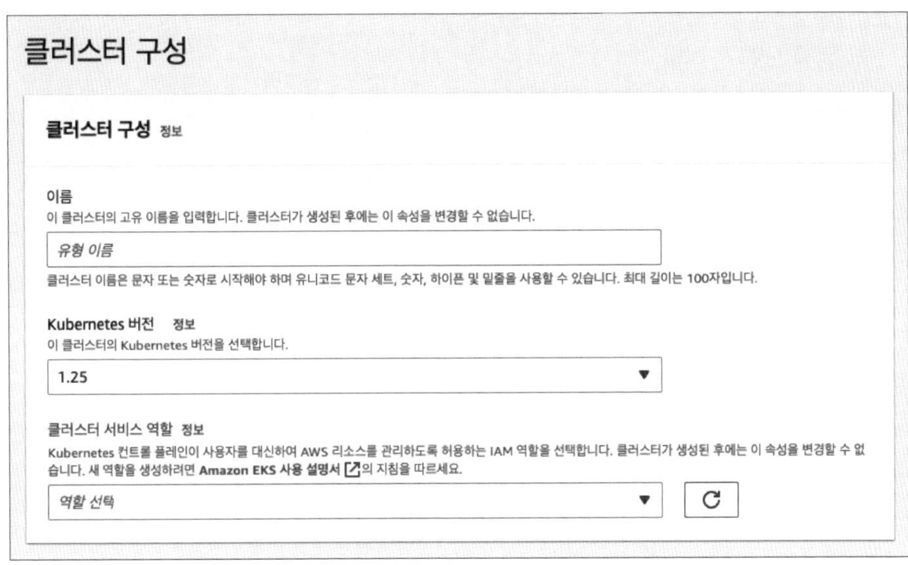

그림 7.45 EKS의 클러스터 구성 – Kubernetes 버전 선택

ECS와 EKS 비교

지금까지 ECS와 EKS에 대해 알아봤다. 몇 가지 차이점이 있긴 하지만 사용자의 입장에서 꼭 어느 한쪽만을 선택해야 하는 이유를 찾기는 쉽지 않을 것이다. 다음은 ECS와 EKS를 비교한 것이다.

표 7.4 ECS와 EKS 비교

ECS	EKS
• AWS 자체 개발 서비스 • 컨테이너 단위: Task • 전용 ENI 지원 • 인스턴스당 120개의 Task • 클러스터 생성 무료 • 활용 난이도: 낮음(누구나) • 보안: Task별 IAM Role • 호환성: AWS에서만 사용	• Kubernetes(오픈 소스) • 컨테이너 단위: Pod • 전용 ENI 지원 • 인스턴스당 750개의 Pod • 클러스터당 기본 $144 • 활용 난이도: 높음(전문성) • 보안: Kubernetes 자체 보안 • 호환성: 멀티클라우드, 온프레미스

- 컨테이너 도입 초기에 Docker 브랜드가 널리 알려졌으며 현재도 높은 영향력을 유지하고 있지만, 국내외의 클라우드 제공 기업은 Docker 브랜드에 잠식되거나 또 다른 클라우드 사업자에게 종속되지 않기 위해 각자 버전의 컨테이너 서비스를 제공하기 위해 노력 중이다.
- 컨테이너 사용자의 입장에서는 ECS와 EKS에 큰 차이가 없다고 할 수 있지만, 운영 편의성, 구성 난이도 등을 고려해서 ECS를 채택하는 기업이 많다.
- 실무적으로는 오픈 소스인 Kubernetes 기반의 컨테이너 도입 기업이 늘고 있으며, Kubernetes와의 호환성 등을 고려해 ECS 대신 EKS를 채택하는 사례도 늘고 있다.

참조 링크 **ECS와 EKS 비교**

https://spot.io/resources/kubernetes-autoscaling/amazon-ecs-vs-eks-container-orchestration-simplified/

Amazon Fargate

컨테이너 워크로드 실행 및 크기 조정을 위한 서버리스 컴퓨팅 엔진이다. ECS, EKS 등 컨테이너 클러스터 구성 시 사용되며 EC2 등 전통적인 컴퓨팅 인프라 대신 사용할 수 있다.

다음 그림에서 보듯, 컨테이너 클러스터 구성 및 실행에 있어서 기존의 컴퓨팅 인프라 대신 서버리스 기반의 Fargate를 사용하면, 필요 자원을 태스크 단위로 좀 더 효율적으로 할당할 수 있고, 실제 연산에 소비된 컴퓨팅 리소스 비용만 부담하므로 경제적이다.

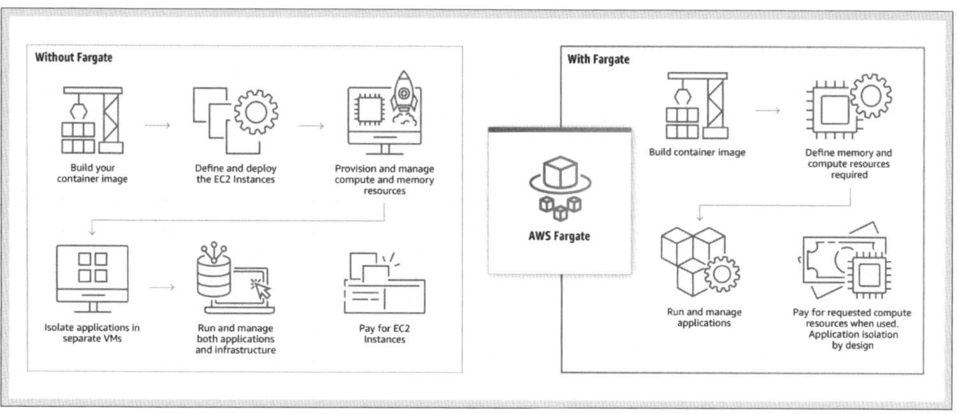

그림 7.46 서버리스 기반 Fargate 채택에 따른 간소화

ECS 클러스터 구성의 경우, 인프라 선택에서 Fargate는 기본 선택으로 제공되고, 대용량 연산 등 사용자의 필요에 따라 EC2 인스턴스를 추가할 수 있다.

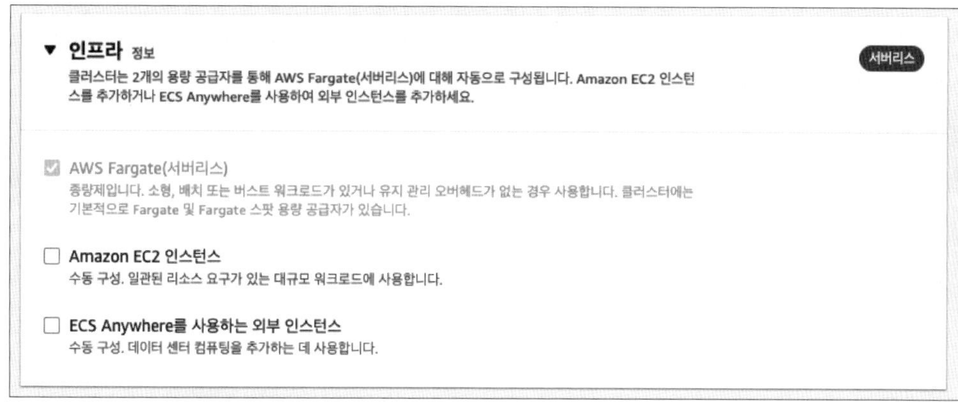

그림 7.47 서버리스 컴퓨팅 인프라로 Fargate를 기본 선택한 경우(ECS 클러스터 구성)

참고 Fargate 태스크에는 자체 격리 경계가 있어서 다른 태스크와 기본 커널, CPU 리소스, 메모리 리소스 또는 탄력적 네트워크 인터페이스를 공유하지 않는다. 이는 컨테이너 워크로드의 특성을 고려한 설계 방식이며, 리소스 공유에 의한 성능 저하, 커널, ENI 공유에 의한 보안 이슈 등을 방지하기 위한 것이다.

EC2 인스턴스 생성

실습 1. 리전: 버지니아 북부(us-east-1)

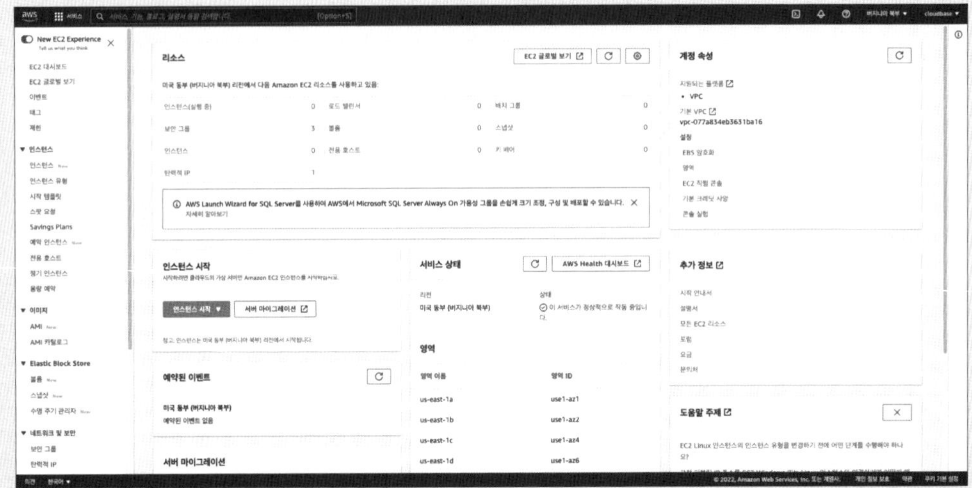

실습 2. AWS 콘솔 홈 ➤ EC2 대시보드

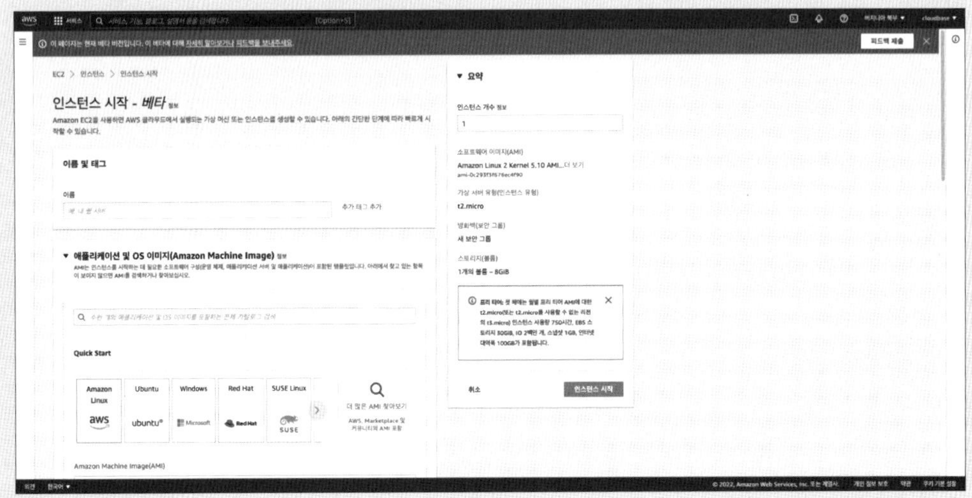

실습 3. 인스턴스 시작(베타 버전)

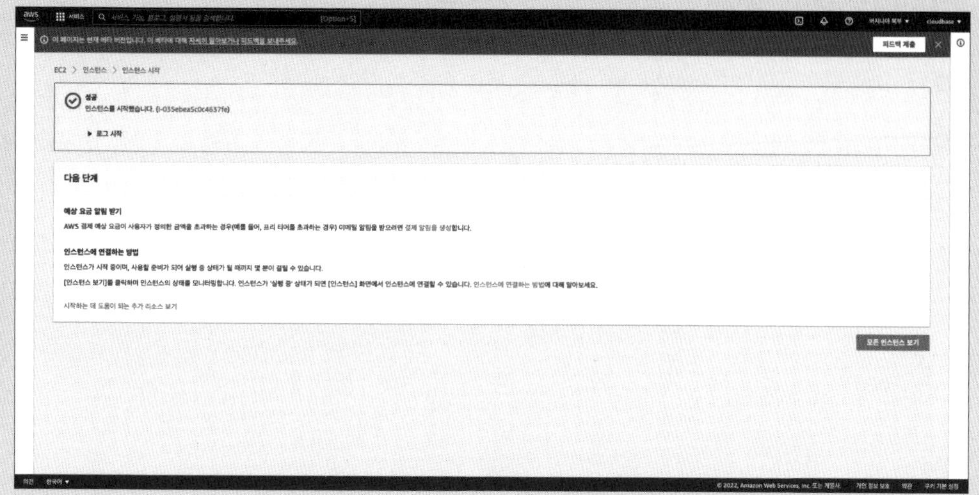

실습 4. 인스턴스 세부 정보 확인

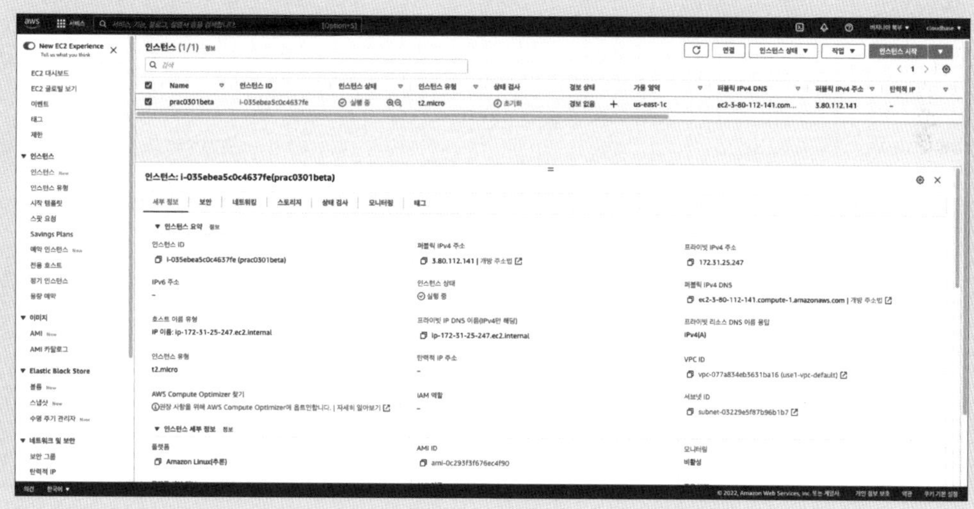

활용 실습

EC2 인스턴스 연결

실습 1. 새 IAM 역할 생성(IAMReadOnlyAccess)

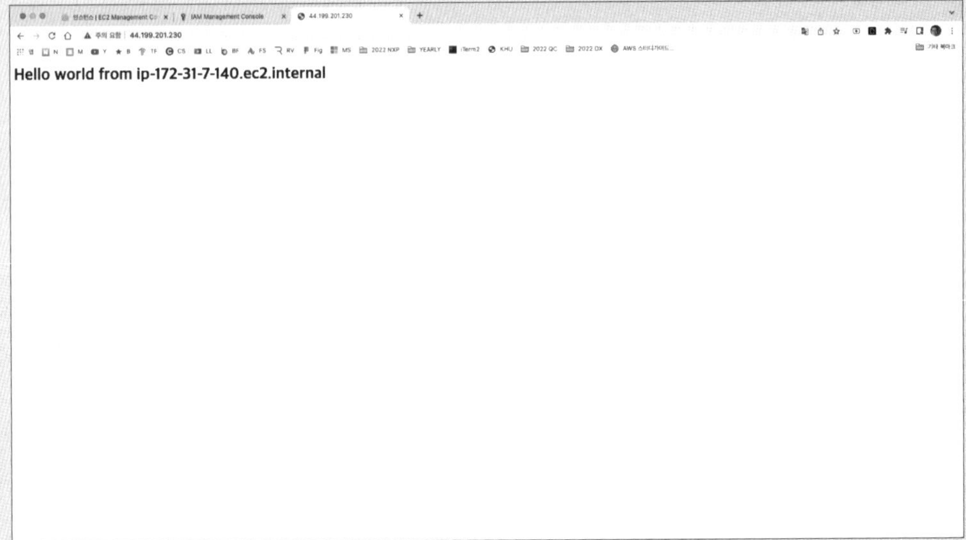

실습 2. 퍼블릭 IPv4 주소로 생성한 웹 서버 접속

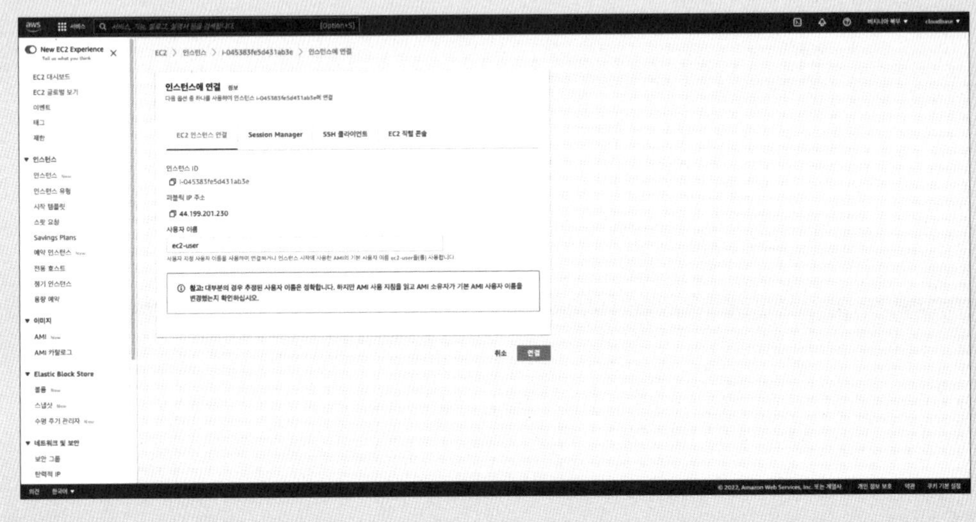

실습 3. EC2 인스턴스 연결, ping google.com

```
Last login: Sat Mar  5 07:23:21 2022 from ec2-18-206-107-25.compute-1.amazonaws.com

       __|  __|_  )
       _|  (     /   Amazon Linux 2 AMI
      ___|\___|___|

https://aws.amazon.com/amazon-linux-2/
[ec2-user@ip-172-31-7-140 ~]$ ls
[ec2-user@ip-172-31-7-140 ~]$ ping google.com
PING google.com (172.217.0.46) 56(84) bytes of data.
64 bytes from lga15s43-in-f46.1e100.net (172.217.0.46): icmp_seq=1 ttl=112 time=0.784 ms
64 bytes from lga15s43-in-f46.1e100.net (172.217.0.46): icmp_seq=2 ttl=112 time=0.812 ms
64 bytes from lga15s43-in-f46.1e100.net (172.217.0.46): icmp_seq=3 ttl=112 time=0.774 ms
64 bytes from lga15s43-in-f46.1e100.net (172.217.0.46): icmp_seq=4 ttl=112 time=0.865 ms
^C
--- google.com ping statistics ---
4 packets transmitted, 4 received, 0% packet loss, time 3028ms
rtt min/avg/max/mdev = 0.774/0.808/0.865/0.049 ms
[ec2-user@ip-172-31-7-140 ~]$
```

i-045383fe5d431ab3e (prac0301classic)

IP: 44.199.201.230 | IP: 172.31.7.140

실습 4. 해당 인스턴스의 모니터링 탭 확인

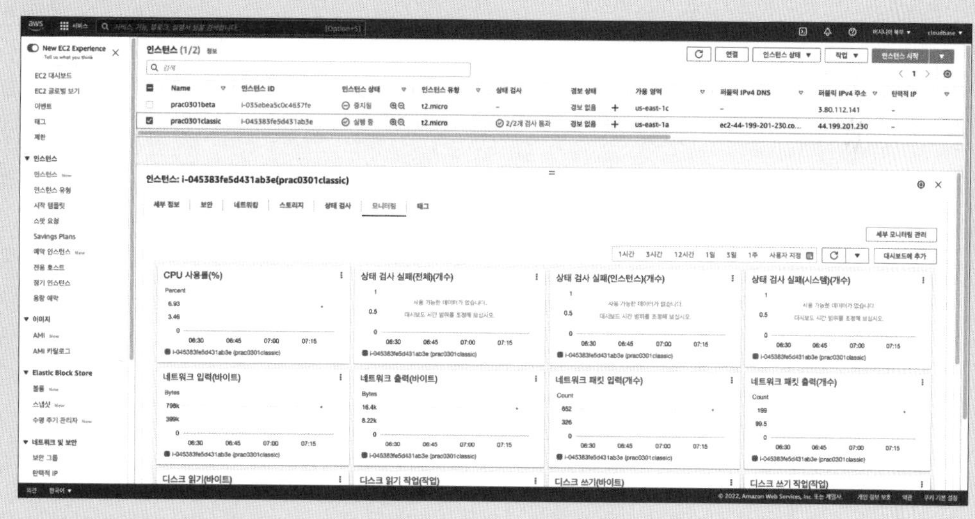

정리

- EC2는 CPU, 메모리, 스토리지, 네트워크, 보안 등 서버 구성 요소를 가상화한 서버 인스턴스 생성 및 관리 서비스다.
- EC2의 주요 요소로는 AMI, EBS, ASG, ELB, VPC 등이 있다.
- AMIAmazon Machine Image는 가상 서버, 즉 인스턴스를 생성하기 위한 이미지(설계도)다.
- 본사(서울 리전)의 AMI를 스냅숏으로 복사해 두바이 지사(UAE 리전)와 공유할 수 있다.
- EBSElastic Block Store는 인스턴스 실행에 필요한 OS와 각종 소프트웨어가 설치되는 블록(볼륨) 스토리지다.
- ASG(오토 스케일링 그룹)는 오토 스케일링 기법으로 서버의 확장 및 축소를 자동화할 수 있다.
- ELBElastic Load Balancer는 트래픽 증가 등 요청량에 따라 다수의 서버에 부하(워크로드)를 분산시킨다.
- EC2 인스턴스는 온디맨드On-demand, 예약Reserved, 스폿Spot 등 다양한 가격 모델을 제공한다.
- 온디맨드On-demand 인스턴스는 1년 미만 사용, 사용량 예측이 어려운 경우, 변동성 대응에 적합하다.
- 예약Reserved 인스턴스는 1년 이상 사용, 사용량 예측 쉬운 경우에 적합하며 1년 또는 3년 장기 예약에 따른 할인 혜택이 제공된다.
- 스폿Spot 인스턴스는 경매 입찰 방식으로 저렴하며, 단기적 활용에 적합하지만 작업 중단에 대비해야 한다.
- 스폿 인스턴스는 데이터 분석, 배치 작업, 백그라운드 프로세싱 등의 작업에 적합하다.
- 물리적으로 완전히 격리된 컴퓨팅 환경이 필요한 경우 전용 호스트Dedicated Host 가격 모델을 사용할 수 있다.

- EC2 인스턴스의 스토리지는 인스턴스 스토어와 EBS 등 두 가지가 있다. 여러 AZ에 흩어진 EBS 연결하기 위해 공유 파일 시스템인 EFS를 사용한다.
- EBS 볼륨 타입 중 범용 스토리지(gp2/gp3, SSD)는 기업용 서비스의 개발 및 테스트 등 워크로드에 적합한 저비용 고성능 스토리지에 적합하다.
- EBS 볼륨 타입 중 PIOPS 스토리지(io1/io2 PIOPS, SSD)는 고성능 컴퓨팅을 위해 I/O(입출력) 처리 성능이 최대화된 스토리지 옵션이며, 고성능의 데이터베이스 및 상용 워크로드에 적합하다.
- IT 인프라 설계에서 확장성Scalability의 개념은 크게 수직적 확장과 수평적 확장으로 나뉜다. 수직적 확장은 기존 하드웨어의 업그레이드 개념이다.
- 클라우드 환경에서 널리 사용되는 수평적 확장Horizontal Scaling 기법은 트래픽 또는 워크로드 급증 시 인스턴스의 수를 증가시켜서 대응하는 방식이다.
- 멀티 AZ, 중복 구현Redundancy을 통해 가용성을 높은 수준으로 유지할 수 있고, 재난 상황 속에서 운영/데이터 손실을 최소화할 수 있다.
- EC2 오토 스케일링은 오토 스케일링 그룹, 시작 템플릿, 조정 정책 등을 이용해 자동화된 스케일링 작업을 수행한다.
- Elastic Load BalancerELB는 로드 밸런싱 기능을 구현한 네트워크 서비스로서 트래픽 로드를 다수의 인스턴스에 적절하게 분산시킨다.
- 보안 그룹은 EC2 인스턴스를 위한 방화벽firewall이며, EC2 인스턴스로 유입/유출되는 트래픽을 통제한다.
- Elastic Beanstalk는 서버 등 인프라 프로비저닝 없이 신속하게 웹 앱을 배포하고 자동으로 스케일링할 수 있는 PaaS 계열 서비스다.
- Lambda는 AWS를 대표하는 이벤트 기반event-driven 서버리스 컴퓨팅 서비스이며 FaaSFunction as a Service로도 부른다.

- 컨테이너에는 애플리케이션 코드와 시스템 라이브러리, 시스템 설정 및 기타 종속성 요소 등 애플리케이션 실행 환경이 모두 포함돼 있고, 가상화된 서버에 비해 서버 운영 효율성을 더욱 높일 수 있다.
- ECS는 AWS가 자체적으로 만든 컨테이너 플랫폼 서비스이고, EKS는 오픈 소스인 Kubernetes 기반의 컨테이너 플랫폼 서비스다.
- Fargate는 컨테이너 워크로드 실행 및 크기 조정을 위한 서버리스 컴퓨팅 엔진으로 ECS, EKS 등 컨테이너 클러스터 구성 시 사용되며 EC2 등 전통적인 컴퓨팅 인프라 대신 사용한다.

기출 유형 분석 퀴즈

1. L 커머스는 앱 서비스 개편을 진행 중이며, 완전관리형 컨테이너 오케스트레이션 서비스인 ECS를 이용해 비용을 절감하고 고객 니즈에 좀 더 유연하게 대응하려 합니다. 다음 ECS에 대한 설명으로 옳지 않은 것은 무엇입니까? **(AWS 기술 및 서비스/컨테이너, ECS), (정답 2개)**

A. 서버리스 서비스이므로 EC2 같은 컴퓨팅 리소스는 불필요하다.
B. 호스팅 위치에 관계없이 동일한 방식으로 실행될 수 있다.
C. AWS가 컨테이너화 앱의 배포, 관리, 크기 조정을 모두 관리한다.
D. 컨테이너 이미지의 저장, 관리, 배포 기능도 제공한다.
E. 온프레미스 컨테이너와도 연계할 수 있다.

2. Amazon EC2 인스턴스의 인스턴스 스토어 볼륨에 대한 다음 설명 중 올바르지 않은 것은 무엇입니까? **(EC2/스토리지/인스턴스 스토어 볼륨), (정답 2개)**

A. 인스턴스 스토어 볼륨은 네트워크를 통해 연결된 스토리지다.
B. 인스턴스 스토어 볼륨은 영구 스토리지로 사용할 수 있다.
C. 인스턴스 스토어 볼륨은 EBS 볼륨과 달리 데이터를 보존하지 않는다.
D. 인스턴스 스토어 볼륨은 인스턴스가 중지되면 데이터가 유실된다.
E. 인스턴스 스토어 볼륨은 별도의 비용이 청구되지 않는다.

3. EBS 스냅숏을 사용해 EBS 볼륨 백업 작업을 수행하려면 무엇을 해야 합니까? **(EBS/스냅숏/볼륨 백업)**

A. EBS 스냅숏을 다른 지역에 복사한다.

B. 스냅숏을 찍은 후 볼륨을 삭제해야 한다.

C. 스냅숏을 찍은 후 볼륨을 조정할 수 있다.

D. 스냅숏을 찍은 후 새로운 볼륨을 생성한다.

4. AWS 로드 밸런서 중 하나인 Application Load Balancer가 사용하는 프로토콜은 무엇입니까? **(ELB/전송 프로토콜)**

A. SMTP/POP3

B. HTTP/HTTPS

C. TCP/UDP

D. FTP/SFTP

E. SSH/Telnet

5. AWS Lambda에 대한 다음 설명 중 올바른 것은 무엇입니까? **(Lambda/속성성), (정답 2개)**

A. AWS Lambda는 IaaS 서비스다.

B. IaaS 속성을 지닌다.

C. AWS Lambda는 PaaS 서비스다.

D. 서버리스 속성을 지닌다.

E. AWS Lambda는 FaaS 서비스다.

6. Linux 기반 Amazon EC2 인스턴스 및 온프레미스 서버에서 사용할 간단하고 확장 가능한 공유 파일 스토리지 솔루션을 제공하는 AWS 서비스는 무엇입니까? **(AWS의 기술과 서비스/EC2/공유 파일 스토리지)**

A. AWS Managed Services(AMS)

B. Amazon S3 Glacier

C. Amazon Elastic Block Store(Amazon EBS)

D. Amazon Elastic File System(Amazon EFS)

7. Amazon EC2 오토 스케일링 그룹에서 최소/최대/기본 인스턴스 수를 설정하는 이유는 무엇입니까? **(EC2 오토 스케일링 그룹)**

A. 인스턴스의 크기와 성능을 조절하기 위해 사용된다.

B. 서로 다른 가용 영역에서 인스턴스를 실행하기 위해 사용된다.

C. 그룹 내 인스턴스의 개수를 조절하기 위해 사용된다.

D. 로드 밸런싱을 구성하기 위해 사용된다.

E. 인스턴스의 스폿 인스턴스 대비 가격 설정을 위해 사용된다.

8. AWS Lambda 함수에서 이벤트 트리거로 사용할 수 있는 것은 무엇입니까? **(Lambda/이벤트 트리거)**

A. Amazon S3 이벤트

B. Amazon EC2 인스턴스 이벤트

C. Amazon SQS 메시지

D. 모두

9. EC2 인스턴스의 공급/수요에 따라 조정되는 Amazon EC2 요금 모델은 무엇입니까? **(AWS의 요금 및 결제/인스턴스 요금제)**

A. 온디맨드 인스턴스

B. 예약 인스턴스

C. 스폿 인스턴스

D. 컨버터블 예약 인스턴스

10. K 상사는 소규모의 커머스 앱 서비스를 구현하려 합니다. 내부 백엔드 개발 인력이 충분치 않은 관계로 인프라 프로비저닝 없이 신속하게 웹 앱을 배포하고 스케일링도 자동으로 처리되길 바랍니다. 다음 중 이와 같은 K 상사의 요구 사항에 가장 적합한 컴퓨팅 서비스는 무엇입니까? **(AWS 기술 및 서비스/PaaS, 백엔드 자동화)**

A. EC2 기반 ECS

B. 오토 스케일링 기반 EC2 인스턴스

C. Elastic Beanstalk

D. Fargate 기반 ECS

E. Fargate 기반 EKS

11. AWS Lambda 함수에서 실행 가능한 코드는 어디에 저장됩니까? (Lambda/실행 코드)

A. Amazon S3

B. Amazon EC2

C. AWS Lambda 함수에 포함된다.

D. AWS Lambda 함수에 의해 생성된 EBS 볼륨

12. Amazon EC2 오토 스케일링 그룹에 대한 다음 설명 중 올바르지 않은 것은 무엇입니까? (EC2 오토 스케일링 그룹)

A. 오토 스케일링 그룹은 EC2 인스턴스의 집합이다.

B. 오토 스케일링 그룹에 유입되는 트래픽을 분산시킨다.

C. 오토 스케일링 그룹은 필요에 따라 인스턴스 수를 자동으로 조정한다.

D. 오토 스케일링 그룹은 여러 가용 영역에서 EC2 인스턴스를 실행할 수 있다.

E. 오토 스케일링 그룹은 EC2 인스턴스의 로드 밸런싱을 관리할 수 있다.

13. EBS 스냅숏을 생성한다는 것은 어떤 작업을 수행하는 것입니까? (EBS/스냅숏)

A. EBS 볼륨을 만든다.

B. EBS 볼륨을 삭제한다.

C. EBS 볼륨을 복사한다.

D. EBS 볼륨의 상태를 저장한다.

14. AWS에서 제공하는 로드 밸런서의 기본적인 기능은 무엇입니까? (ELB/로드 밸런서), (정답 2개)

A. 서버의 부하를 감소시키기 위한 도구

B. 클라이언트 요청을 라우팅하기 위한 도구

C. 데이터를 처리하기 위한 도구

D. 서버를 모니터링하기 위한 도구

E. 가상 서버를 자동으로 확장 또는 축소하는 도구

15. 다른 고객의 인스턴스에서 자사의 Amazon EC2 인스턴스를 물리적으로 완전히 격리해야 하는 한 회사가 있습니다. 이 요구 사항을 충족하는 인스턴스 구매 옵션은 무엇입니까? **(AWS의 기술과 서비스/EC2/물리적 격리)**

A. 전용 호스트

B. 예약 인스턴스

C. 온디맨드 인스턴스

D. 스폿 인스턴스

E. 전용 인스턴스

16. 다음 중 AWS Fargate에 대한 설명으로 옳지 않은 것은 무엇입니까? **(Fargate), (정답 2개)**

A. 서버리스 기반의 서비스다.

B. 운영체제, CPU 및 메모리 요구 사항을 지정하지 않아도 된다.

C. 컨테이너 배포와 관련이 있다.

D. 사용에 앞서 가상머신 클러스터를 프로비저닝해야 한다.

E. 다른 태스크와 기본 커널, CPU 및 메모리 리소스, ENI를 공유하지 않는다.

17. 한 IT 회사의 인턴은 초당 청구되는 Linux 기반 온디맨드 EC2 인스턴스를 프로비저닝했지만 다른 인스턴스 유형을 프로비저닝하고 싶어 30초 이내에 종료했습니다. 인스턴스에 요금이 청구되는 기간은 얼마입니까? **(EC2 인스턴스 과금 시간)**

A. 15초

B. 30초

C. 60초

D. 300초

E. 600초

18. 데이터 분석 회사는 AWS에서 독점 배치 분석 애플리케이션을 실행하고 있으며 수백 개의 EC2 인스턴스에서 동시에 액세스해 기존 파일에 데이터를 추가하는 스토리지 서비스를 사용하려고 합니다. 클라우드 실무자로서 이 사용 사례에 대해 어떤 AWS 서비스를 제안하시겠습니까? (다수의 EC2 인스턴스를 위한 공유 파일 스토리지)

    A. S3
    B. EFS
    C. EBS
    D. FSx
    E. Instance Store

19. 스타트업은 장기적으로 가능한 최저 비용으로 EC2 인스턴스를 프로비저닝하되, 인스턴스가 중단되지 않도록 해야 합니다. 클라우드 실무자로서 다음 중 어떤 옵션을 추천하시겠습니까? (EC2 인스턴스 타입)

    A. 전용 호스트
    B. 전용 인스턴스
    C. 예약 인스턴스
    D. 스폿 인스턴스
    E. 온디맨드 인스턴스

20. 연구 그룹은 EC2 인스턴스를 사용해 내결함성 아키텍처가 있는 과학적 컴퓨팅 애플리케이션을 실행하려고 합니다. 애플리케이션에는 빠른 I/O 성능을 제공하는 고성능 하드웨어 디스크가 필요합니다. 클라우드 실무자로서 다음 중 가장 비용 효율적인 솔루션으로 권장하는 스토리지 옵션은 무엇입니까? (EC2/스토리지 옵션)

    A. S3
    B. EFS
    C. EBS
    D. Instance Store
    E. FSx

정답 및 해설

1. **정답 A, D** ECS는 AWS의 컨테이너 서비스이며, 컨테이너 노드 생성에 앞서 EC2 같은 컴퓨팅 리소스 프로비저닝이 필요하다. 컨테이너 이미지의 저장, 관리, 배포 기능은 또 다른 서비스인 ECR이 담당한다.

2. **정답 A, B** EC2 인스턴스의 인스턴스 스토어 볼륨은 인스턴스 내부에 물리적으로 연결된 스토리지이며, 지속형이 아닌 임시 스토리지로 사용할 수 있다.

3. **정답 D** 스냅숏을 찍은 후 새로운 볼륨을 만들 수 있다. EBS 스냅숏을 사용해 EBS 볼륨의 백업을 수행하려면 먼저 스냅숏을 찍어야 한다. 스냅숏을 찍은 후 새로운 볼륨을 만들거나 기존 볼륨을 스냅숏에서 복원할 수 있다.

4. **정답 B** Application Load Balancer는 HTTP/HTTPS 프로토콜 기반으로 데이터를 전송한다.

5. **정답 D, E** AWS Lambda는 서버리스 기반의 Function as a Service(FaaS) 서비스이며, 사용자는 코드를 작성하고 해당 코드가 실행될 트리거를 정의하면 AWS Lambda가 코드 실행을 담당한다.

6. **정답 D** EC2 및 온프레미스에 존재하는 가상 서버를 위한 공유 파일 스토리지로는 EFS가 적합하다.

7. **정답 C** 그룹 내 인스턴스의 갯수를 조절하기 위해 최소/최대/기본 인스턴스 수를 설정한다.

8. **정답 D** AWS Lambda 함수는 S3 이벤트, EC2 인스턴스 이벤트, SQS 메시지 등 다양한 이벤트 트리거를 사용할 수 있다.

9. **정답 C** 스폿 인스턴스는 경쟁 입찰 방식을 사용하며, 인스턴스의 공급 및 수요에 따라 가격이 조정된다.

10. **정답 C** 인프라 프로비저닝 없이 신속하게 웹 앱을 배포하고 스케일링도 자동으로 처리되는 서비스는 PaaS 계열의 Elastic Beanstalk이다.

11. **정답 C** AWS Lambda 함수에서 실행 가능한 코드는 함수에 직접 포함된다.

12. **정답 B** EC2 오토 스케일링 그룹에 유입되는 트래픽을 분산시키는 것은 ELB, 즉 로드 밸런서다.

13. **정답 D** EBS 스냅숏을 만드는 것은 EBS 볼륨의 상태를 저장하는 것이며, 이러한 스냅숏을 사용해 EBS 볼륨을 복원하거나 스냅숏에서 새로운 볼륨을 생성할 수 있다.

14. **정답 A, B** 로드 밸런서는 클라이언트 요청을 여러 대의 서버로 분산시켜서 개별 서버의 부하를 감소시킨다.

15. **정답 A** EC2 인스턴스를 물리적으로 완전히 격리해야 하는 경우, 전용 호스트 구매 옵션이 적합하다.

16. **정답 B, D** Fargate는 컨테이너를 위한 서버리스 컴퓨팅 플랫폼으로서, 가상머신 클러스터를 프로비저닝하지 않고 바로 사용할 수 있다. 단, Fargate 시작 유형 구성 시 운영체제, CPU 및 메모리 요구 사항 등을 지정해야 한다.

17. **정답 C** 인스턴스에 요금이 청구되는 최소 기간은 60초다. 따라서 위 경우처럼 30초 이내에 종료했다면 요금이 청구되지 않는다.

18. **정답 B** 수백 개의 EC2 인스턴스에서 동시에 액세스해 기존 파일에 데이터를 추가하는 스토리지 서비스로 적합한 것은 EFS다.

19. **정답 C** 장기적으로 가능한 최저 비용으로 EC2 인스턴스를 프로비저닝하되, 인스턴스가 중단되지 않도록 해야 하는 경우, 예약 인스턴스를 추천할 수 있다.

20. **정답 D** 빠른 I/O 성능을 제공하는 고성능 하드웨어 디스크를 가장 비용 효율적으로 사용하려 한다면 Instance Store가 적합하다.

8장

AWS 데이터베이스 서비스

연관 출제 영역

출제 영역 3: AWS 인프라 및 주요 서비스

3.2 AWS 글로벌 인프라 정의
리전, 가용 영역, 에지 로케이션, 고가용성, 재해 복구

3.3 핵심 AWS 서비스 식별
데이터베이스: RDS, DynamoDB, Redshift

8장에서 다룰 주요 내용

- 관계형 및 비관계형 데이터베이스 비교
- Amazon RDS
- Amazon Aurora
- Amazon DynamoDB
- Amazon ElastiCache
- 데이터 레이크와 데이터 웨어하우스 비교
- Amazon Redshift
- 활용 실습 - Aurora 데이터베이스 생성

관계형 및 비관계형 데이터베이스 비교

데이터베이스는 기업용 클라우드의 가장 대표적인 소프트웨어 중 하나이며, 간단히 '데이터 저장, 조직화, 인출 시스템'으로 정의할 수 있다. 글로벌 탑티어 기업의 데이터베이스 예산은 연간 수십억에서 수백억 원에 달하며, 클라우드 산업에서도 매우 큰 비중을 차지한다. 하지만 과거엔 데이터베이스 환경 구성이나 설치, 운영이 상당히 어려웠던 것에 반해 최근 클라우드 기반 데이터베이스는 개별 기업의 목적만 정해지면 아주 간단하게 이용할 수 있는 기업 인프라 또는 리소스가 됐다.

8장에서는 현대적인 데이터베이스의 기술과 개념에 대해 살펴본 뒤 RDS, Aurora, DynamoDB, Redshift 등 AWS가 제공하는 대표적인 데이터베이스에 대해 알아본다(8장에서는 데이터베이스, DB를 같은 의미로 함께 사용한다).

먼저 데이터베이스의 개념 정리를 위해 관계형 데이터베이스와 비관계형 데이터베이스를 비교해보자.

표 8.1 관계형 및 비관계형 데이터베이스 비교

관계형 데이터베이스	비관계형 데이터베이스
• SQL, RDBMS	• NoSQL
• 행과 열 테이블에 기반한 견고한 구조	• 키-밸류에 기반한 유연한 구조
• SQL을 통해 효율적으로 데이터 조회	• 표준적 스키마, 질의어 없음
• 회계 데이터 저장에 적합	• 변동성 지닌 소비자 속성 저장
• MySQL, PostgreSQL, Oracle	• Redis, ScyllaDB, MongoDB
• AWS RDS, Aurora	• AWS DynamoDB

관계형 데이터베이스 개요

- 기업용 데이터베이스로 널리 사용되는 PostgreSQL, MySQL 등은 관계형 데이터베이스Relational DB에 속하며, 여기서 '관계형'이란 데이터베이스의 핵심 요소인 테이블이 서로 관계성을 지닌다는 의미다.
- '테이블table'은 엑셀의 테이블을 떠올려도 되며, 하나의 테이블은 행row과 열column로 구성된다. 관계형 데이터베이스는 데이터 입력에 대한 강한 규칙이 있으며, 정해진 형

식scheme에 따라 정확하게 입력해야 한다.

- 처음에 데이터 구조를 정의하고 입력하는 일이 조금 힘들긴 하지만 데이터가 쌓이기 시작하면 SQLStructured Query Language이라는 전용 질의어를 통해 방대한 데이터가 지닌 인사이트를 얻을 수 있다.
- 이와 같은 관계형 데이터베이스를 관리하기 위한 종합적인 체계 또는 소프트웨어를 RDBMSRelational DataBase Management System라 부르며, 앞서 언급한 Oracle 외 PostgreSQL, MySQL 등이 널리 쓰이고 있다.
- 글로벌 레벨 또는 산업 레벨에서 표준화된 데이터, 예를 들면 회계 데이터, 주식 거래 데이터, 고객 관계 데이터 등이 주로 관계형 데이터베이스에 저장되고 활용된다.
- AWS에서는 RDS와 Aurora가 대표적인 관계형 데이터베이스 서비스다.

비관계형 데이터베이스 개요

- 비관계형 데이터베이스는 NoSQL 데이터베이스로도 부르며, 관계형이 행과 열로 구성된 테이블로 데이터 구조를 정의한다면 비관계형은 아이템item(행에 대응), 속성attribute(키-밸류 조합, 열에 대응)의 조합인 파티션partition(테이블에 대응) 또는 컬렉션collection 단위로 데이터를 입력한다.
- 비관계형 데이터베이스는 관계형과 달리 미리 정해진 형식을 벗어날 수 있고schemaless, 아이템 속성 및 데이터 타입이 다양하다는 측면에서 관계형과 비교했을 때 유연성이 더 높다는 장점이 있다.
- 비관계형 데이터베이스는 현대 산업에서 생성되는 데이터의 복잡성과 다양성을 반영하려는 시도에서 출발했다는 측면에서 유연성 등 다양한 장점을 지니지만, 전통적이며 표준화된 질의어인 SQL을 사용하기 어렵다는 단점도 존재한다.
- 글로벌 레벨에서 널리 알려진 NoSQL 데이터베이스로는 Redis, ScyllaDB, MongoDB 등이 있으며, 이들 오픈 소스 기반 DB 대부분은 글로벌 주요 클라우드에서 서비스 형태로 이용할 수 있다.

- AWS에서는 DynamoDB가 대표적인 비관계형 데이터베이스 서비스이고, NoSQL 계열의 Redis는 ElastiCache라는 캐시 스토어 서비스로 이용할 수 있다.

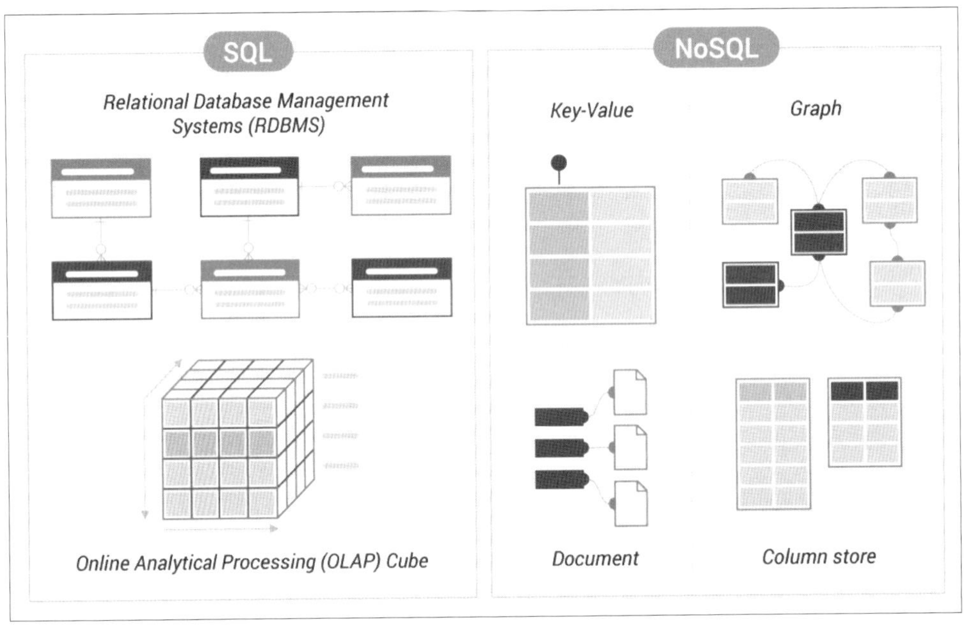

그림 8.1 SQL 및 NoSQL 데이터베이스 비교
(출처: https://www.scylladb.com/learn/nosql/nosql-vs-sql/)

AWS의 데이터베이스 서비스

AWS는 기업 클라우드 환경에 최적화된 관리형 데이터베이스 서비스를 제공하며 관계형, 비관계형은 물론 데이터웨어하우스, 인메모리 데이터베이스 등 글로벌 기업이 필요로 하는 최신의 데이터베이스 유형까지 폭넓게 제공한다. 프랙티셔너 및 어소시에이트 레벨에서 스터디를 권장하는 데이터베이스 서비스는 다음과 같다.

- 관계형 데이터베이스: RDS, Aurora
- 비관계형, NoSQL 데이터베이스: DynamoDB
- 데이터 웨어하우스(OLTP + OLAP): Redshift
- 인메모리 데이터베이스: ElastiCache

참고 AWS는 최근 각광받는 기술을 반영해 MongoDB와 호환성을 지닌 DocumentDB, 블록체인 기반의 데이터베이스인 QLDB, Cassandra와 호환성을 지닌 Keyspaces, 그래프 데이터베이스인 Neptune 등 다양한 서비스를 제공 중이다.

Amazon RDS

RDS(Relational Database Service)는 관리형(managed) 데이터베이스 서비스이며, 데이터베이스에 특화된 전용 서버 인스턴스를 제공한다. 사용자는 Aurora, MySQL, MariaDB, Oracle, PostgreSQL, Microsoft SQL 등 다양한 데이터베이스 엔진을 사용할 수 있다.

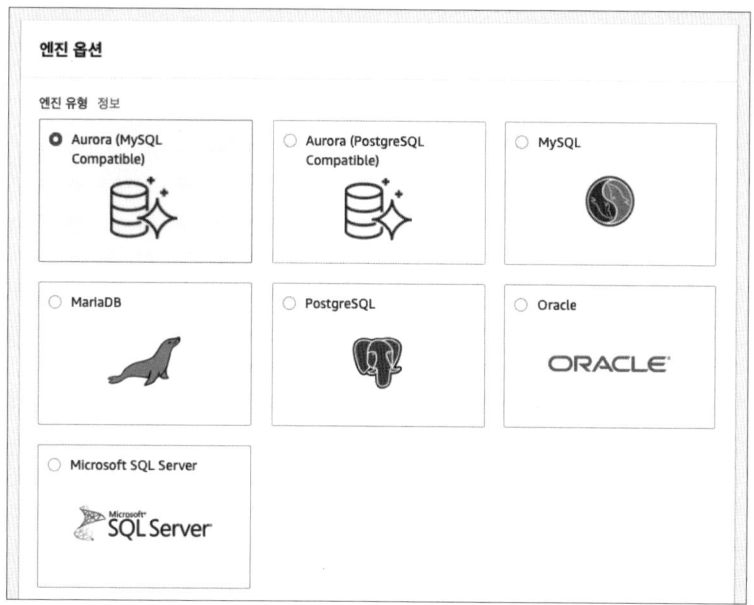

그림 8.2 RDS 엔진 옵션 – Aurora 외

앞서 EC2 가상 서버를 인스턴스라 지칭했는데, RDS 역시 가상 서버로서 RDS 인스턴스라 부르지만 EC2 인스턴스와 몇 가지 차이가 있다. 그중 대표적인 것으로는 RDS는 사용자가 인스턴스에 접속하거나 설정 등을 수정하는 것이 불가능하다는 것이다. EC2 인스턴스는 SSH 접속 및 OS 레벨 접근이 가능하지만 RDS는 이런 작업을 할 수 없다. '관리형 서비스'로 부르는 까닭도 이런 점을 반영한 것이다.

RDS 인스턴스 유형 및 스토리지 옵션

RDS는 범용general 인스턴스 및 메모리 최적화memory-optimized 인스턴스 등 두 가지 유형의 인스턴스를 제공한다.

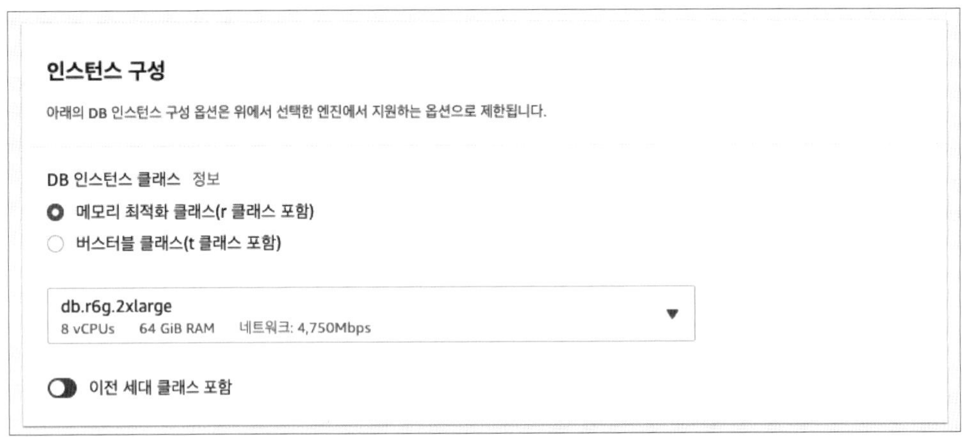

그림 8.3 RDS 구성 옵션 – 범용 또는 메모리 최적화 옵션 중 선택

데이터베이스는 일반적인 인스턴스에 비해 높은 수준의 읽기 및 쓰기 작업 성능을 요구하므로, 읽기/쓰기 작업 성능 지표인 IOPSInput/Output Operations Per Second 수준이 높은 스토리지를 필요로 한다. RDS의 스토리지는 (지난 7장, EC2 인스턴스에서 블록 스토리지로 소개했던) EBS를 사용하며 범용 SSD 볼륨, 프로비전 IOPS SSD 볼륨, 마그네틱 볼륨 등 세 가지 유형 중 선택할 수 있다.

기업의 다양한 데이터베이스 워크로드에 대해 기본적으로 추천하는 유형은 범용 SSD 볼륨이고, I/O 집약적인 데이터베이스 워크로드를 처리하기 위한 일관성 및 저지연성을 갖춘 고성능 스토리지가 필요하다면 프로비전 IOPS 볼륨을 추천한다. 역호환성을 지닌 저렴한 스토리지 옵션으로는 마그네틱 볼륨을 추천한다.

RDS 읽기 전용 복제본

데이터베이스는 기본적으로 읽기 및 쓰기 작업을 처리하며 보통 쓰기 작업 횟수보다는 읽기 작업 횟수가 훨씬 더 많은 편이다. 그런데 데이터베이스에 읽기 작업 요청이 너무 많이 몰리게 되면 쓰기 작업 성능이 떨어지고, 데이터베이스의 전반적인 성능이 저하되는 결과로 이어질 수 있다. 이런 문제에 대해 RDS는 기본 데이터베이스의 복사본을 만들어서 읽기 작업 요청에 대응하며, 이를 읽기 전용 복제본 또는 리드 레플리카RR, Read Replica라 부른다.

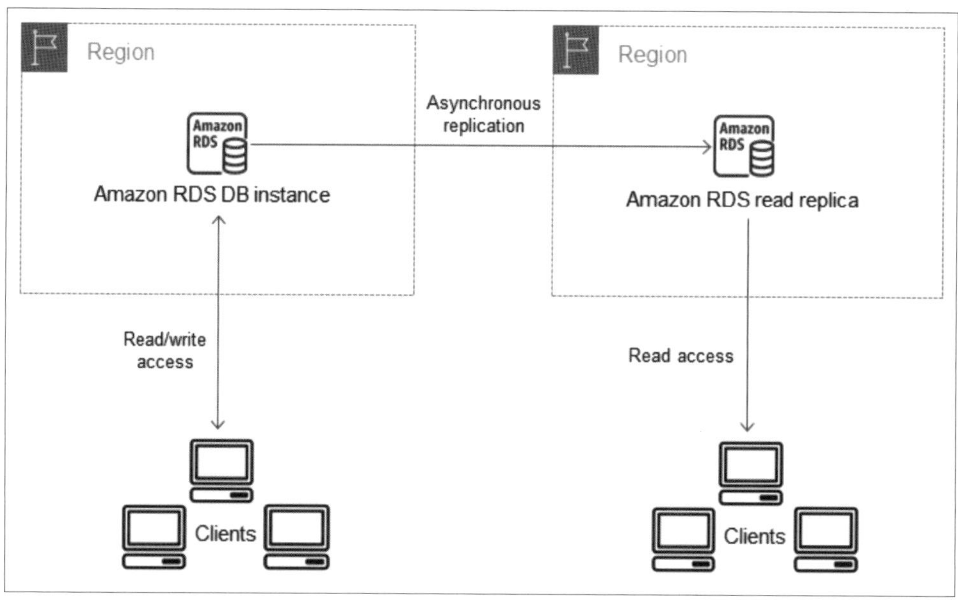

그림 8.4 RDS 읽기 전용 복제본

(출처: https://aws.amazon.com/ko/rds/features/read-replicas/)

앞서 나온 그림에서 보듯, 하나의 위치에 있는 RDS 기본 DB^Primary DB 인스턴스를 비동기적^asynchronous으로 복제해 또 다른 위치에 읽기 전용 복제본을 생성하고, 읽기 전용 복제본이 읽기 작업을 처리함으로써 기본 DB의 부담을 줄여줄 수 있다. 이는 원본에 사본을 추가 및 확장하는 수평적 성능 확장의 예시이며, 이런 방식으로 전반적인 워크로드 처리 성능을 높일 수 있다.

> **참고** '비동기적 기록'은 시차를 두고 기록된다는 의미로 이해해도 무방하다. 원본의 내용이 읽기 사본에 반영되는 데 몇십 초 또는 몇 분의 시차가 있을 수 있다.

RDS는 5개의 읽기 전용 복제본을 지원하고, Aurora는 최대 15개의 읽기 전용 복제본을 생성할 수 있으며, 멀티 AZ 구성 또는 멀티 리전 구성으로 가용성을 높일 수 있다. 즉, 기본 DB가 정상적으로 작동하지 않는 경우, 읽기 전용 복제본이 기본 DB를 대신해 읽기 및 쓰기를 처리할 수 있다.

읽기 전용 복제본은 비동기적으로 복제돼 원본 데이터가 모두 반영되지 않을 수 있으므로 재해 복구 또는 DR의 목적으로는 적합하지 않다.

> **참고** DR은 어소시에이트 이상의 레벨에서 주로 다룬다.

RDS 멀티 AZ 배포

데이터베이스의 또 다른 주요 주제가 바로 고가용성을 확보하는 것이고, 이를 위한 대표적인 방법이 하나의 가용 영역(AZ) 대신 여러 개의 가용 영역에 데이터베이스 인스턴스를 배포하는 것이다.

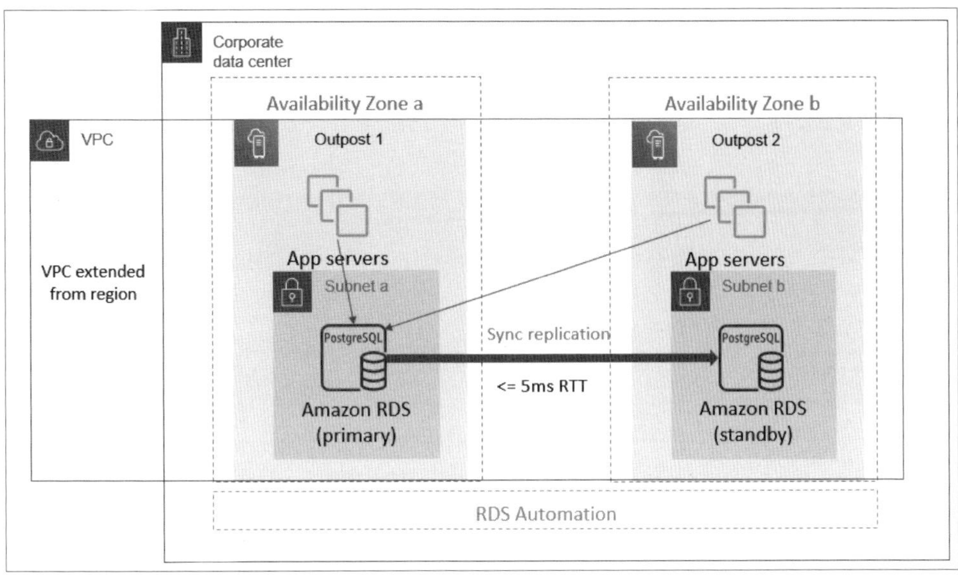

그림 8.5 RDS 멀티 AZ 배포

(출처: https://aws.amazon.com/blogs/database/deploy-amazon-rds-on-aws-outposts-with-multi-az-high-availability/)

위 그림에서, 2개의 가용 영역 중 하나에는 기본primary DB가 있고, 다른 하나에는 스탠바이standby DB가 있으며, 기본 DB의 데이터는 스탠바이 DB에 동기적synchronous으로 저장된다. 기본 DB는 읽기 및 쓰기 작업을 모두 처리하지만 스탠바이 DB는 말 그대로 오직 '대기'만 하므로 평소에는 읽기 및 쓰기 작업에 쓰이지 않는다.

이와 같은 RDS 멀티 AZ 배포를 통해 가용성을 높일 수 있고, 동기적 복제가 진행되므로 DR 목적으로도 사용할 수 있다. 기본적으로는 특정 AZ 중단에 대응하거나 DB 타입 변경, OS 패치 등 작업을 위해 멀티 AZ 배포를 사용한다. MySQL과 MariaDB의 경우 멀티 AZ를 넘어 멀티 리전 장애 대응이 가능하다. Aurora는 싱글 마스터 또는 멀티 마스터라는 개념을 사용한다.

RDS 백업/복원

데이터베이스는 민감한 데이터를 담고 있으므로 기본적으로 재해 복구DR, Disaster Recovery 체계를 포함하고 있는 경우가 대부분이며, 데이터베이스 원본을 정기적으로 백업해뒀다가 재해 시 이를 이용해 원본 데이터를 복구할 수 있다.

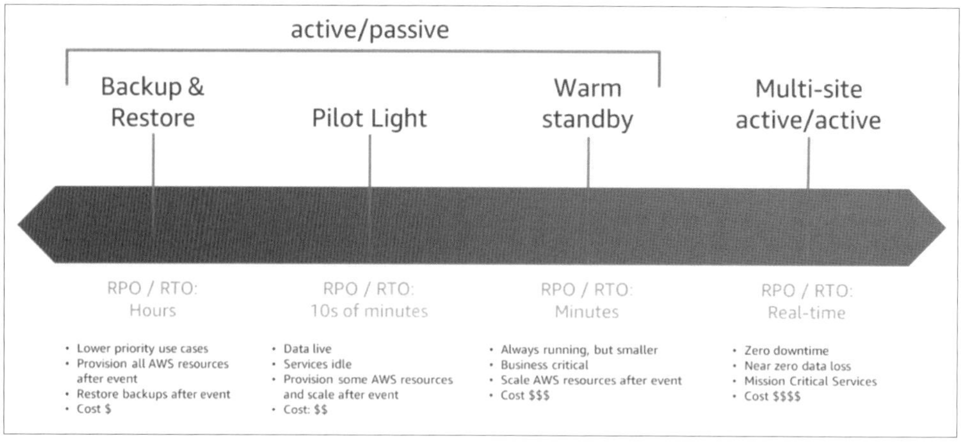

그림 8.6 백업/복원 외 네 가지 DR 기법

(출처: https://docs.aws.amazon.com/ko_kr/whitepapers/latest/disaster-recovery-workloads-on-aws/introduction.html)

AWS는 재해 복구, 즉 DR과 관련해 위와 같은 네 가지 옵션을 제안한다. 위 그림에서 RPO^Recovery Point Objective^는 최대 손실 허용 시점, RTO^Recovery Time Objective^는 최대 복구 허용 시간을 의미하는데, 재해 발생을 기준으로 과거 시점(재해 발생 1시간 전까지의 데이터 복원)이 RPO, 미래 시점(재해 발생 2분 내 복원)이 RTO다.

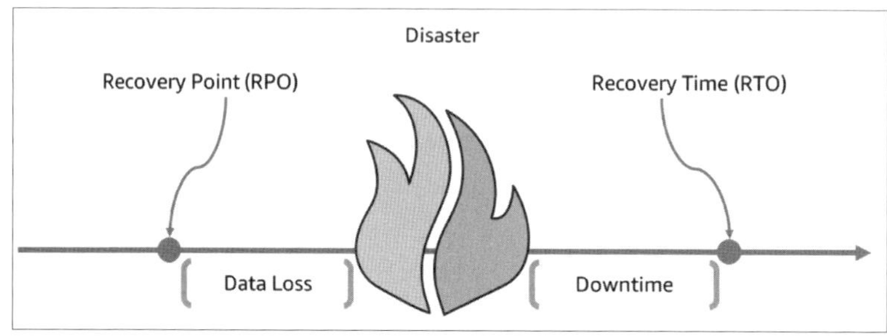

그림 8.7 백업/복원과 관련된 RPO, RTO의 개념

(출처: https://docs.aws.amazon.com/ko_kr/whitepapers/latest/disaster-recovery-workloads-on-aws/introduction.html)

RDS 백업 및 복원은 동일 리전 내 멀티 AZ에 중복 구현하게 되며, DB 인스턴스의 EBS 볼륨을 스냅숏으로 만들어뒀다가 유사시 데이터베이스 복원에 사용한다. 스냅숏 복원 시, 새 DB 인스턴스가 생성되고 데이터가 복구된다. 자동으로 생성된 스냅숏의 기본 보관 기간은 7일이다.

Amazon Aurora

Aurora는 RDS의 옵션이기도 하지만 AWS 환경에 최적화된 AWS의 주요 관계형 데이터베이스 서비스다. Aurora 사용자는 데이터베이스 엔진으로 PostgreSQL 또는 MySQL 중 선택해서 사용할 수 있으며, 이들 엔진은 타 환경 대비 AWS 내에서 3~5배 높은 성능을 제공한다.

10GB 단위로 용량을 자동 확장(최대 128TB)할 수 있으며, 최대 15개의 읽기 사본을 추가할 수 있다. 대신 RDS 동일 데이터베이스 엔진 대비 20% 정도 더 많은 비용을 부담해야 한다.

Aurora는 재해 복구를 위해 Cross Region Replication 옵션을 제공하고, 고가용성 구현을 위해 Aurora Multi-Master 구성을 제공한다.

> **참고** Aurora DB Cluster, Aurora Global Database 등 글로벌 레벨의 고가용성, 고확장성 옵션도 선택할 수 있다.

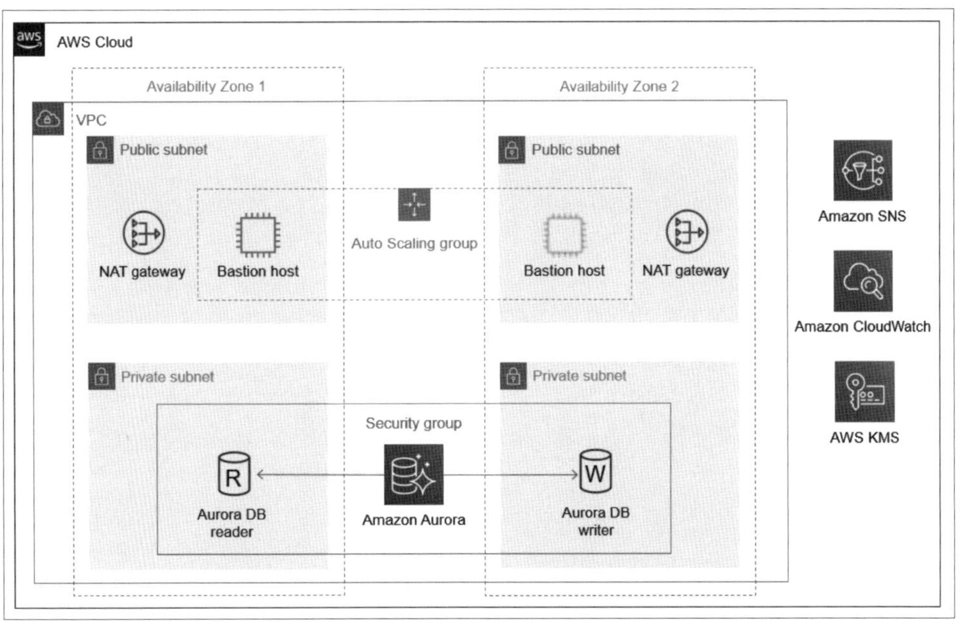

그림 8.8 Aurora MySQL

(출처: https://aws.amazon.com/ko/quickstart/architecture/aurora-mysql/)

앞서 나온 그림에서 Aurora는 읽기와 쓰기 작업용 DB를 하나의 리전 내, 2개의 AZ에 걸쳐서(Cross AZ) 분산해서 관리하는 것을 알 수 있다.

고성능, 고확장성 RDB가 필요하지만 용량 계획 수립이 어려운 경우 사용자는 Aurora의 서버리스 버전인 Aurora Serverless를 사용할 수 있다. 이를 통해 일시적이거나 예측이 어려운 워크로드를 효율적으로 처리할 수 있다. Aurora Serverless는 초당 과금이 이뤄지므로 비용 효율성을 좀 더 높일 수 있다.

Amazon DynamoDB

DynamoDB는 완전관리형 NoSQL 데이터베이스이자 테이블을 생성할 때 테이블 이름과 기본 키만 필요한 스키마리스schemaless 데이터베이스다. DynamoDB 역시 테이블이라는 기본 단위를 사용하지만 NoSQL 계열의 특성을 반영해 파티션 기반의 분산 저장 기법을 사용한다. 다음은 DynamoDB에 저장된 'People'이라는 테이블의 일부다.

```
People

{
    "PersonID": 101,
    "LastName": "Smith",
    "FirstName": "Fred",
    "Phone": "555-4321"
}

{
    "PersonID": 102,
    "LastName": "Jones",
    "FirstName": "Mary",
    "Address": {
                "Street": "123 Main",
                "City": "Anytown",
                "State": "OH",
                "ZIPCode": 12345
    }
}
```

(출처: https://docs.aws.amazon.com/ko_kr/amazondynamodb/latest/developerguide/HowItWorks.CoreComponents.html)

이 테이블의 첫 번째 아이템은

```
{
    "PersonID": 101,
    "LastName": "Smith",
    "FirstName": "Fred",
    "Phone": "555-4321"
}
```

이며,

두 번째 아이템은

```
{
    "PersonID": 102,
    "LastName": "Jones",
    "FirstName": "Mary",
    "Address": {
                "Street": "123 Main",
                "City": "Anytown",
                "State": "OH",
                "ZIPCode": 12345
    }
}
```

이다.

두 번째 아이템에는 첫 번째 아이템에는 없는 Address 속성이 추가됐다는 면에서 NoSQL 계열 특유의 스키마리스 속성을 확인할 수 있다. 또한 숫자, 문자열 등의 스칼라 타입이 사용되다가 중첩 구조를 지닌 문서 타입을 추가할 수 있다는 면에서 유연성도 볼 수 있다.

다음 그림은 DynamoDB 테이블과 이에 연계된 파티션의 관계를 보여준다.

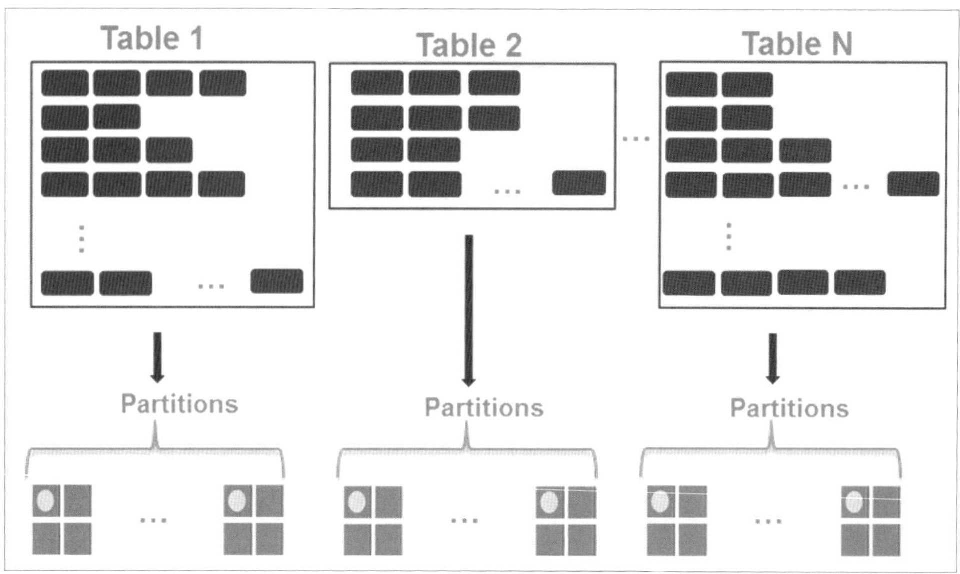

그림 8.9 DynamoDB에서 테이블과 파티션의 관계

(출처: https://aws.amazon.com/ko/blogs/database/choosing-the-right-dynamodb-partition-key/)

DynamoDB의 기본 데이터 단위는 아이템이며, 이는 앞서 살펴본 관계형 데이터베이스의 행(레코드)에 대응되는 개념이다. 다음 그림은 테이블과 아이템의 구조를 보여준다.

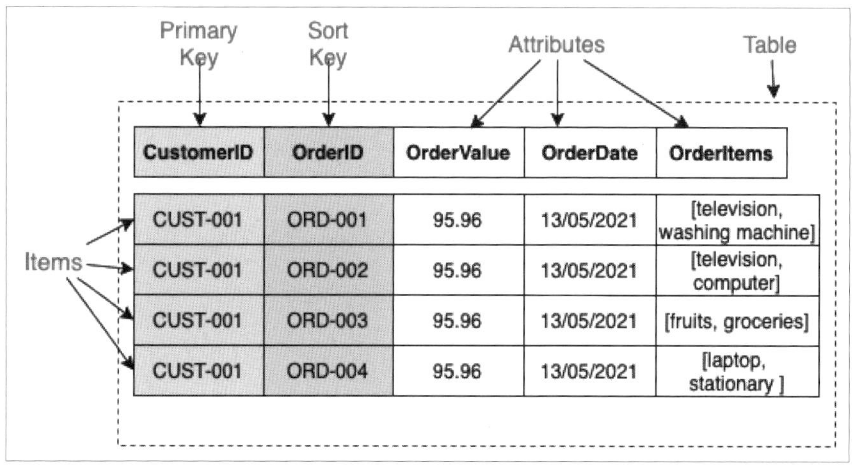

그림 8.10 DynamoDB의 테이블과 아이템

(출처: https://reflectoring.io/spring-dynamodb/)

DynamoDB에서 테이블 기본 키Primary Key는 단순 기본 키(파티션 키) 또는 복합 기본 키(파티션 키와 정렬 키 조합)를 선택해서 사용할 수 있다.

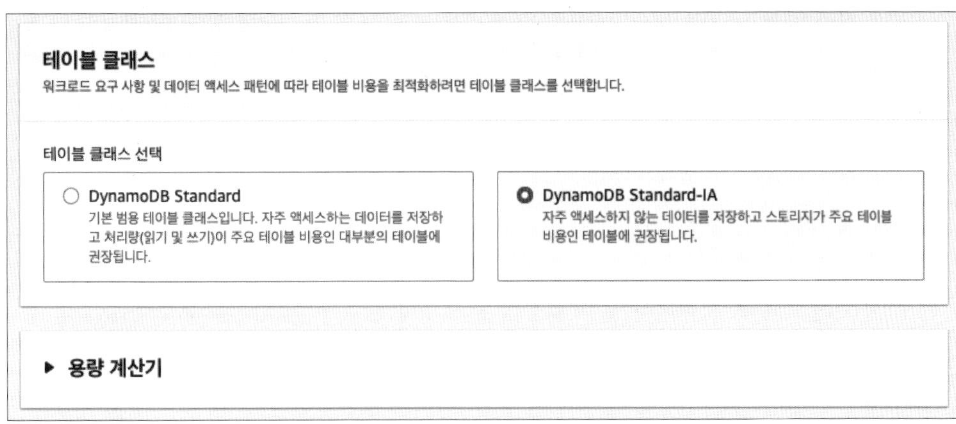

그림 8.11 DynamoDB 테이블 클래스 선택 화면

완전관리형 서버리스 서비스인 DynamoDB는 테이블 클래스 설정 시 위 그림에서 보는 것과 같이 워크로드 및 접속 빈도를 고려해 스탠다드 또는 스탠다드-IA 중 하나를 선택해서 사용할 수 있다. DynamoDB 스탠다드-IA 테이블 클래스는 스탠다드 대비 데이터 접속 빈도가 낮은 경우에 적합하다.

아울러 DynamoDB는 테이블 속성으로 스칼라scalar, 집합set, 문서document 등 다양한 데이터 타입을 사용할 수 있다.

- **스칼라 타입**: 문자열, 숫자, 이진수, 불리언, null 중 하나의 값을 입력할 수 있다.
- **집합 타입**: 문자열 집합, 숫자 집합 및 이진수 집합 등 동종 다수의 스칼라 값의 무순위 모음이다.
- **문서 타입**: 복잡한 중첩 구조 표현에 적합하며 JSON과 유사하다. 리스트 타입, 맵 타입으로 세분화된다.

마지막으로, DynamoDB의 데이터 읽기 방식은 크게 Scan과 Query로 나눌 수 있으며, 각각 다음과 같은 특징을 지닌다.

- Scan: 이 방식의 읽기는 전체 테이블 또는 보조 인덱스를 스캔해 테이블 내 모든 아이템을 반환한다. 스캔 결과에 불필요한 아이템이 포함돼 있으므로 추가 필터링이 필요하다는 점에서 효율성이 낮고, 상당히 많은 자원을 소모한다는 면에서 더 많은 비용이 발생할 수 있다.
- Query: 파티션 키 값에 따라 아이템을 반환하므로 Scan 방식 대비 효율성이 높으며, AWS는 애플리케이션의 응답 속도를 높이기 위해 Scan 대신 Query를 사용할 것을 권장한다.

Amazon ElastiCache

앞서 CloudFront를 설명하며 캐싱 개념을 언급한 바 있으며, 이번 절에서는 AWS의 인메모리 캐시 서비스인 ElastiCache에 대해 알아본다. CloudFront는 웹 기반의 정적 콘텐츠 서비스에 캐싱을 적용한 사례였으며, 이번 데이터베이스 절에서는 데이터베이스의 성능 개선에 기여하는 캐싱 기법과 도구에 대해 알아본다.

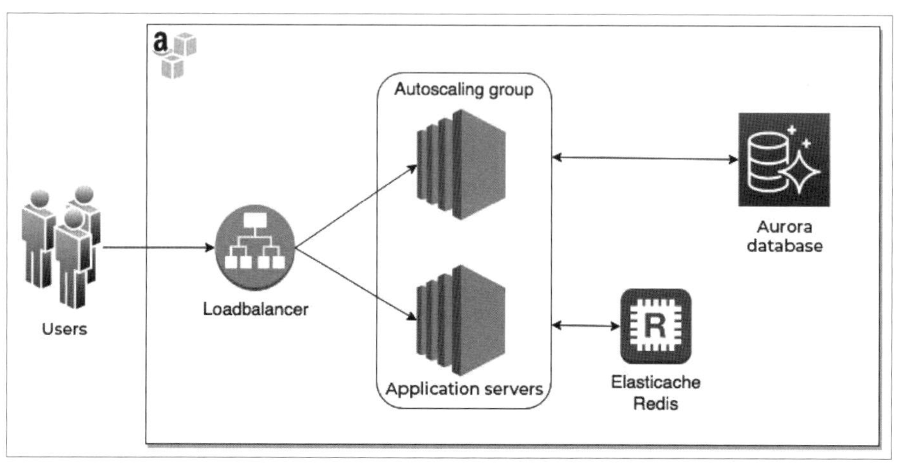

그림 8.12 DB Cache를 이용한 데이터베이스 성능 개선

(출처: https://acloud.devoteam.com/expert-view/how-to-optimise-application-performance-with-aws-elasticache/)

앞서 소개한 그림은 DB Cache를 이용해 데이터베이스의 성능을 개선하는 방법을 보여준다. Aurora 외에 AWS의 DB Cache 서비스인 ElastiCache(Redis)를 추가하면, 기본 DB의 집약적인 읽기 부담이 감소하므로, DB에 연결된 애플리케이션의 고성능, 저지연성 구현에 도움이 된다.

이와 같은 DB Cache는 인메모리 데이터베이스 또는 스토리지로 부르며, 말 그대로 데이터를 스토리지가 아닌 (입출력 속도가 월등히 높은) 메모리에 둠으로써 읽기 성능을 높일 수 있다. 이를 통해 현대적인 고성능 애플리케이션의 상태 비저장stateless 속성을 구현할 수 있다.

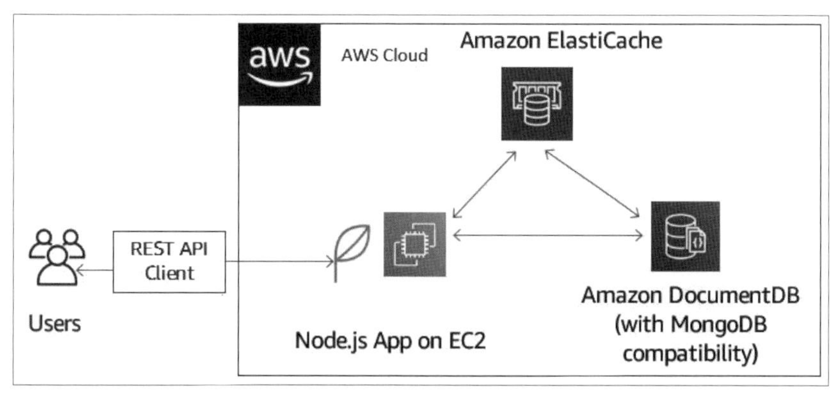

그림 8.13 ElastiCache를 이용한 성능 향상
(출처: https://aws.amazon.com/ko/blogs/database/caching-for-performance-with-amazon-documentdb-and-amazon-elasticache/)

ElastiCache는 관리형 Redis/Memcached 서비스이며, 인메모리 기반의 초저지연성 Key-value 데이터 스토어다. Redis와 Memcached는 그 자체로 오픈 소스 NoSQL 데이터베이스이기도 하며, ElastiCache 사용자는 Redis 클러스터 또는 Memcached 클러스터 중 하나를 선택할 수 있다.

ElastiCache Memcached는 간단하며 소규모의 애플리케이션에 적합하며, 정적 데이터 처리 성능을 높여준다. 반면 ElastiCache Redis는 저장용량, 지속성, pub/sub 모델 지원, 스냅숏 기능 등에 있어 Memcached 대비 월등한 성능을 제공하므로 글로벌 레벨에서 활용되는 대규모 애플리케이션에 적합하다는 평가를 받는다. 단, 고성능 구현에 걸맞게 구성이 복잡하므로 학습 시간이 오래 걸리고 기존 애플리케이션 코드를 인메모리 캐시를 반영해 대대적으로 개편할 필요성이 있다. 이들 캐시 서비스는 API 레벨 보안이 적용되므로 브라우저 기반 관리 콘솔 및 IAM으로 접근할 수는 없다.

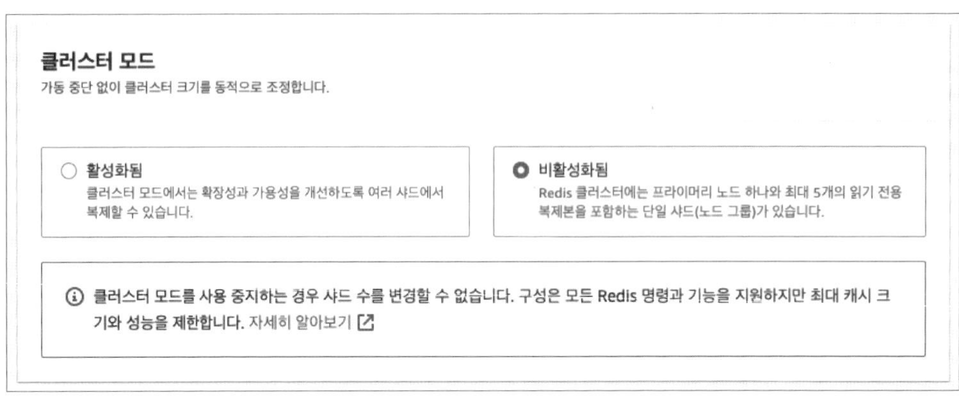

그림 8.14 ElastiCache Redis 클러스터 설정 – 클러스터 모드 화면

데이터 레이크와 데이터 웨어하우스 비교

클라우드 산업 이전에도 대량의 데이터를 저장하고 관리할 필요성은 존재했지만, 2010년 이후 본격적인 클라우드 산업 성장과 함께 기업 내외부 데이터를 기업의 핵심 자산으로 평가하고 이를 적극적으로 관리하려는 움직임이 만들어졌으며, 그 결과물 중 하나가 데이터 레이크와 데이터 웨어하우스라고 할 수 있다.

표 8.2 데이터 레이크와 데이터 웨어하우스 비교

데이터 레이크	데이터 웨어하우스
• 기업 내외부에서 지속적으로 유입되는 방대한 양의 다양한 데이터를 축적, 관리하는 시스템 • 구조적, 비구조적 데이터 혼재 • 데이터 활용 용도 미정 • Amazon S3	• 기업의 매출, 비용을 좌우하는 기업 재고 자산으로서 데이터를 관리하는 시스템 • ETL 등의 작업을 거쳐 구조적 데이터 중심으로 관리, 분석 개념 • Amazon Redshift

데이터 레이크 Data Lake는 퍼블릭 인터넷의 속성을 반영해 기업 내외부에서 지속적으로 유입되는 방대한 양의 다양한 데이터를 축적, 관리하는 데 초점을 맞추고 있다. 이에 따라 수집된 데이터는 구조적, 비구조적 데이터가 혼재된 상태인 경우가 많으며, 당장의 실무적인 용도보다는 미래의 활용 가능성을 고려한 데이터 관리 방식을 보여준다. AWS에서는 S3가 데이터 레이크로 성장하고 있다.

데이터 웨어하우스 Data Warehouse는 기업의 매출, 비용을 좌우하는 기업 재고 자산으로 데이터를 관리하는 시스템이다. 데이터 추출-변환-로딩ETL 등의 작업을 거친 구조화된 데이터를 이용해 기업 의사 결정에 적극 활용할 수 있으며, AWS의 Redshift가 대표적인 데이터 웨어하우스 서비스다.

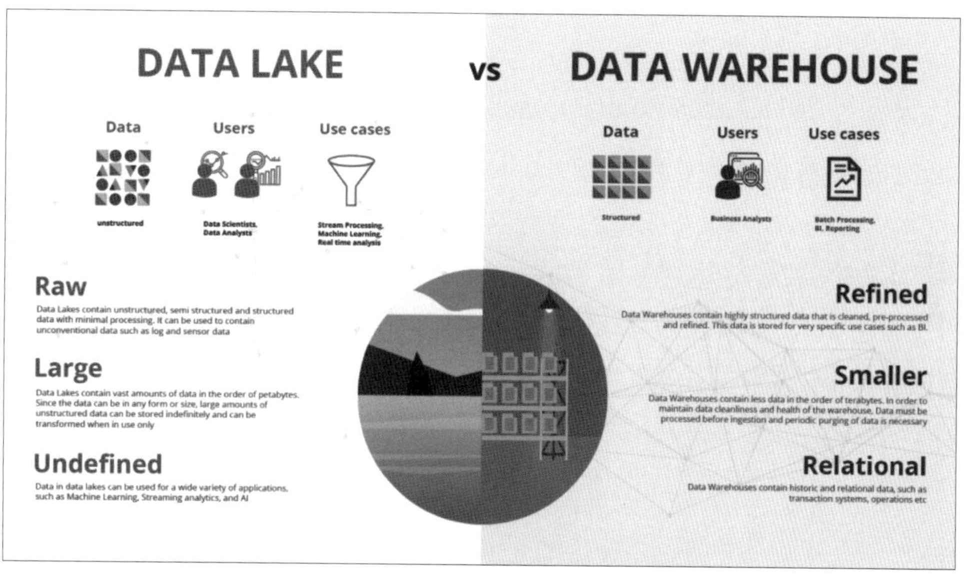

그림 8.15 데이터 레이크와 데이터 웨어하우스 비교

(출처: https://www.qubole.com/data-lakes-vs-data-warehouses-the-co-existence-argument)

OLTP와 OLAP 비교

데이터 웨어하우스의 개념을 이해하기 위해 현대 데이터베이스의 두 가지 유형인 OLTP와 OLAP에 대해 간단히 알아보자.

표 8.3 OLTP와 OLAP 비교

OLTP(Online Transaction Processing)	OLAP(Online Analytic Processing)
• 빠른 읽기/쓰기 작업 중심 • 높은 메모리 성능 • 정형화된 쿼리, 신속 처리 • 예) 증권사 온라인 주문 처리 • PostgreSQL	• 분석 작업 중심 • 높은 컴퓨팅/스토리지 성능 • 복잡한 쿼리, 주기적 접근 • 예) 금융 빅데이터 분석 개념 • Vertica

OLTP는 전형적인 데이터베이스 유형으로서 빠른 읽기 및 쓰기에 최적화돼 있으며, 표준화된 질의어를 이용해 방대한 규모의 데이터를 신속하게 조회할 수 있다. 증권사의 온라인 주문 처리 시스템을 위한 데이터베이스가 해당된다.

OLAP는 빠른 읽기 및 쓰기 대신, 데이터의 분석에 초점을 맞춘 데이터베이스 유형이다. 복잡하게 결합된 질의어를 이용해 방대한 데이터에 감춰진 의미를 파악할 수 있다. 증권사에 누적된 거래 빅데이터를 분석하는 데 활용된다.

다음 절에서 살펴볼 Redshift는 OLAP 속성을 지닌 데이터 웨어하우스 서비스다.

Amazon Redshift

Redshift는 PostgreSQL 기반의 관리형 데이터 웨어하우스 서비스이며 거래 데이터, 클릭스트림, 애플리케이션 로그 등 다양한 유형의 구조화, 반구조화 데이터를 분석하고, 추가적인 인사이트 도출을 위해 AWS SageMaker 등 머신러닝ML, Machine Learning 서비스로 데이터를 전송한다. 다음 그림은 외부 데이터 원천에서 Redshift로의 데이터 유입 흐름 및 Redshift에서 다른 ML, BIBusiness Intelligence 도구로의 데이터 유출 흐름을 보여준다.

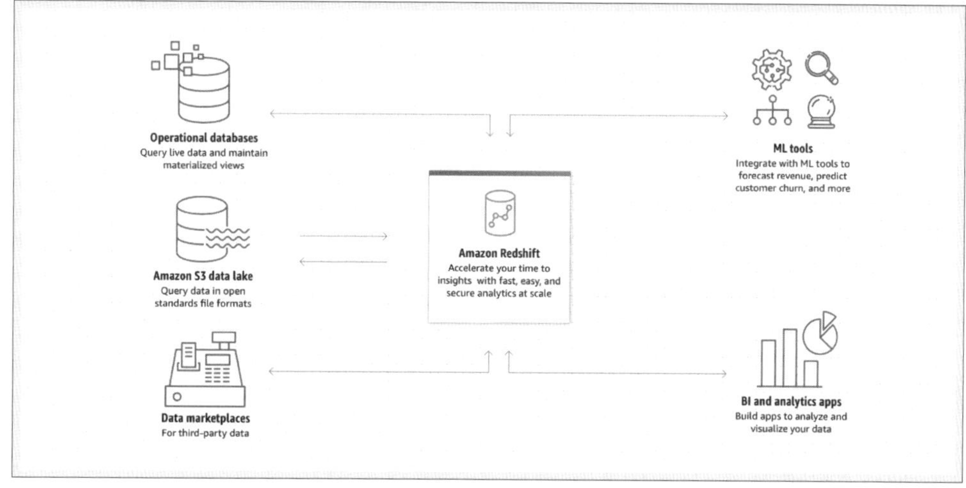

그림 8.16 Redshift의 데이터 유입 및 유출 흐름

(출처: https://aws.amazon.com/ko/redshift/?nc=sn&loc=0)

Redshift는 분석적인 쿼리에 적합한 열 기반 스토리지Columnar Storage이고, 다양한 데이터베이스에 접근하기 위한 ODBC/JDBC 드라이버를 제공하며, 분석 성능을 높이기 위한 압축 인코딩을 제공한다. 다음 그림은 Redshift 클러스터 구성 화면이며, 클러스터에 포함될 컴퓨트 노드 유형 및 개수를 설정할 수 있다. 예시 화면에서 보는 것처럼 Redshift 클러스터의 컴퓨트 노드는 데이터 웨어하우스를 위한 테라바이트급 분석 역량을 확보하기 위해 일반적으로 사용하는 EC2, RDS 인스턴스 사양보다 좀 더 높다는 사실을 알 수 있다.

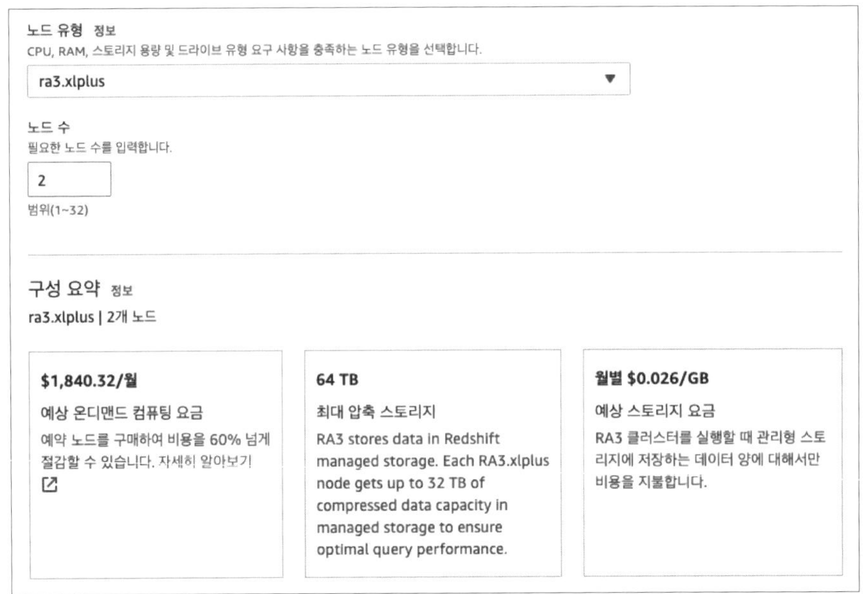

그림 8.17 Redshift 클러스터 구성 화면 – 노드 유형 및 개수 설정

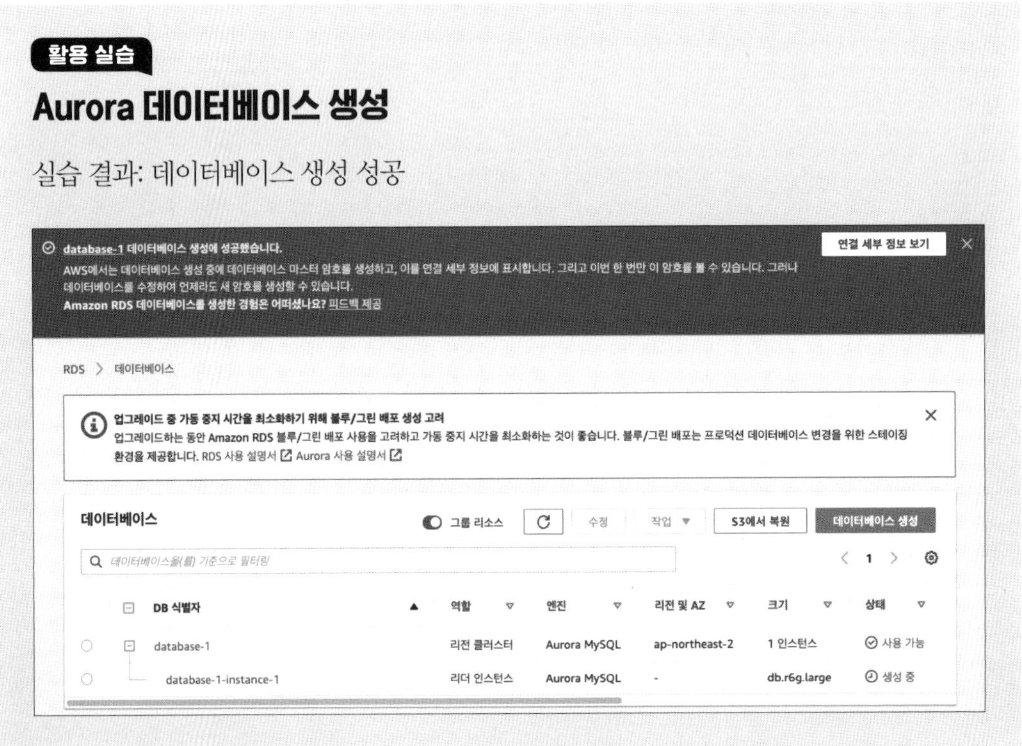

실습 1. 'RDS' 서비스 선택

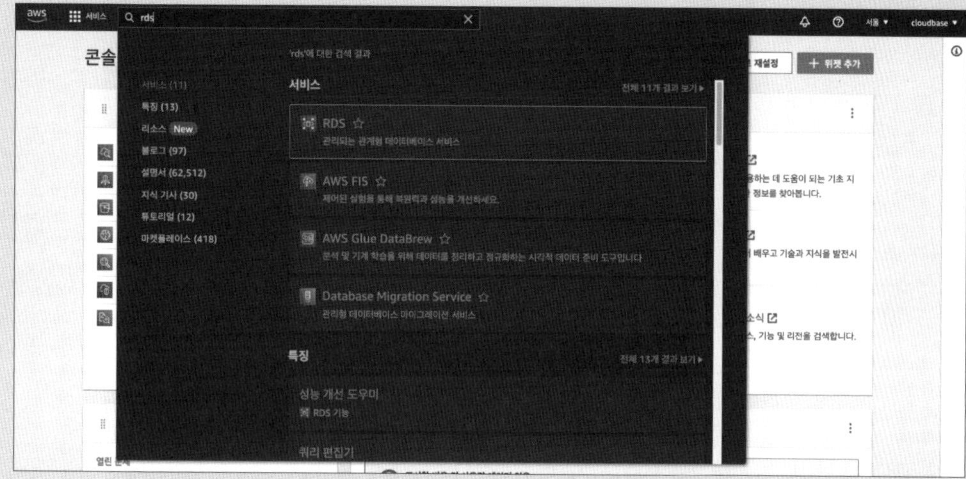

실습 2. 데이터베이스 생성 버튼 클릭

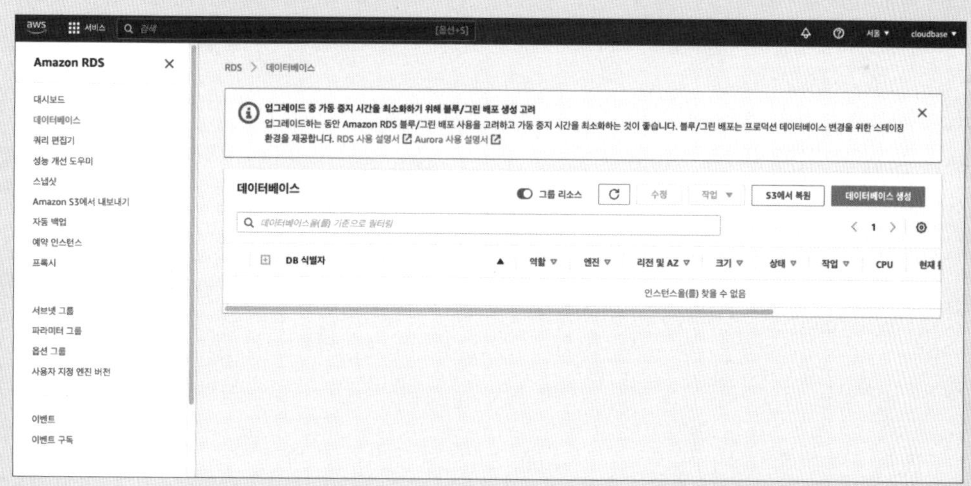

실습 3. 데이터베이스 생성 페이지

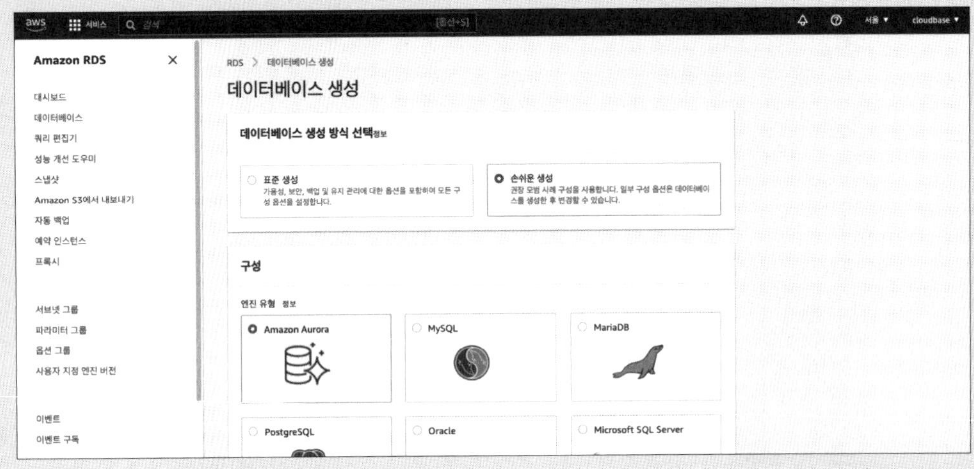

실습 4. 데이터베이스 생성 방식 선택: '손쉬운 생성'

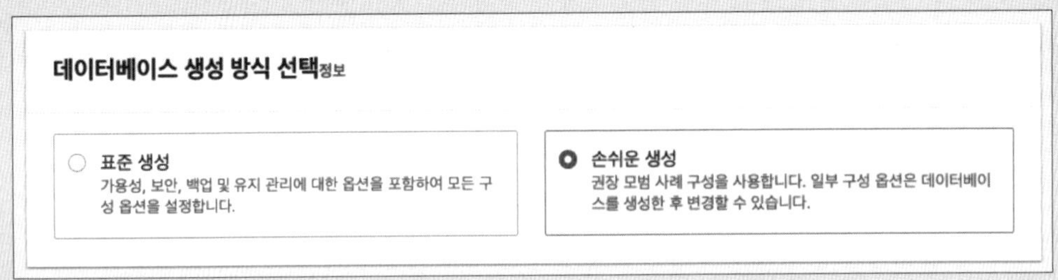

실습 5. 데이터베이스 구성: Amazon Aurora 선택

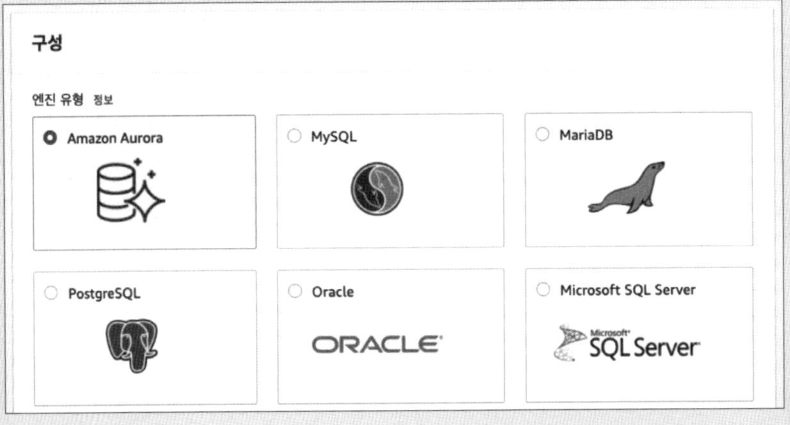

실습 6. 에디션: MySQL 호환 Aurora, 크기: 개발/테스트용 +

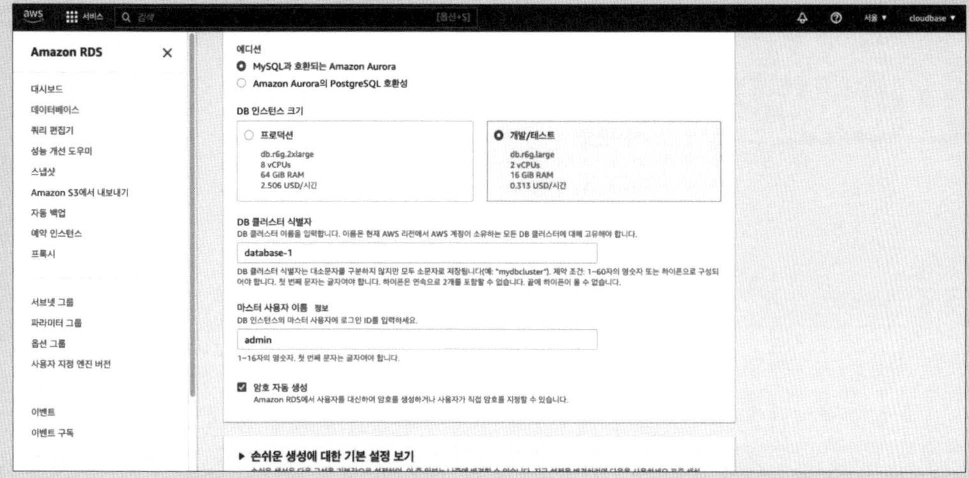

실습 7. '손쉬운 생성'을 통해 자동 설정된 내역 확인

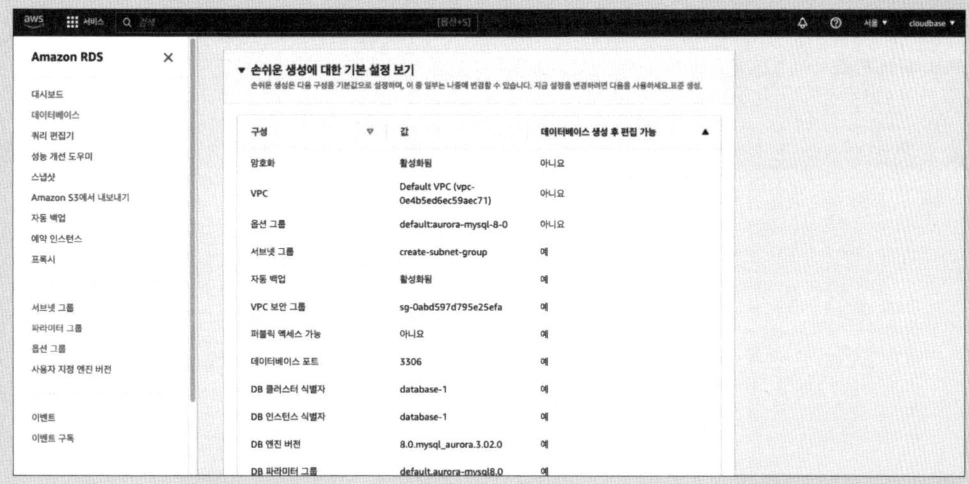

실습 8. 데이터베이스 생성 버튼 클릭

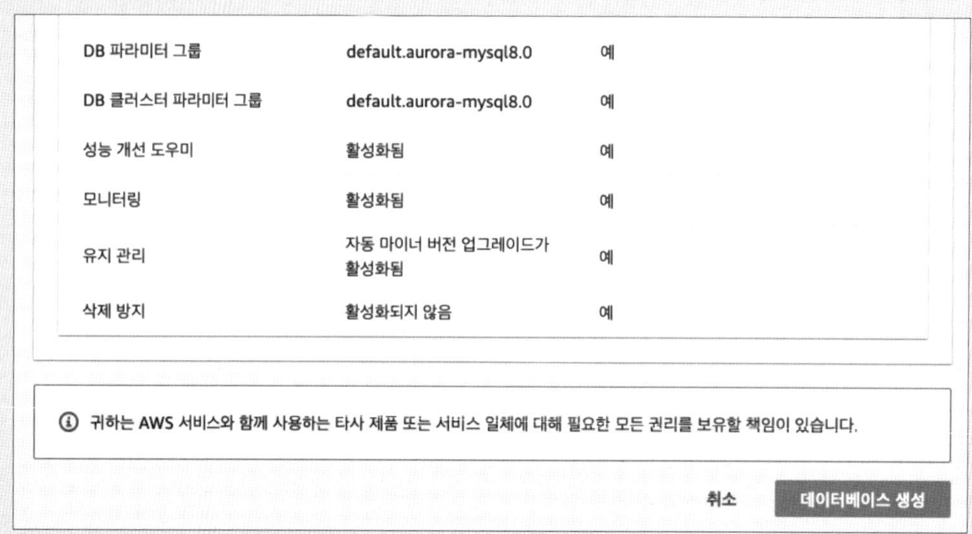

실습 9. 데이터베이스(클러스터 및 인스턴스) 생성 중

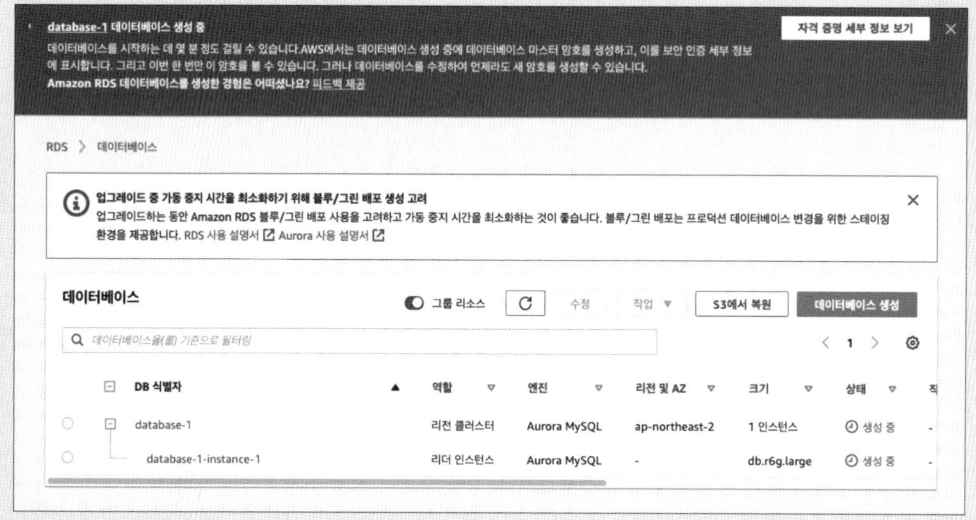

실습 10. 데이터베이스 (클러스터) 생성 성공

실습 11. 데이터베이스 클러스터 정보 확인 ➤ 연결 & 보안 +

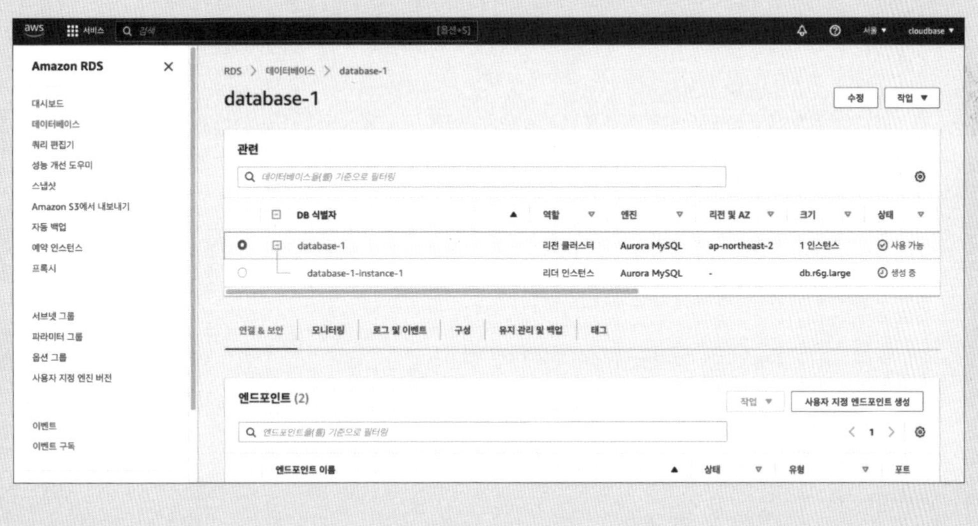

실습 12. 데이터베이스 클러스터를 직접 삭제할 수 없음

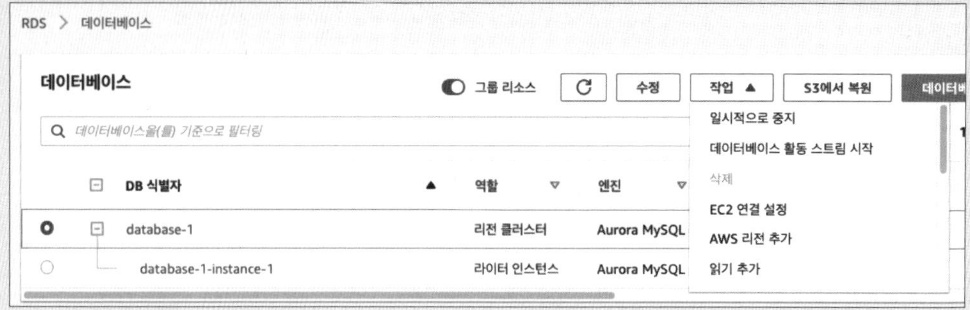

실습 13. 데이터베이스 인스턴스를 먼저 삭제

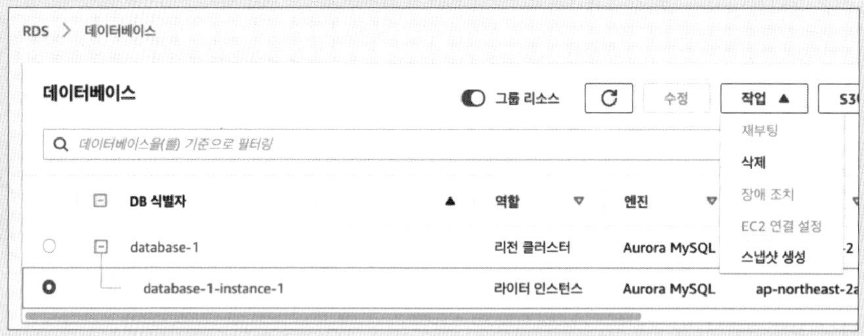

실습 14. 삭제를 위한 명시적인 확인 필요 ➤ 'delete me'

실습 15. 인스턴스 삭제 중 ···➤ 클러스터도 자동으로 삭제 진행

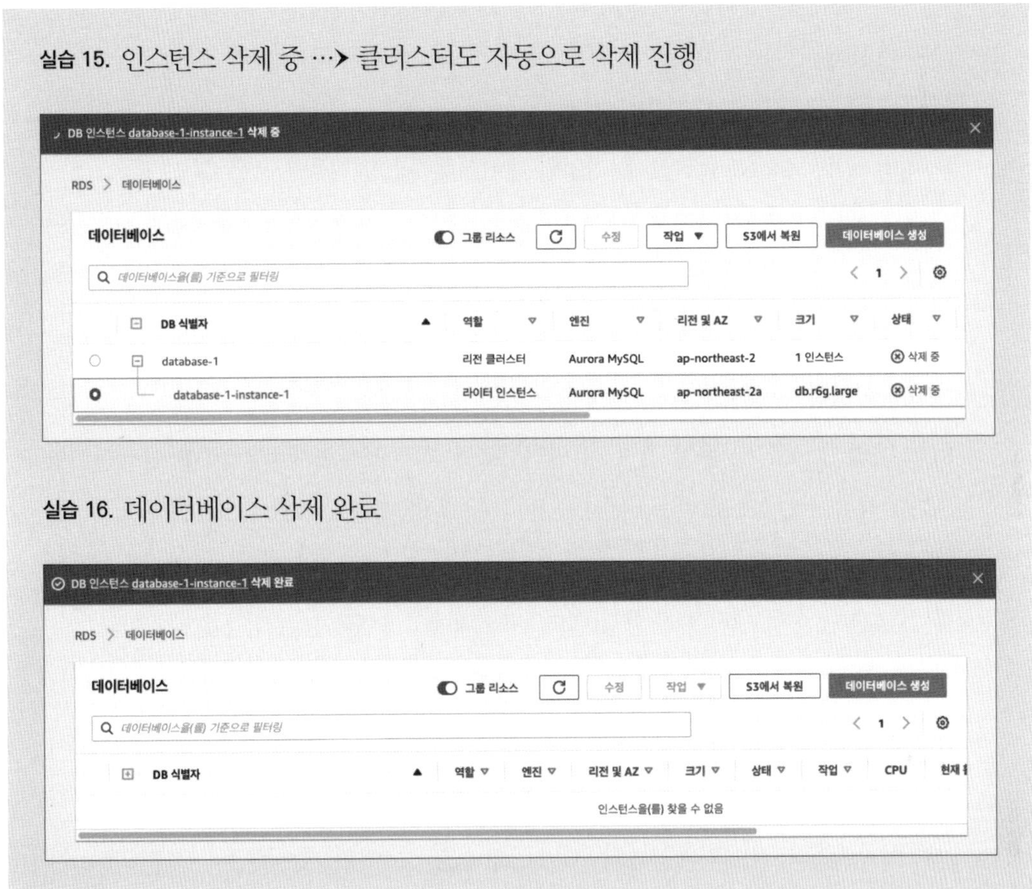

실습 16. 데이터베이스 삭제 완료

정리

- AWS는 기업 클라우드 환경에 최적화된 관계형 및 비관계형 데이터베이스, 데이터웨어하우스, 인메모리 데이터베이스 등 글로벌 기업에 적합한 최신 데이터베이스를 제공한다.
- 관계형 데이터베이스는 행과 열 테이블 기반 견고한 구조를 지니며, SQL을 통해 효율적으로 데이터를 조회할 수 있고, 회계 데이터 저장에 적합하다.
- 비관계형 데이터베이스는 키-밸류 기반 유연한 구조를 지니며, 표준적 스키마 또는 질의어가 없고, 변동성을 지닌 소비자 속성 데이터 저장에 적합하다.

- AWS의 대표적인 관계형 데이터베이스 서비스로는 RDS와 Aurora가 있다.
- RDS는 관리형 데이터베이스 서비스로서 Aurora, MySQL, MariaDB, Oracle, PostgreSQL, Microsoft SQL 등 다양한 데이터베이스 엔진을 사용할 수 있다.
- RDS는 기본 데이터베이스의 복사본을 만들어서 읽기 작업 부담을 줄이며, 이를 읽기 전용 복제본 또는 리드 레플리카라 부른다.
- RDS 멀티 AZ 배포를 통해 가용성을 높일 수 있고, 동기적 복제가 진행되므로 DR 목적으로도 사용할 수 있다.
- RDS 백업 및 복원은 동일 리전 내 멀티 AZ에 중복 구현하게 되며, DB 인스턴스의 EBS 볼륨을 스냅숏으로 만들어뒀다가 유사시 데이터베이스 복원에 사용한다.
- Aurora 사용자는 데이터베이스 엔진으로 PostgreSQL 또는 MySQL 중 선택해서 사용할 수 있으며, 이들 엔진은 타 환경 대비 AWS 내에서 3~5배 높은 성능을 제공한다.
- AWS의 대표적인 비관계형 데이터베이스 서비스로는 DynamoDB가 있다.
- DynamoDB는 완전관리형 NoSQL 데이터베이스이자, 테이블을 생성할 때 테이블 이름과 기본 키만 필요한 스키마리스 데이터베이스다.
- AWS의 인메모리 데이터베이스인 ElastiCache를 추가하면 기본 DB의 집약적인 읽기 부담이 감소하고 DB 연동 애플리케이션의 고성능, 저지연성 구현에 도움이 된다.
- 오늘날 데이터베이스의 두 가지 유형으로는 OLTP와 OLAP가 있다.
- OLTP는 전형적인 데이터베이스 유형으로서 빠른 읽기 및 쓰기에 최적화돼 있으며, 증권사의 온라인 주문 처리 시스템에 포함된다.
- OLAP는 데이터의 분석에 초점을 맞춘 데이터베이스 유형으로서 증권사에 누적된 거래 빅데이터를 분석하는 데 활용된다.
- Redshift는 PostgreSQL 기반의 관리형 데이터 웨어하우스 서비스이며 거래 데이터, 클릭스트림 등 다양한 유형의 구조화, 반구조화 데이터를 분석하고, 추가 분석을 위해 AWS SageMaker 등 머신러닝 서비스로 데이터를 전송한다.

기출 유형 분석 퀴즈

1. Amazon RDS와 Amazon DynamoDB 간의 주요 차이점은 무엇입니까? (Amazon 데이터베이스 비교)

   A. RDS는 무료로 제공되지 않지만, DynamoDB는 무료로 제공된다.
   B. RDS는 백업 및 복원 기능을 제공하지만 DynamoDB는 제공하지 않는다.
   C. RDS는 완전관리형 서비스이지만, DynamoDB는 구성 관리가 필요하다.
   D. RDS는 관계형 데이터베이스를 지원하며, DynamoDB는 NoSQL 데이터베이스를 지원한다.

2. Amazon Aurora에서 사용할 수 있는 스토리지 유형에 대한 설명 중 올바르지 않은 것은 무엇입니까? (Amazon Aurora/스토리지 유형)

   A. Aurora는 프로비저닝된 IOPS SSD 및 자동 크기 조정 가능한 스토리지를 사용할 수 있다.
   B. Aurora는 Amazon S3를 사용해 저장소를 관리한다.
   C. Aurora의 저장소는 여러 AZ에 걸쳐 복제돼 고가용성을 제공한다.
   D. Aurora의 자동 크기 조정 가능한 스토리지는 데이터베이스 용량에 따라 자동으로 확장하거나 축소된다.

3. Amazon RDS에서 사용할 수 있는 데이터베이스 엔진이 아닌 것은 무엇입니까? (Amazon RDS/DB 엔진)

   A. MySQL
   B. PostgreSQL
   C. Oracle Database
   D. MongoDB
   E. Aurora

4. Amazon RDS에서의 백업과 복원에 대한 설명 중 올바르지 않은 것은 무엇입니까? **(Amazon RDS/백업과 복원), (정답 2개)**

A. RDS에서 수동 백업을 설정할 수 있다.

B. 백업은 Amazon S3에 저장된다.

C. 복원은 RDS 콘솔에서 수행할 수 없으며, AWS CLI 또는 API를 사용해야 한다.

D. 복원 중에는 기존 데이터베이스 인스턴스가 온라인 상태여야 한다.

E. RDS에서 자동 백업을 설정할 수 있다.

5. ElastiCache에서 지원하는 캐싱 엔진은 무엇입니까? **(ElastiCache), (정답 2개)**

A. MySQL

B. PostgreSQL

C. Redis

D. Cassandra

E. Memcached

6. 모빌리티 서비스를 제공중인 M사는 전사적인 데이터 역량 극대화를 위해 모든 임직원이 SQL 문법을 학습하고, SQL을 이용해 효율적으로 고객 관계 관리CRM 데이터를 조회하려고 합니다. 다음 보기 중 이에 대한 적합성이 가장 낮은 데이터베이스 타입 또는 서비스는 무엇입니까? **(AWS의 기술과 서비스/데이터베이스)**

A. RDS

B. MySQL

C. DynamoDB

D. Oracle

E. Aurora

7. N 게임은 최근 출시한 게임이 크게 성공해 매출이 급증했지만 RDS 데이터베이스에 대한 읽기 요청도 급증해 대응책을 마련해야 합니다. 이와 같은 경우, 데이터베이스의 읽기 부담을 줄일 수 있는 가장 경제적인 방법은 무엇입니까? (AWS의 기술과 서비스/데이터베이스)

A. 멀티 AZ 배포
B. 데이터베이스 오토스케일링
C. 읽기 전용 복제본 추가
D. 글로벌 데이터베이스
E. 데이터베이스의 수직적 확장

8. Amazon Aurora에서 지원하는 데이터베이스 엔진은 무엇입니까? (Amazon Aurora/DB 엔진), (정답 2개)

A. MySQL
B. MariaDB
C. PostgreSQL
D. Oracle Database
E. SQL Server

9. Amazon Aurora에서 데이터베이스 복제본이 저장되는 곳은 어디입니까? (Amazon Aurora/복제본)

A. 다른 AWS 리전 내 다른 가용 영역의 DB 인스턴스
B. 다른 AWS 리전 내 동일한 가용 영역의 DB 인스턴스
C. 마스터 DB 클러스터와 동일한 가용 영역의 DB 인스턴스
D. 마스터 DB 클러스터와 동일한 리전 내 다른 가용 영역의 DB 인스턴스

10. Amazon Aurora에서의 DB 클러스터에 포함된 요소는 무엇입니까? (Amazon Aurora/DB 클러스터)

A. 하나의 마스터 노드와 하나의 복제본 노드
B. 하나의 마스터 노드와 다수의 복제본 노드
C. 다수의 마스터 노드와 하나의 복제본 노드
D. 다수의 마스터 노드와 다수의 복제본 노드

11. Amazon DynamoDB에서 데이터 모델링에 사용되는 두 종류의 키는 무엇입니까? (Amazon DynamoDB/DB 키)

A. Primary key, secondary key

B. Partition key, sort key

C. Primary key, sort key

D. Partition key, index key

E. Partition key, secondary key

12. Amazon DynamoDB에서 Query와 Scan의 차이점은 무엇입니까? (Amazon DynamoDB/Query와 Scan)

A. Query는 단일 항목에 대한 읽기 작업에 사용되며, Scan은 전체 테이블의 모든 항목을 읽는 작업에 사용된다.

B. Query는 최대 1MB의 데이터를 읽을 수 있으며, Scan은 최대 2MB의 데이터를 읽을 수 있다.

C. Query는 파티션 키와 정렬 키를 사용해 데이터를 필터링하고 반환하며, Scan은 조건식을 사용해 데이터를 필터링하고 반환한다.

D. Query는 일치하는 결과만 반환하며, Scan은 조건식에 따라 일치하는 결과를 반환할 수도 있고, 그렇지 않을 수도 있다.

13. Amazon DynamoDB의 테이블과 인덱스는 어떤 유형의 데이터 모델에 적합합니까? (Amazon DynamoDB/데이터 모델)

A. 그래프 데이터 모델

B. 정규화된 데이터 모델

C. 비정규화된 데이터 모델

D. 객체 지향 데이터 모델

E. 관계형 데이터 모델

14. ElastiCache 서비스에 대한 설명으로 옳지 않은 것은 무엇입니까? (ElastiCache)

A. 비교적 저렴한 가격으로 간편하게 고성능 데이터베이스를 구축할 수 있다.

B. 데이터베이스의 부하가 증가하면 필요한 만큼의 클러스터 노드를 추가할 수 있으며, 수요가 감소하면 노드를 제거할 수 있다.

C. 애플리케이션에서 데이터를 캐싱할 수 있도록 하는 인메모리 캐시 서비스다.

D. 노드 장애 시 자동으로 재구성돼 데이터 유실 없이 높은 가용성을 보장한다.

E. AWS 보안 기능을 사용해 데이터베이스를 보호하며, 암호화와 같은 기능을 지원한다.

15. 어떤 AWS 서비스가 AWS의 데이터베이스 마이그레이션을 간소화합니까? (AWS의 기술과 서비스/데이터베이스)

A. AWS Storage Gateway

B. AWS Database Migration Service(AWS DMS)

C. Amazon EC2

D. Amazon AppStream 2.0

16. 다음 중 Amazon RDS와 같은 AWS 관리형 서비스를 사용할 때의 이점은 무엇입니까? (RDS의 이점)

A. 고객이 OS 패치 작업을 수행해야 한다.

B. 고객이 데이터베이스 백업을 관리해야 한다.

C. 데이터베이스 인스턴스 유형 및 크기를 최적화할 필요가 없다.

D. 관리형 RDS 인스턴스의 성능이 고객 설치형 데이터베이스 인스턴스보다 우수하다.

17. 다음 중 AWS의 데이터베이스 서비스는 무엇입니까? (데이터베이스 서비스 구분)

A. EBS

B. Storage Gateway

C. Glue

D. Database Migration Service(DMS)

E. Redshift

18. 다음 중 VPC의 프라이빗 연결을 위해 VPC 엔드포인트 게이트웨이를 지원하는 AWS 데이터베이스 서비스는 무엇입니까? (VPC 엔드포인트 게이트웨이/데이터베이스)

A. Aurora

B. SNS

C. DynamoDB

D. EC2

E. RDS

19. 다음 중 AWS Aurora의 실행에 사용되는 OS에 패치를 적용할 수 있는 사용자, 팀 또는 신뢰 개체는 무엇입니까? (Aurora/OS 패치 주체)

A. 고객 요청을 받은 AWS Support

B. AWS Product Team이 자동으로 OS 패치를 적용

C. Systems Manager를 이용하는 AWS 고객

D. 해당 인스턴스에 SSH로 접속한 AWS 고객

20. 전자상거래 회사는 단일 가용 영역에 RDS 데이터베이스를 배포했습니다. 엔지니어링 팀은 AZ 중단 시 데이터베이스가 수동 관리 개입 없이 동일한 엔드포인트에서 계속 작동하도록 보장하고자 합니다. 다음 중 이 사용 사례를 해결할 수 있는 솔루션은 무엇입니까? (RDS/가용 영역/가용성 보장)

A. Elastic Beanstalk를 통해 데이터베이스를 배포한다.

B. 대기로의 자동 장애 조치 설정에서 RDS 읽기 전용 복제본 모드에서 데이터베이스 구성

C. 대기로의 자동 장애 조치 설정에서 RDS 멀티 AZ 배포에서 데이터베이스 구성

D. CloudFormation을 통해 데이터베이스를 프로비저닝한다.

정답과 해설

1. **정답 D** Amazon RDS는 관계형 데이터베이스를 지원하고, Amazon DynamoDB는 NoSQL 데이터베이스를 지원한다. 또한 두 서비스 모두 고객에게 요금이 부과된다. RDS는 백업 및 복원 기능을 제공하며, DynamoDB는 NoSQL 데이터베이스를 위한 기본 백업 및 복원 기능을 제공한다. 둘 다 완전관리형 서비스이므로 구성 관리가 필요하지 않다.

2. **정답 B** Aurora는 자체적으로 Amazon S3를 사용해 데이터를 백업하고 관리하지 않는다. Amazon Aurora는 프로비저닝된 IOPS SSD 및 자동 크기 조정 가능한 스토리지를 사용할 수 있다. Aurora의 저장소는 여러 AZ에 걸쳐 복제돼 고가용성을 제공하며, 자동 크기 조정 가능한 스토리지는 데이터베이스 용량에 따라 자동으로 확장하거나 축소한다.

3. **정답 D** Amazon RDS에서 지원하는 데이터베이스 엔진은 MySQL, PostgreSQL, Oracle Database, MariaDB, Amazon Aurora 및 SQL Server이다. MongoDB는 Amazon DocumentDB에서 사용할 수 있다.

4. **정답 C, D** Amazon RDS에서는 수동 또는 자동 백업을 설정할 수 있다. 백업 파일은 Amazon S3에 저장된다. RDS 콘솔, AWS CLI, API에서 백업 파일을 복원할 수 있다. 복원 중에는 기존 데이터베이스 인스턴스가 오프라인 상태여야 한다.

5. **정답 C, E** ElastiCache에서 지원하는 캐싱 엔진은 Redis, Memcached이다. Redis는 다양한 데이터 타입을 지원하고, Pub/Sub 메시징, 레디스 클러스터링, Lua 스크립팅 등의 기능을 제공하며, Memcached는 단순한 캐싱용으로 많이 사용된다.

6. **정답 C** 전임 직원이 SQL을 이용해 효율적으로 고객 관계 관리(CRM) 데이터를 조회하려고 한다면 RDS, Aurora 등 관계형 데이터베이스가 적합하며, NoSQL 계열의 DynamoDB는 상대적으로 적합성이 떨어진다고 할 수 있다. DynamoDB를 CRM 용도로 사용하기 위해서는 데이터 모델링 및 통합, 비용, 일관성 등을 고려해 설계해야 한다.

7. **정답 C** 데이터베이스의 읽기 부담을 줄일 수 있는 가장 경제적인 방법이자 대표적인 방법은 읽기 전용 복제본(Read Replica)을 추가해 마스터 데이터베이스의 읽기 부담을 줄여주는 것이다.

8. **정답 A, C** Amazon Aurora에서 지원하는 데이터베이스 엔진은 MySQL, PostgreSQL이며, AWS 클라우드 환경에 최적화된 고성능 분산 스토리지 시스템이 내장돼 있다.

9. **정답 C** Amazon Aurora는 클러스터화된 관계형 데이터베이스 엔진이며, DB 인스턴스를 여러 개 묶어 DB 클러스터를 구성한다. 이 클러스터는 마스터 노드와 하나 이상의 복제본 노드로 구성되고, DB 클러스터의 모든 데이터는 마스터 DB 클러스터와 동일한 가용 영역에 있는 DB 인스턴스에 저장된다.

10. **정답 B** Amazon Aurora DB 클러스터는 하나의 마스터 노드와 다수의 복제본 노드로 구성된다. 마스터 노드는 쓰기 작업을 처리하고, 복제본 노드는 마스터 노드의 데이터를 비동기식으로 읽기 전용 작업에 사용한다.

11. **정답 B** Amazon DynamoDB에서는 기본적으로 파티션 키와 정렬 키 두 가지를 사용해 데이터를 저장하고 검색한다. 파티션 키는 DynamoDB 내에서 레코드를 고유하게 식별하는 데 사용되며, 정렬 키는 파티션 키로 지정된 속성의 값에 따라 레코드를 정렬하는 데 사용된다.

12. **정답 C** DynamoDB의 Query는 파티션 키와 정렬 키를 사용해 테이블에서 데이터를 읽고, 조건식에 따라 데이터를 필터링하고 반환한다. Scan은 조건식을 사용해 테이블에서 데이터를 필터링하고 반환한다.

13. **정답 C** DynamoDB는 비정규화된 데이터 모델에 적합하다. 데이터는 테이블에 저장되며, 각 항목은 자체 스키마를 지닌다. DynamoDB는 유연하고 확장 가능한 스키마를 지원해 데이터 모델을 쉽게 변경하고 확장할 수 있다. DynamoDB는 또한 테이블과 인덱스의 데이터를 자동으로 분산해 처리량과 스토리지를 확장할 수 있다.

14. **정답 A** ElastiCache는 고확장성, 고가용성, 고보안성을 제공하는 인메모리 캐시 서비스이지만, 다른 데이터베이스와 비교해 저렴하지 않으며, 활용 방법은 대체로 복잡한 편이다.

15. **정답 B** 데이터베이스 마이그레이션을 간소화하는 서비스는 DMS이다.

16. **정답 D** RDS와 같은 AWS 관리형 데이터베이스는 AWS 클라우드 환경에 최적화돼 고객이 직접 설치한 데이터베이스 인스턴스보다 성능이 우수한 것이 일반적이다.

17. **정답 E** Redshift는 AWS의 데이터베이스이자, 분석 역량에 초점을 맞춘 데이터웨어하우스 서비스다.

18. **정답 C** VPC 엔드포인트 게이트웨이를 지원하는 데이터베이스 서비스는 서버리스 NoSQL 데이터베이스인 DynamoDB이다.

19. **정답 B** AWS Aurora는 AWS 관리형 데이터베이스로서 AWS Product Team이 자동으로 OS 패치를 적용한다.

20. **정답 C** 싱글 AZ 기반 RDS의 가용성을 높이려면 멀티 AZ 기반 RDS 배포를 구성해야 한다.

9장

AWS 보안 서비스

연관 출제 영역

출제 영역 2: AWS의 보안 및 규정 준수

2.1 AWS 공동 책임 모델 정의
서비스별 고객 책임 범위

2.2 AWS 클라우드 보안 및 규정 준수 개념 정의
데이터 암호화, 서비스별 암호화 기능, 모니터링

2.4 보안 지원을 위한 리소스 식별
네트워크 보안, 보안 보고서, Trusted Advisor

9장에서 다룰 주요 내용

- AWS에서의 보안
- AWS WAF
- AWS Shield
- Amazon Inspector
- Amazon GuardDuty
- Amazon Detective
- AWS에서의 암호화
- Amazon KMS
- AWS Certificate Manager
- 활용 실습 – KMS AWS 관리형 키 정책

AWS에서의 보안

기업의 IT 인프라 및 리소스의 중요성은 지속적으로 커지고 있으며, AWS는 기업의 소중한 데이터, 애플리케이션 등을 내외부의 각종 도전으로부터 안전하게 지켜내기 위해 다양한 보안 도구 및 서비스를 제공한다.

표 9.1 기업 내부 및 외부 보안

기업 내부 리소스 접근 제어	기업 외부로부터의 보안
• IAM: 신분 인증 및 접근 관리 • Audit, Monitoring • Governance	• WAF, Shield, Inspector, GuardDuty, Detective • KMS, Certificate Manager

앞서 살펴본 IAM 등의 신분 인증 및 접근 관리 도구는 주로 기업 내부에 속한 임직원, 파트너 등이 기업 인프라 및 리소스에 안전하게 접근하기 위한 체계로서 의미가 있다면, 지금부터 살펴볼 WAF, Shield, Inspector 등은 기업 외부에서 기업 내부로 향하는 불미스러운 침탈 행위 등으로부터 기업 인프라 및 리소스 등을 안전하게 지켜내기 위한 도구로서 의미가 있다.

기업 자산에 대한 해킹 등 침탈 행위는 단순하고 방어하기 쉬운 것도 있지만, 매우 오랜 시간 악의를 가지고 관찰하다가 어느 순간 급습하는 성격의 공격도 있으며, 네트워크를 통한 침탈 시도는 물론 가상 서버의 운영체제에 악성 코드를 심는 것과 같은 다양한 공격 유형이 존재한다. 기업의 IT 인프라 및 리소스의 중요성이 커질수록 이와 같은 악의적인 시도 또한 증가할 것이므로, 9장에서는 이들 공격을 효과적으로 발견하고 차단하는 보안 도구에 대해 알아본다.

AWS 인프라, 리소스에 대한 책임과 권한

지난 1장에서 AWS의 글로벌 인프라를 설명하며 잠시 언급했듯이 AWS 인프라, 리소스에 대한 책임과 권한은 공동 책임 모델로 정의돼 'AWS'와 'AWS의 고객'이 공유한다. 예를 들어 서울 리전과 그에 속한 각종 시설에 대한 보안 책임은 AWS에 있지만, AWS의 고객 기업이 서울 리전에서 실행 중인 애플리케이션과 여기서 생성되는 데이터 등에 대한 보안 책임은 이용 고객에게 있다.

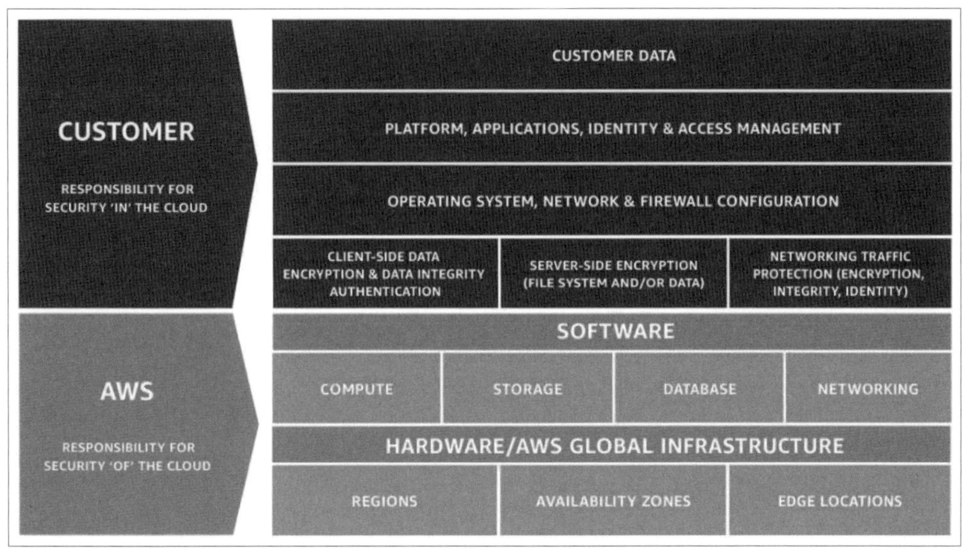

그림 9.1 AWS 인프라, 리소스에 대한 책임과 권한

(출처: https://aws.amazon.com/ko/compliance/shared-responsibility-model/)

AWS의 보안 도구는 고객이 사용 중인 가상 서버, 고객이 배포한 서비스, 고객이 생성한 데이터 등 보안 대상과 이용 방식에 따라 매우 세분화돼 있으며, 이제부터 가장 널리 사용되는 AWS의 보안 도구에 대해 알아본다.

AWS WAF

AWS 보안 도구로 널리 사용되는 WAF(Web Application Firewall)는 HTTP 전송 규칙(protocol)을 사용하는 웹 애플리케이션을 위한 방화벽이다. 웹에서 트래픽을 주고 받는 웹 애플리케이션의 특성상 거의 매일 또는 매주 웹 기반의 공격이 일어난다고 해도 과언이 아니며, 특히 온라인 커머스 등 웹에서 부가가치를 제공하는 비즈니스의 경우, 공격 빈도가 다른 산업보다 더 높은 것으로 알려져 있다.

다음 그림과 같이 WAF는 애플리케이션 레이어(레이어 7)에서 작동하는 CloudFront, ALB, API Gateway 등을 보호한다.

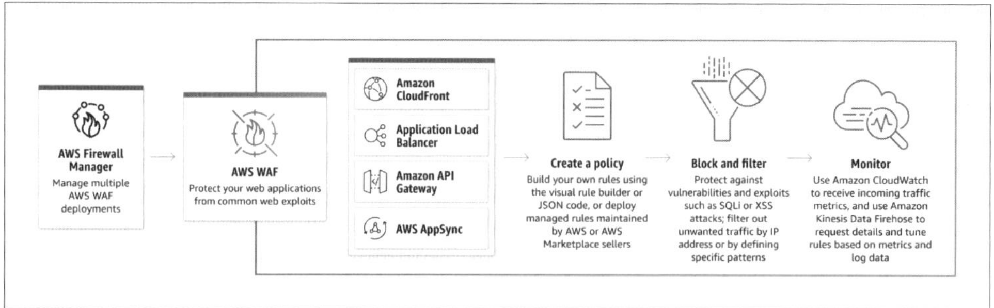

그림 9.2 WAF의 애플리케이션 레이어 보호
(출처: https://aws.amazon.com/ko/waf/)

인터넷 프로토콜 레이어

- 인터넷 기반의 데이터 전송 규칙Internet protocol은 여러 개의 레이어Layer로 구분된다.
- HTTP/HTTPS, DNS는 애플리케이션 레이어Application Layer에 해당한다.
- TCP/UDP는 트랜스포트 레이어Transport Layer에 해당한다.
- 데이터 전송의 토대가 되는 물리적 레이어를 레이어 1, 트랜스포트 레이어를 레이어 4, 애플리케이션 레이어를 레이어 7으로 부른다.
- CloudFront는 레이어 7, Global Accelerator는 레이어 4에 대응하는 서비스이며, 각 레이어에 맞는 보안 도구를 추가해야 한다.

WAF는 IP 주소, HTTP 헤더, HTTP 바디, URI 등이 포함된 관리형 규칙Web ACL으로 웹 애플리케이션에 대한 트래픽 도달 방법을 제어하는 방화벽이며, 글로벌 인터넷 환경에 대한 대표적인 침탈 행위인 SQL 삽입SQL injection 공격, XSSCross-Site Scripting 공격 등을 탐지하고 방어한다.

표 9.2 SQL 삽입 공격과 XSS 공격 비교

SQL 삽입 공격	XSS 공격
• 인터넷 초기부터 등장, 데이터 기반 웹 애플리케이션에 공격용 코드 삽입, 악의적인 SQL문을 입력 필드에 삽입 • 온라인 커머스 등이 주 타깃이며, 모든 유형의 SQL 데이터베이스를 공격하는 데 사용 가능 • 신분 변조, 기존 데이터 변조, 트랜잭션 무효화, 잔액 변경, 시스템 데이터 공개, 고객 데이터 삭제 등	• 인터넷 초기부터 등장, 웹 애플리케이션의 보안 취약점에 대한 공격 • 클라이언트 측 스크립트를 다른 사용자의 웹 페이지에 삽입 가능 • 공격자가 '동일 출처 정책' 등 액세스 제어 규칙을 우회하는 데 사용(동일 출처 정책: URI 체계, 호스트 이름, 포트 번호가 같아야 액세스 권한 부여)

또한 WAF는 geo-match 규칙을 이용해 특정 국가에서의 접속을 차단하거나 허용할 수 있다.

AWS Shield

Shield는 웹 애플리케이션과 전송 네트워크를 대상으로 한 DDoS 공격으로부터의 방어 수단이며, AWS의 모든 고객에게 무료로 제공되는 Shield Standard와 매월 정액을 부담하고 이용할 수 있는 Shield Advanced 등 두 가지 레벨로 구분된다.

다음 그림은 DDoS 공격과 관련해 Shield Standard와 Shield Advanced의 역할 구분을 보여준다. Shield Standard는 전송 네트워크(레이어 3와 레이어 4)에 대한 DDoS 공격에 대응하고, Shield Advanced는 애플리케이션(레이어 7)에 대한 DDoS 공격에 대응하도록 설계됐다.

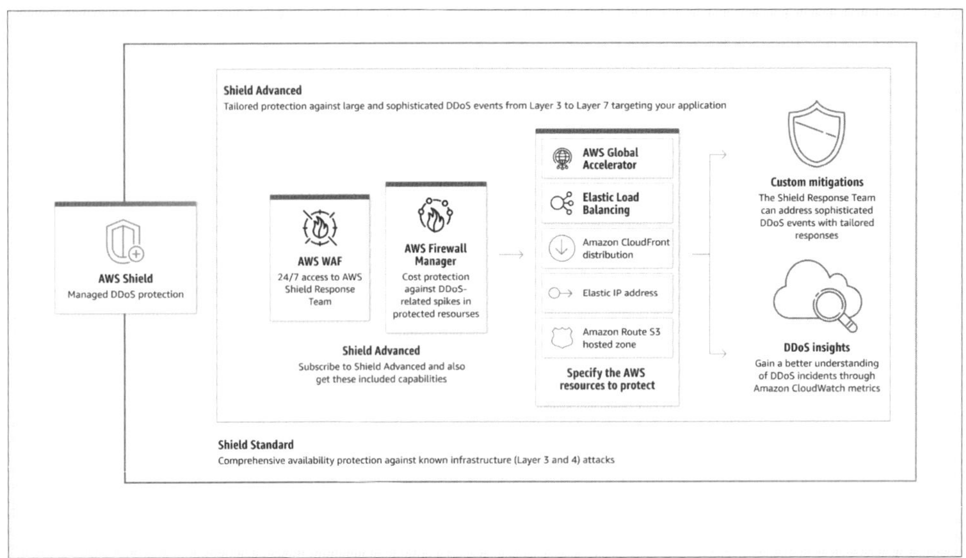

그림 9.3 Shield Standard와 Shield Advanced의 역할 구분

표 9.3 Shield Standard와 Shield Advanced 상세 비교

Shield Standard	Shield Advanced
• L3/L4 (트랜스포트) 레벨 공격 차단 • 일반적인 DDoS 공격 방어 • 보호 대상: Global Accelerator • 모든 AWS 고객에게 기본 제공 • 네트워크 레벨 공격: SYN/UDP 홍수 공격, Reflection 공격 등	• L7 (애플리케이션) 레벨 공격 차단 • 대규모 또는 집요한 DDoS 공격 방어 • 보호 대상: EC2, ELB, CloudFront, Route 53 • 유료 서비스($3000/월) • DDoS 공격에 의한 방어 비용 급증 상황에 대비

DDoS 공격은 다양한 네트워크 계층에 대해 이뤄진다. 일정 시간 내 처리할 수 없을 정도의 요청을 보내는 SYN/UDP 홍수 공격이 대표적인 DDoS 공격 양상이며, Shield Standard는 이에 대한 방어 장치다. 이 경우 일회성으로 그칠 수도 있지만 만일 공격이 장기간 집요하게 지속되고 일반적인 방식으로는 막기 어려운 대규모의 공격(DNS 증폭 공격)이 여러 번 반복된다면 방어에 성공한다 하더라도 상당한 방어 비용이 발생할 수 있다. Shield Advanced는 이와 같은 상황에 좀 더 적합하다.

DDoS 공격 유형 비교

1. Application 레이어 공격(HTTP 홍수 공격)
2. Protocol 공격(SYN 홍수 공격, TCP)
3. Volumetric 공격(DNS 증폭 공격)

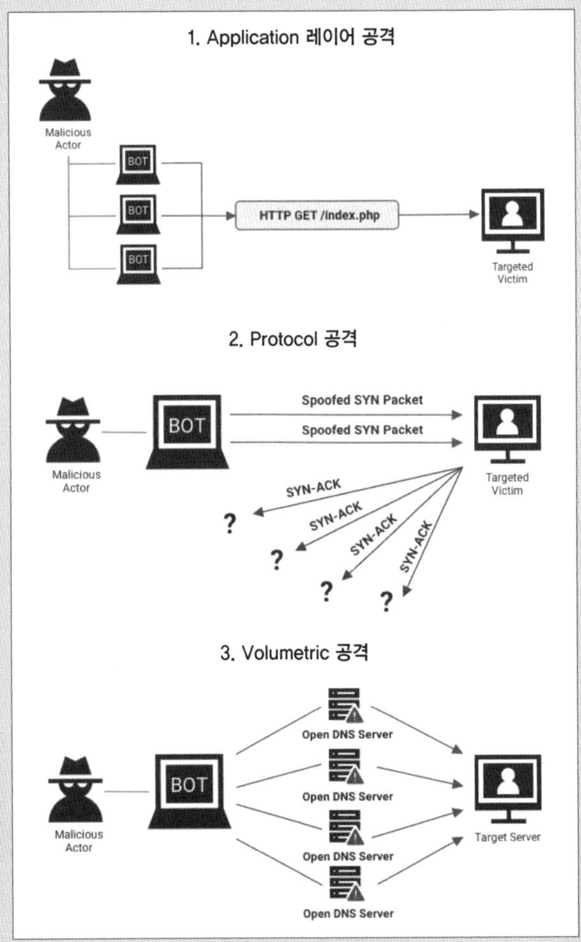

그림 9.4 DDoS 공격 유형 비교
(출처 https://www.onelogin.com/learn/ddos-attack)

Amazon Inspector

Inspector는 가상 서버 및 서버 이미지의 OS 레벨 보안 도구로서, EC2 인스턴스 이미지(AMI, VM), ECR에 저장된 컨테이너 이미지, Lambda 함수에 대한 소프트웨어 취약성을 분석하고, 문제의 소지가 될 수 있는 네트워크 노출 지점이 있는지 파악한다.

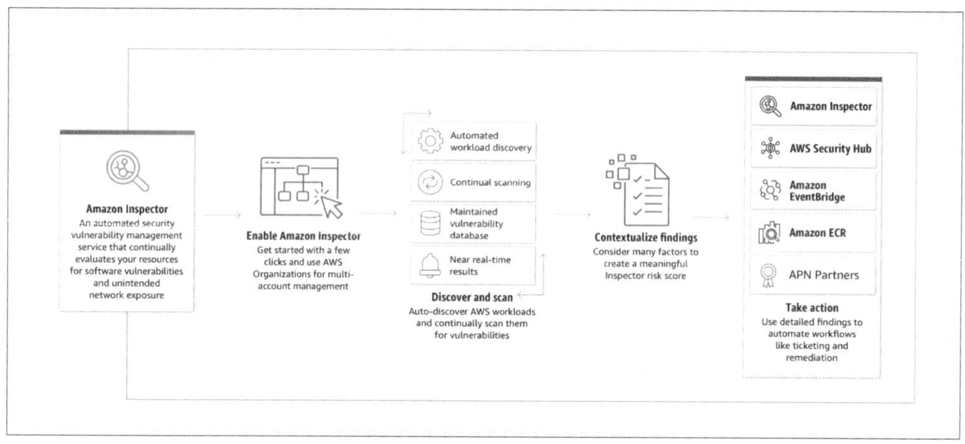

그림 9.5 Inspector의 주요 용도 및 작동 방식
(출처: https://aws.amazon.com/ko/inspector/)

글로벌 레벨에서 널리 사용되는 OS 버전에 대한 최신 CVE[Common Vulnerabilities and Exposures] 정보를 이용해 패치 수정의 우선순위를 지정하며, 자동화된 네트워크 및 호스트 보안 검증을 통해 임의의 네트워크 접근 시도가 있는지 분석한다.

다음 그림은 Inspector 대시보드 화면이며, ECR 리포지터리, ECR 컨테이너 이미지, EC2 인스턴스, AMI, Lambda 함수 등 각종 가상 서버 및 서버 이미지에 대한 취약성을 한눈에 확인할 수 있다.

Inspector는 EventBridge 및 Security Hub 등 다른 서비스와 통합해 보안 취약성을 줄이고 워크플로우 관리 업무를 간소화할 수 있다.

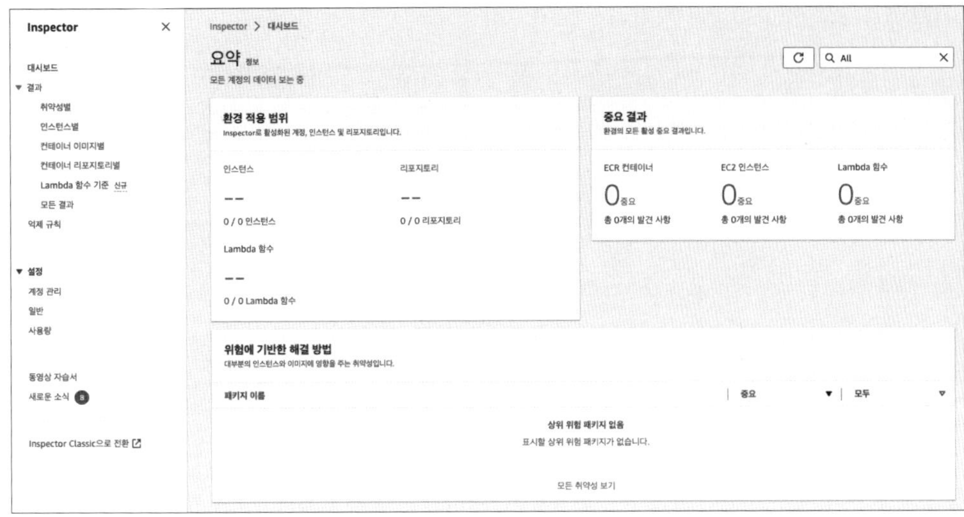

그림 9.6 Inspector 대시보드에서 컨테이너 이미지, AMI, EC2 인스턴스 등의 취약성 확인

Amazon GuardDuty

GuardDuty는 계정 및 워크로드 레벨의 보안 도구로서 S3 버킷에 대한 비정상적인 접근, Aurora에 대한 의심스러운 로그인, 악의적인 IP 주소에서의 API 호출 등 침해 시도를 탐색한다. 이를 위해 CloudTrail 로그, VPC Flow 로그, DNS 로그 등 다양한 데이터를 종합적으로 수집해 머신러닝 알고리듬으로 분석하고 취약점을 감지한다.

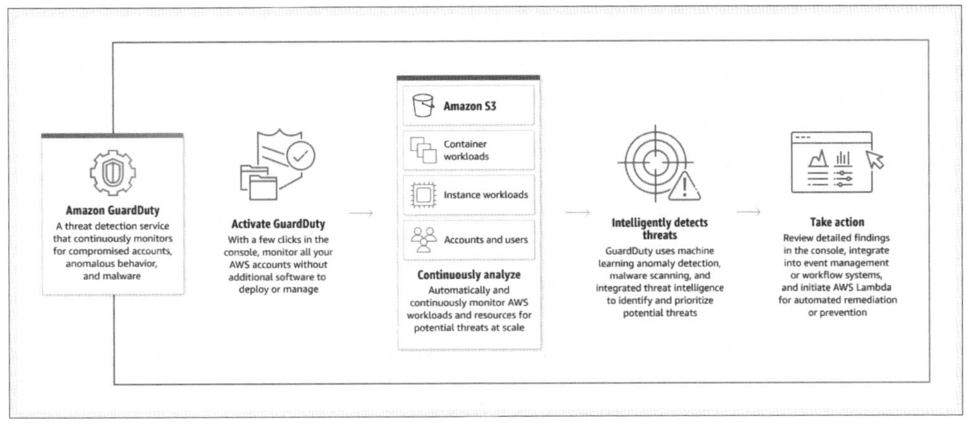

그림 9.7 GuardDuty의 주요 용도 및 작동 방식

(출처: https://aws.amazon.com/ko/guardduty/)

사용자 계정이나 워크로드 자원은 본격적인 해킹에 앞서 상당 기간의 정찰 활동이 선행되는 경우가 많으므로, 임의의 로그인 시도 등 이상 징후를 조기에 감지하고 지속적으로 관찰하는 것이 중요하다. 이와 같은 반복적이고 지속적인 데이터 수집과 관찰에 적합한 것이 머신러닝이며, 여기서 드러난 특이한 행동(이상점)에 대응하기 위한 체계가 GuardDuty이다.

GuardDuty는 Security Hub, Detective 등과 통합해 보안 관제 서비스로 활용할 수 있다. 침해 시도를 감지한 경우, EventBridge 룰 설정 등을 통해 위협 요인을 조기에 제거 또는 완화할 수 있다.

Amazon Detective

Detective는 전체 계정에 대한 잠재적인 보안 위협을 시각화해 보안 분석 업무를 간소화하고 보안 팀이 더 빠르고 효과적으로 조사를 수행할 수 있도록 돕는다. 다음 그림과 같은 그래프 모델을 통해 보안 위협의 원천root cause을 좀 더 쉽게 파악할 수 있고, 사용자와 리소스 간 상호 작용을 시각화해 좀 더 명확한 의미를 제시할 수 있다.

다음 그림과 같은 Detective의 '지리 위치' 그래프는 이전에 관찰되지 않은 새로 관찰된 위치에서 수행되는 활동을 표시하며 이를 통해 새롭게 감지된 활동을 식별하고, 이 활동의 정상 여부를 평가할 수 있다.

그림 9.8 Detective의 지리 위치 그래프

(출처: https://aws.amazon.com/ko/detective/features/)

다음 그림과 같은 'API 호출 볼륨' 그래프는 특정 기간에 성공한 호출과 실패한 호출 수를 표시해 (정상 범위를 나타내는) 기준선과 비교하고 이를 통해 정상적인 활동 패턴 여부를 식별할 수 있다.

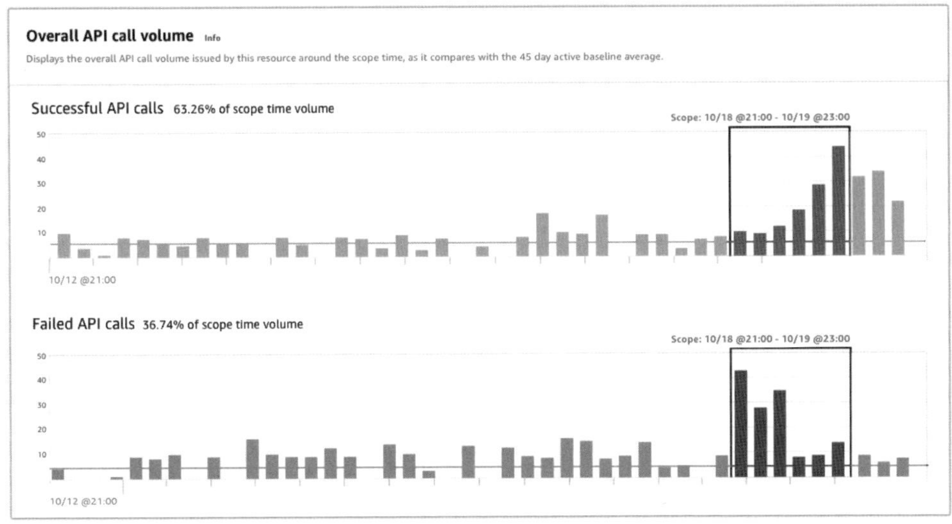

그림 9.9 Detective의 API 호출 그래프
(출처: https://aws.amazon.com/ko/detective/features/)

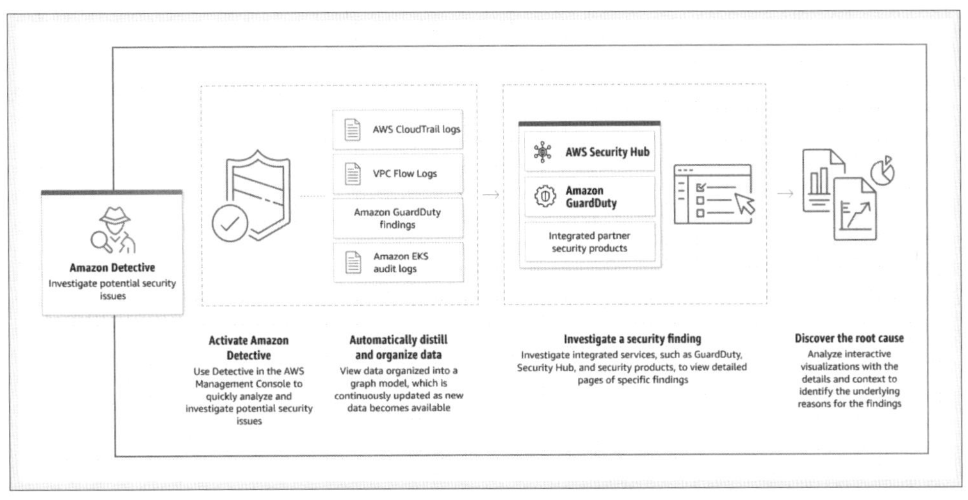

그림 9.10 Detective의 주요 용도 및 작동 방식
(출처: https://aws.amazon.com/ko/detective/)

Detective는 VPC Flow Log, CloudTrail log, EKS audit log, GuardDuty finding 등 다양한 보안 데이터 원천을 유입 및 시각화하며, 앞서 살펴본 또 다른 보안 도구인 GuardDuty, Security Hub 등과 통합해 보안 관제 서비스 구현에 활용된다.

AWS에서의 암호화

이번 절에서는 데이터와 서비스에 대한 안전한 접근을 위한 암호화Encryption에 대해 알아본다. 앞서 S3 객체 스토리지에 대해 언급하면서 서버 측 암호화에 대해 간단히 살펴봤으며, 이번 절에서는 AWS의 대표적인 암호화 도구인 KMS와 HTTPS 보안 전송을 위한 Certificate Manager를 중심으로 알아본다.

AWS에서 암호화는 다음과 같이 '저장 중 암호화'와 '전송 중 암호화' 방식을 나눠서 생각해볼 수 있다.

표 9.4 AWS의 저장 중 암호화와 전송 중 암호화 서비스 비교

저장 중 암호화(Encryption at Rest)	전송 중 암호화(Encryption in Transit)
• AWS KMS(Key Management Service) • 데이터 암호화 키 생성 및 제어 • 디지털 서명 키 생성 및 제어	• AWS Certificate Manager • HTTPS 보안 전송을 위한 • SSL/TLS 인증서 서비스

다음은 기업 데이터 센터 등 AWS 외부에 있는 데이터(객체 데이터)를 AWS 내부의 S3 버킷에 전송하는 과정을 보여주며, 저장 중 암호화와 전송 중 암호화 프로세스를 명료하게 보여준다.

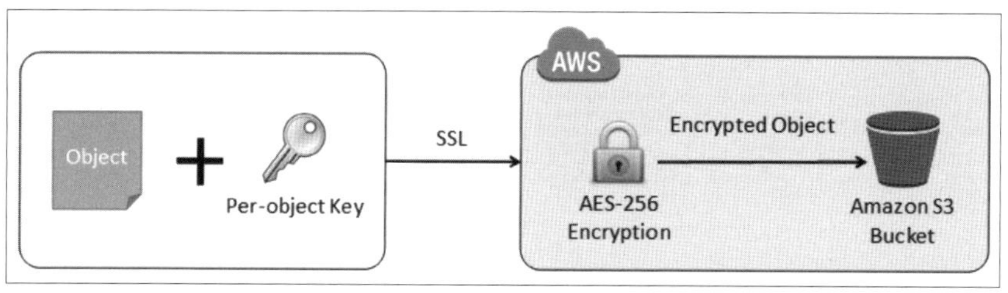

그림 9.11 AWS 내외부에서의 저장 중 암호화 및 전송 중 암호화

(출처: https://aws.amazon.com/ko/blogs/aws/s3-encryption-with-your-keys/)

먼저 저장 중 암호화 도구인 KMS에 대해 알아본다.

Amazon KMS

KMS^Key Management Service^는 AWS의 대표적인 암호화 서비스로서 각종 리소스와 데이터를 안전하게 사용하기 위한 데이터 암호화 및 디지털 서명용 키 생성 및 제어 기능을 제공한다.

다음 그림에서 보듯, KMS는 키 기반 서버측 암호화^SSE, Server Side Encryption^, Encryption SDK를 통한 애플리케이션의 암호화, 비대칭형 KMS 키로 디지털 서명 및 확인, 메시지 무결성 및 인증을 확인하기 위한 HMAC 생성 등 다양한 암호화 작업을 수행한다.

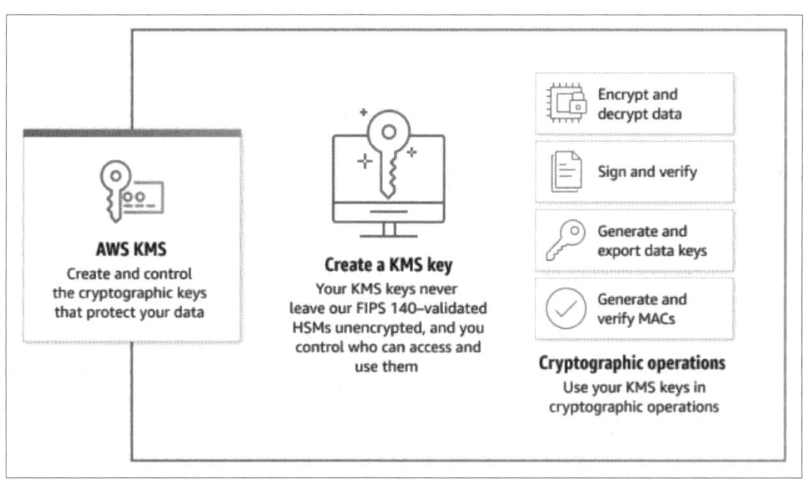

그림 9.12 서버 측 암호화, 디지털 서명 및 확인 등 KMS의 주요 작업
(출처: https://aws.amazon.com/ko/kms/?nc1=h_ls)

KMS는 IAM의 권한 인증 체계 및 CloudTrail 모니터링 체계와 통합해 매우 세밀하게 키 사용 이력을 추적 및 관리하고, 키 사용 내역의 감사 자료로 활용될 수 있다.

다음 그림은 KMS 키 구성 화면이며, 키 유형은 키 사용 용도에 따라 대칭 키^symmetric key^ 또는 비대칭 키^asymmetric key^ 중 선택할 수 있다. 키 사용 용도 설정에서는 암호화 또는 MAC 생성 중 선택할 수 있다.

그림 9.13 KMS 키 구성 화면 – 키 유형 및 키 사용 용도 설정

대칭 키와 비대칭 키 방식 비교

- 대칭 키는 암호화 및 복호화를 위해 하나의 키를 사용한다.
- 비대칭 키는 암호화 및 복호화를 위해 2개의 키를 사용하며, 하나는 퍼블릭 키, 또 다른 하나는 프라이빗 키다.
- EC2 인스턴스에 대한 CLI, SDK, API 등 프로그래밍 접근에 사용하는 Secret Access Key는 Access Key ID(퍼블릭 키)와 Secret Access Key(프라이빗 키)를 사용하는 비대칭 키의 사례가 된다.

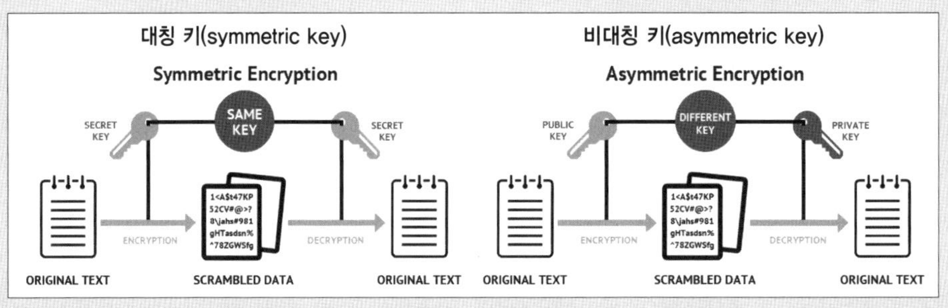

그림 9.14 대칭 키와 비대칭 키 방식 비교

(출처: https://www.cheapsslshop.com/blog/symmetric-vs-asymmetric-encryption-whats-the-difference)

SSL/TLS 인증서

지난 절에서는 암호화 기법을 이용한 안전한 저장 방식에 대해 살펴봤다. 이번 절에서는 안전한 전송에 대해 알아본다. 인터넷을 이용해 데이터를 전송하는 방법으로 HTTP 전송 방식(프로토콜)이 오랜 기간 사용되고 있으나, HTTP 트래픽이 클라이언트와 서버 사이에 오가는 동안 감청, 변조 등 다양한 해킹 시도가 이뤄질 수 있다는 우려가 있어 왔고, 실제로 해킹에 성공한 사례가 많다. 이에 대한 대응책 중 하나가 다음 그림과 같이 HTTP에 보안Security 계층을 추가해 암호화된 연결을 사용하는 HTTPS 전송 방식이다.

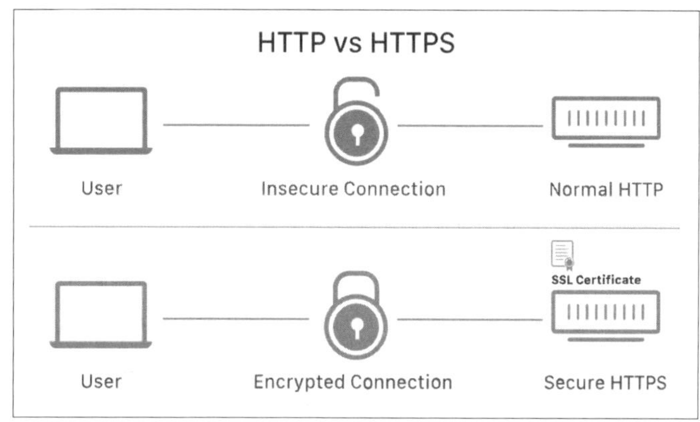

그림 9.15 HTTP와 HTTPS 비교

(출처: https://www.cloudflare.com/learning/ssl/why-is-http-not-secure/)

HTTPS 전송 방식은 일종의 공인인증서(SSL/TLS 인증서)를 이용해 인터넷상에서 특정 웹사이트의 신뢰성 또는 자격을 증명한다.

> **SSL/TLS 인증서**
>
> - SSL(보안 소켓 계층), TLS(전송 계층 보안, 최신 기술, 기본 권장)
> - 브라우저, 방문한 웹사이트, 웹사이트 서버 간 전송 데이터를 암호화
> - DV(도메인 유효성 검사, 신뢰도 하) 인증서, OV(조직 유효성 검사, 신뢰도 중) 인증서, EV(확장 유효성 검사, 신뢰도 상) 인증서 등으로 세분화
> - OV 인증서: 블로그, 로그인 페이지, EV 인증서: 결제 페이지

AWS Certificate Manager(ACM)

Certificate Manager는 AWS의 SSL/TLS 인증서 서비스이며, 퍼블릭, 프라이빗 SSL/TLS 인증서의 프로비저닝, 배포를 돕는다.

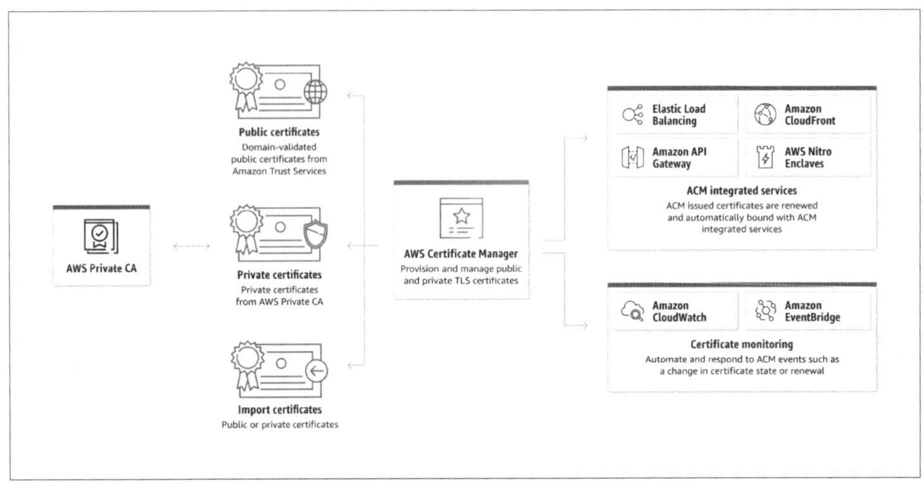

그림 9.16 Certificate Manager의 기본 기능 및 연계 서비스
(출처: https://aws.amazon.com/ko/certificate-manager/?nc1=h_ls)

위 그림과 같이, 다양한 경로로 생성 또는 임포트한 SSL/TLS 인증서는 ELB, Cloud Front, API Gateway 등 서비스와 함께 배포한다.

퍼블릭 인증서 요청

도메인 이름
인증서에 대해 하나 이상의 도메인 이름을 제공합니다.

완전히 정규화된 도메인 이름 정보

이 인증서에 다른 이름 추가
이 인증서에 이름을 추가할 수 있습니다. 예를 들어, 'www.example.com'에 대한 인증서를 요청하는 경우 고객이 두 이름 중 하나로 사이트에 접속할 수 있도록 'example.com'이라는 이름을 추가할 수 있습니다.

검증 방법 정보
도메인 소유권을 검증하기 위한 방법 선택

DNS 검증 – 권장
인증서 요청에서 도메인에 대한 DNS 구성을 수정할 권한이 있는 경우 이 옵션을 선택합니다.
이메일 검증
인증서 요청에서 도메인에 대한 DNS 구성을 수정할 권한을 소유하지 않거나 획득할 수 없는 경우 이 옵션을 선택합니다.

그림 9.17 Certificate Manager 인증서 요청 화면 – 검증 방법 선택

앞의 그림과 같이 인증서를 요청하는 경우, 퍼블릭 또는 프라이빗 인증서 중 하나를 선택하고 www.example.com 등 도메인 이름과 도메인 소유권의 검증 방법, 암호화 알고리듬을 선택한다. 도메인 소유권의 검증 방법으로는 DNS 검증을 권장한다.

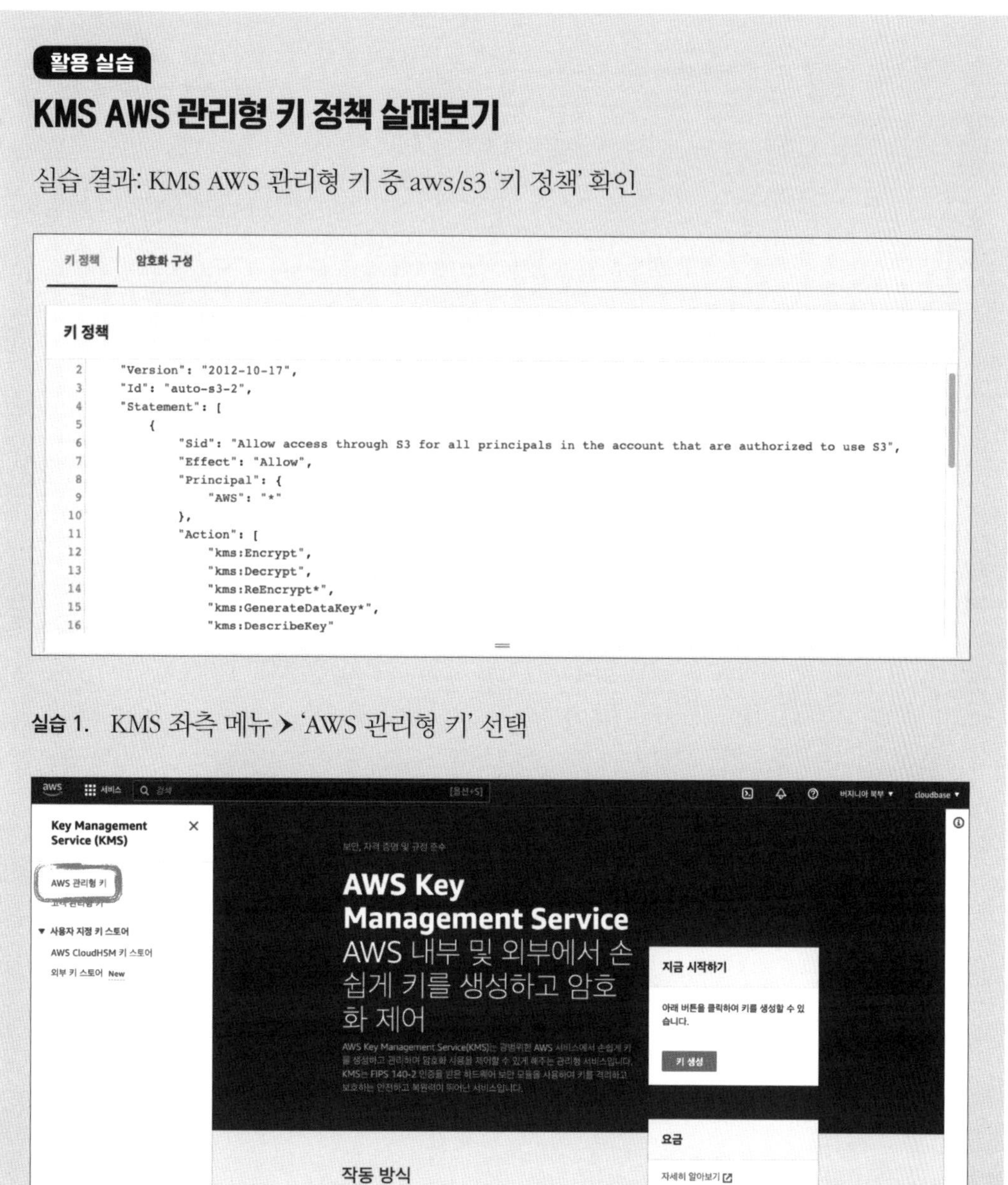

활용 실습

KMS AWS 관리형 키 정책 살펴보기

실습 결과: KMS AWS 관리형 키 중 aws/s3 '키 정책' 확인

실습 1. KMS 좌측 메뉴 ➤ 'AWS 관리형 키' 선택

실습 2. 별칭 'aws/s3' 키 선택

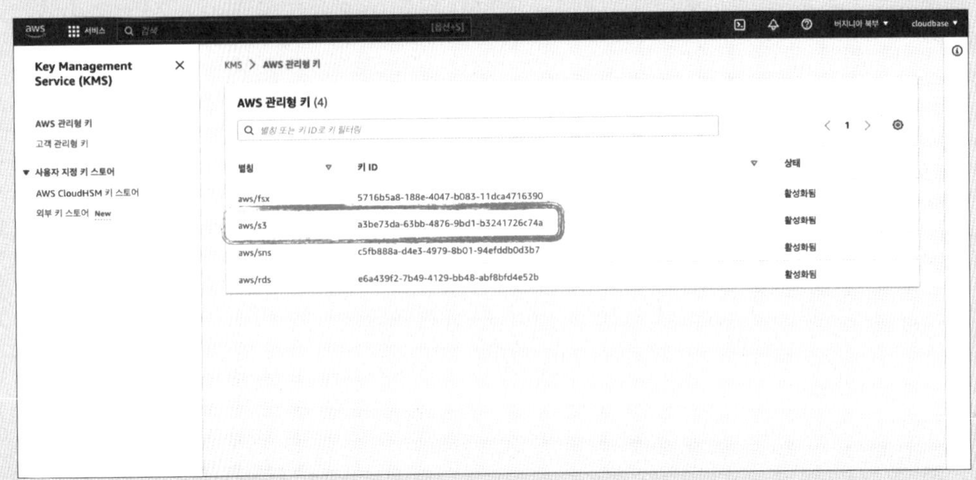

실습 3. aws/s3 키 일반 구성 ➤ 키 정책, 암호화 구성 확인

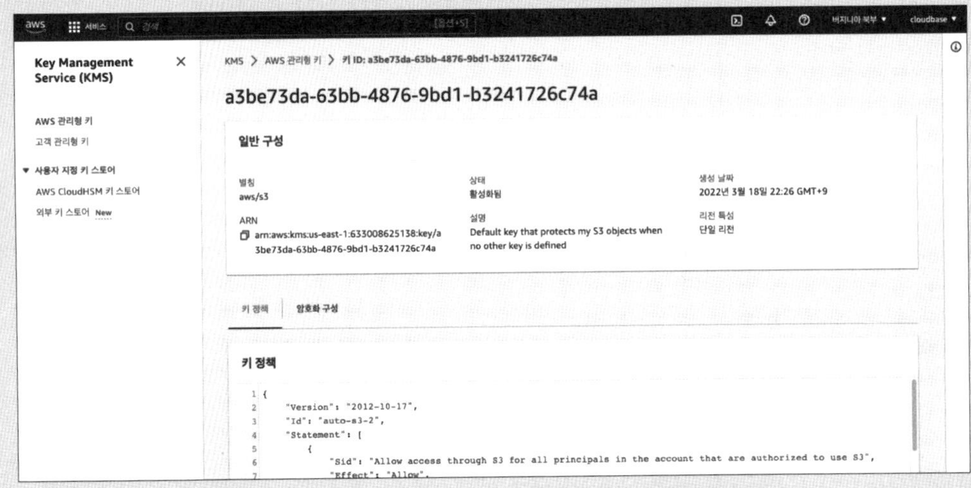

실습 4. aws/s3 '키 정책' 확인

키 정책 | 암호화 구성

키 정책

```
    "Version": "2012-10-17",
    "Id": "auto-s3-2",
    "Statement": [
        {
            "Sid": "Allow access through S3 for all principals in the account that are authorized to use S3",
            "Effect": "Allow",
            "Principal": {
                "AWS": "*"
            },
            "Action": [
                "kms:Encrypt",
                "kms:Decrypt",
                "kms:ReEncrypt*",
                "kms:GenerateDataKey*",
                "kms:DescribeKey"
```

실습 5. aws/s3 '암호화 구성' 확인

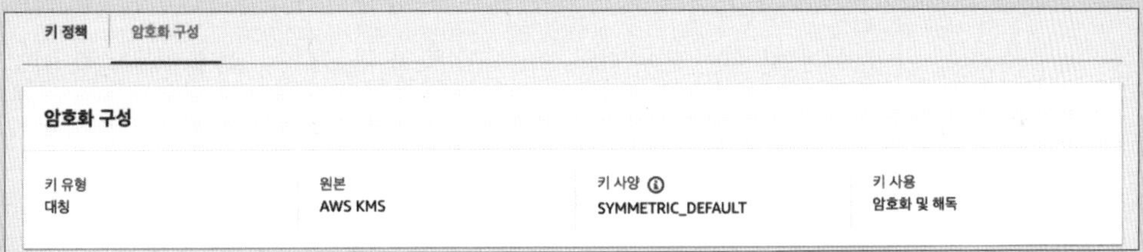

실습 6. 키 생성 화면에서 '고객 관리형 키' 구성 방식과 비교

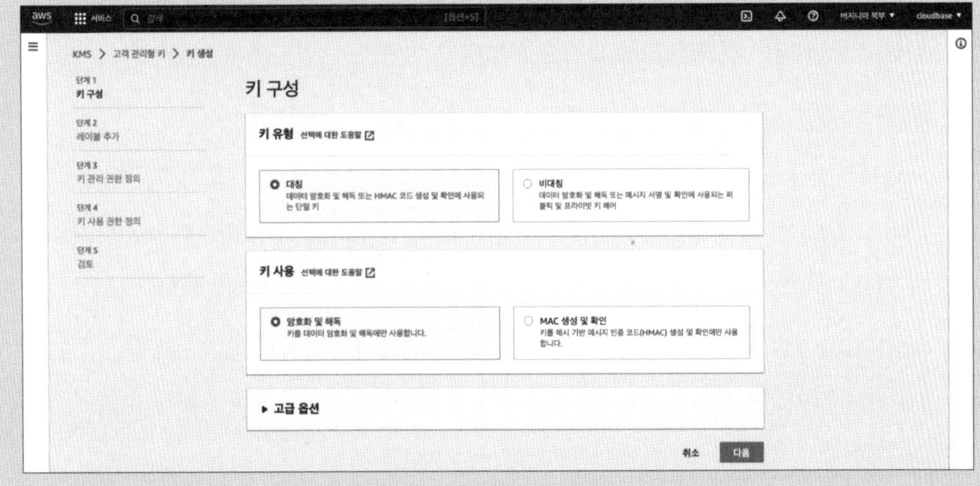

정리

- AWS 인프라, 리소스에 대한 책임과 권한은 공동 책임 모델로 정의돼 AWS와 고객이 공유한다.
- WAF는 HTTP 프로토콜 기반의 웹 애플리케이션용 방화벽이며, CloudFront, ALB, API Gateway 앞에서 SQL 삽입 공격, XSS 공격 등을 탐지하고 방어한다.
- Shield는 웹 애플리케이션과 전송 네트워크를 대상으로 한 DDoS 공격으로부터 방어하는 보안 체계다.
- 모든 AWS 고객에게 무료로 제공되는 Shield Standard는 Global Accelerator 등 전송 네트워크(레이어 3와 레이어 4)에 대한 DDoS 공격을 방어한다.
- 유료로 제공되는 Shield Advanced는 EC2, ELB, CloudFront, Route 53 등 애플리케이션(레이어 7)에 대한 DDoS 공격에 대응한다.
- Inspector는 가상 서버 및 서버 이미지의 OS 레벨 보안 도구로서, EC2 인스턴스 이미지(AMI, VM), ECR에 저장된 컨테이너 이미지의 취약성을 분석한다.
- GuardDuty는 계정 및 워크로드 레벨의 보안 도구로, S3 버킷에 대한 비정상적인 접근, Aurora에 대한 의심스러운 로그인, 악의적인 IP 주소에서의 API 호출 등 침해 시도를 탐색한다.
- Detective는 전체 계정에 대한 잠재적인 보안 위협을 시각화해 보안 분석 업무를 간소화하고 보안 팀이 더 빠르고 효과적으로 조사를 수행할 수 있도록 돕는다.
- AWS KMS는 저장 중 암호화 도구다.
- SSL/TLS 인증서 서비스인 AWS Certificate Manager는 전송 중 암호화 도구다.
- KMS는 AWS의 대표적인 암호화 서비스로서 각종 리소스와 데이터를 안전하게 사용하기 위한 데이터 암호화 및 디지털 서명용 키 생성 및 제어 기능을 제공한다.
- Certificate Manager는 AWS의 SSL/TLS 인증서 서비스이며, 퍼블릭, 프라이빗 SSL/TLS 인증서의 프로비저닝, 배포를 돕는다.

기출 유형 분석 퀴즈

1. AWS WAF에서 사용되는 보안 규칙 유형 중에서 SQL 삽입, XSS, 취약한 파일 업로드와 같은 웹 애플리케이션 공격을 막기 위한 규칙 유형은 무엇입니까? (AWS WAF/규칙 유형)

   A. IP 블랙리스트
   B. 지역 제한
   C. SQL 쿼리 제한
   D. 웹 취약성 공격 차단 규칙
   E. HTTPS 리디렉션

2. AWS WAF를 사용해 악성 공격으로부터 웹 애플리케이션을 보호하고자 할 때, AWS WAF가 자동으로 수행하는 작업 중 아닌 것은 무엇입니까? (AWS WAF/자동 수행 작업)

   A. AWS WAF 웹 ACL을 생성해 AWS 리소스의 액세스를 제어한다.
   B. AWS WAF ACL을 사용해 허용할 IP 주소 범위를 지정할 수 있다.
   C. 로그 분석을 사용해 요청을 모니터링하고 차단한다.
   D. AWS Shield와 통합해 DDoS 공격으로부터 보호한다.
   E. SSL/TLS 암호화 연결을 해제한다.

3. AWS Shield가 제공하는 DDoS 방어 기능에 대한 설명 중 올바른 것은 무엇입니까? (AWS Shield/DDoS 방어)

   A. AWS Shield는 모든 유형의 DDoS 공격을 방어할 수 있다.
   B. AWS Shield는 네트워크 레벨의 DDoS 공격만을 방어할 수 있다.
   C. AWS Shield는 웹 서비스 또는 API의 무단 액세스와 같은 애플리케이션 레벨의 DDoS 공격을 방어할 수 있다.
   D. AWS Shield는 데이터베이스 및 스토리지 서비스를 보호하지 않는다.

4. AWS Shield Standard와 AWS WAF의 차이점은 무엇입니까? (AWS Shield/AWS WAF 비교), (정답 2개)

A. AWS Shield Standard는 모든 유형의 DDoS 공격을 방어할 수 있으며, AWS WAF는 웹 애플리케이션의 보안을 위한 방화벽이다.

B. AWS Shield Standard는 Network Layer DDoS 공격을 방어할 수 있으며, AWS WAF는 Application Layer DDoS 공격과 웹 애플리케이션의 보안을 위한 방화벽이다.

C. AWS Shield Standard는 AWS의 모든 고객에서 제공하는 무료 서비스이고, AWS WAF는 사용자가 필요에 따라 활성화해 사용하는 유료 서비스다.

D. AWS Shield Standard는 자동으로 활성화되며, AWS WAF는 사용자가 직접 활성화해야 한다.

5. Amazon Inspector 서비스에 대한 다음 중 올바른 설명은 무엇입니까? (Inspector)

A. Amazon Inspector는 웹 애플리케이션의 성능을 측정하는 서비스다.

B. Amazon Inspector는 AWS에서 제공하는 로깅 및 모니터링 서비스다.

C. Amazon Inspector는 애플리케이션 보안 및 컴플라이언스 평가를 제공하는 서비스다.

D. Amazon Inspector는 AWS에서 제공하는 데이터베이스 백업 서비스다.

6. Amazon Inspector 서비스의 작동 방식에 대한 다음 중 올바른 설명은 무엇입니까? (Inspector/작동 방식)

A. Amazon Inspector는 네트워크 패킷을 캡처해 보안 취약점을 검출한다.

B. Amazon Inspector는 애플리케이션의 로그를 수집해 보안 취약점을 검출한다.

C. Amazon Inspector는 AWS 계정의 보안 구성을 평가해 보안 취약점을 검출한다.

D. Amazon Inspector는 웹 애플리케이션의 코드를 분석해 보안 취약점을 검출한다.

7. Amazon GuardDuty 서비스가 제공하는 기능 중 올바른 것은 무엇입니까? (GuardDuty/기본 기능)

A. 보안 그룹 설정 관리
B. 웹 애플리케이션의 보안 취약점 검사
C. 네트워크 트래픽에서 악성 활동 탐지
D. 애플리케이션 로그 분석

8. Amazon GuardDuty 서비스의 가격 책정 방식은 무엇입니까? (GuardDuty/과금 방식)

A. 월별 활성화된 디바이스 수에 따라 비용이 부과된다.
B. 탐지된 이벤트의 수에 따라 비용이 부과된다.
C. AWS 계정당 고정 비용이 부과된다.
D. Amazon GuardDuty는 무료 서비스다.

9. Amazon Detective 서비스에 대한 다음 중 올바르지 않은 설명은 무엇입니까? (Detective/기본 기능)

A. Amazon Detective는 AWS 계정의 보안 상태를 모니터링한다.
B. Amazon Detective는 로그 데이터와 자동화된 분석 기능을 사용해 보안 문제를 해결한다.
C. Amazon Detective는 빅데이터 분석 기술을 사용해 보안 이슈를 탐지하고, 관련된 데이터를 시각화한다.
D. Amazon Detective는 모든 AWS 서비스에서 발생하는 로그 데이터를 수집하고 분석한다.

10. Amazon Detective 서비스를 사용해 다음 중 어떤 작업을 수행할 수 있습니까? (Detective/보안 업무)

A. 인스턴스와 보안 그룹의 연결 상태를 모니터링한다.
B. 웹 애플리케이션의 코드를 분석해 보안 취약점을 검출한다.
C. AWS 계정에 대한 불법 활동 및 악성 활동을 감지한다.
D. 네트워크 트래픽에서 악성 활동을 탐지한다.
E. 클라우드 리소스의 보안 설정을 관리한다.

11. 다음 중 AWS에서의 암호화에 대한 설명으로 옳지 않은 것은 무엇입니까?
(AWS에서의 암호화)

A. S3 스토리지 렌즈 지표를 사용하면 스토리지 바이트의 몇 퍼센트가 암호화됐는지 알 수 있다.

B. Amazon S3 버킷 암호화의 기본 방식은 SSE-KMS이다.

C. 데이터 보호란 전송 중 암호화와 저장 중 암호화를 의미한다.

D. SSL/TLS는 전송 중 암호화 방식이다.

E. 저장 중 암호화 방식으로는 서버 측 암호화와 클라이언트 측 암호화 방식이 있다.

12. 다음 중 Amazon KMS 서비스의 주요 기능은 무엇입니까? **(KMS/주요 기능)**

A. 데이터의 저장과 백업을 제공한다.

B. 암호화된 데이터를 복호화할 수 있는 열쇠를 관리한다.

C. 웹 응용프로그램을 보호하기 위한 방화벽을 제공한다.

D. 사용자 권한을 관리한다.

13. 다음 중 Amazon KMS 서비스를 사용할 때 고객이 직접 관리할 수 없는 일은 무엇입니까? **(KMS/고객의 업무)**

A. 암호화된 데이터의 백업과 복원

B. 암호화된 데이터의 저장 위치 선택

C. 암호화된 데이터의 복호화 열쇠 생성

D. 암호화된 데이터의 암호화 방법 선택

14. AWS Certificate Manager 서비스에 대한 설명 중 올바른 것은 무엇입니까?
(Certificate Manager), (정답 2개)

A. AWS Certificate Manager는 AWS에서 제공하는 DNS 서비스다.

B. AWS Certificate Manager는 공인 인증 기관으로부터 SSL/TLS 인증서를 발급받을 수 있는 서비스다.

C. AWS Certificate Manager는 EC2 인스턴스에서만 사용 가능한 서비스다.

D. AWS Certificate Manager는 무료로 제공되는 서비스다.

15. AWS Certificate Manager가 제공하는 기능에 대한 설명으로 옳지 않은 것은 무엇입니까? (Certificate Manager)

A. AWS Certificate Manager를 이용해 SSL/TLS 인증서 관련 비용을 절약할 수 있다.
B. AWS Certificate Manager는 SSL/TLS 인증서를 발급하는 데 필요한 복잡한 프로세스를 자동화한다.
C. AWS Certificate Manager는 저장 중 데이터 보안 및 전송 중 데이터 보안 모두를 위해 사용할 수 있다.
D. AWS Certificate Manager는 SSL/TLS 인증서를 발급하고 관리하는 데 필요한 AWS 리소스를 제공한다.
E. AWS Certificate Manager는 SSL/TLS 인증서를 발급하는 데 필요한 정보를 수집하고 검증한다.

16. AWS Trusted Advisor에 대한 설명으로 옳지 않은 것은 무엇입니까? (Trusted Advisor)

A. Trusted Advisor는 사용 중지된 가용 영역 및 사용 중지된 RDS 백업을 검사한다.
B. 비용 최적화, 성능, 보안, 내결함성, 서비스 할당량 등 5대 항목에 대한 권장 사항 또는 경고를 제공한다.
C. AWS Basic Support 고객도 핵심 보안 검사 및 서비스 할당량 검사에 액세스할 수 있다.
D. AWS Developer Support 고객은 비용 최적화, 보안, 내결함성, 성능, 서비스 할당량을 포함한 모든 Trusted Advisor 검사에 액세스할 수 있다.
E. Trusted Advisor는 서비스 할당량의 80%가 초과될 경우 알림을 제공한다.

17. 웹 애플리케이션은 모든 데이터를 Amazon S3 버킷에 저장합니다. 클라이언트는 데이터를 Amazon S3로 보내기 전에 데이터를 암호화합니다. 다음 중 고객이 필요로 하는 데이터를 암호화하는 올바른 기술은 무엇입니까? (S3/클라이언트/암호화)

A. S3 관리형 키로 서버 측 암호화SSE-S3
B. AWS KMS 키로 서버 측 암호화SSE-KMS
C. AWS 암호화 SDK를 사용해 클라이언트 측 암호화CSE
D. S3에 저장되는 모든 객체가 자동으로 암호화되므로 별도의 암호화 작업은 필요하지 않음

18. DDoS(분산 서비스 거부) 공격을 차단 또는 완화하는 데 사용할 수 있는 AWS 서비스는 무엇입니까? **(DDoS)**

A. KMS

B. Shield

C. Firewall

D. CloudWatch

E. Systems Manager

19. AWS 웹 애플리케이션 방화벽은 어떤 네트워크 레이어에서 일반적인 침해 시도로부터 리소스를 보호를 제공합니까? **(WAF/네트워크 레이어)**

A. 네트워크 레이어 3

B. 네트워크 레이어 4

C. 네트워크 레이어 5

D. 네트워크 레이어 7

E. 위 모든 옵션

20. 다음 중 AWS Shield Advanced를 통해 확장된 DDoS 공격으로부터 보호받는 대상이 아닌 것은 무엇입니까? **(Shield Advanced/DDoS), (정답 2개)**

A. Elastic Compute Cloud

B. CloudFront

C. CloudFormation

D. Global Accelerator

E. Route 53

F. API Gateway

정답과 해설

1. **정답 D** AWS WAF에서는 일반적인 웹 취약성 공격을 차단하기 위한 규칙들이 제공되며, 이 중 '웹 취약성 공격 차단 규칙'은 SQL 삽입, XSS, 취약한 파일 업로드와 같은 웹 애플리케이션 공격을 차단하기 위한 규칙이다.

2. **정답 E** AWS WAF 웹 ACL을 생성해 AWS 리소스의 액세스를 제어하거나, ACL을 사용해 허용할 IP 주소 범위를 지정할 수 있다. 또한 로그 분석을 사용해 요청을 모니터링하고 차단하며, AWS Shield와 통합해 DDoS 공격으로부터 보호한다.

3. **정답 C** AWS Shield는 AWS에서 제공하는 DDoS 방어 서비스로, 애플리케이션 레벨의 DDoS 공격을 포함해 다양한 유형의 DDoS 공격을 방어할 수 있다. AWS Shield Standard는 AWS의 모든 고객에게 무료로 제공되며, AWS Shield Advanced는 유료 서비스로 더욱 강력한 DDoS 방어 및 고급 보안 기능을 제공한다.

4. **정답 B, C** AWS Shield Standard는 DDoS 공격에 대한 보호를 제공하는 무료 서비스로, Network Layer DDoS 공격을 방어할 수 있다. 반면 AWS WAF는 Application Layer DDoS 공격뿐만 아니라 웹 애플리케이션의 보안을 위한 방화벽으로 사용자가 필요에 따라 활성화해 사용하며, 추가 비용이 발생할 수 있다.

5. **정답 C** Amazon Inspector는 애플리케이션의 보안 취약점을 검출하고, 컴플라이언스 규정을 준수하는지 평가하는 보안 평가 서비스이며, EC2 인스턴스에 에이전트를 설치해 실행된다.

6. **정답 D** Amazon Inspector는 애플리케이션의 코드를 분석해 보안 취약점을 검출한다. Amazon Inspector는 애플리케이션 내부에서 발생하는 취약점과 관련된 자동화된 보안 검사를 시행하며, 취약점 분석 결과 보고서를 제공한다.

7. **정답 C** Amazon GuardDuty는 AWS 계정의 보안 상태를 모니터링하고, AWS 클라우드에서 악성 활동을 감지하기 위한 관리형 보안 탐지 서비스이며, 네트워크 트래픽에서 악성 활동을 탐지하는 것이 GuardDuty의 주요 기능 중 하나다.

8. **정답 B** Amazon GuardDuty의 비용은 탐지된 이벤트의 수에 따라 부과된다. GuardDuty는 무료 평가판을 제공하며, 평가판 기간 동안에는 이벤트 탐지에 대한 비용이 부과되지 않는다.

9. **정답 D** Detective는 AWS 계정의 보안 상태를 모니터링하고, 로그 데이터와 자동화된 분석 기능을 사용해 보안 문제를 해결하며, 이를 위해 빅데이터 분석 기술을 사용해 보안 이슈를 탐지하고, 관련된 데이터를 시각화하지만 모든 로그 데이터를 수집하고 분석하지는 않는다.

10. **정답 C** Detective는 AWS 계정에서 불법적으로 로그인하거나 데이터를 삭제하는 등의 악성 활동이 감지되면 해당 활동에 대한 자세한 정보와 추적 정보를 제공한다.

11. **정답 B** S3 버킷 암호화의 기본 방식은 SSE-KMS가 아닌, S3 관리형 키를 사용한 서버 측 암호화(SSE-S3)다.

12. **정답 B** Amazon KMS는 사용자의 애플리케이션에서 사용할 수 있는 열쇠를 생성, 관리하고, 데이터를 안전하게 암호화, 복호화할 수 있게 해주는 서비스이며, 주요 기능은 암호화된 데이터를 복호화할 수 있는 열쇠를 관리하는 것이다.

13. **정답 C** Amazon KMS는 고객이 직접 암호화 및 복호화를 수행할 수 있도록 암호화된 데이터를 복호화하는 데 필요한 열쇠를 생성하고 관리한다. 고객은 암호화된 데이터의 백업과 복원, 저장 위치 선택, 암호화 방법 선택 등 다양한 작업을 수행할 수 있지만, 열쇠 생성은 AWS KMS가 제어한다.

14. **정답 B, D** AWS Certificate Manager는 공인 인증 기관으로부터 SSL/TLS 인증서를 발급받을 수 있는 서비스다. SSL/TLS 인증서는 HTTPS 프로토콜을 사용하는 웹사이트에서 데이터를 암호화하고 안전하게 전송하는 데 사용된다. AWS Certificate Manager는 무료로 제공되며, AWS에서 호스팅되는 애플리케이션을 위해 공인인증서를 발급할 수 있다. AWS Certificate Manager를 사용하면 SSL/TLS 인증서를 쉽게 생성, 발급, 설치, 관리할 수 있다.

15. **정답 C** AWS Certificate Manager는 HTTPS 프로토콜을 사용하는 웹사이트에서 데이터를 암호화하고 안전하게 전송하기 위해 사용되는 SSL/TLS 인증서 관리 서비스이며, 저장 중 데이터 보안과는 무관하다.

16. **정답 D** 비용 최적화, 보안, 내결함성, 성능, 서비스 할당량을 포함한 모든 Trusted Advisor 검사에 액세스할 수 있는 고객은 AWS Business Support 및 AWS Enterprise Support 고객이다.

17. **정답 C** 데이터를 Amazon S3로 보내기 전에 클라이언트에서 암호화하는 방식은 클라이언트 측 암호화(CSE)이다.

18. **정답 B** DDoS 공격을 차단 또는 완화하는 보안 서비스는 Shield이다.

19. **정답 D** WAF는 네트워크 레이어 7에서 작동하며, SQL 명령어 주입과 교차 사이트 스크립팅 같은 일반적인 웹 취약점 공격을 차단한다.

20. **정답 C, F** AWS Shield Advanced는 EC2, ELB, CloudFront, Global Accelerator, Route 53 등 리소스 기반 애플리케이션을 대상으로 하는 공격에 대해 더 높은 수준의 보호를 제공한다.

3부

AWS의 실무 활용 전략

10장

AWS 모니터링과 비용 관리

연관 출제 영역

출제 영역 2: AWS의 보안 및 규정 준수

2.2 AWS 클라우드 보안 및 규정 준수 개념 정의
데이터 암호화, 서비스별 암호화 기능, 모니터링

출제 영역 4: AWS의 요금 및 비용 관리

4.3 결제 지원에 사용할 수 있는 리소스
비용 탐색기, AWS 비용 및 사용 보고서, 비용 할당용 태그

10장에서 다룰 주요 내용

- AWS 모니터링 서비스
- Amazon CloudWatch
- AWS CloudTrail, AWS Config
- AWS 결제 및 비용 관리
- 활용 실습 – CloudWatch 커스텀 대시보드 생성
- 활용 실습 – 비용 관리를 위한 예산 생성

AWS 모니터링 서비스

클라우드 환경에는 다양한 서비스와 리소스가 있으며, 이를 이용하는 다양한 계정과 IAM 유저가 있고 관리 콘솔, CLI, SDK, API 등 다양한 방식으로 접근하게 된다. 기업 클라우드 서비스의 특성상 AWS에서 일어나는 모든 일은 관찰하고 통제될 수 있어야 하며, 일정 시간이 흐른 뒤에라도 특정 시점에 어떤 리소스에 누가, 어떤 방식으로 접근했는지 그리고 어떤 작업을 했는지 파악할 수 있어야 한다.

이런 기능을 종합적으로 구현한 것이 바로 모니터링이다. 이번 절에서는 AWS의 핵심 모니터링 도구로도 부르는 CloudWatch, CloudTrail, Config에 대해 알아본다.

표 10.1 모니터링 도구 – CloudWatch, CloudTrail, Config 비교

CloudWatch	CloudTrail	Config
AWS 리소스 및 애플리케이션 모니터링 서비스로서 CloudWatch Logs, CloudWatch Alarm 등으로 구성	AWS 계정에서 일어난 모든 이벤트 및 API 호출 추적 서비스로서 거버넌스, 규정 준수, 감사 업무와 연계	AWS 리소스 구성 내용의 측정, 감사, 평가 서비스로서, 모범적인 구성을 기준으로 현재의 구성을 자동으로 검증

Amazon CloudWatch

CloudWatch는 AWS 리소스 및 AWS 리소스 기반 애플리케이션을 모니터링하며, AWS 내부 리소스는 물론 온프레미스 환경에서 운영되는 리소스에 대한 가시성과 통찰력까지 확보할 수 있다.

CloudWatch의 주요 구성 요소 또는 세분화된 서비스로는 CloudWatch Logs, CloudWatch Alarm, EventBridge(구 CloudWatch Event) 등이 있다.

표 10.2 CloudWatch Logs, CloudWatch Alarm, EventBridge 비교

CloudWatch Logs	CloudWatch Alarm	EventBridge
EC2 인스턴스 로그, CloudTrail 이벤트 로그, Route 53 DNS 쿼리 등 다양한 서비스 생성 로그 등을 저장 및 액세스	일정 기간 동안 지정 임곗값과 지푯값 비교, SNS 알림 전송, Auto Scaling 작업 수행 등 대응 작업 수행	서비스, 앱, 마이크로서비스 등에서 유입된 이벤트를 수집, 분류해 SNS 알림 전송, Lambda 실행 등 대응 작업 수행

CloudWatch와 같은 모니터링 서비스는 클라우드의 온디맨드 사용량 측정measuring service 가능성 측면에서 리소스별 사용량에 따른 정확한 요금 부과의 방법으로도 중요한 의미를 지닌다(AWS 비용 관리에 대해서는 'AWS 결제 및 비용 관리' 절에서 자세히 알아본다).

다음 그림은 CloudWatch 대시보드이며, 사용 중인 리소스 목록과 개별 리소스의 사용량 추이 등 세분화된 정보, 비용과의 관련성 정보 등을 제공한다.

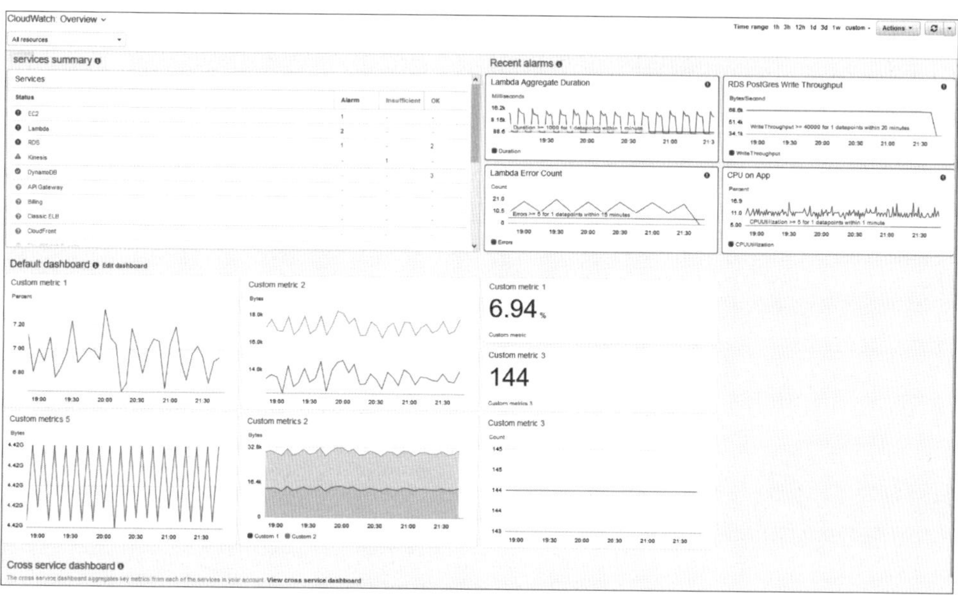

그림 10.1 CloudWatch 대시보드

CloudWatch는 AWS 내외부 리소스에 대한 성능 및 이용량 지표 저장소metrics repository라고 할 수 있으며, 지표 데이터를 이용해 통계 분석 환경을 구성해 인사이트를 도출할 수 있고, 지표 데이터를 그래프화해 현재 AWS 서비스와 리소스 상황을 한눈에 파악할 수 있다.

CloudWatch는 임계치threshold 도달 시 EC2 인스턴스, Auto Scaling, SNS 작업 실행을 위한 알람Alarm을 구성할 수 있다. 아울러 하나의 리전 내 리소스는 물론 계정에 포함된 다른 리전의 데이터도 함께 분석하는 교차 리전 선택도 가능하다.

다음 그림은 CloudWatch에 연결된 AWS 리소스 데이터 및 커스텀 데이터가 CloudWatch 환경에 지표metrics 데이터로 입력된 뒤 CloudWatch Alarm을 통해 사전 정의된 동작을 실행하거나, 혹은 통계 분석 환경을 통해 AWS 관리 콘솔에서 활용되는 과정을 보여준다.

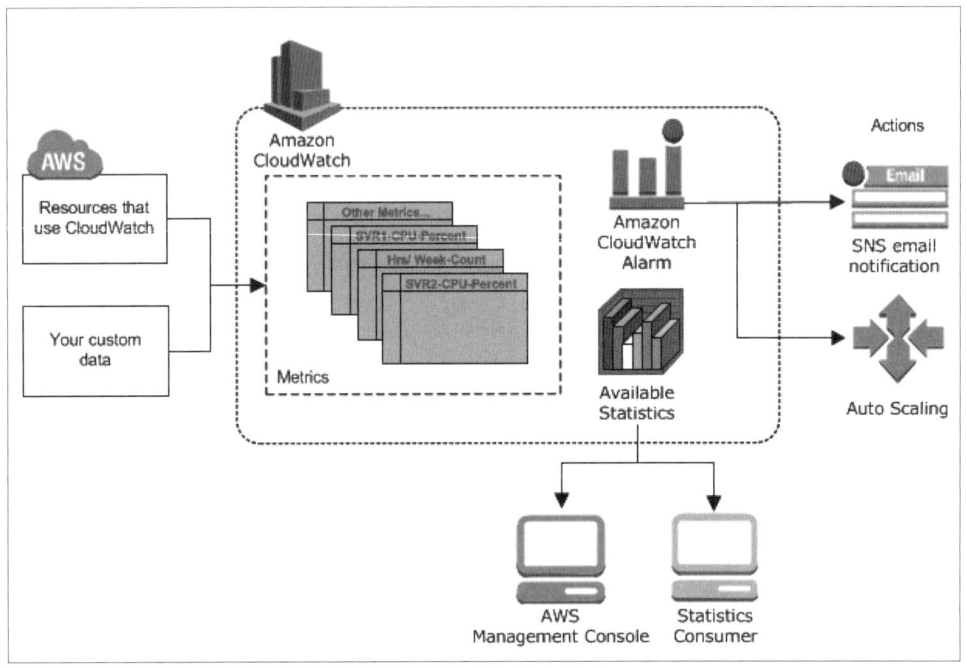

그림 10.2 CloudWatch 작동 프로세스

(출처: https://docs.aws.amazon.com/ko_kr/AmazonCloudWatch/latest/monitoring/cloudwatch_architecture.html)

CloudWatch Logs

CloudWatch Logs는 EC2 인스턴스 등 각종 서비스로부터 수집된 로그 파일을 저장한다. 수집되는 로그 데이터로는 EC2 인스턴스 로그, CloudTrail 이벤트 로그, Route 53 DNS 쿼리 로그 등이 있고, 이들 로그는 보존돼 로그 데이터 아카이브로 된다.

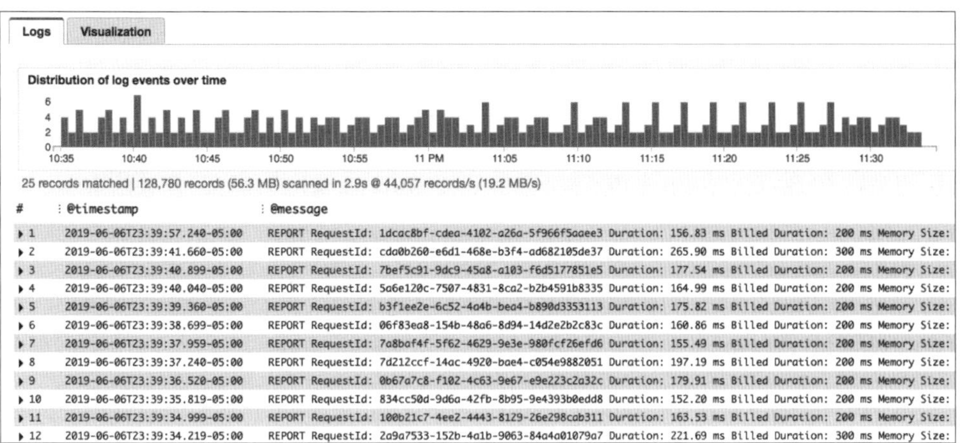

그림 10.3 CloudWatch Logs 로그 출력 화면

(출처: https://aws.amazon.com/blogs/mt/understanding-aws-lambda-behavior-using-amazon-cloudwatch-logs-insights/)

CloudWatch Logs는 AWS 내 서비스와 리소스 로그를 수집하지만 온프레미스 환경에서도 CloudWatch Logs를 이용해 자체 데이터 센터의 각종 로그를 수집해 통합적으로 활용할 수 있다. 이렇게 수집 및 저장된 로그는 저장 또는 추가적인 분석을 위해 S3, Kinesis Data Streams, Lambda, ElasticSearch 등으로 전송된다.

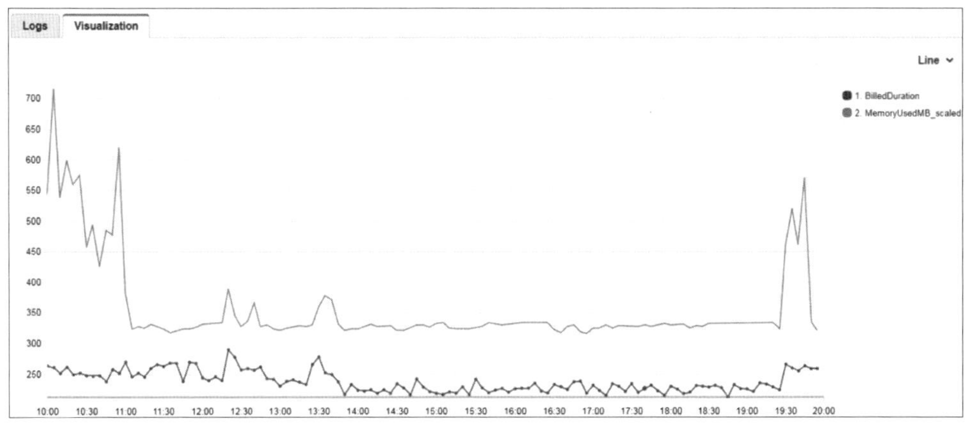

그림 10.4 CloudWatch Logs 시각화 화면

(출처: https://aws.amazon.com/blogs/mt/understanding-aws-lambda-behavior-using-amazon-cloudwatch-logs-insights/)

상당수의 EC2 사용자는 EC2 생성과 함께 자동으로 CloudWatch Logs도 함께 실행되는 것으로 오해하는 경우가 있으며, 이는 EC2 인스턴스에 기본적으로 제공되는 성능 모니터링 탭을 이용하기 때문이라 생각한다. 하지만 EC2는 로그를 CloudWatch Logs에 임의로 전송하지 않으며, 사용자가 명시적으로 CloudWatch 이용을 신청해야 로그가 CloudWatch로 전송된다.

CloudWatch Alarm

CloudWatch Alarm은 특정 지표의 임곗값threshold 이탈 수준에 따라 경보 생성 여부를 결정한다. 경보는 지표 기반 알람metric alarm과 복합 조건 알람composite alarm 등이 있으며, 알람의 타깃으로 EC2 인스턴스, EC2 Auto Scaling, SNS 등을 지정해 대응 동작을 설정할 수 있다.

CloudWatch Alarm은 다음과 같은 세 가지 경보 상태를 표시한다.

표 10.3 CloudWatch Alarm의 경보 상태 비교

OK	ALARM	INSUFFICIENT_DATA
지표가 임계치 아래 존재	지표가 임계치 초과, 경보 발령	데이터 부족으로 상태 결정 불가

다음 그림에서 블루 라인은 경보의 임계치, 레드 라인은 실제 값(지표)을 나타내며, 지표가 일정 기간 동안 임계치를 몇 번 초과하느냐에 따라 경보 발령 여부가 결정된다.

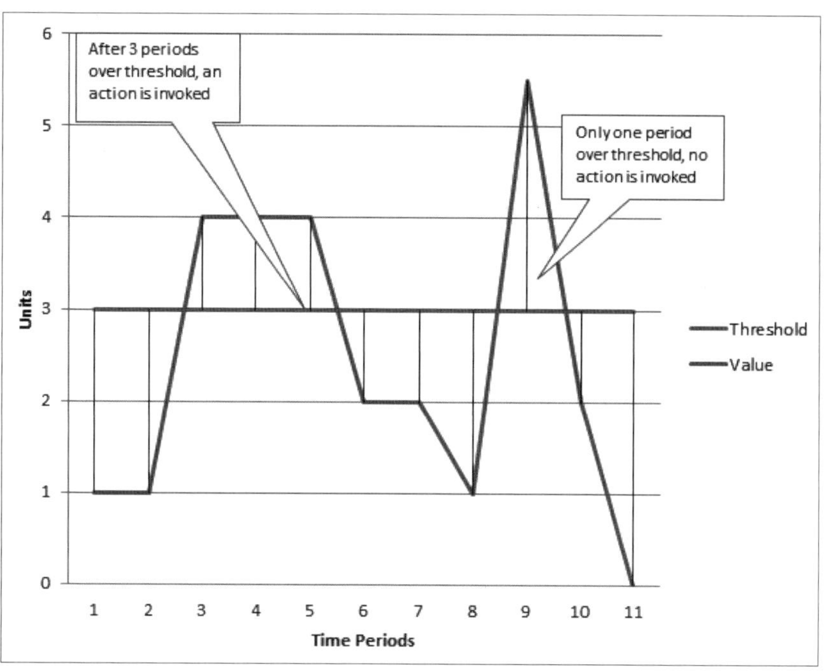

그림 10.5 CloudWatch Alarm의 임계치와 지표, 기간

(출처: https://docs.aws.amazon.com/ko_kr/AmazonCloudWatch/latest/monitoring/AlarmThatSendsEmail.html)

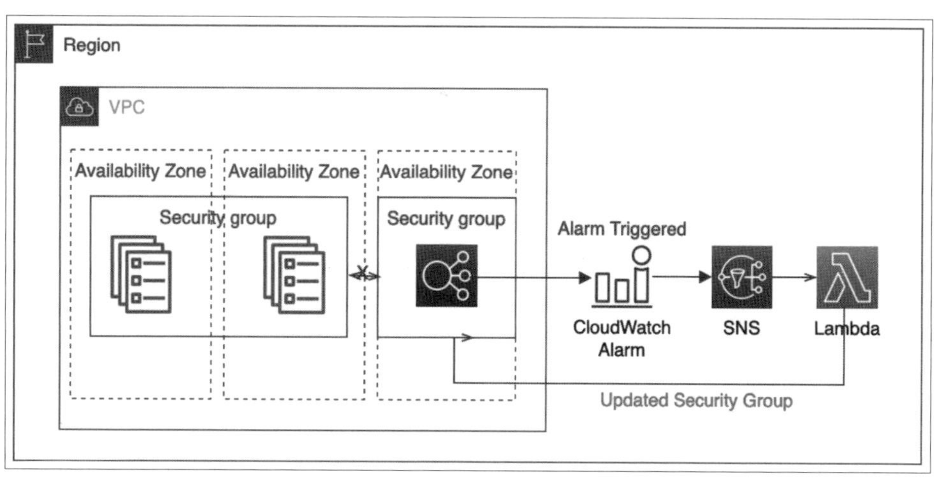

그림 10.6 CloudWatch Alarm 경보 발령 시 대응

(출처: https://aws.amazon.com/ko/blogs/mt/alarms-incident-management-and-remediation-in-the-cloud-with-amazon-cloudwatch/)

EventBridge

EventBridge는 서버리스 기반의 이벤트 버스Event Bus로서 대량의 이벤트 전송 및 처리 작업을 수행한다. Zendesk, Shopify 등 글로벌 레벨에서 널리 사용되는 대규모 SaaS 앱과 연계해 이벤트 소스의 실시간 데이터 스트림을 Lambda 및 SaaS 앱에 전송한다.

다음 그림은 EventBridge의 작동 프로세스를 보여준다. 예를 들어 사용자가 S3 버킷에 새로운 이미지 파일을 업로드하면, 이는 하나의 이벤트가 돼 EventBridge에 전달되고, EventBridge의 이벤트 대응 규칙에 따라 Lambda 등에 전달된다. Lambda 함수는 이미지 파일을 가공해 애플리케이션 등에 반영하게 된다.

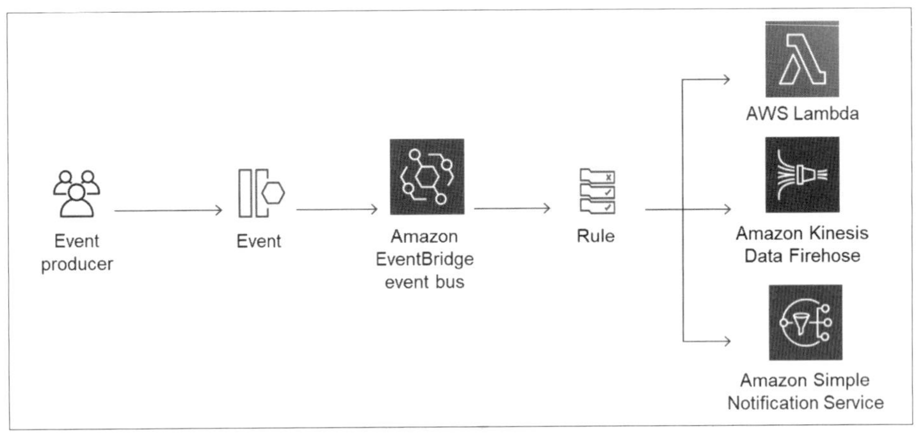

그림 10.7 EventBridge 작동 프로세스

(출처: https://aws.amazon.com/ko/eventbridge/)

AWS CloudTrail

CloudTrail은 AWS 계정에서 일어난 모든 이벤트 및 API 호출을 추적하는 서비스이며, AWS 계정 전반의 활동에 대한 거버넌스governance, 규정 준수compliance, 감사audit 등 업무에 활용된다.

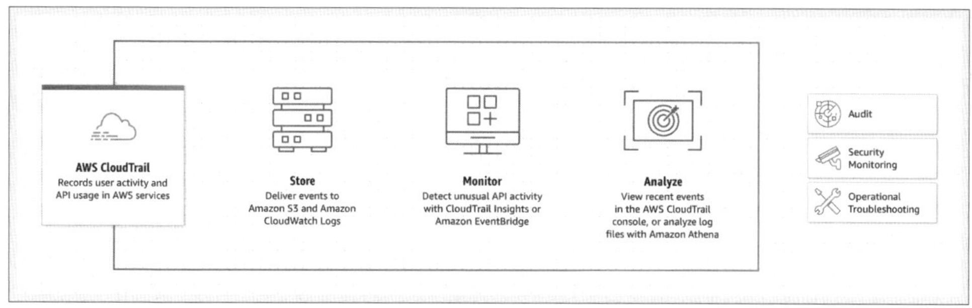

그림 10.8 CloudTrail의 주요 기능 및 연계 업무
(출처: https://aws.amazon.com/cloudtrail/)

CloudTrail에서 생성된 이벤트 및 API 관련 로그는 CloudWatch Logs 또는 S3로 전송돼 통합적인 분석 등에 활용된다. CloudTrail은 기본적으로 모든 리전에서 발생하는 이벤트 및 API 호출을 추적할 수 있다.

CloudTrail 이벤트는 관리 이벤트 및 데이터 이벤트로 나뉜다.

표 10.4 CloudTrail의 두 가지 유형의 이벤트 비교

관리 이벤트(Management Events)	데이터 이벤트(Data Events)
리소스 레벨의 관리 작업	데이터 레벨의 이용 작업
보안 구성(IAM 롤 정책 추가)	S3 객체 업로드/다운로드 등
디바이스 등록(기본 VPC 생성)	Lambda 함수 호출
데이터 라우팅 규칙(서브넷 생성)	DynamoDB 아이템 업로드 등
로깅 설정(트레일 생성)	EBS 스냅숏 업로드/다운로드 등

다음 그림은 CloudTrail을 이용해 하나의 애플리케이션을 구성하는 다양한 서비스 요소 중 바람직하지 않은 동작을 하는 요소를 가려내는 작업에 활용하는 내용을 담고 있다. 아울러 일반적인 API 호출 수보다 훨씬 많은 호출이 일어나는 이상 구간을 파악할 수 있다.

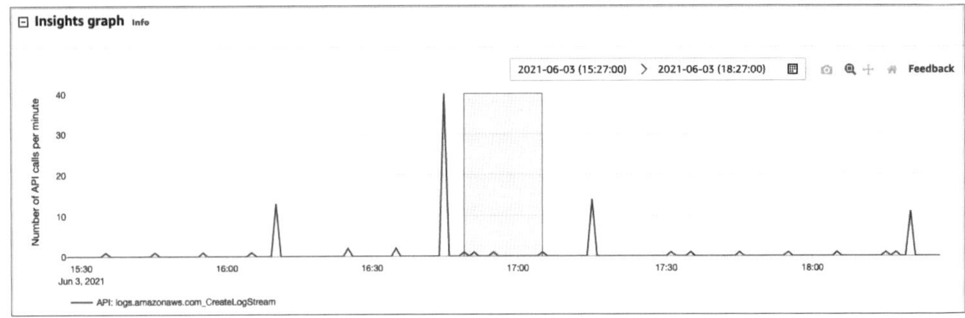

그림 10.9 CloudTrail 인사이트 그래프

(출처: https://aws.amazon.com/blogs/security/using-cloudtrail-to-identify-unexpected-behaviors-in-individual-workloads/)

AWS Config

Config는 AWS 리소스 구성configuration(환경 설정) 내용의 측정, 감사, 평가 서비스로서 모범적인 구성을 기준으로 현재의 구성을 자동으로 검증하고, 다음 그림과 같이 S3에 구성 데이터를 저장한 뒤 Athena 등 분석 도구로 추가적인 분석이 가능하다.

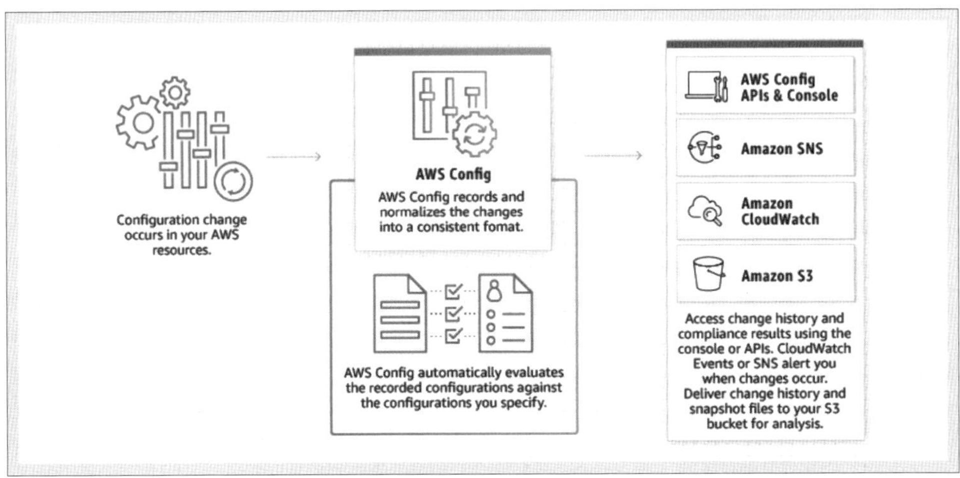

그림 10.10 AWS Config 주요 기능 및 연계 도구

(출처: https://aws.amazon.com/ko/config/)

Config는 AWS 리소스 간 구성 및 관계 변화를 검토하되, 모범적인 구성 지침을 기준으로 전반적인 규정 준수 여부를 확인한다.

Config와 다른 몇 가지 서비스를 연계하면, 회사 내부 지침으로 정한 구성 규칙Config Rule을 위반했을 때 이를 자동으로 바로잡을 수 있다. 예를 들어 다음 그림과 같이 Config를 사용하고, 구성 규칙 중 '퍼블릭 IP를 지닌 EC2 인스턴스는 생성 불가ec2-instance-no-public-ip'라는 규칙이 있다고 하자. 그런데 누군가 실수로 퍼블릭 EC2 인스턴스를 생성하게 되면 Config가 구성 규칙을 대조해 위반 사실을 파악하게 되고, 이어서 다른 연계 서비스(여기서는 Systems Manager)를 통해 문제가 되는 인스턴스를 자동으로 중단시킬 수 있다.

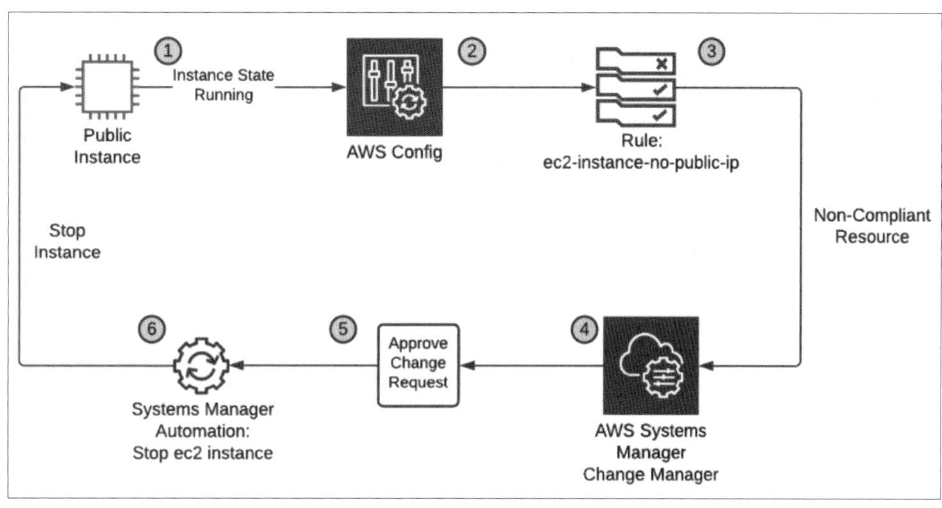

그림 10.11 Config를 이용한 규정 위반 작업의 자동 중단

(출처: https://aws.amazon.com/ko/blogs/mt/implement-aws-config-rule-remediation-with-systems-manager-change-manager/)

AWS 결제 및 비용 관리

성숙기에 접어들고 있는 클라우드 산업에서 가장 많은 관심을 받는 2개 주제가 있다. 하나는 클라우드 비용, 다른 하나는 클라우드 거버넌스(중앙집중식 통제 시스템)이다. 이번 절에서는 클라우드 비용 및 결제에 대해 알아본다.

클라우드 비용과 관련해 AWS와 같은 제공 사업자는 온디맨드 방식으로 서비스를 이용한 기업 고객에게 후불 청구서를 제시하되, 정확하고도 이해하기 쉬운 근거 자료를 통해 비용 내역을 이해시켜야 한다는 면에서 결코 간단하지 않다. 반면, AWS 서비스를 이용하는 고객은 매우 복잡다단한 방식으로 발생하는 비용의 근원을 추적하고 이를 조금이라도 줄여야 하는 압박을 받는다는 면에서 부담을 느낄 수밖에 없다.

AWS 비용 관리를 위한 가장 중요한 도구 모음이 바로 AWS 결제 및 비용 관리Billing & Cost Management이며, 사용자는 AWS 결제Billing 콘솔에서 월별 청구서 결제 내역 확인, 비용 및 사용량 보고서 등을 이용한 비용 분석 등의 업무를 수행할 수 있다.

결제 및 비용 관리와 관련된 주요 항목은 다음과 같이 구분할 수 있다.

표 10.5 결제 및 비용 관리의 주요 항목

결제(Billing)	비용 관리(Cost Management)
• 비용 및 사용 보고서 • 비용 할당 태그 • Free tier	• Cost Explorer • 예산

다음은 AWS 결제 대시보드이며, 결제 예정 금액 및 사용량 추이를 한눈에 보여준다.

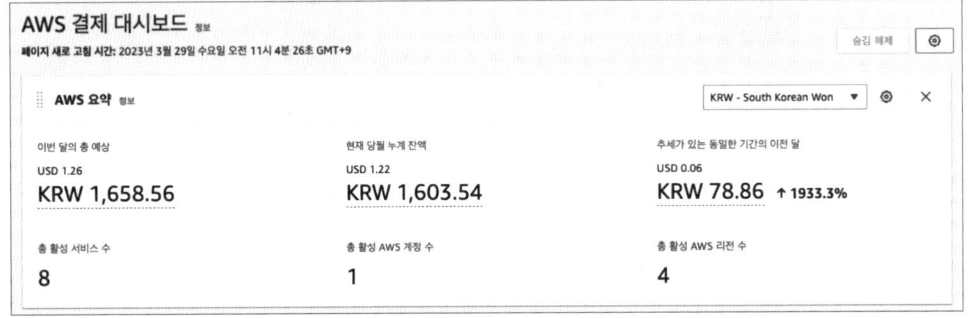

그림 10.12 AWS 결제 대시보드

결제 대시보드에 포함된 다양한 그래프 중 다음과 같은 계정 비용 추세는 3개월, 6개월 단위의 비용 흐름을 보여준다.

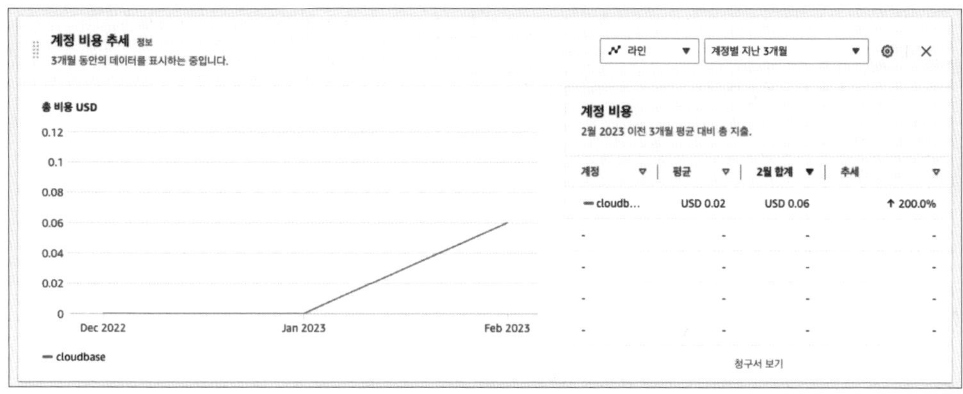

그림 10.13 AWS 결제 대시보드 – 비용 추세

결제

비용 및 사용 보고서

결제Billing 및 비용 관리 서비스 대부분이 상당히 세밀한 비용 정보를 제공하는 편이지만, 그중에서도 가장 세밀한 수준의 정보를 제공하는 자료가 비용 및 사용 보고서Cost & Usage Reports이다.

비용 및 사용 보고서는 AWS 각종 서비스 및 리소스 사용량 추적 내역을 제시하고, 계정 관련 예상 요금도 함께 보여준다. 보고서 사용자는 서비스, 사용 유형, 작업 관련 리소스 조합 등 매우 상세한 정보를 이용해 비용 요인을 분석할 수 있다.

다음은 비용 및 사용 보고서에 포함되는 내용을 보여주며 계정 정보부터 제품 속성, 요금 속성에 대한 정보가 기본적으로 선택돼 있다.

보고서 내용

AWS 비용 및 사용 보고서는 AWS 사용량을 추적하고 계정과 관련된 예상 요금을 제공합니다. 각 보고서에는 AWS 제품, 사용 유형 및 AWS 계정에서 사용하는 작업의 고유한 조합에 대한 항목이 포함되어 있습니다.

기본 콘텐츠

- [x] 계정 ID
- [x] 송장 및 결제 정보
- [x] 사용량 및 단위
- [x] 요금 및 비용
- [x] 제품 속성(인스턴스 유형, 운영 체제, 리전)
- [x] 요금 속성(제공 유형 및 리스 기간)
- [x] 예약 ID 및 관련 상세 정보(예약 인스턴스만 해당)

추가 콘텐츠

- [ ] **리소스 ID 포함**
  리소스가 생성되면 AWS에서 각 리소스마다 고유한 리소스 ID를 할당합니다. 보고서에 개별 리소스 ID를 포함하면 파일 크기가 상당히 증가할 수 있습니다.

그림 10.14 비용 및 사용 보고서 – 내용 설정 옵션

다음은 일단위로 출력한 비용 및 사용 보고서 내용이다.

identity/LineItemId	identity/TimeInterval	bill/InvoiceId	bill/InvoicingEntity	bill/BillingEntity	bill/BillType	bill/PayerAccountId	bill/BillingPer
zbazrpnx6j3jq5zks5xdovmrun7wbvw5yvhsphy2rmry36fvpo2q	2023-03-01T00:00:00Z/2023-03-02T00:00:00Z		Amazon Web Services Korea LLC	AWS	Anniversary	633008625138	2023-03-01T0
3xvs6ezxtnjqrqyozyuekmgdv6dbbkdpy66457gxcukdthgbwo2a	2023-03-01T00:00:00Z/2023-03-02T00:00:00Z		Amazon Web Services Korea LLC	AWS	Anniversary	633008625138	2023-03-01T0
dagx6gvqh6frtg4cirabquz3reqvwjrbppjciryr5op6thjysrka	2023-03-01T00:00:00Z/2023-03-02T00:00:00Z		Amazon Web Services Korea LLC	AWS	Anniversary	633008625138	2023-03-01T0
abpqw5h5owcghwls2k4cm3kehgcdjv43hmz5tnwgqrsfilzxccca	2023-03-01T00:00:00Z/2023-03-02T00:00:00Z		Amazon Web Services Korea LLC	AWS	Anniversary	633008625138	2023-03-01T0
hpwkdovvghupessxee5p5y45ka6uhqfocz62h4taufretdq7he2a	2023-03-01T00:00:00Z/2023-03-02T00:00:00Z		Amazon Web Services Korea LLC	AWS	Anniversary	633008625138	2023-03-01T0
pb4glixvcpjrhqpsxvzdtmpi7yi4i3f2qoaav6omcitdn3hn6rkq	2023-03-01T00:00:00Z/2023-03-02T00:00:00Z		Amazon Web Services Korea LLC	AWS	Anniversary	633008625138	2023-03-01T0
uteerctmglutpndf6nsifwkhqfx7bikio7yhwptdnr6reg4pvbcq	2023-03-01T00:00:00Z/2023-03-02T00:00:00Z		Amazon Web Services Korea LLC	AWS	Anniversary	633008625138	2023-03-01T0
3hk5vpth3kx6u5v75jtkgl4chb3w266qsrwnxgc333jw4nzvqgdq	2023-03-01T00:00:00Z/2023-03-02T00:00:00Z		Amazon Web Services Korea LLC	AWS	Anniversary	633008625138	2023-03-01T0
lz7c7nbfhsqzx5ferocwnv6kzyjzlufawzibgz2g23r7zzsi5qqq	2023-03-26T00:00:00Z/2023-03-27T00:00:00Z		Amazon Web Services Korea LLC	AWS	Anniversary	633008625138	2023-03-01T0
csjdc467ehku3ttsavqlsx4zjo6ahpdclv2asrqem23rxbapkzxa	2023-03-26T00:00:00Z/2023-03-27T00:00:00Z		Amazon Web Services Korea LLC	AWS	Anniversary	633008625138	2023-03-01T0
nmafxiuvmeysct4pg4onk4t3wzeyaxoxourhthu2bzxyxm2wmfia	2023-03-01T00:00:00Z/2023-03-02T00:00:00Z		Amazon Web Services Korea LLC	AWS	Anniversary	633008625138	2023-03-01T0
zjj3yzcu5gq4umbwvekmvsncvmvtvfymgeo4lypqq2m3ubbyhtra	2023-03-01T00:00:00Z/2023-03-02T00:00:00Z		Amazon Web Services Korea LLC	AWS	Anniversary	633008625138	2023-03-01T0
nmafxiuvmeysct4pg4onk4t3wzeyaxoxourhthu2bzxyxm2wmfia	2023-03-02T00:00:00Z/2023-03-03T00:00:00Z		Amazon Web Services Korea LLC	AWS	Anniversary	633008625138	2023-03-01T0
zjj3yzcu5gq4umbwvekmvsncvmvtvfymgeo4lypqq2m3ubbyhtra	2023-03-02T00:00:00Z/2023-03-03T00:00:00Z		Amazon Web Services Korea LLC	AWS	Anniversary	633008625138	2023-03-01T0
nmafxiuvmeysct4pg4onk4t3wzeyaxoxourhthu2bzxyxm2wmfia	2023-03-03T00:00:00Z/2023-03-04T00:00:00Z		Amazon Web Services Korea LLC	AWS	Anniversary	633008625138	2023-03-01T0
zjj3yzcu5gq4umbwvekmvsncvmvtvfymgeo4lypqq2m3ubbyhtra	2023-03-03T00:00:00Z/2023-03-04T00:00:00Z		Amazon Web Services Korea LLC	AWS	Anniversary	633008625138	2023-03-01T0
nmafxiuvmeysct4pg4onk4t3wzeyaxoxourhthu2bzxyxm2wmfia	2023-03-04T00:00:00Z/2023-03-05T00:00:00Z		Amazon Web Services Korea LLC	AWS	Anniversary	633008625138	2023-03-01T0
zjj3yzcu5gq4umbwvekmvsncvmvtvfymgeo4lypqq2m3ubbyhtra	2023-03-04T00:00:00Z/2023-03-05T00:00:00Z		Amazon Web Services Korea LLC	AWS	Anniversary	633008625138	2023-03-01T0
nmafxiuvmeysct4pg4onk4t3wzeyaxoxourhthu2bzxyxm2wmfia	2023-03-05T00:00:00Z/2023-03-06T00:00:00Z		Amazon Web Services Korea LLC	AWS	Anniversary	633008625138	2023-03-01T0
zjj3yzcu5gq4umbwvekmvsncvmvtvfymgeo4lypqq2m3ubbyhtra	2023-03-05T00:00:00Z/2023-03-06T00:00:00Z		Amazon Web Services Korea LLC	AWS	Anniversary	633008625138	2023-03-01T0
nmafxiuvmeysct4pg4onk4t3wzeyaxoxourhthu2bzxyxm2wmfia	2023-03-06T00:00:00Z/2023-03-07T00:00:00Z		Amazon Web Services Korea LLC	AWS	Anniversary	633008625138	2023-03-01T0
zjj3yzcu5gq4umbwvekmvsncvmvtvfymgeo4lypqq2m3ubbyhtra	2023-03-06T00:00:00Z/2023-03-07T00:00:00Z		Amazon Web Services Korea LLC	AWS	Anniversary	633008625138	2023-03-01T0
nmafxiuvmeysct4pg4onk4t3wzeyaxoxourhthu2bzxyxm2wmfia	2023-03-07T00:00:00Z/2023-03-08T00:00:00Z		Amazon Web Services Korea LLC	AWS	Anniversary	633008625138	2023-03-01T0

그림 10.15 비용 및 사용 보고서 – 일단위 보고서

비용 할당 태그

비용 할당 태그Cost Allocation Tags는 리소스 생성 및 활용 시 태그 또는 텍스트 라벨을 추가해 추후 비용 분석 등에 활용할 수 있는 유용한 도구 또는 비용 관리 방식으로서 사용자 정의 비용 할당 태그, AWS 생성 비용 할당 태그 등 크게 두 가지로 구분할 수 있다. 사용자 정의 비용 할당 태그는 TEST, DEV, PROD 등 리소스 이용 목적 등을 기준으로 사용자가 직접 정의한 태그를 부여하는 것이며, AWS 생성 비용 할당 태그는 AWS가 사전 정의한 비용 태그 목록이다.

다음 그림은 AWS 생성 비용 할당 태그 목록을 보여주며, 이와 같은 사전 정의 태그를 통해 오토 스케일링 그룹 이름을 기준으로 비용을 관리하거나 생성자를 기준으로 비용을 관리할 수 있다.

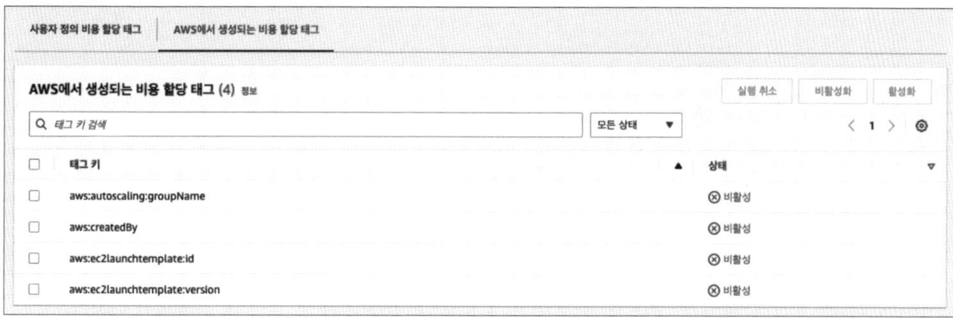

그림 10.16 AWS 생성 비용 할당 태그 목록

프리 티어

프리 티어Free tier는 다양한 AWS 서비스를 무료로 체험할 수 있는 기회로서 제공되며, AWS 계정 생성 시 12개월간 AWS 프리 티어의 혜택을 누릴 수 있다. 프리 티어는 서비스별로 월간 무료 이용량이 정해져 있으며, 이 범위 내에서 사용할 때 비용이 과금되지 않는다. 물론 프리 티어 기간 만료 후에는 일반 요금이 부과된다.

다음 그림은 AWS 프리 티어 목록을 보여주며, CloudWatch에 대한 월간 프리 티어 할당량 중 72%를 사용했음을 알 수 있다.

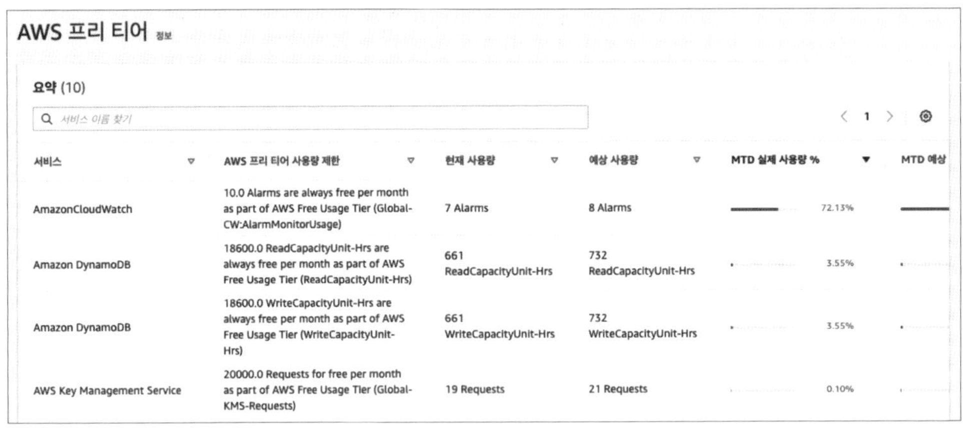

서비스	AWS 프리 티어 사용량 제한	현재 사용량	예상 사용량	MTD 실제 사용량 %	MTD 예상
AmazonCloudWatch	10.0 Alarms are always free per month as part of AWS Free Usage Tier (Global-CW:AlarmMonitorUsage)	7 Alarms	8 Alarms	72.13%	
Amazon DynamoDB	18600.0 ReadCapacityUnit-Hrs are always free per month as part of AWS Free Usage Tier (ReadCapacityUnit-Hrs)	661 ReadCapacityUnit-Hrs	732 ReadCapacityUnit-Hrs	3.55%	
Amazon DynamoDB	18600.0 WriteCapacityUnit-Hrs are always free per month as part of AWS Free Usage Tier (WriteCapacityUnit-Hrs)	661 WriteCapacityUnit-Hrs	732 WriteCapacityUnit-Hrs	3.55%	
AWS Key Management Service	20000.0 Requests for free per month as part of AWS Free Usage Tier (Global-KMS-Requests)	19 Requests	21 Requests	0.10%	

그림 10.17 프리 티어 서비스별 할당량 및 사용량

비용 관리

비용 탐색기

비용 관리Cost Management 대시보드는 일정 기간 동안의 비용과 그 원인이 되는 리소스 사용에 대한 상세한 정보를 제공한다. 클라우드에서는 하나의 서비스를 사용했는데 실제로는 이와 연계된 다른 서비스가 함께 사용되면서 비용이 발생하는 경우가 있고, 비용 절감을 위해 특정 서비스를 종료했지만 이에 연계된 서비스는 종료되지 않아 비용이 계속 발생하는 경우가 있다. 이와 같은 상황에서 최근 몇 달간의 비용 흐름을 파악하고 예상 외의 비용 요소가 무엇인지 추적해 중지 또는 제거할 때 필요한 도구가 비용 관리 그리고 다음 그

림과 같은 비용 탐색기Cost Explorer다.

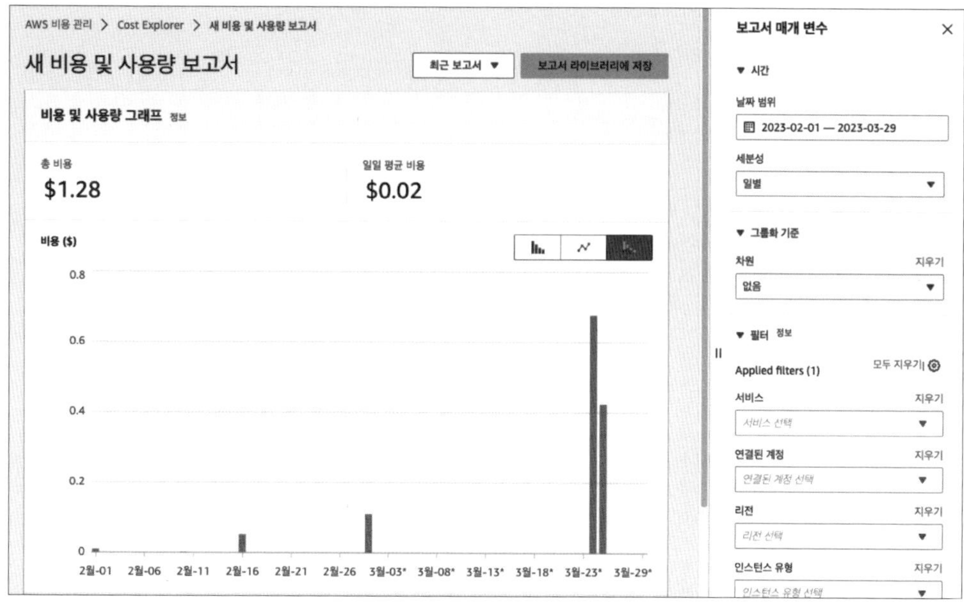

그림 10.18 비용 탐색기 – 지난 2개월간의 상세한 비용 및 사용량 제시

예산

기업은 보통의 경우, 사업 운영에 필요한 비용을 미리 기획 및 청구해 확보한 뒤 사용하며, 이와 같은 작업 또는 결과물을 '예산Budgets'이라 부른다. 독자 여러분도 실습을 위해 미리 생각한 지출 범위가 있을 것이며, 이를 예산 항목에 반영한 뒤, 지출 범위를 넘어서면 여러분에게 알림이 오도록 할 수 있다.

AWS에서 예산은 간단하게 템플릿을 이용하는 방식과 사용자가 직접 사용 사례에 맞춰 파라미터를 설정하는 사용자 지정 방식으로 작성할 수 있다. 다음 그림은 예산 생성 화면 중, 예산 유형으로 템플릿 사용을 선택한 것이다.

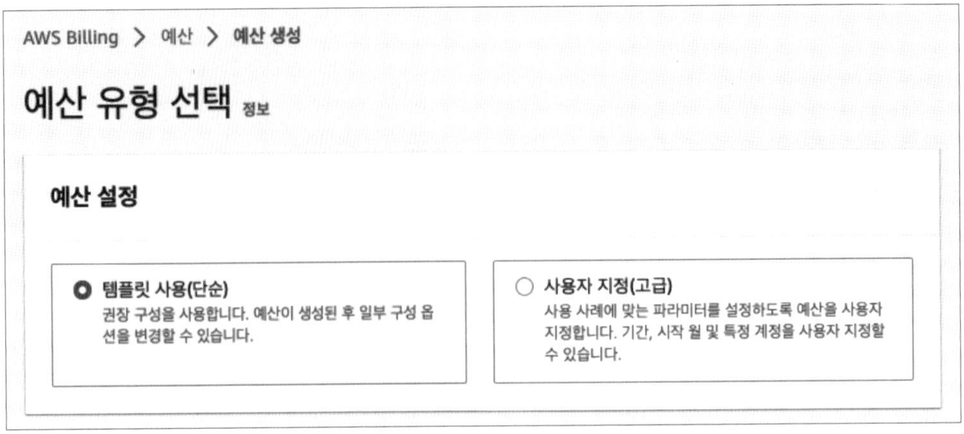

AWS Billing > 예산 > 예산 생성
예산 유형 선택 정보
예산 설정
템플릿 사용(단순)
권장 구성을 사용합니다. 예산이 생성된 후 일부 구성 옵션을 변경할 수 있습니다.
사용자 지정(고급)
사용 사례에 맞는 파라미터를 설정하도록 예산을 사용자 지정합니다. 기간, 시작 월 및 특정 계정을 사용자 지정할 수 있습니다.

그림 10.19 예산 유형 선택 – 템플릿 사용

예산 템플릿으로는 예산 금액 초과, 혹은 초과 예상 시 지정 이메일로 알림을 전송하는 월별 비용 예산과 프리 티어 한도 초과 시 알림을 전송하는 제로 지출 예산 등이 있다.

템플릿 – 신규
사용 사례에 가장 적합한 템플릿을 선택합니다.
제로 지출 예산
지출이 AWS 프리 티어 한도를 초과하면 알려주는 예산을 생성합니다.
월별 비용 예산
예산 금액을 초과하거나 초과할 것으로 예상되는 경우 이를 알리는 월별 예산을 생성합니다.
일별 절감형 플랜 담당률 예산
원하는 목표 아래로 떨어지면 절감형 플랜의 담당률 예산을 생성합니다.
일별 예약 사용률 예산
정의한 목표 아래로 떨어지면 예약의 사용률 예산을 생성합니다.

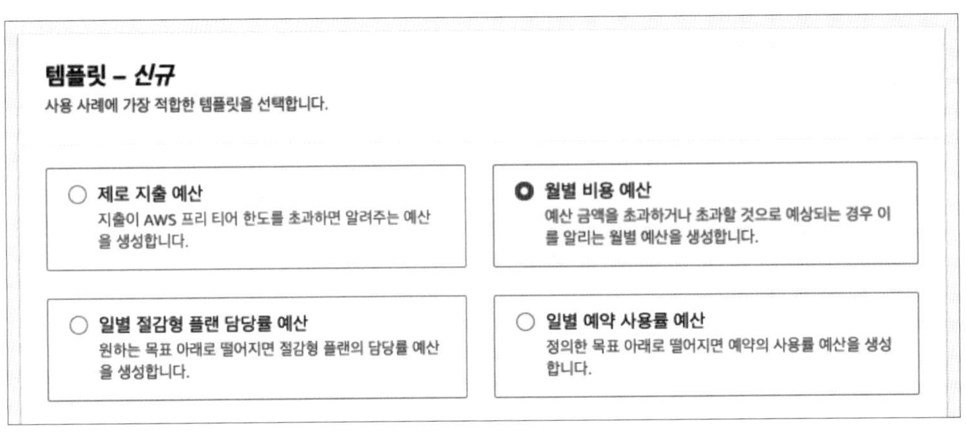

그림 10.20 예산 템플릿 – 월별 비용 예산 선택

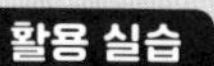

CloudWatch 커스텀 대시보드 생성

실습 결과: CloudWatch 커스텀 대시보드 생성 및 지표 확인

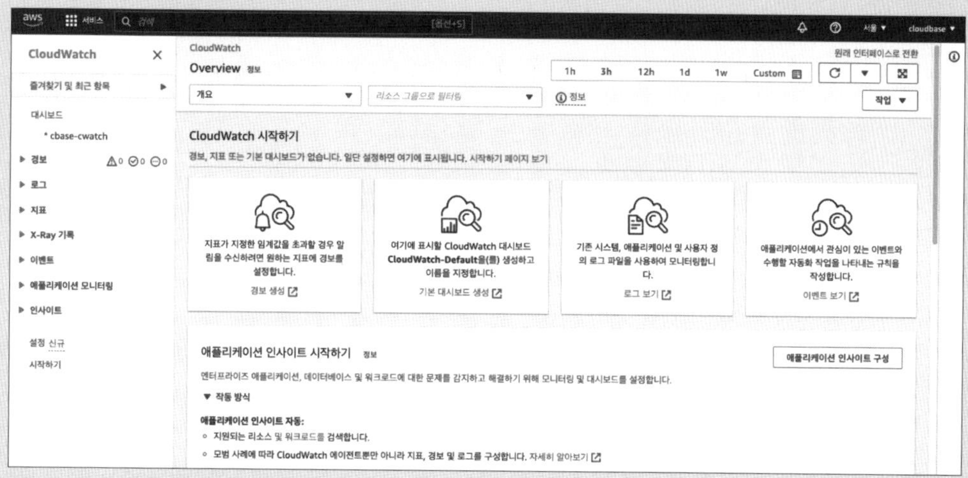

실습 1. CloudWatch 시작 페이지로 이동

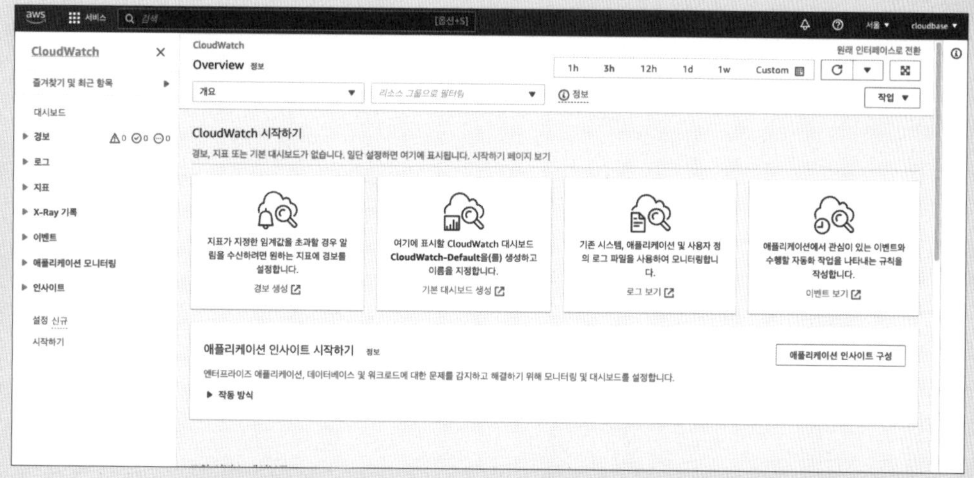

실습 2. CloudWatch **대시보드 생성** 버튼 클릭

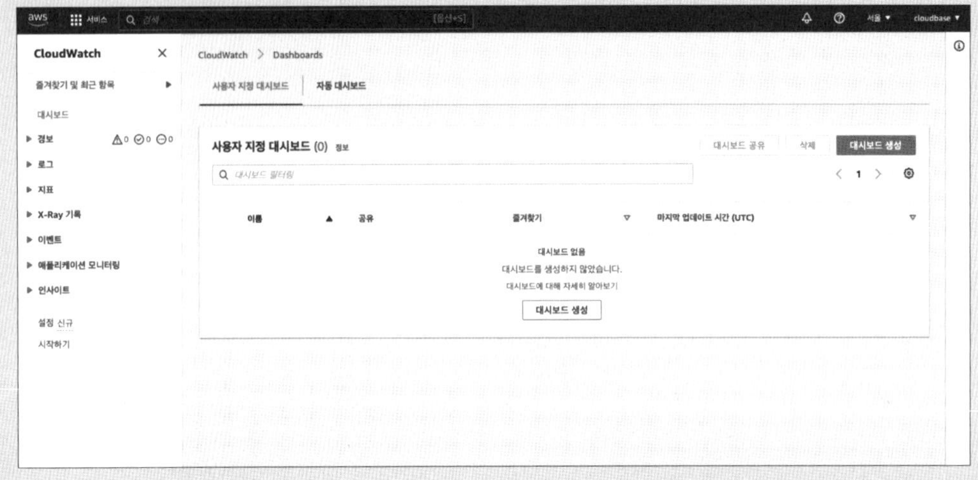

실습 3. 새 대시보드 생성 ➤ 이름 입력

실습 4. 위젯 추가 > '탐색기' 선택

실습 5. 템플릿 선택 > S3 > **생성** 버튼 클릭

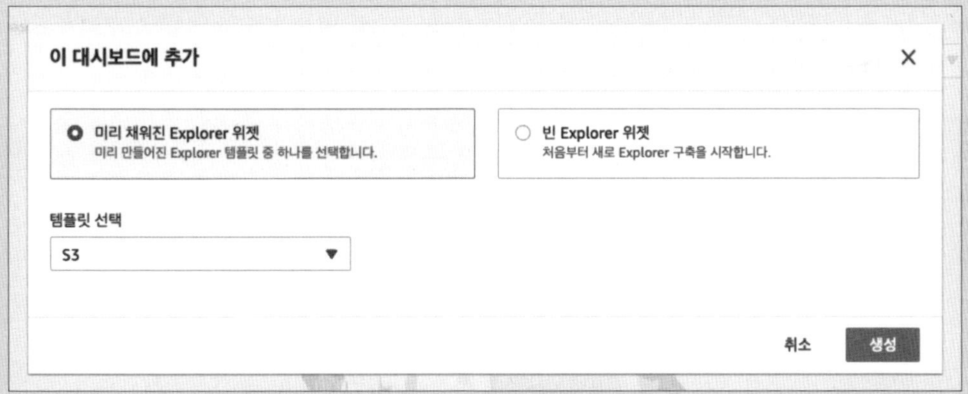

실습 6. CloudWatch 커스텀 대시보드

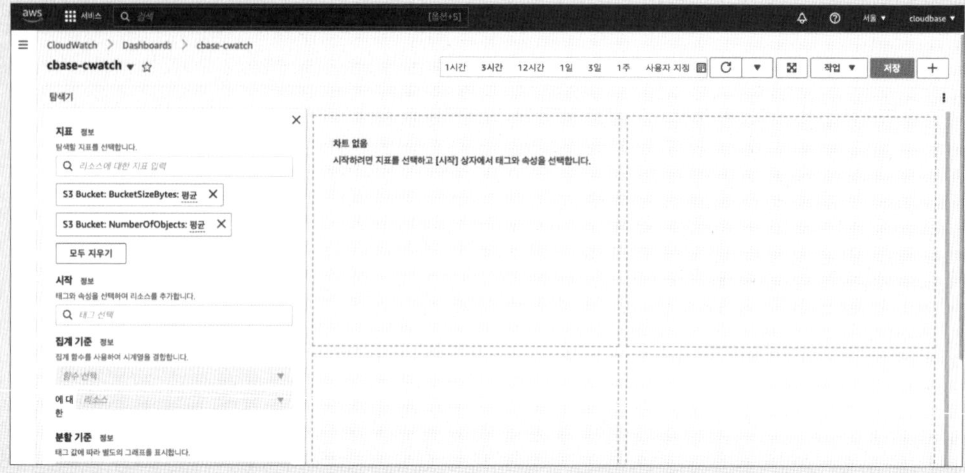

실습 7. CloudWatch 대시보드 내 S3 관련 지표

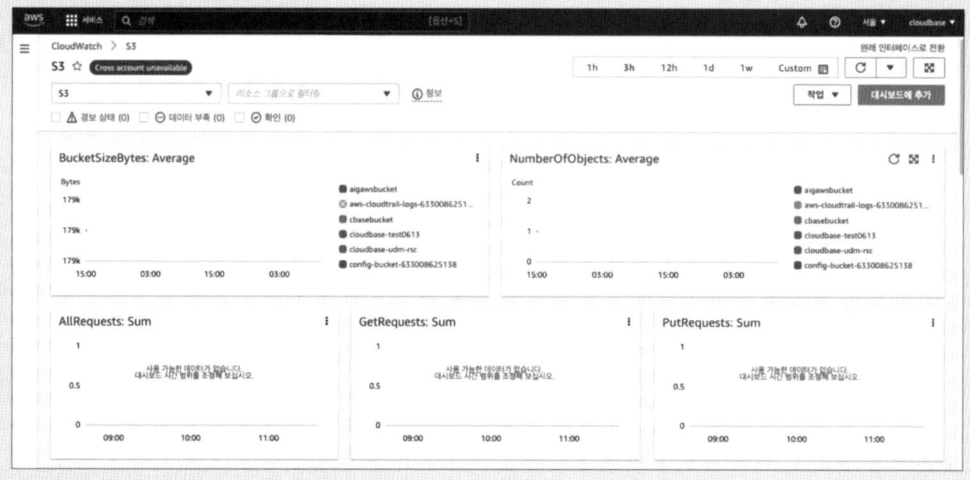

실습 8. CloudWatch 시작 페이지 > 대시보드 목록

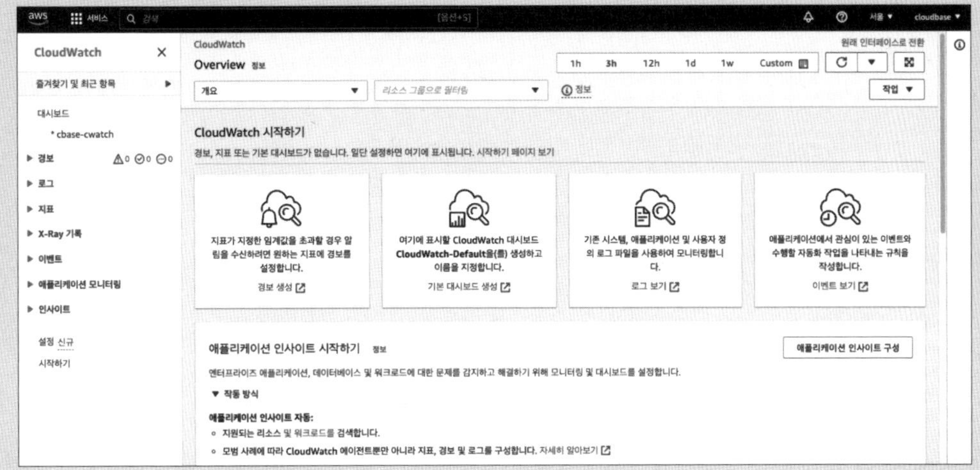

실습 9. CloudWatch 커스텀 대시보드 선택 > 삭제

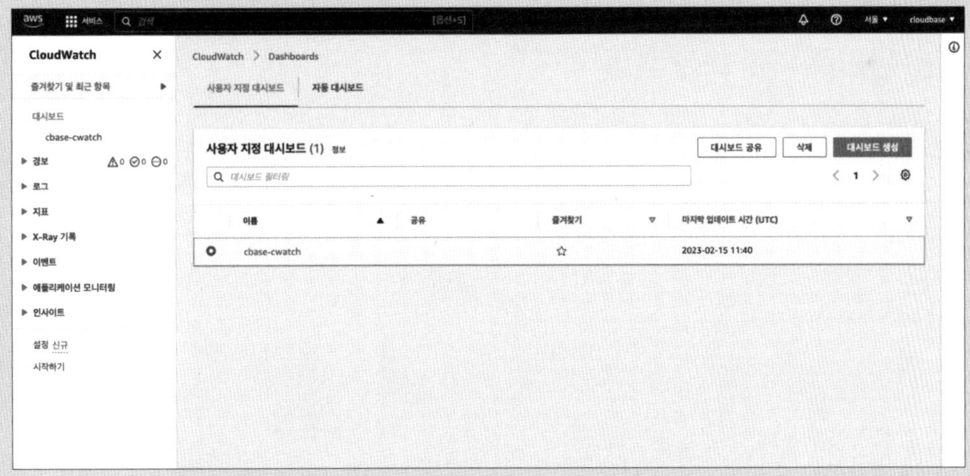

실습 10. CloudWatch 커스텀 대시보드 **삭제** 클릭

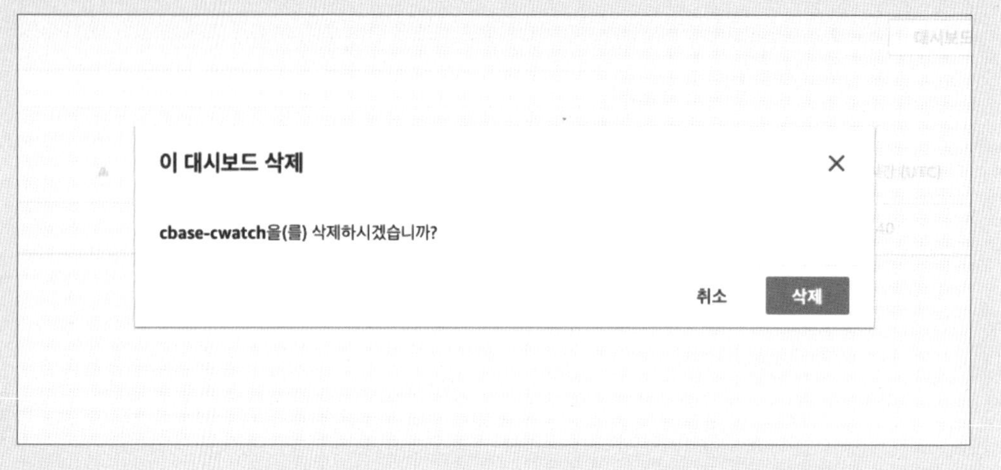

활용 실습

비용 관리를 위한 예산 생성

실습 결과: 예산 생성 및 확인

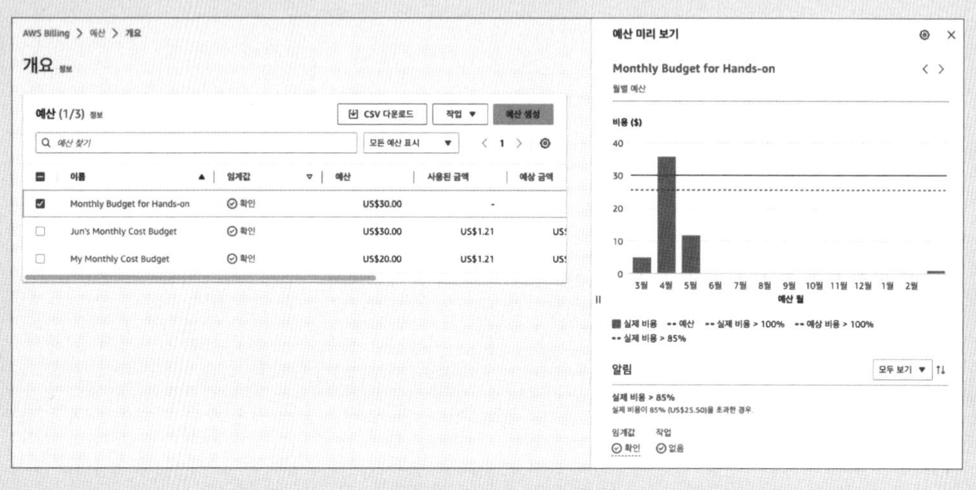

실습 1. Cost Management ➤ 예산 ➤ **예산 생성**

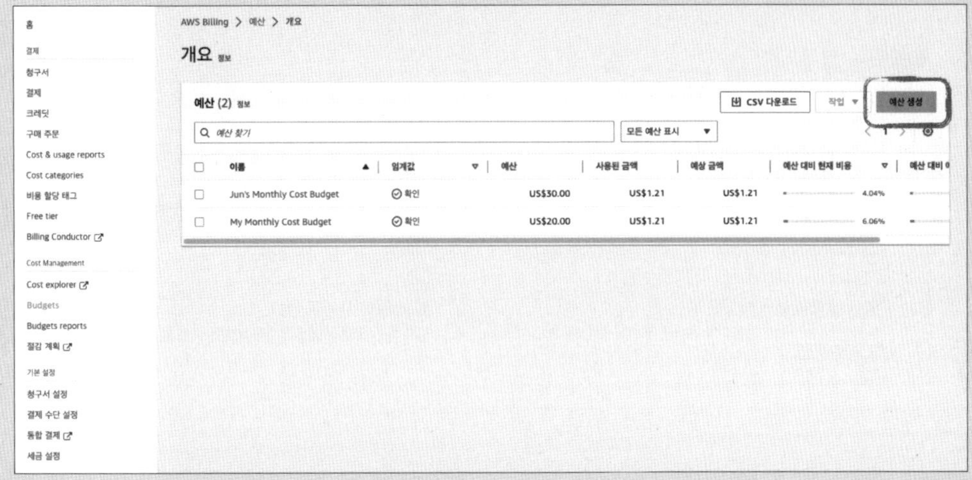

실습 2. 예산 유형 선택 ➤ 템플릿 사용

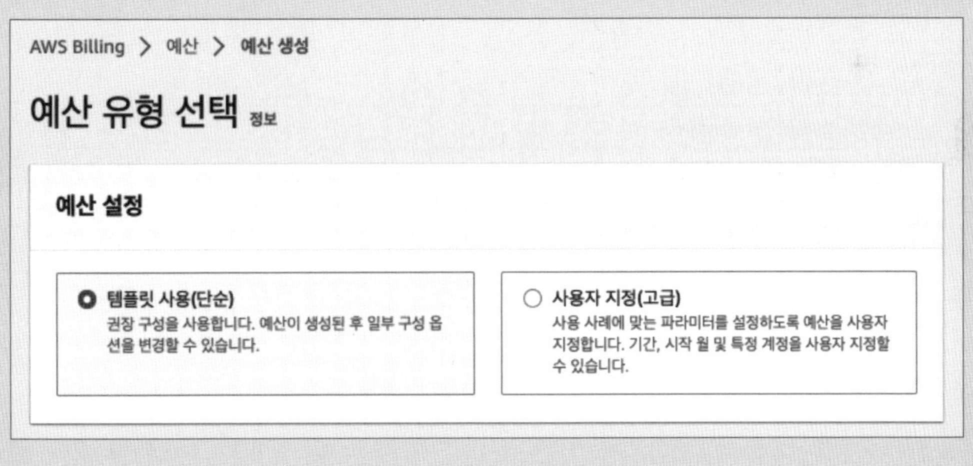

실습 3. 템플릿 > 월별 비용 예산

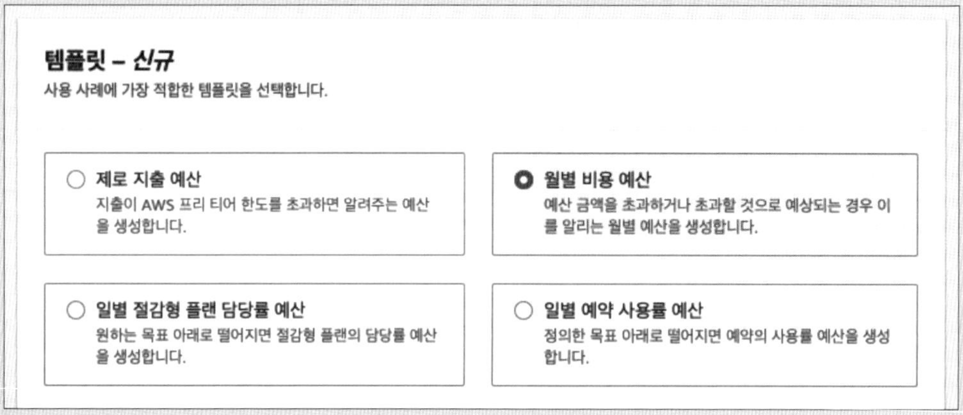

템플릿 – 신규

사용 사례에 가장 적합한 템플릿을 선택합니다.

- ○ **제로 지출 예산**
  지출이 AWS 프리 티어 한도를 초과하면 알려주는 예산을 생성합니다.
- ● **월별 비용 예산**
  예산 금액을 초과하거나 초과할 것으로 예상되는 경우 이를 알리는 월별 예산을 생성합니다.
- ○ **일별 절감형 플랜 담당률 예산**
  원하는 목표 아래로 떨어지면 절감형 플랜의 담당률 예산을 생성합니다.
- ○ **일별 예약 사용률 예산**
  정의한 목표 아래로 떨어지면 예약의 사용률 예산을 생성합니다.

실습 4. 예산 이름, 예산 금액, 이메일 수신자 입력

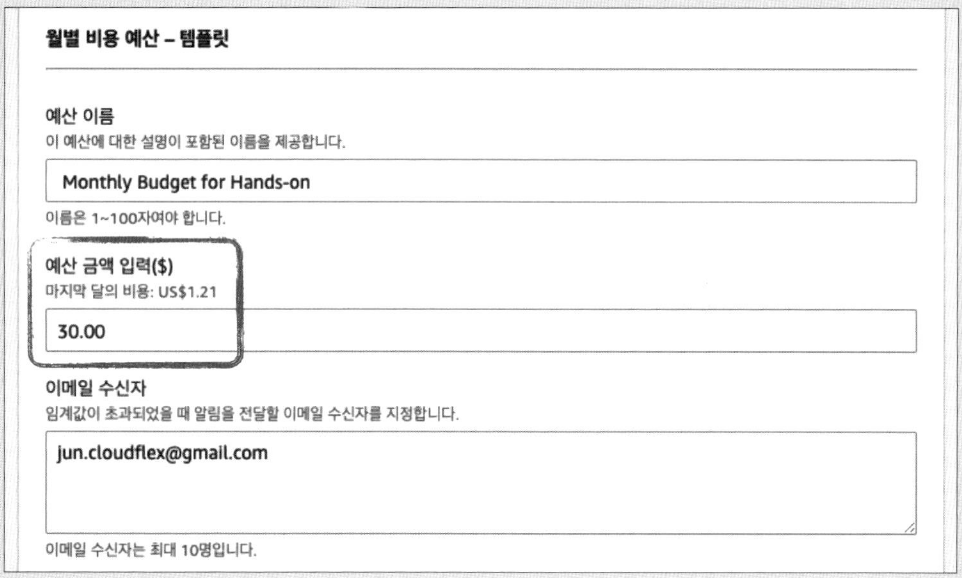

월별 비용 예산 – 템플릿

예산 이름

이 예산에 대한 설명이 포함된 이름을 제공합니다.

Monthly Budget for Hands-on

이름은 1~100자여야 합니다.

예산 금액 입력($)

마지막 달의 비용: US$1.21

30.00

이메일 수신자

임계값이 초과되었을 때 알림을 전달할 이메일 수신자를 지정합니다.

jun.cloudflex@gmail.com

이메일 수신자는 최대 10명입니다.

실습 5. **예산 생성** 클릭(예산 85%, 100% 도달 시 알람)

범위

모든 AWS 서비스가 이 예산의 범위에 포함됩니다.

ⓘ 1) **실제 지출**이 85 %에 도달할 경우, 2) **실제 지출**이 100%에 도달할 경우, 3) **예상 지출**이 100%에 도달할 것으로 예상되는 경우 알림을 받게 됩니다.

▼ 템플릿 설정

이 템플릿에는 나중에 변경할 수 있는 기본 구성이 있습니다. 이러한 설정을 변경하려면 사용자 지정을 참조하세요. 이 템플릿을 JSON으로 다운로드할 수도 있습니다.

취소 | 예산 생성

실습 6. 예산 생성 완료(미리 보기로 최근 비용 추이와 비교)

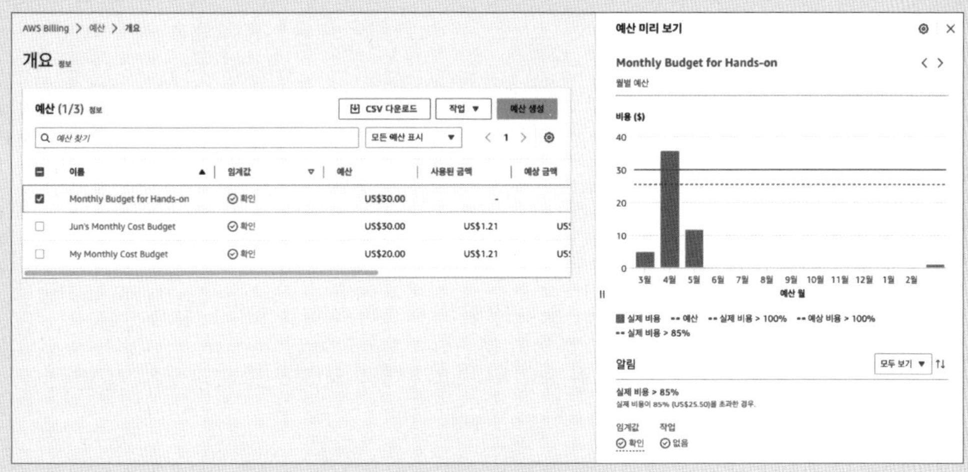

실습 7. 생성된 예산 상세 정보 확인

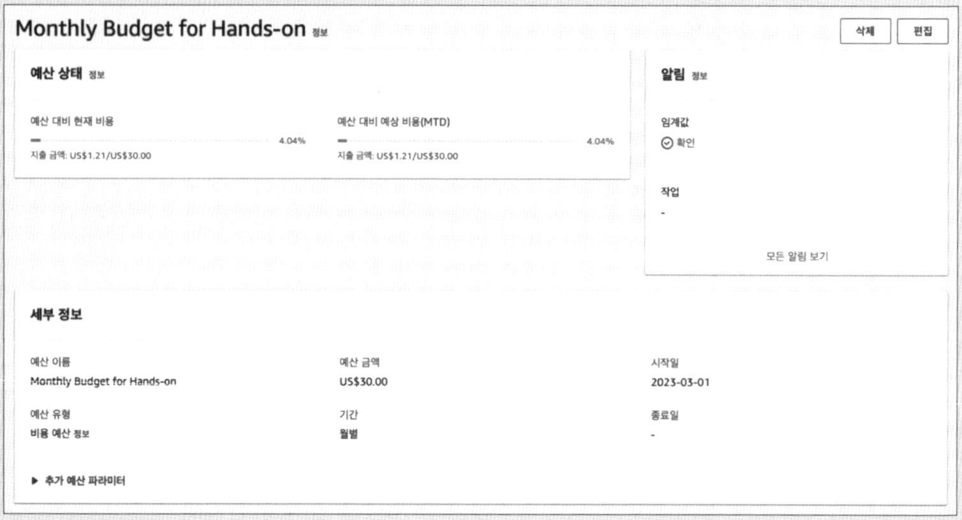

Monthly Budget for Hands-on 정보

삭제 편집

예산 상태 정보

예산 대비 현재 비용 4.04%
지출 금액: US$1.21/US$30.00

예산 대비 예상 비용(MTD) 4.04%
지출 금액: US$1.21/US$30.00

알림 정보

임계값
확인

작업
-

모든 알림 보기

세부 정보

예산 이름	예산 금액	시작일
Monthly Budget for Hands-on	US$30.00	2023-03-01
예산 유형	기간	종료일
비용 예산 정보	월별	-

▶ 추가 예산 파라미터

정리

- AWS의 핵심 모니터링 도구로는 CloudWatch, CloudTrail, Config가 있다.
- CloudWatch는 AWS 리소스 및 AWS 리소스 기반 애플리케이션을 모니터링한다.
- CloudWatch Logs는 EC2 인스턴스 로그, CloudTrail 이벤트 로그, Route 53 DNS 쿼리 등 다양한 서비스 생성 로그 등을 저장 및 액세스하기 위한 모니터링 도구다.
- CloudWatch Alarm은 일정 기간 동안의 지정 임곗값과 지푯값 비교, SNS 알림 전송, Auto Scaling 작업 수행 등 대응 작업을 수행한다.
- EventBridge(구 CloudWatch Event)는 서비스, 앱, 마이크로서비스 등에서 유입된 이벤트를 수집, 분류해 SNS 알림 전송, Lambda 실행 등 대응 작업을 수행한다.

- CloudTrail은 AWS 계정에서 일어난 모든 이벤트 및 API 호출을 추적하는 서비스이며, 리소스 레벨의 관리 작업인 관리 이벤트와 데이터 레벨의 이용 작업인 데이터 이벤트를 별도로 관리한다.
- Config는 AWS 리소스 구성(환경 설정) 내용의 측정, 감사, 평가 서비스로서, 모범적인 구성을 기준으로 현재의 구성을 자동으로 검증한다.
- 클라우드 산업에서 가장 많은 관심을 받는 2개의 주제 중 하나는 클라우드 비용, 다른 하나는 클라우드 거버넌스(중앙집중식 통제 시스템)이다.
- AWS 비용 관리를 위한 가장 중요한 도구 모음은 AWS 결제 및 비용이다.
- 결제 섹션에서 비용 및 사용 보고서 확인은 물론, 비용 태그 할당 및 프리 티어 여부를 확인할 수 있다.
- 비용 관리 섹션에서 비용 탐색기를 이용한 상세한 비용 내역 탐색 및 예산을 생성할 수 있다.

기출 유형 분석 퀴즈

1. 다음 중 AWS CloudTrail에 대한 설명으로 옳지 않은 것은 무엇입니까? (CloudTrail)

A. CloudTrail 로그는 API 호출 정보와 이를 수행한 AWS 계정 및 사용자 정보, 호출 시간, 요청 매개변수 등의 세부 정보가 포함된다.

B. AWS Management Console, AWS CLI, AWS SDKs 및 AWS API를 사용해 호출된 모든 AWS API 작업을 자동 로깅한다.

C. AWS 리소스에 대한 API 호출 및 관리 이벤트를 기록한다.

D. CloudTrail 로그를 분석해 AWS 리소스의 성능을 모니터링하고, 과대 또는 과소 프로비저닝된 리소스를 파악할 수 있다.

E. CloudTrail 로그를 Amazon S3, Amazon CloudWatch Logs 또는 AWS CloudTrail Insights와 같은 분석 도구에 저장할 수 있다.

2. Amazon CloudWatch에서 EC2 인스턴스의 메트릭 데이터를 확인하는 방법은 무엇입니까? **(CloudWatch/EC2 인스턴스 지표)**

A. AWS Management Console에서 EC2 인스턴스를 선택하고 Metrics 탭에서 메트릭을 선택해 확인할 수 있음

B. AWS Management Console에서 CloudWatch를 선택하고 Metrics 탭에서 EC2 인스턴스를 선택해 확인할 수 있음

C. AWS Management Console에서 EC2 인스턴스를 선택하고 Monitoring 탭에서 메트릭을 선택해 확인할 수 있음

D. AWS Management Console에서 CloudWatch를 선택하고 Monitoring 탭에서 EC2 인스턴스를 선택해 확인할 수 있음

3. Amazon CloudWatch에서 지원하는 이벤트 유형은 무엇입니까? **(CloudWatch/이벤트 유형)**

A. 트리거 이벤트

B. 스케줄 이벤트

C. 상태 이벤트

D. 모든 옵션

4. 다음 중 AWS 비용 절감을 위한 예약 인스턴스 및 Savings Plans에 대한 설명으로 옳지 않은 것은 무엇입니까? **(AWS 비용 절감/예약 인스턴스/Savings Plans)**

A. 예약 인스턴스는 계정에서 온디맨드 인스턴스를 사용할 때 적용되는 결제 할인이라 할 수 있다.

B. 스탠다드 예약 인스턴스는 교환 및 수정이 불가능하다.

C. Savings Plans는 온디맨드 인스턴스 요금에 비해 상당한 Amazon EC2 비용 절감을 제공한다.

D. 예약 인스턴스 결제 옵션은 전체 선결제, 부분 선결제, 선결제 없음 중 선택할 수 있다.

E. 예약 인스턴스는 리전, 인스턴스 유형, 테넌시, 플랫폼 등에 따라 요금이 달라진다.

5. Amazon CloudWatch Alarm을 구성할 때 지정 가능한 기본 조건은 무엇입니까? (CloudWatch Alarm)

A. 평균, 최소, 최대, 합계, 카운트 등
B. 데이터 유효성 검사, 암호화, 로그인, 시스템 부하 등
C. 일정 시간 내 메트릭 값의 증감, 임계치 값 초과, 특정 이벤트 감지 등
D. 모든 옵션

6. Amazon CloudWatch는 EC2 인스턴스의 어떤 지표를 모니터링할 수 있습니까? (CloudWatch/EC2 인스턴스 모니터링)

A. CPU 사용률, 네트워크 트래픽, 디스크 I/O 등
B. 인스턴스의 보안 그룹, 서브넷, 라우팅 테이블 등
C. 인스턴스의 운영체제 로그, 응용프로그램 로그, 시스템 로그 등
D. 모든 옵션

7. 다음 중 CloudWatch 메트릭스 또는 지표에 대한 설명으로 옳지 않은 것은 무엇입니까? (CloudWatch/메트릭스/지표)

A. CloudWatch 지표는 시스템 성능에 대한 데이터를 의미한다.
B. 기본 모니터링은 CloudWatch 사용시 자동으로 활성화된다.
C. CloudWatch 지표 데이터는 12개월 동안 보관된다.
D. 기본 모니터링은 무료로 기본 지표 세트를 제공한다.
E. 세부 모니터링은 기본 모니터링에 사용되는 5분 간격 대신 1분 간격의 지표를 제공한다.

8. Amazon CloudWatch에서 EC2 인스턴스의 CPU 사용률이 임계치를 초과할 때 실행할 수 있는 액션에 대한 설명으로 옳지 않은 것은 무엇입니까? (CloudWatch/임계치/액션)

A. 액션을 선택하면 해당 조건이 충족됐을 때 자동으로 수행된다.
B. 이메일 알림, SMS 알림, SNS 알림 등의 작업이 가능하다.
C. EC2 인스턴스를 중지 또는 다른 인스턴스로 교체하는 등의 작업이 가능하다.
D. CPU 사용률이 설정한 임계치를 초과하면 CloudWatch Alarm이 트리거된다.
E. EC2 인스턴스를 생성할 때 해당 액션을 선택하고 구성할 수 있다.

9. 다음 중 AWS CloudTrail이 기록하는 데이터는 무엇입니까? (CloudTrail)

A. EC2 인스턴스의 CPU 사용률

B. S3 버킷의 오브젝트 생성 및 삭제 이벤트

C. RDS 인스턴스의 네트워크 트래픽

D. CloudWatch Logs의 로그 데이터

10. 다음 중 AWS CloudTrail에서 기록된 이벤트 로그를 저장할 수 있는 서비스는 무엇입니까? (CloudTrail/이벤트 로그 저장)

A. AWS Config

B. Amazon SNS

C. Amazon S3

D. AWS Lambda

11. Amazon CloudWatch Alarm은 무엇입니까? (CloudWatch Alarm)

A. Amazon CloudWatch에서 수집한 알람 데이터를 기반으로 지정된 조건이 충족됐을 때 알림을 생성하는 서비스

B. Amazon CloudWatch에서 수집한 로그 데이터를 기반으로 지정된 조건이 충족됐을 때 알림을 생성하는 서비스

C. Amazon CloudWatch에서 수집한 메트릭 데이터를 기반으로 지정된 조건이 충족됐을 때 알림을 생성하는 서비스

D. Amazon CloudWatch에서 수집한 데이터를 모니터링하고 분석하는 기능

12. 다음 중 리소스 구성 변경 사항을 추적 및 저장할 수 있는 AWS의 서비스 또는 기능은 무엇입니까? (리소스 구성 변경 추적 및 저장)

A. CloudWatch Metrics

B. CloudTrail 로그

C. AWS Config Rules

D. CloudWatch 로그

E. Configuration Snapshot

13. 다음 중 AWS Config에 대한 설명으로 옳지 않은 것은 무엇입니까? (Config)

A. AWS Config 규칙을 사용해 구성 규정 준수 여부를 검증한다.

B. AWS 리소스에 대한 API 호출 및 관리 이벤트를 기록하는 서비스다.

C. AWS Config의 이력 정보를 사용해 리소스를 복원하거나 수정할 수 있다.

D. 리소스 구성 변경 사항은 S3 버킷에 저장된다.

E. AWS 리소스 구성 규정 준수 여부 확인, 보안 위반 사례 탐지 서비스다.

14. Amazon CloudWatch Alarm이 제공하는 알림 및 트리거 연계 서비스에 대한 설명으로 옳지 않은 것은 무엇입니까? (CloudWatch Alarm/연계 서비스)

A. Amazon SNS와 연계해 이메일, SMS, HTTP 또는 HTTPS 엔드포인트로 메시지를 보낼 수 있다.

B. 알람이 트리거될 경우 EC2 Auto Scaling 그룹에서 인스턴스를 추가하거나 제거할 수 있다.

C. 알람이 트리거될 경우 RDS 인스턴스를 중지, 다시 시작, 재부팅 등의 작업을 수행할 수 있다.

D. 알람이 트리거될 경우 AWS Systems Manager Automation 도구를 사용해 리소스를 자동으로 복구할 수 있다.

E. 알람이 트리거될 경우 AWS Lambda 함수를 실행해 복잡한 작업을 수행할 수 있다.

15. 다음 중 AWS 비용 절감을 위한 예약 인스턴스 및 Savings Plans에 대한 설명으로 옳지 않은 것은 무엇입니까? (AWS 비용 절감/예약 인스턴스/Savings Plans)

A. 예약 인스턴스는 1년 또는 3년 기간을 예약할 수 있다.

B. Savings Plans를 이용해 시간당 USD로 측정되는 일관된 사용량을 약정할 수 있다.

C. 예약 인스턴스는 스탠다드 예약 클래스와 컨버터블 예약 클래스가 있다.

D. Savings Plans는 일정 기간 동안 특정 인스턴스 구성을 약정해 할인을 받는 비용 할인 기법이다.

E. 컨버터블 예약 클래스는 교환 및 수정이 가능하다.

16. Amazon EC2 인스턴스가 종료되면 어떤 서비스로 API를 호출한 사용자를 식별할 수 있습니까? **(AWS의 기술과 서비스/감사, 모니터링, 거버넌스)**

A. AWS Trusted Advisor

B. AWS CloudTrail

C. AWS X-Ray

D. AWS Identity and Access Management (IAM)

17. AWS 계정 루트 사용자와 관련된 AWS 관리 콘솔 로그인 이벤트에 대한 알림을 모니터링하고 수신해야 하는 한 회사가 있습니다. 이 회사는 이러한 요구 사항을 충족하기 위해 어떤 AWS 서비스를 사용할 수 있습니까? **(AWS의 기술과 서비스)**

A. Amazon CloudWatch

B. AWS Config

C. AWS Trusted Advisor

D. AWS Identity and Access Management(IAM)

18. 결제 임곗값을 초과할 때 알림을 보내는 경보를 생성할 수 있는 AWS 서비스는 무엇입니까? **(AWS의 요금 및 결제/요금 알람 서비스)**

A. AWS Trusted Advisor

B. AWS CloudTrail

C. Amazon CloudWatch

D. Amazon QuickSight

19. 스타트업에서 AWS 클라우드에 IT 인프라를 설정하려고 합니다. CTO는 스타트업이 사용하고자 하는 AWS 서비스를 기반으로 월별 AWS 청구액을 추정하고자 합니다. 클라우드 실무자로서 이 사용 사례에 대해 어떤 AWS 서비스를 제안하시겠습니까? **(월별 AWS 청구액 추정)**

A. AWS Budgets

B. AWS Cost Explorer

C. AWS Cost & Usage Report

D. AWS Pricing Calculator

20. 의료 연구 스타트업에서 HIPAA 지침과 관련된 AWS 서비스의 규정 준수를 이해하려고 합니다. AWS에서 HIPAA 규정 준수 및 거버넌스 관련 문서를 검토하는 데 사용할 수 있는 AWS 서비스는 무엇입니까? **(컴플라이언스/거버넌스)**

A. AWS Artifact

B. AWS Trusted Advisor

C. AWS Secrets Manager

D. AWS Systems Manager

정답 및 해설

1. **정답 D** CloudTrail 로그를 분석하면 AWS 리소스의 보안 및 규정 준수 상태를 모니터링하고, 비인가된 액세스 또는 잘못된 구성을 탐지할 수 있다. AWS 리소스 성능 모니터링은 CloudWatch의 주요 기능 중 하나다.

2. **정답 C** AWS Management Console에서 EC2 인스턴스를 선택하고 Monitoring 탭에서 메트릭을 선택해 확인할 수 있다.

3. **정답 D** CloudWatch는 트리거 이벤트, 스케줄 이벤트, 상태 이벤트 등 다양한 이벤트 유형을 지원한다.

4. **정답 B** 스탠다드 예약 인스턴스는 교환할 수는 없지만 수정할 수는 있다.

5. **정답 C** CloudWatch Alarm 구성 시 일정 시간 내 메트릭 값의 증감, 임계치 값 초과, 특정 이벤트 감지 등을 조건으로 지정할 수 있다.

6. **정답 A** CloudWatch는 EC2 인스턴스의 CPU 사용률, 네트워크 트래픽, 디스크 I/O 등을 모니터링한다.

7. **정답 C** CloudWatch 지표 데이터는 15개월 동안 보관된다.

8. **정답 E** CloudWatch Alarm을 구성할 때 해당 액션을 선택하고 구성해야 한다.

9. **정답 B** CloudTrail은 API 호출 내역, 관리 이벤트, 데이터 이벤트를 기록한다.

10. **정답 C** CloudTrail 이벤트 로그는 Amazon S3 등에 저장된다.

11. **정답 C** CloudWatch Alarm은 CloudWatch에서 수집한 메트릭(metric) 데이터를 기반으로 지정된 조건이 충족됐을 때 알림을 생성하는 서비스다.

12. **정답 E** Configuration Snapshot은 AWS Config에서 리소스 구성 정보를 저장하는 방법 중 하나이며, 특정 시점의 AWS 리소스 구성 정보를 가져와 S3 버킷에 저장할 수 있다.

13. **정답 B** AWS Config는 AWS 리소스의 구성 상태를 모니터링, 검증 및 기록하는 서비스이며, AWS 리소스에 대한 API 호출 및 관리 이벤트를 기록하는 서비스는 AWS CloudTrail이다.

14. **정답 C** 알람이 트리거될 경우 EC2 인스턴스를 중지, 다시 시작, 재부팅 등의 작업을 수행한다. RDS 인스턴스는 이에 해당되지 않지만 RDS 인스턴스의 모니터링 지표를 감시하고, 설정한 임곗값을 초과할 때 알림을 보내는 것은 가능하다.

15. **정답 D** Savings Plans는 특정 인스턴스 구성을 약정해 할인을 받는 것이 아닌, 사용자의 요구 사항에 가장 적합하고 지속적으로 비용을 절약해주는 인스턴스 구성을 사용하는 것이다.

16. **정답 B** EC2 인스턴스가 종료돼 현재는 복원할 수 없더라도 AWS CloudTrail을 이용해 API를 호출한 사용자를 식별할 수 있다.

17. **정답 A** CloudWatch를 이용해 루트 사용자의 AWS 관리 콘솔 로그인 이벤트 알림 모니터링 및 수신을 할 수 있다.

18. **정답 C** CloudWatch를 이용해 결제 임곗값을 초과할 때 알림을 보내는 경보를 생성할 수 있다.

19. **정답 D** AWS 서비스에 대한 월별 AWS 청구액을 추정하는 데는 AWS Pricing Calculator가 도움이 된다.

20. **정답 A** AWS Artifact는 고객 자신에게 해당되는 규정 준수와 관련된 정보를 제공하는 신뢰할 수 있는 중앙 리소스이며, 의료 기업을 위한 HIPAA 규정 준수 및 거버넌스 문서를 제공한다.

11장

AWS 앱 통합과 개발자 도구

연관 출제 영역

출제 영역 1: 클라우드의 핵심 개념 및 특징

1.3 다양한 클라우드 아키텍처 설계 원칙 설명
장애 대비, 모놀리스, 마이크로서비스, 분산화

출제 영역 3: AWS 인프라 및 주요 서비스

3.1 AWS 클라우드에서 배포 및 운영 방법 정의
배포 모델, 온프레미스와 연결, CLI, SDK, API

11장에서 다룰 주요 내용

- 애플리케이션 통합
- Amazon SQS
- Amazon SNS
- AWS의 개발자 도구
- AWS CLI, SDK, API
- Amazon API Gateway
- AWS CodeBuild

애플리케이션 통합

AWS에서 애플리케이션 통합Application Integration은 '애플리케이션을 구성하는 서비스 요소의 통합'이라 할 수 있고, 다음 그림에서 보는 것과 같이 데이터베이스와 함수를 이벤트 또는 메시지, 큐 등으로 연결해 클라우드 환경에 좀 더 적합하며, 트래픽 급증 등 상황 변화에 좀 더 유연하게 대처할 수 있는 애플리케이션 서비스를 구현할 수 있다(프랙티셔너 레벨에서는 아키텍처 설계까지는 다루지 않으므로, 애플리케이션 통합의 기본 개념과 주요 도구의 필요성 등을 이해하는 데 초점을 둔다).

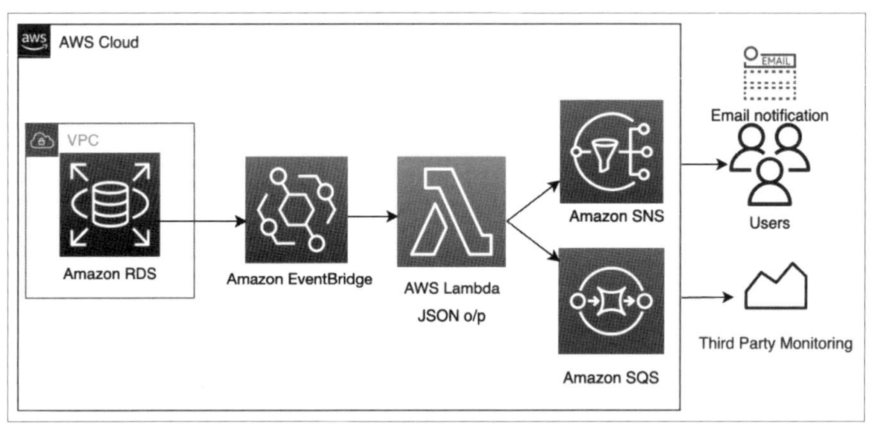

그림 11.1 AWS의 애플리케이션 통합 사례(RDS-EventBridge-SNS-SQS)
(출처: https://aws.amazon.com/blogs/database/customize-amazon-rds-events-notification-using-amazon-eventbridge-and-aws-lambda/)

애플리케이션 통합 도구 중 EventBridge는 지난 10장, 'AWS 모니터링 서비스'에서 살펴봤으므로, 이번 11장에서는 SNS와 SQS에 대해 알아본다. 이들 서비스는 알림notification 메시지, 대기열queue 메시지 기반으로 작동하므로 AWS에서는 메시지 서비스로도 부른다.

AWS에서 메시지 서비스는 클라우드에 최적화된 인프라 및 리소스 활용을 위한 접근 방식이며, 앞서 언급했던 이벤트 기반Event-driven, 루스 커플링Loose coupling, 디커플링De-coupling 설계를 위한 기술이다. 느슨한 결합을 의미하는 루스 커플링은 애플리케이션 서비스의 여러 구성 요소가 항상 단단하게 연결돼 있는 것이 아닌, (워크로드 처리 등) 필요 시 연결됐다가 다시 느슨한 연결 상태를 유지하는 설계 방법이다(이벤트 기반, 루스 커플링, 디커플링 등은 어소시에이트 레벨에서 본격적으로 다룬다).

애플리케이션 통합의 방법으로서 메시지를 사용할 수 있으며, 위 그림에서는 RDS 데이터베이스의 이벤트를 EventBridge로 받아서 Lambda에서 처리한 뒤, SNS 서비스로 최종 사용자에게 알림 메시지를 전송하거나 SQS 서비스로 다른 모니터링 도구에 작업 메시지를 전송할 수 있다.

11장에서 주로 살펴볼 SQS, SNS 등 메시지 서비스는 애플리케이션을 구성하는 컴퓨트, 스토리지, 데이터베이스 등 다양한 요소 간의 상호 작용을 촉진하며, 이를 통해 애플리케이션 서비스와 관련해 전반적으로 효율성이 증대되고, 운영 자원 및 비용을 절감할 수 있다.

메시지 서비스로서 SQS, SNS 비교

SQS, SNS는 이벤트 기반, 디커플링 등 클라우드 최적화 또는 네이티브 아키텍처 구현에 자주 등장하는 메시지 서비스이며 기본적으로 다음과 같은 차이점이 있다.

표 11.1 SQS, SNS 비교

SQS	SNS
• 서비스 요소의 일대일, 다대일 연결 • 대기열(Queue) 메시지 이용 • 업무 부담이 과중한 프로세스 분리 • 버퍼링과 배치 처리 지원	• 서비스 요소의 일대다 연결 • 알림(Notification) 메시지 이용 • 다수의 구독자에게 다수의 메시지 전송 • 분산 Pub/Sub 서비스
	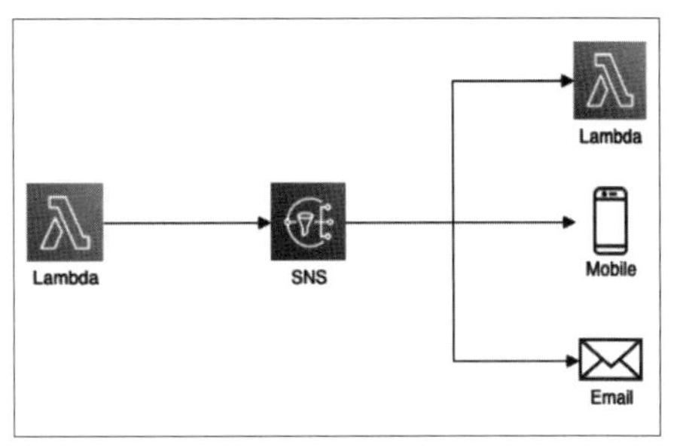

(출처: https://betterdev.blog/aws-messaging-services-sqs-sns-kinesis-eventbridge/)

여러분이 A 관리자의 부탁으로 작업 지시서를 지니고 있다가 적정 시점에 B 작업자에게 작업 지시서를 대신 전달하는 역할을 한다면, 여러분의 일을 SQS에게 대신 시킬 수 있다. SQS는 작업 메시지 전령사와 같은 역할을 하며, 이때 주고받는 메시지를 큐Queue 또는 대기열이라 부른다. 가령 데이터베이스에 너무 많은 워크로드가 몰리는 애플리케이션이 있다면, 데이터베이스 앞에 SQS를 추가하고 몰려드는 워크로드를 순서대로 차근차근 받아낸 뒤 데이터베이스에게 알맞은 속도로 작업 메시지를 보내줄 수 있다.

SNS는 (유튜브 등에서 거의 매일 듣게 되는) '구독과 알림'이라는 개념을 구현한 서비스이며, 메시지를 생성하는 Publisher, 메시지를 구독하는 Subscriber를 지정하는 방식으로 작동하므로 Pub/Sub 모델 기반의 서비스라고도 한다. 여러분이 유튜브 채널을 운영한다면, 채널 운영자Publisher는 여러분 한 사람이고, 채널 구독자Subscriber는 기본적으로 수백, 수천여 명이 될 것이다. SNS에서 이와 같은 관계는 기본적으로 특정 주제Topic에 대한 구독 요청을 통해 맺어지게 되며, 구독 이후 지속적으로 Publisher의 메시지를 전달받을 수 있다.

Amazon SQS 개요

SQS는 디커플링 아키텍처를 구현하기 위한 완전관리형 메시지 큐 서비스이며, 클라우드에 최적화된 마이크로서비스Microservice, 분산 시스템Distributed System 및 서버리스Serverless 애플리케이션 구현에 자주 활용된다.

SQS는 애플리케이션과 같은 소프트웨어 구성 요소 간의 메시지 전송, 저장, 수신을 담당한다. 일례로 방송국에서 라이브 경연 방송 진행과 함께 온라인 투표를 하게 되면, 불과 몇 분만에 수십만 건의 온라인 투표가 누적되며, 성능 좋은 데이터베이스라 하더라도 이를 입력, 처리, 출력하기에는 무리가 따를 수 있다. 이때는 데이터베이스가 감당할 수 있는 속도로 차근차근 데이터를 보내주는 기능이 필요하며, 이에 적합한 서비스가 SQS인 것이다.

다음 그림에서, 애플리케이션을 메시지 큐 생성자Producer, Lambda, EC2 등을 메시지 큐 소비자Consumer라고 가정하면, 이들 사이에서 메시지의 원활한 전송과 관리 업무를 담당하는 것이 SQS이다.

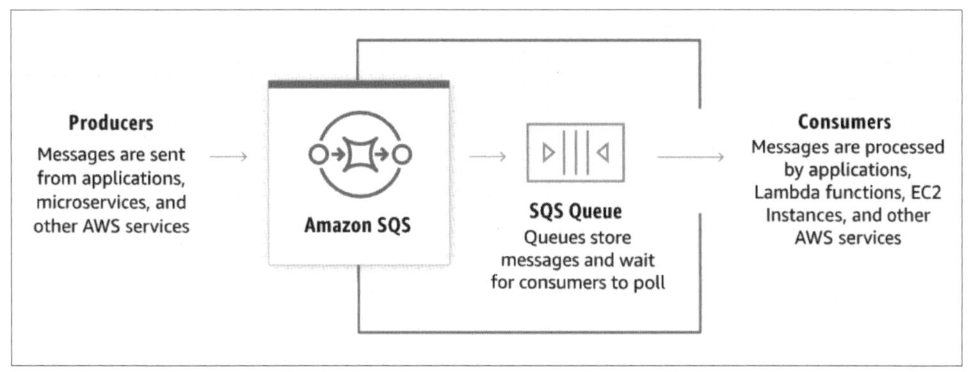

그림 11.2 SQS 작동 방식
(출처: https://aws.amazon.com/ko/sqs/)

SQS 대기열 유형

SQS 대기열은 메시지 큐 처리 요구량, 처리 순서의 정확성 등에 따라 SQS 표준 대기열 또는 FIFO 대기열 중 하나를 선택해서 사용할 수 있다.

표 11.2 SQS 표준 대기열, FIFO 대기열 비교

SQS 표준 대기열	SQS FIFO 대기열
• 최선의 노력으로 메시지 발송 순서 준수 • 최소 1회 전달 • 최대 처리량	• 정확한 발송 순서대로 전달 • 정확히 한 번 전달 • 초당 3,000건 처리
4 3 3 5 2 1	5 4 3 2 1

(출처: https://aws.amazon.com/ko/sqs/features/)

여러분이 온라인 투표 애플리케이션을 만들었고, 이를 이용해 수십만 명이 각자 좋아하는 가수에 대한 온라인 투표를 진행한다면, 1인 1투표는 가급적 정확하게 반영돼야 할 것이다. 이런 경우 처리 순서가 다소 뒤바뀔 수 있고 중복 처리 가능성도 약간은 있지만, 거의 무한대의 메시지 처리량을 제공하는 SQS 표준 대기열Standard Queue이 적합하다.

반면, 온라인 금융 거래처럼 처리 순서 및 처리 여부가 매우 엄밀하게 지켜져야 하는 경

우라면, SQS FIFO 대기열을 사용하는 것이 좋다. 특히 블록체인 분야에서도 자주 언급하는 '이중 지불 방지 시스템' 등에서는 반드시 메시지 발송 순서에 따라 처리돼야 하며, 이때는 표준 대기열에 비해 처리 성능은 낮지만, 정확한 순서를 지켜서 정확히 한 번 처리하는 FIFO 대기열이 적합하다(FIFO는 먼저 입력된 데이터가 먼저 출력되는 First In First Out 기술 개념의 줄임말이며, 데이터의 입출력 방식을 언급할 때 자주 사용한다).

다음 그림은 SQS 대기열 생성 시 표준 또는 FIFO 등 대기열 유형을 선택하는 화면이다.

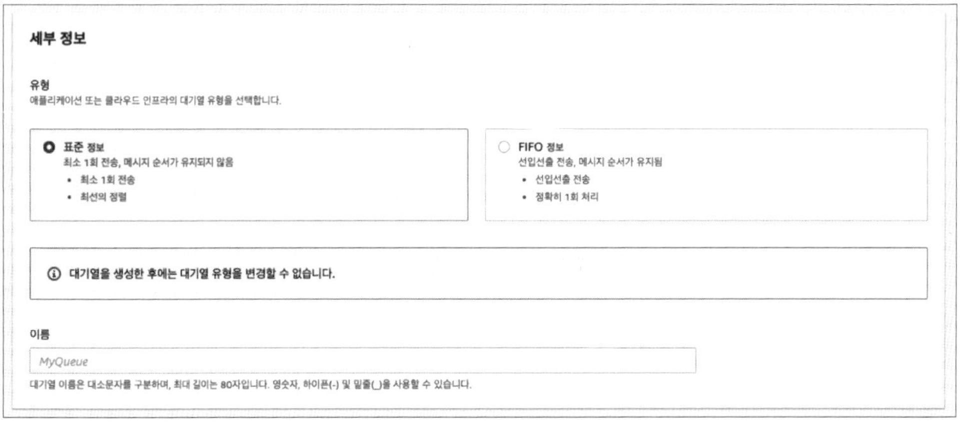

세부 정보

유형
애플리케이션 또는 클라우드 인프라의 대기열 유형을 선택합니다.

표준 정보
최소 1회 전송, 메시지 순서가 유지되지 않음
- 최소 1회 전송
- 최선의 정렬

FIFO 정보
선입선출 전송, 메시지 순서가 유지됨
- 선입선출 전송
- 정확히 1회 처리

대기열을 생성한 후에는 대기열 유형을 변경할 수 없습니다.

이름
MyQueue
대기열 이름은 대소문자를 구분하며, 최대 길이는 80자입니다. 영숫자, 하이픈(-) 및 밑줄(_)을 사용할 수 있습니다.

그림 11.3 SQS 대기열 생성 – 대기열 유형 선택

Amazon SNS 개요

SNS는 퍼블리셔의 알림 메시지를 다수의 구독자가 전달받는 방식으로 작동하는 완전관리형 메시지 Pub/Sub 서비스다. SNS를 이용해 알림 메시지를 다수의 구독자에게 전달하려는 경우, 먼저 SNS 주제를 생성하고, 다른 사용자가 이 주제를 구독 신청하면 알림 메시지를 전송할 수 있다.

SNS는 메시지 보관, 전송 재시도 등의 기법으로 메시지의 내구성을 향상시키며 메시지 필터링, 배치 처리, 정렬, 중복 제거 등을 통해 알림 메시지 전송 작업을 간소화하고 관련 비용을 절감하는 데 도움을 준다. 다음 그림에서 보듯 SNS 퍼블리셔는 AWS 서비스, 분산 시스템, 마이크로서비스 등이 될 수 있고, 이들 요소가 생성한 알림 메시지는 SNS 주제를 구

독한 사람 또는 다른 서비스에 전송된다.

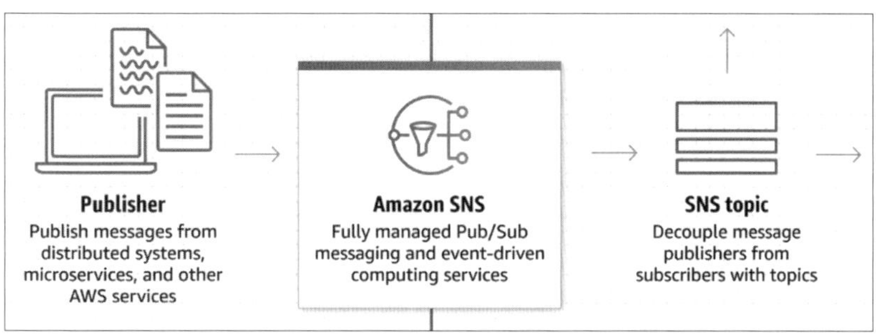

그림 11.4 SNS 작동 방식

SNS 알림 유형

SNS 알림은 수신 대상에 따라 A2A Application-to-Application, A2P Application-to-Person로 구분된다. A2A는 주제 구독자가 다른 서비스 또는 애플리케이션인 경우, A2P는 주제 구독자가 사람의 이메일, 스마트폰 등인 경우다.

표 11.3 SNS 알림 유형 비교

A2A 알림	A2P 알림
분산 애플리케이션 통합 및 분리	고객에게 SMS 문자, 푸시 알림, 이메일 배포

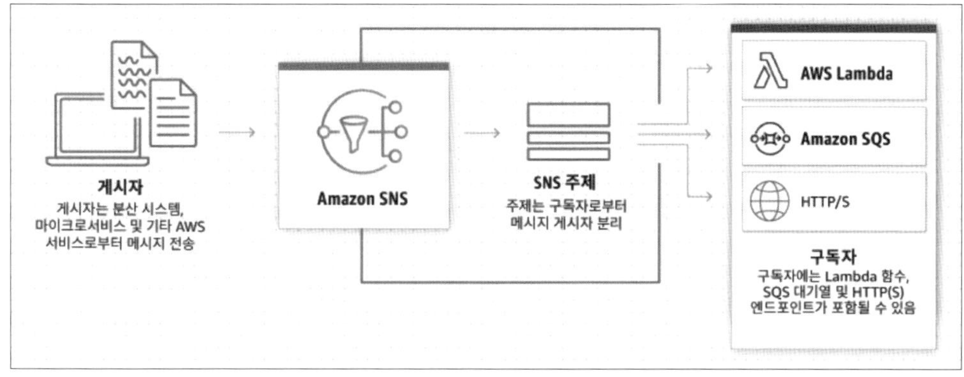

그림 11.5 SNS A2A 알림의 작동 방식

(출처: https://aws.amazon.com/sns/)

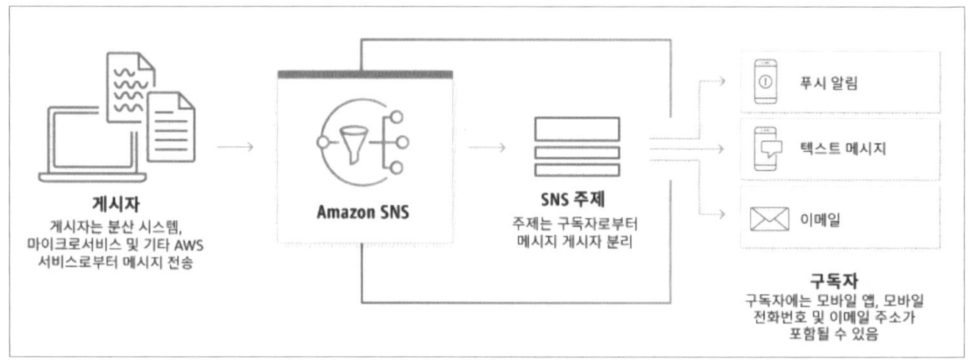

그림 11.6 SNS A2P 알림의 작동 방식
(출처: https://aws.amazon.com/sns/)

SNS와 SQS 연계 구성

지금까지 SNS와 SQS의 차이점을 중심으로 설명했지만, AWS에서 애플리케이션 통합 설계를 할 때 SNS와 SQS를 연계해서 사용하는 경우가 많다. 즉, SNS와 SQS는 상호 보완적인 관계를 지니고 있다.

다음 그림은 비동기 병렬 처리Parallel Asynchronous Processing 아키텍처 구현을 위한 SNS-SQS 팬아웃Fanout 구성이며, SNS의 주제에 대해 SQS가 구독 신청을 하고 메시지를 받아서 EC2 인스턴스에 전달하는 과정을 보여준다. 참고로 비동기 병렬 처리는 독자 여러분의 과제 단톡방과 비슷한 것이다. 과제 공유에 대한 톡을 올리면 각자 편한 시간에 보게 되고(비동기), 동시에 여러 명이 이에 대해 답톡을 올릴 것(병렬 처리)이다.

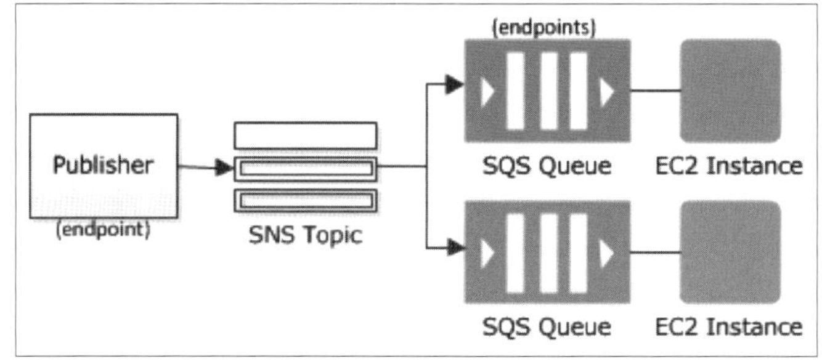

그림 11.7 SNS-SQS 연계
(출처: https://docs.aws.amazon.com/ko_kr/sns/latest/dg/sns-common-scenarios.html/)

다음 그림은 SNS 구독 생성 시, 구독자(엔드포인트)로 SQS를 지정하는 화면이다.

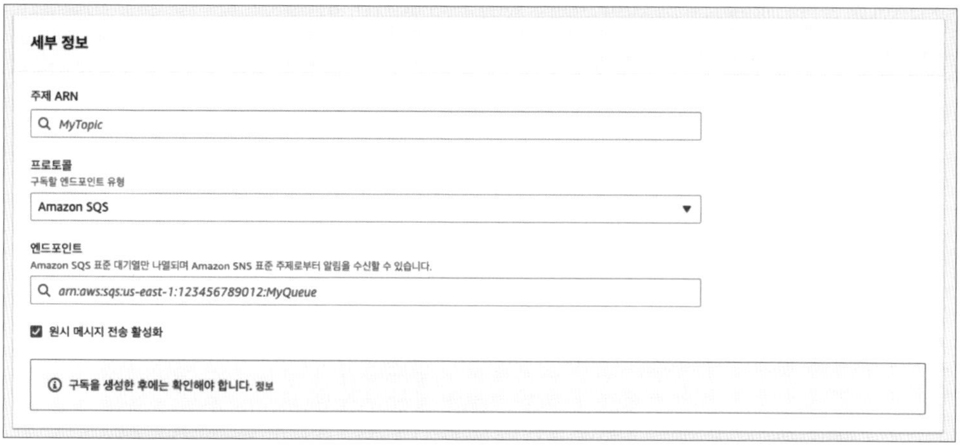

세부 정보

주제 ARN

MyTopic

프로토콜

구독할 엔드포인트 유형

Amazon SQS

엔드포인트

Amazon SQS 표준 대기열만 나열되며 Amazon SNS 표준 주제로부터 알림을 수신할 수 있습니다.

arn:aws:sqs:us-east-1:123456789012:MyQueue

원시 메시지 전송 활성화

구독을 생성한 후에는 확인해야 합니다. 정보

그림 11.8 SNS 구독 생성 – 엔드포인트: SQS

AWS의 개발자 도구

클라우드 컴퓨팅 서비스에 접속하는 사용자 중 상당수는 소프트웨어 엔지니어이고, 가상 서버 이용, 컨테이너 실행, 함수 실행 등 개발과 관련된 다양한 업무를 클라우드에서 처리해야 하므로 개발자를 위한 전문성과 편의성을 갖춘 도구가 필요하다.

AWS가 제공하는 개발자 도구는 매우 많지만, 이번 절에서 우리는 프랙티셔너 레벨에 맞춰 CLI, SDK, API 그리고 CodeBuild 등 대표적인 개발자 도구의 개요와 기본 기능 등에 대해 살펴볼 것이다.

참고 소프트웨어 엔지니어링, 특히 시스템 어드민, 애플리케이션 개발자 중에 어소시에이트, 프로페셔널 인증 자격을 보유한 경우가 많지만, 프랙티셔너나 어소시에이트 자격을 얻기 위해 전문적인 프로그래머로서 수년 간의 프로그래밍 경험이 있어야 하는 것은 아니다.

AWS CLI

CLI(Command Line Interface)는 오픈 소스 기반 AWS 서비스 관리용 통합 도구로서, 터미널 환경에서 셸(Shell) 명령을 이용해 AWS 서비스와 상호 작용할 수 있도록 돕는 도구다. Windows, MacOS, Linux 버전의 CLI 프로그램을 설치한 뒤 실행하면 다음과 같은 AWS CLI 화면이 열린다.

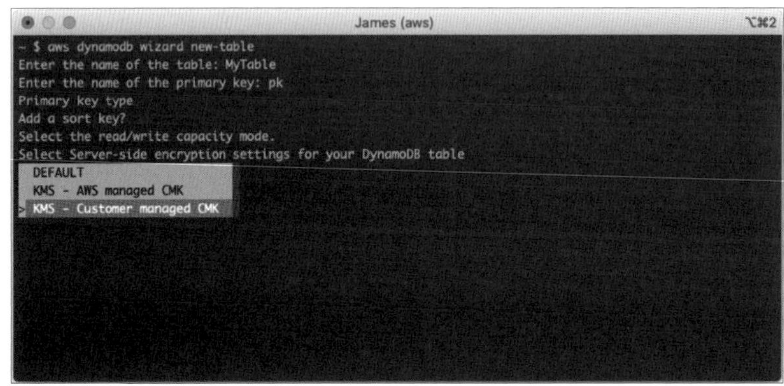

그림 11.9 AWS CLI 화면 예시(CLI v2)

(출처: https://docs.aws.amazon.com/ko_kr/cli/latest/userguide/cli-chap-welcome.html)

CLI를 이용해 EC2 인스턴스 생성 등 작업을 프로그래밍 환경에서 실행할 수 있고, 퍼블릭 API에 접근하거나 리소스 관리용 셸 스크립트를 개발해 사용할 수 있다.

사용자는 CLI에서 `$ aws ~` 형식의 명령어를 입력하는 방식으로 자신이 원하는 작업을 처리할 수 있다.

다음 코드는 EC2 인스턴스 접속과 관련한 `aws configure` 명령 예제다.

```
$ aws configure
AWS Access Key ID [None]: AKIAIOSFODNN7EXAMPLE
AWS Secret Access Key [None]: wJalrXUtnFEMI/K7MDENG/bPxRfiCYEXAMPLEKEY
Default region name [None]: us-west-2
Default output format [None]: ENTER
```

다음 코드는 EC2 인스턴스 및 네트워크 관련 보안 그룹 생성 예제다.

```
$ aws ec2 create-security-group --group-name my-sg --description "My security group"
{
    "GroupId": "sg-903004f8"
}
```

참조 링크 CLI 예제 코드

https://docs.aws.amazon.com/ko_kr/cli/latest/userguide/welcome-examples.html

SDK

SDK^Software Development Kit^는 하나의 설치 가능한 패키지^package^에 포함된 소프트웨어 개발자 도구 모음이며, 개발자의 애플리케이션 개발 업무 수행에 필요한 컴파일러, 디버거, 프레임워크 등 다양한 도구가 포함돼 있다. 예를 들어 Android 애플리케이션 개발에는 JDK가, iOS 애플리케이션 개발에는 iOS SDK가 필요하다.

AWS는 다음 그림과 같이 Java, Go, .NET, Python, Rust 등 다양한 언어 기반의 SDK를 지원한다.

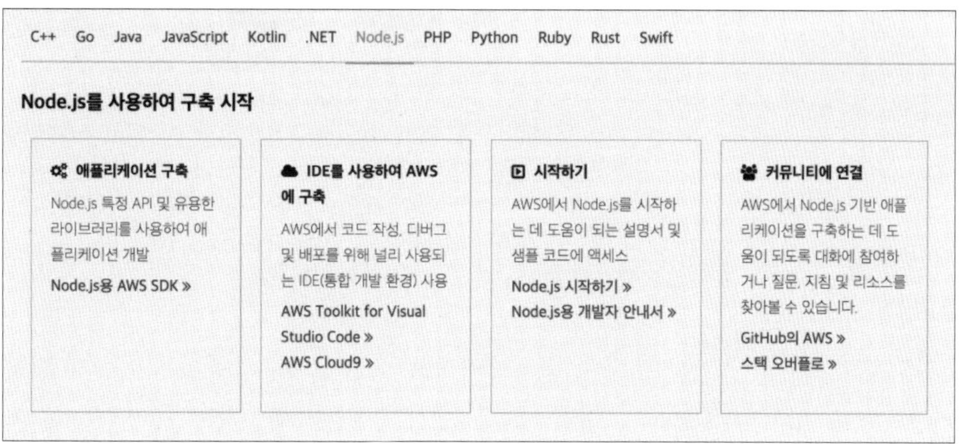

그림 11.10 Java, Go, .NET 등 다양한 언어를 지원하는 AWS SDK
(출처: https://docs.aws.amazon.com/sdk-for-javascript/v3/developer-guide/welcome.html)

AWS SDK(JavaScript용 SDK의 경우)

여러 언어 기반 SDK 중 JavaScript용 SDK를 중심으로 AWS SDK에 대해 알아보자.

여러분이 JavaScript를 주로 사용하는 프로그래머인 경우, 혹은 JavaScript 기반의 서버를 앱 개발에 사용하는 경우, JavaScript를 이용해 AWS 서비스 및 리소스에 접근하고 객체 저장, 명령 실행 등 작업을 처리할 수 있다. 다음 그림과 같이 개발자는 JavaScript용 AWS SDK를 이용해 브라우저용 스크립트를 실행하거나, Node.js 등 서버용 코드 실행해 S3, EC2, IAM, SQS, DynamoDB 등 다양한 AWS 서비스에 접근할 수 있다.

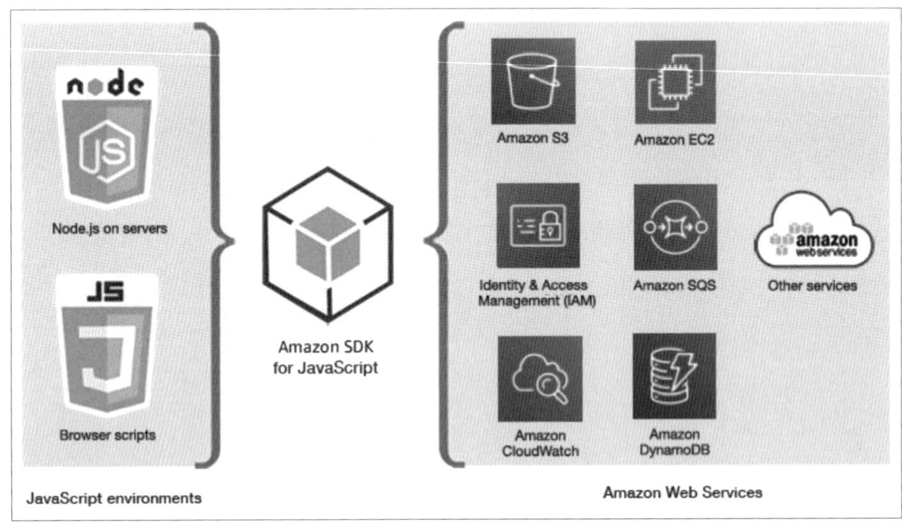

그림 11.11 AWS SDK JavaScript용 SDK v3

(출처: https://docs.aws.amazon.com/sdk-for-javascript/v3/developer-guide/welcome.html)

API

API[Application Programming Interface]란, 두 소프트웨어 구성 요소가 서로 소통할 수 있도록 만든 가상의 접속 장치(인터페이스)라고 할 수 있다. API에서 애플리케이션은 고유의 기능을 지닌 모든 소프트웨어를 의미하고, 인터페이스는 두 애플리케이션 간의 소통에 대한 약속(요청-응답 방법)이라 할 수 있다. 애플리케이션 개발자는 개발에 앞서 이와 같은 내용이 정의된 API 문서를 통해 상대방 시스템의 요청-응답 규칙을 이해하고 애플리케이션 개발에 참고한다.

예를 들어 여러분이 모바일 기반 날씨 애플리케이션을 만들려고 할 때, 직접 날씨 데이터를 수집해서 애플리케이션에 입력할 수도 있겠지만, 그보다는 기상청 시스템에 이미 방대하게 축적된 일일 기상 데이터를 가져와 여러분의 애플리케이션을 통해 서비스로 제공하는 것이 훨씬 현명한 방법일 것이다. 공공 기관인 기상청은 여러분에게 날씨 데이터를 제공하는 방식 중 하나로 '기상청 일일 날씨 데이터 API'를 제공하며, 여러분은 애플리케이션에 관련 API 코드를 입력하는 방식으로 날씨 애플리케이션 서비스를 간단히 구현할 수 있다.

현대적인 애플리케이션 개발에는 REST API, Websocket API 등이 널리 사용되고 있으며, 널리 알려진 API 유형은 다음과 같다.

1. **REST API:** 현대 웹에서 널리 사용되는 유연한 API. 클라이언트가 서버에 (GET, PUT, DELETE 등) 요청을 데이터로 전송하면, 서버가 함수 실행 결과를 다시 클라이언트에 반환한다.
2. **Websocket API:** JSON 객체로 데이터를 전달하며, 클라이언트 앱과 서버 간의 양방향 통신을 지원한다. 서버가 클라이언트에 콜백 메시지를 전송할 수 있어 REST API보다 효율성이 높다는 평가를 받는다.
3. **RPC API:** 원격 프로시저 호출. 클라이언트 요청에 대해 서버가 함수 또는 프로시저 실행을 완료하면 서버가 결괏값을 클라이언트에게 반환한다.
4. **SOAP API:** 과거에 사용됐던 단순 객체 접근 프로토콜 기반 API. 클라이언트와 서버는 XML 메시지 교환 방식으로 소통하며, 낮은 유연성 등의 단점이 있어서 지금은 많이 사용하지 않는다.

참조 링크 API의 이해(AWS)

https://aws.amazon.com/ko/what-is/api/

Amazon API Gateway

API Gateway는 현대 애플리케이션 개발에 널리 사용되는 API의 간편한 생성, 게시, 보안, 모니터링 위한 완전관리형 서비스로, 대규모로 백엔드 서비스를 사용하는 기업의 클라이언트를 위한 API 관리 업무를 대신한다.

API Gateway는 대규모 API 호출에 적용할 수 있는 사용자 인증, 통계 및 속도 관리는 물론, 현대적인 애플리케이션 개발에 필요한 트래픽 관리, CORS 지원, 권한 부여 및 액세스 제어, 제한, 모니터링, API 버전 관리 등 수천 개의 API 호출을 동시에 수신 및 처리할 수 있다.

다음 그림은 API Gateway의 주요 기능 및 연계성을 보여준다.

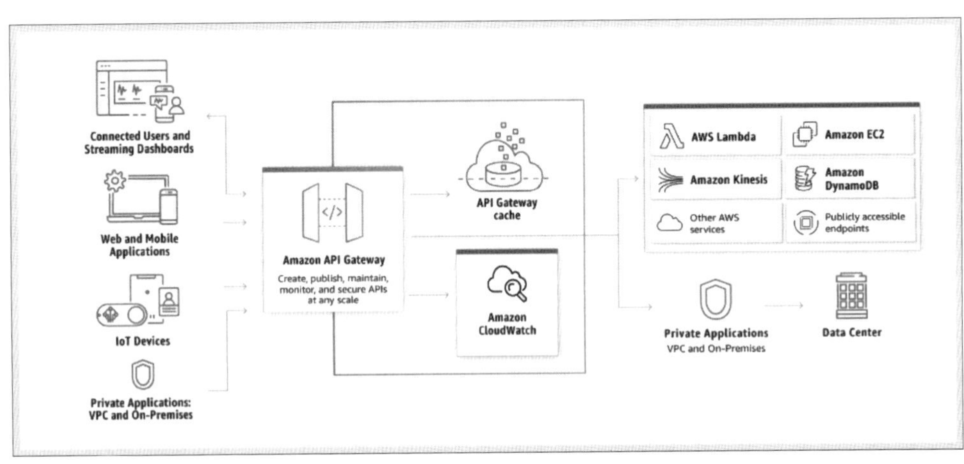

그림 11.12 API Gateway의 주요 기능 및 연계성

(출처: https://aws.amazon.com/ko/api-gateway/?pg=wianapi&cta=amzapigtwy)

AWS CodeBuild

CodeBuild는 개발자를 위한 클라우드 기반의 코드 빌드 및 테스트 도구로서, 개발에 요구되는 OS 및 런타임 환경(Apache Maven, npm 등)에서 빌드 작업을 수행할 수 있다.

개발자는 CodeBuild를 이용해 개발(코드 빌드 및 테스트)함으로써 지속적 통합 및 전달(CI/CD) 파이프라인을 자동화할 수 있고, 이에 필요한 빌드 서버Jenkins 관리의 복잡성을 줄여준다. 아울러 GitHub 호스팅 환경에서 프로젝트 코드를 관리할 수 있다.

다음 그림은 CodeBuild의 주요 기능 및 연계성을 보여주며, 퍼블릭 및 프라이빗 리포지터리(코드 저장소)에서 코드를 가져온 뒤 AWS ECR, KMS, VPC 등 서비스 요소를 결합해 빌드 및 테스트 작업을 수행할 수 있다.

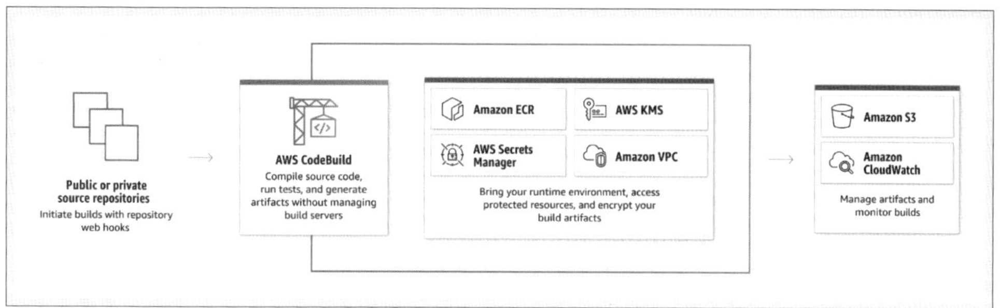

그림 11.13 CodeBuild의 주요 기능 및 연계성
(출처: https://aws.amazon.com/ko/codebuild/)

개발자는 AWS에서 CodeBuild 외에도 CodeCommit, CodeDeploy, CodePipeline, CodeStar 등 다양한 개발자 도구를 활용해 개발 효율성을 높일 수 있다.

정리

- AWS에서 애플리케이션 통합은 애플리케이션을 구성하는 서비스 요소의 통합을 의미한다.
- AWS 메시지 서비스는 클라우드에 최적화된 인프라 및 리소스 활용을 위한 이벤트 기반, 루스 커플링, 디커플링 기술 요소이며, SQS, SNS가 대표적이다.
- SQS는 디커플링 아키텍처를 구현하기 위한 완전관리형 메시지 큐 서비스다.
- SQS는 클라우드에 최적화된 마이크로서비스, 분산 시스템 및 서버리스 애플리케이션 구현에 활용된다.
- SQS 표준 대기열 또는 FIFO 대기열 중 하나를 선택해서 사용할 수 있다.
- SQS 표준 대기열은 최선의 노력으로 메시지 발송 순서 준수, 최소 1회 전달, 최대 처리량의 특성을 지닌다.

- SQS FIFO 대기열은 정확한 발송 순서대로 전달, 정확히 한 번 전달, 초당 3,000건 처리의 특성을 지닌다.
- SNS는 퍼블리셔의 알림 메시지를 다수의 구독자가 전달받는 방식으로 작동하는 완전관리형 메시지 Pub/Sub 서비스다.
- SNS 이용 시 먼저 SNS 주제를 생성하고, 다른 사용자가 이 주제를 구독 신청하면 알림 메시지를 전송할 수 있다.
- SNS는 분산 애플리케이션 통합 및 분리를 위한 A2A 알림과 고객에게 SMS 문자, 푸시 알림, 이메일 배포 등을 위한 A2P 알림이 있다.
- CLI는 오픈 소스 기반 AWS 서비스 관리용 통합 도구로서, 터미널 환경에서 셸 명령을 이용해 AWS 서비스와 상호 작용할 수 있도록 돕는다.
- SDK는 하나의 설치 가능한 패키지에 포함된 소프트웨어 개발자 도구 모음이며, Java, Go, .NET, Python, Rust 등 다양한 언어 기반의 SDK를 사용할 수 있다.
- API Gateway는 현대 애플리케이션 개발에 널리 사용되는 API의 간편한 생성, 게시, 보안, 모니터링 위한 완전관리형 서비스다.
- API Gateway는 대규모로 백엔드 서비스를 사용하는 기업의 클라이언트를 위한 API 관리 서비스를 제공한다.
- CodeBuild는 개발자를 위한 클라우드 기반의 코드 빌드 및 테스트 도구다.

기출 유형 분석 퀴즈

1. Amazon SQS에서 메시지 중복 전송 등의 문제는 있을 수 있지만, 대부분의 메시지 시나리오에 적합해 가장 널리 사용되는 메시지 큐 전송 방법은 무엇입니까? (Amazon SQS)

A. FIFO

B. Standard

C. Long-polling

D. Short-polling

2. Amazon SNS에서 사용되는 구독 방식은 다음 중 어떤 방식으로 메시지를 여러 개의 대상으로 전송할 수 있습니까? (Amazon SNS)

A. SMS

B. HTTP

C. HTTPS

D. Email

E. Topic

3. 다음 중 AWS CLI에 대한 설명으로 옳지 않은 것은 무엇입니까? (AWS CLI)

A. AWS CLI는 Python 기반으로 작성됐으며, 로컬 컴퓨터에서 CLI를 사용해 AWS 서비스를 관리할 수 있다.

B. AWS CLI를 이용해 애플리케이션 또는 다른 서비스에서 AWS 서비스를 제어할 수 있다.

C. CLI를 사용해 자동화된 스크립트를 만들어서 반복적인 작업을 자동화할 수 있다.

D. CLI를 사용하려면, AWS 계정에 로그인 후 인증 키를 발급받아서 설정해야 한다.

E. CLI를 사용해 AWS 서비스를 프로그래밍적으로 제어할 수 있다.

4. 다음 중 Amazon API Gateway에 대한 설명으로 옳지 않은 것은 무엇입니까? (Amazon API Gateway)

A. Lambda와 함께 서버리스 아키텍처에서 널리 활용된다.

B. 프로덕션Production 스테이지를 통해 API 응답 시간을 개선할 수 있다.

C. RESTful API 및 WebSocket API를 만들고 배포하기 위한 서비스다.

D. 다양한 API 엔드포인트를 구성할 수 있다.

E. CloudWatch와 연계해 API 호출, 응답, 오류 및 지연 시간을 모니터링할 수 있다.

5. Amazon SQS에서 메시지를 삭제하려면 어떻게 해야 합니까? (Amazon SQS/메시지 삭제)

A. SQS에서는 메시지를 삭제할 수 없다.

B. SQS 콘솔에서 메시지를 수동으로 삭제한다.

C. 메시지가 처리되면 SQS에서 자동으로 삭제된다.

D. 메시지 핸들러를 사용해 SQS API에 삭제 요청을 보낸다.

6. 다음 중 Amazon SNS에 대한 설명으로 옳지 않은 것은 무엇입니까? (Amazon SNS)

A. 배달 못한 편지 대기열DLQ은 메시지의 내구성을 향상시킨다.

B. FIFO 방식으로 메시지를 전달해 애플리케이션의 정확성과 일관성을 유지한다.

C. A2P 방식은 이벤트 기반의 서버리스 애플리케이션 간의 다대다 메시징에 사용된다.

D. 메시지 생성 및 전달을 위해 Pub/Sub 모델을 사용한다.

E. A2A와 A2P의 두 가지 방식으로 알림을 전송한다.

7. 다음 중 AWS API에 대한 설명으로 옳지 않은 것은 무엇입니까? (AWS API)

A. Amazon S3 API를 사용해 S3 버킷 생성, 객체 업로드 및 다운로드 등의 작업을 수행할 수 있다.

B. AWS API를 사용해 애플리케이션 또는 다른 서비스에서 AWS 서비스를 제어할 수 있다.

C. AWS 관리 콘솔에서 수행할 수 있는 대부분의 작업을 AWS API에서 수행할 수 있다.

D. AWS API는 REST API를 사용하며, HTTPS 프로토콜을 통해 액세스할 수 있다.

E. Amazon EC2 API를 사용해 EC2 인스턴스를 시작, 중지는 물론 보안 그룹을 관리할 수 있다.

8. 다음 중 AWS의 애플리케이션 통합 및 구성 서비스에 대한 설명으로 옳지 않은 것은 무엇입니까? (AWS 애플리케이션 통합)

A. 서로 다른 애플리케이션 간의 이벤트를 연결하기 위해 Amazon EventBridge를 사용할 수 있다.

B. Amazon Simple Queue Service(SQS)는 분산 애플리케이션 간의 메시징을 위한 완전관리형 서비스다.

C. 애플리케이션 및 서비스를 통합해 데이터 흐름, 메시징 및 이벤트 처리를 단순화 및 자동화할 수 있다.

D. Amazon EventBridge는 이벤트 소스와 이벤트 대상 간의 지속적이며 긴밀한 결합을 통해 대응 속도를 높인다.

E. 서비스 및 사용자에게 이벤트 알림을 보내기 위한 완전관리형 서비스로는 Amazon Simple Notification ServiceSNS가 있다.

9. 다음 중 Amazon SQS에서 메시지를 수신하는 방법 중 효율성을 개선하거나 비용을 절감할 수 있는 방법은 무엇입니까? **(Amazon SQS/효율성 개선)**

A. Batch-receive

B. Stream-based

C. Long-polling

D. Short-polling

10. Amazon API Gateway에서 API 배포 버전 관리에 사용하는 기법은 무엇입니까? **(API Gateway/API 배포 버전 관리)**

A. Rolling

B. Stage

C. Environment

D. Production

E. Blue/Green

11. AWS CodeBuild에서 사용할 수 있는 빌드 환경을 구성할 때 설정 가능한 옵션 중 올바른 것은 무엇입니까? **(AWS CodeBuild/빌드 환경 구성), (정답 2개)**

A. 새로운 VPC 구성

B. 빌드에 필요한 IAM 역할 할당

C. 빌드 환경에서 사용할 수 있는 포트 설정

D. 빌드 로그가 저장될 S3 버킷 지정

E. 빌드 환경에서 사용할 수 있는 암호화 방식 선택

12. 다음 중 Amazon EventBridge에 대한 설명으로 옳지 않은 것은 무엇입니까? (EventBridge)

A. 이벤트 대상은 이벤트를 수신하고 처리하는 AWS 서비스, SaaS 애플리케이션, AWS Lambda 함수 또는 이벤트 대상 API 엔드포인트다.

B. 서로 다른 AWS 서비스, SaaS 애플리케이션 및 기타 이벤트 소스에서 이벤트를 수집한다.

C. EventBridge의 이벤트 버스는 이벤트 소스와 이벤트 대상 간의 느슨한 결합을 구현한다.

D. 이벤트 소스는 여러 이벤트 소스에서 이벤트를 수집하고, 라우팅 규칙에 따라 이벤트를 대상 애플리케이션에 전달한다.

E. 이벤트 버스는 이벤트를 라우팅하고, 대상 애플리케이션에 전달한다.

13. 다음 중 AWS 리소스에 대한 프로그래밍 방식 액세스를 제공하기 위해 권장하는 방법은 무엇입니까? (프로그래밍 방식 액세스)

A. 액세스 키 ID, 보안 액세스 키를 사용해 프로그래밍 방식으로 AWS 리소스에 액세스

B. 새 IAM 사용자를 생성하고 사용자 이름과 암호를 공유

C. IAM 그룹을 사용해 프로그래밍 방식으로 AWS 리소스에 액세스

D. Multi-Factor Authentication^MFA^를 사용해 프로그래밍 방식으로 AWS 리소스에 액세스

14. AWS 클라우드에서 마이크로서비스 기반 애플리케이션의 구성 요소를 분리하는 데 사용할 수 있는 AWS 메시지 서비스는 무엇입니까? (마이크로서비스/분리), (정답 2개)

A. EC2

B. Step Function

C. SQS

D. SNS

E. Lambda

15. SQS의 기본적인 메시지 전송 횟수는 얼마입니까? **(SQS/메시지 전송 횟수)**

A. 단 한 번만 전송

B. 최소 한 번 전송

C. 한 번에 하나의 메시지 전송

D. Short-polling 시 폴링 기간 내 한 번

E. Long-polling 시 폴링 기간 내 한 번

정답과 해설

1. **정답 B** Standard 큐는 마이크로서비스 구현 등 대부분의 메시지 사용 사례에서 필요한 전송 및 처리 속도를 제공한다.

2. **정답 E** Amazon SNS에서 Topic 구독 방식을 사용하면 하나의 메시지를 여러 개의 대상으로 전송할 수 있다. Topic은 Publisher와 Subscriber 간의 중간 레이어로 작동하며, 한 번의 메시지 게시로 여러 개의 대상에게 메시지를 보낼 수 있다.

3. **정답 B** AWS CLI가 아닌 AWS API를 이용해 애플리케이션 또는 다른 서비스에서 AWS 서비스를 제어할 수 있다.

4. **정답 B** API 응답 시간을 개선하기 위한 방법은 API 캐싱이다. 환경(Environment) 및 프로덕션(Production) 스테이지는 실제 운영 환경과 테스트 환경을 분리하는 데 도움을 준다.

5. **정답 D** SQS에서 메시지를 삭제하려면 메시지 핸들러를 사용해 SQS API에 삭제 요청을 보낸다.

6. **정답 C** A2A 방식은 이벤트 기반의 서버리스 애플리케이션 간의 다대다 메시징에 사용된다.

7. **정답 C** AWS 관리 콘솔에서 수행할 수 있는 대부분의 작업을 수행할 수 있는 것은 AWS CLI이다.

8. **정답 D** 애플리케이션 통합은 루스 커플링 혹은 디커플링된 요소간의 통합을 통해 데이터 흐름, 메시징 및 이벤트 처리를 단순화 및 자동화하고 클라우드 네이티브 아키텍처를 구현하는 것을 목표로 한다. Event Bridge는 이벤트 소스와 이벤트 대상 간의 느슨한 결합을 가능하게 하고, 이벤트 처리를 분리해 서로 다른 서비스 간의 통합을 단순화한다.

9. **정답 C** Long-polling을 이용하면 메시지가 도착할 때까지 대기하고, 메시지가 수신될 때까지 대기 시간을 조정해 서버 부하를 줄일 수 있다. 이를 통해 짧은 폴링 주기보다 더 적은 요청을 보내고, 처리량과 응답 시간을 개선할 수 있다. Short-polling은 빠른 메시지 처리가 장점이다.

10. **정답 B** Amazon API Gateway에서 배포는 스테이지(stage)를 통해 이뤄진다. 스테이지는 API의 각 버전을 나타내며, 새로운 기능을 개발하거나 변경 사항을 적용할 때 사용된다. 따라서 다양한 스테이지를 사용해 각각의 버전이나 기능을 테스트하고, 검증할 수 있다. 환경과 프로덕션은 스테이지의 한 종류로, 각각 개발 및 테스트, 실제 운영 환경을 나타낸다.

11. **정답 B, D** 빌드를 수행하기 위해 AWS 리소스에 액세스하기 위해 필요한 IAM 역할을 지정하고, 빌드 로그가 저장될 S3 버킷을 지정할 수 있다.

12. **정답 D** 이벤트 소스가 아닌 이벤트 버스가 여러 이벤트 소스에서 이벤트를 수집하고, 라우팅 규칙에 따라 이벤트를 대상 애플리케이션에 전달한다. 이벤트 소스는 이벤트를 생성하는 AWS 서비스 또는 SaaS 애플리케이션이다.

13. **정답 A** AWS 리소스에 대한 프로그래밍 방식 접근 시 액세스 키 ID, 보안 액세스 키를 사용해 AWS 리소스에 액세스한다.

14. **정답 C, D** 마이크로서비스 기반 애플리케이션의 구성 요소 분리에 널리 활용되는 메시지 서비스는 SQS와 SNS이다.

15. **정답 B** SQS는 최소 한 번 이상의 전송을 보장한다.

12장

AWS 서버리스와 Well Architected

연관 출제 영역

출제 영역 1: 클라우드의 핵심 개념 및 특징

1.3 다양한 클라우드 아키텍처 설계 원칙 설명
장애 대비, 모놀리스, 마이크로서비스, 분산화

출제 영역 3: AWS 인프라 및 주요 서비스

3.3 핵심 AWS 서비스 식별
컴퓨팅: EC2, ASG, ELB, Lambda, ECS
스토리지: S3, EBS, EFS, Storage Gateway
데이터베이스: RDS, DynamoDB, Redshift

12장에서 다룰 주요 내용

- 현대적인 애플리케이션
- 서버리스
- AWS의 서버리스 컴퓨팅
- AWS의 서버리스 앱 통합
- AWS의 서버리스 스토리지 & DB
- Well Architected
- AWS의 모범적인 설계 원칙
- AWS Well-Architected Tool

현대적이며 모범적인 애플리케이션

최신의 IT 기술과 철학을 반영한, 잘 만들어진 소프트웨어가 무엇이냐는 질문에 대한 대답은 결코 간단하지 않겠지만, AWS는 '현대적인 애플리케이션Modern Application'이라는 단어를 통해 클라우드의 최신 기술과 철학이 반영된 모범적인 소프트웨어에 대해 정의하고 있다. AWS가 정의하는 현대적인 애플리케이션은 다음과 같은 덕목을 지니고 있다.

- 출시 기간 단축 - 빌드, 테스트, 릴리스 자동화, 주기 단축
- 혁신성 향상 - 모듈식 아키텍처, 혁신적인 아이디어 실험 가능
- 안정성 제고 - 개발 수명 주기의 전단계 모니터링, 실시간 대응
- 비용 절감 - 과도한 프로비저닝, 유휴 리소스 비용 절감

산업 및 비즈니스 변동성이 높은 상황에서 마켓 니즈를 반영한 애플리케이션을 신속하게 출시하고 개선하는 일은 무척 중요하며 빌드, 테스트, 릴리스 자동화를 통한 개발 주기 단축은 현대적인 애플리케이션의 주요 덕목이다.

다음, 레고 블록과 같은 소프트웨어 요소를 조립해 하나의 애플리케이션을 좀 더 간단하고 수정이 쉽도록 만든다면, 좀 더 혁신적인 실험을 좀 더 자주 할 수 있을 것이다. 또한 많은 개발 인력과 자원이 투입돼 상당 기간 지속되는 개발 프로젝트의 전체 과정과 흐름을 모니터링하고 문제 상황에 시기적절하게 대응할 수 있다면 개발 프로젝트가 실패할 확률을 줄일 수 있다.

마지막으로, 애플리케이션 서비스 제공에 필요한 만큼의 컴퓨팅, 스토리지 등 자원을 투입할 수 있다면 값비싼 IT 자원에 대한 과도한 비용 지출을 줄일 수 있을 것이다.

이와 같은 기업의 바람, 또는 요구 사항을 구체적으로 정의한 것이 AWS는 현대적인 애플리케이션 개념이며, 이는 클라우드에 최적화된 애플리케이션 설계 전략과도 일맥상통한다.

클라우드에 최적화된 현대적인 애플리케이션 설계

클라우드에 최적화된 현대적인 애플리케이션을 설계하려면 아키텍처부터 보안에 이르기까지 정의해야 할 요소가 많다. AWS는 다음과 같은 5대 조건을 충족함으로써 현대적인 애플리케이션을 구현할 수 있다고 설명한다.

- **아키텍처**: 마이크로서비스
- **S/W 배포**: 자동화 및 표준화(CI/CD), IaC
- **데이터**: 디커플링 및 용도에 최적화
- **운영**: 애플리케이션 스택별 서버리스 서비스 활용
- **보안**: 개발 수명 주기의 전체 단계에 긴밀히 통합

현대식 앱 개발 전략 01. 마이크로서비스 아키텍처

애플리케이션을 모듈식 독립형 요소로 구성하는 마이크로서비스 아키텍처를 통해 릴리스 속도를 높일 수 있으며, 애플리케이션을 더 쉽게 확장하고 개발 속도를 단축해 새로운 기능의 출시 시간을 단축시킬 수 있다.

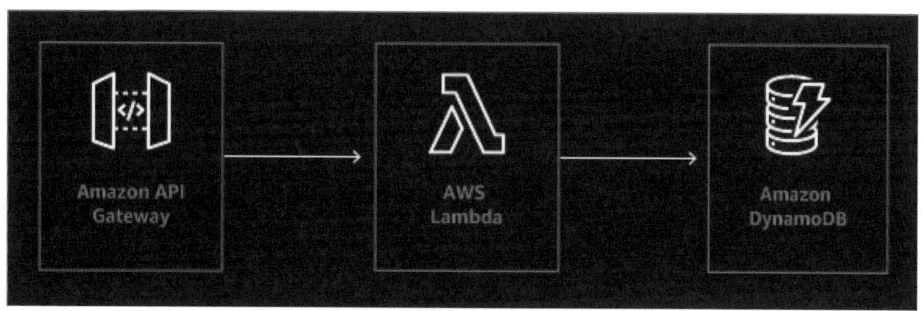

그림 12.1 마이크로서비스 아키텍처 예시

(출처: https://aws.amazon.com/ko/modern-apps/)

현대식 앱 개발 전략 02. 자동화, 표준화된 릴리스

지속적 통합 및 지속적 배포(CI/CD)를 포함, 자동화된 릴리스 파이프라인을 통해 오류를 최소화하고 많은 양의 코드를 신속하게 테스트하고 릴리스할 수 있다. 표준화된 코드형

인프라IaC, Infrastructure as Code 템플릿을 이용하면 애플리케이션의 전체 기술 스택이 코드를 통해 일관되게 제공될 수 있다.

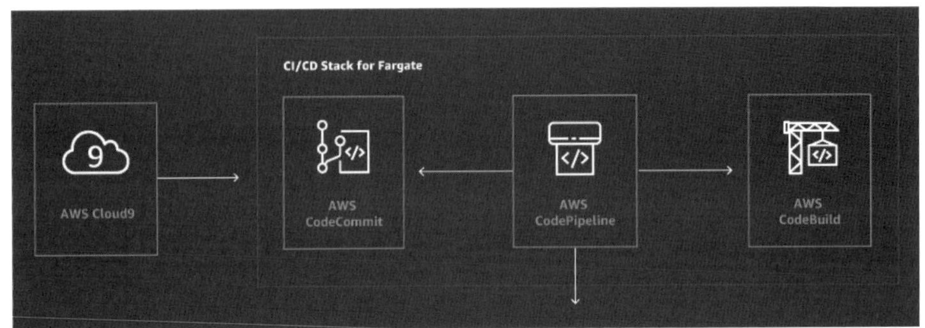

그림 12.2 자동화, 표준화된 릴리스
(출처: https://aws.amazon.com/ko/modern-apps/)

현대식 앱 개발 전략 03. 데이터 디커플링, 용도 최적화

데이터베이스와 마이크로서비스를 일대일로 매핑하면 디커플링된 데이터 저장소를 활용할 수 있다. 마이크로서비스로 데이터의 결합을 해제하면 서비스 요구 사항에 가장 적합한 데이터베이스를 선택할 수 있다.

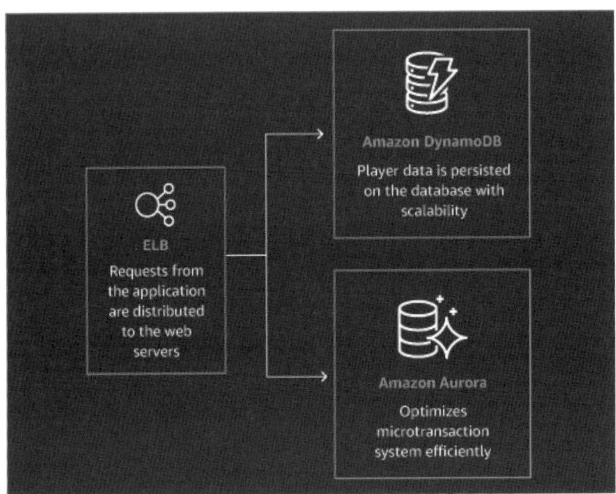

그림 12.3 데이터 디커플링, 용도 최적화
(출처: https://aws.amazon.com/ko/modern-apps/)

현대식 앱 개발 전략 04. 스택별 서버리스 활용

서버리스 서비스를 통해 애플리케이션을 운영하면 환경을 관리할 필요가 없어지고, 인프라 프로비저닝 및 확장이 불필요해진다. 아울러 가용성과 보안이 기본적으로 제공되며, 실행 가치별 비용 결제 모델을 사용할 수 있게 된다.

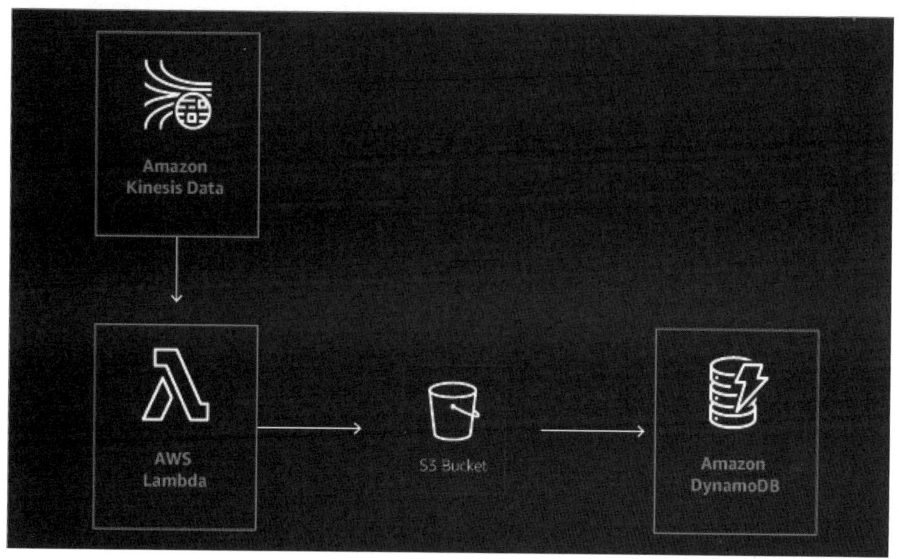

그림 12.4 스택별 서버리스 활용

(출처: https://aws.amazon.com/ko/modern-apps/)

현대식 앱 개발 전략 05. 전개발 수명 주기에 보안 통합

보안을 개발 수명 주기의 모든 단계에 긴밀히 통합하면, 모든 팀원이 보안에 대한 각자의 역할을 수행할 수 있다. 마이크로서비스, 서버리스 시대의 보안은 코드 리포지터리, 구축 관리 프로그램, 배포 도구 등에 통합돼 있으므로 서버리스 서비스를 활용해 보안 태세를 좀 더 간단하게 유지할 수 있다.

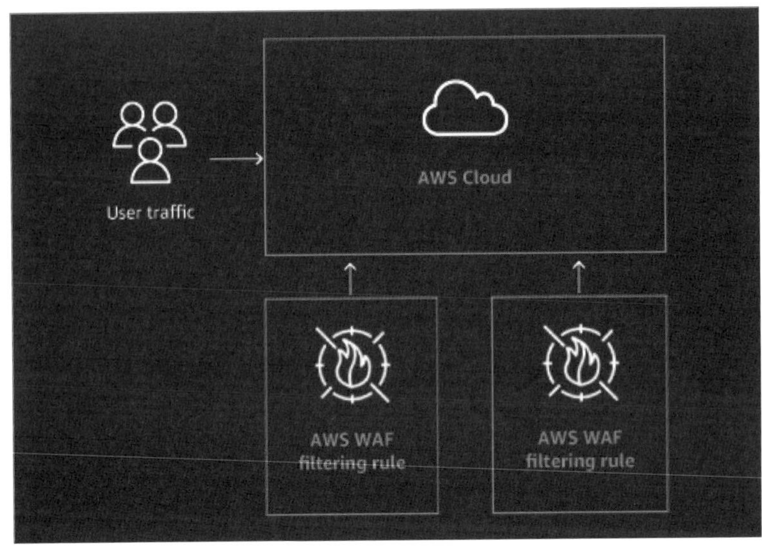

그림 12.5 전개발 수명 주기에 보안 통합

(출처: https://aws.amazon.com/ko/modern-apps/)

서버리스 기술 개요

이제, 현대적인 애플리케이션 설계를 위해 서버리스가 매우 중요한 요소임을 이해하게 됐을 것이다. 서버리스는 프로비저닝, 패칭 등 서버 관리 필요성이 없는 코드 실행, 데이터 관리, 애플리케이션 통합 기술로서 자동화된 크기 조정, 기본적인 고가용성, 종량제 결제 모델 등의 특징을 지닌다.

애플리케이션 구현에 서버리스 요소를 활용하면 민첩성 제고, 운영 오버헤드 감소, 비용 최적화 등 다양한 장점을 누릴 수 있으며, 개발자는 서버 관리 업무가 아닌 고객용 애플리케이션 코드 작성에 좀 더 집중할 수 있게 된다.

AWS의 서버리스 서비스는 컴퓨팅, 앱 통합, 스토리지 & DB 등으로 세분화된다.

표 12.1 AWS의 카테고리별 서버리스 서비스

서버리스 컴퓨팅	AWS Lambda	이벤트 기반 서버리스 컴퓨팅 함수 서비스
	AWS Fargate	컨테이너를 위한 서버리스 컴퓨팅 인프라 서비스
서버리스 앱 통합	Amazon SQS	앱 통합을 위한 대기열 메시지 큐 서비스
	Amazon SNS	앱 통합을 위한 Pub/Sub 알림 메시지 서비스
	Amazon API Gateway	앱 통합을 위한 API 생성, 관리 서비스
	Amazon EventBridge	앱 통합을 위한 대용량 이벤트 버스 서비스
서버리스 스토리지 & DB	Amazon S3	사용이 간편한 무제한 용량의 서버리스 스토리지
	Amazon DynamoDB	서버리스 NoSQL 데이터베이스
	Amazon Aurora Serverless	서버리스 관계형 데이터베이스

AWS의 서버리스 컴퓨팅

AWS Lambda는 이벤트 기반 서버리스 컴퓨팅 함수 서비스로서 컴퓨팅 인프라 리소스 없이 간편하게 워크로드 처리를 위한 함수를 실행할 수 있다. 다음 그림은 Lambda를 이용한 모바일 백엔드 구현 사례로서 소셜 포스트 및 피드 업데이트 작업을 처리한다.

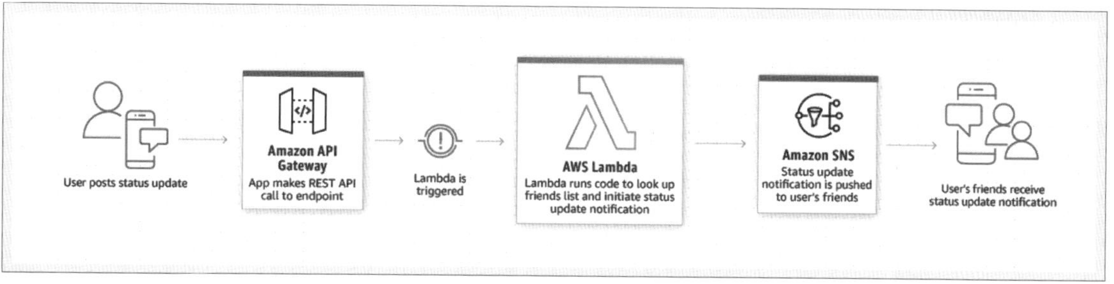

그림 12.6 Lambda를 이용한 모바일 백엔드 구현

(출처: https://aws.amazon.com/ko/lambda/?c=ser&sec=srv)

AWS Fargate는 컨테이너를 위한 서버리스 컴퓨팅 인프라 서비스로서 Elastic Container Service[ECS], Elastic Kubernetes Service[EKS] 등의 컨테이너 서비스와 연동된다. 다음 그림은 EKS의 컨테이너 모음이자 기본 연산 단위인 Pod를 실행함에 있어 서버리스 기반의

Fargate를 사용하는 경우와 전통적인 EC2 인프라를 프로비저닝해서 사용할 때의 복잡성 차이를 보여준다.

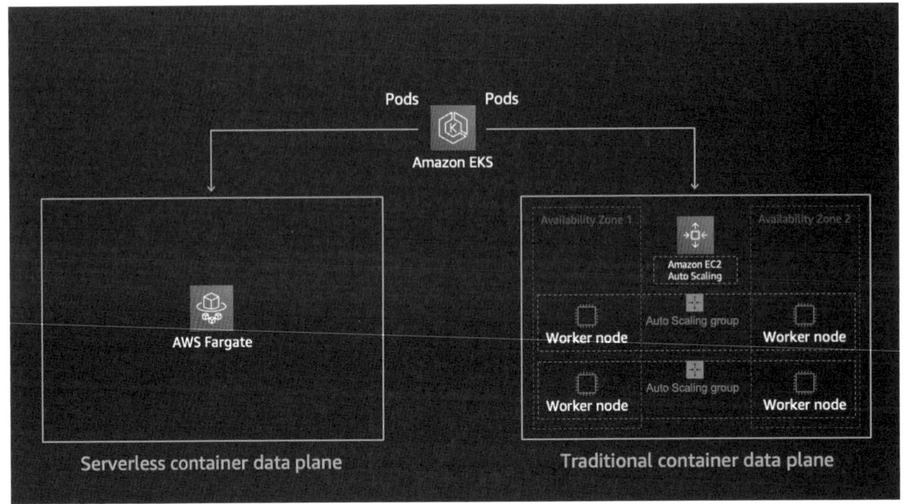

그림 12.7 Fargate 기반 EKS를 이용한 컴퓨팅 비용 절감
(출처: https://aws.amazon.com/ko/blogs/containers/saving-money-pod-at-time-with-eks-fargate-and-aws-compute-savings-plans/)

AWS의 서버리스 앱 통합

Amazon SQS는 앱 통합을 위한 대기열 메시지 큐 서비스로서 마이크로서비스, 분산 시스템 및 서버리스 애플리케이션의 손쉬운 분리 및 크기 조정을 지원한다. 다음 그림은 SQS 기반 서버리스 애플리케이션의 메시지 전송 방식을 보여준다.

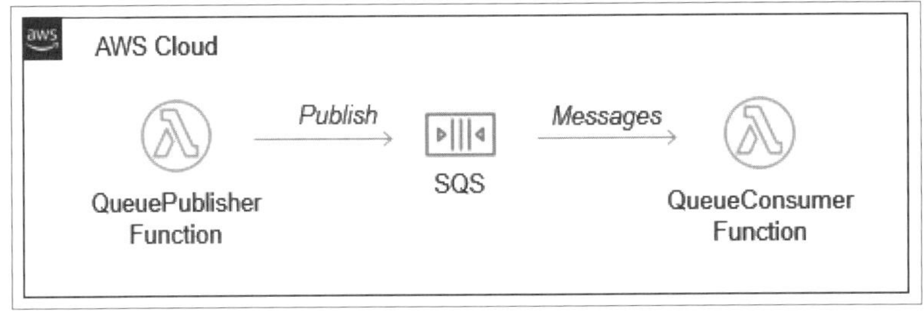

그림 12.8 SQS 기반 서버리스 애플리케이션의 메시지 큐 전송 방식
(출처: https://aws.amazon.com/ko/blogs/compute/choosing-between-messaging-services-for-serverless-applications/)

Amazon SNS는 앱 통합을 위한 Pub/Sub 알림 메시지 서비스로서, 애플리케이션 간(A2A) 통신 및 애플리케이션과 사용자 간(A2P) 통신을 지원한다. 다음 그림은 SNS 기반 서버리스 애플리케이션의 토픽 기반 알림 메시지 전송 방식을 보여준다.

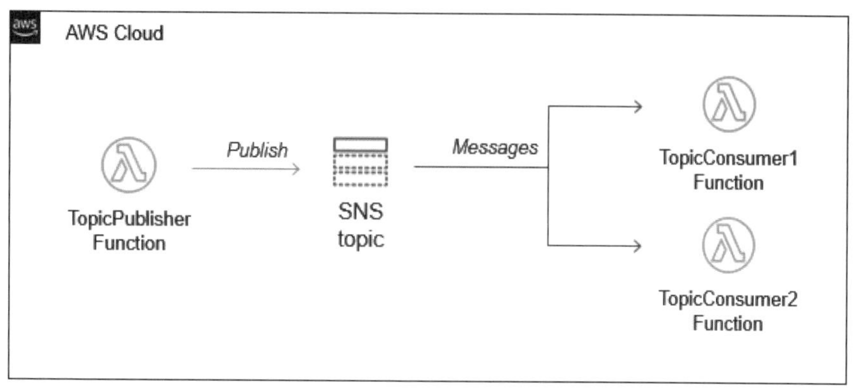

그림 12.9 SNS 기반 서버리스 애플리케이션의 토픽 기반 알림 메시지 전송 방식

(출처: https://aws.amazon.com/ko/blogs/korea/choosing-between-messaging-services-for-serverless-applications/)

Amazon API Gateway는 앱 통합을 위한 API 생성, 관리 서비스로서 HTTP 기반 서버리스 워크로드 및 HTTP 벡엔드에 최적화된 RESTful API와 채팅 앱 및 스트리밍 대시보드와 같은 실시간 양방향 통신에 적합한 WEBSOCKET API를 지원한다. 다음 그림은 API Gateway가 제공하는 RESTful API 활용 방식을 보여준다.

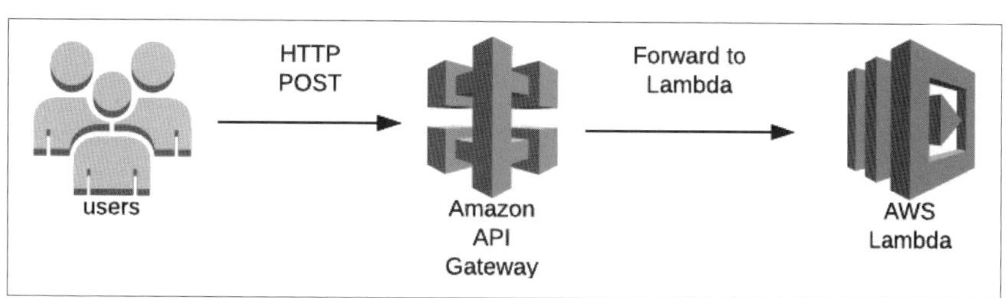

그림 12.10 API Gateway가 제공하는 RESTful API 활용 방식

(출처: https://www.alexdebrie.com/posts/aws-api-gateway-service-proxy/)

Amazon EventBridge는 앱 통합을 위한 대용량 이벤트 버스 서비스로서 이벤트 수신, 필터링, 변환, 라우팅 및 전송 기능을 제공한다. 다음 그림은 EventBridge의 이벤트 소스와

이벤트 타깃 작동 방식을 보여주며, 이 과정에서 이벤트를 필터링하고 처리하는 기능을 제공한다.

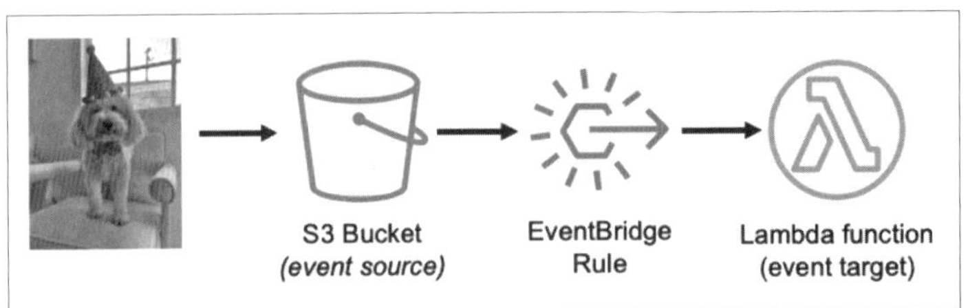

그림 12.11 EventBridge 기반 서버리스 애플리케이션의 이벤트 소스, 이벤트 타깃
(출처: https://aws.amazon.com/ko/blogs/compute/building-an-event-driven-application-with-amazon-eventbridge/)

AWS의 서버리스 스토리지 & DB

Amazon S3는 사용이 간편한 무제한 용량의 서버리스 객체 스토리지로서 사용자는 원하는 양의 데이터를 저장하고 보호할 수 있으며, 데이터 레이크, 클라우드 네이티브 애플리케이션 및 모바일 앱 등 구현을 위한 스토리지로 활용할 수 있다. 다음 그림은 S3 기반 서버리스 애플리케이션의 데이터 저장, 큐 전송, 함수 실행 프로세스를 보여준다.

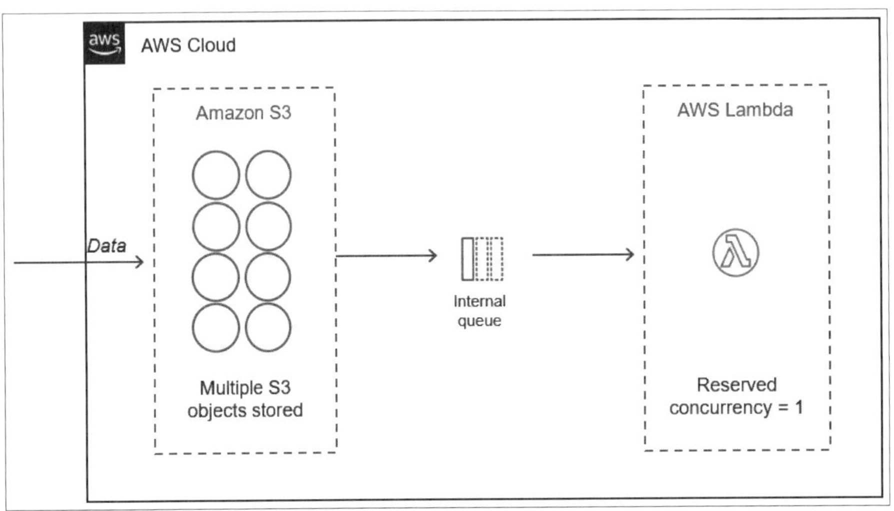

그림 12.12 S3 기반 서버리스 애플리케이션의 데이터 저장, 큐 전송, 함수 실행 프로세스
(출처: https://aws.amazon.com/ko/blogs/compute/building-scalable-serverless-applications-with-amazon-s3-and-aws-lambda/)

Amazon DynamoDB는 서버리스 NoSQL 데이터베이스 서비스로서 일관된 10밀리초 미만의 성능, 거의 무제한의 처리량, 기본적인 보안성 탑재, 지속적인 백업, 인 메모리 캐시, 데이터 가져오기/내보내기, 자동 다중 리전 복제 기능을 제공한다. 다음 그림은 DynamoDB 기반 서버리스 애플리케이션의 데이터 임포트 방식을 보여준다.

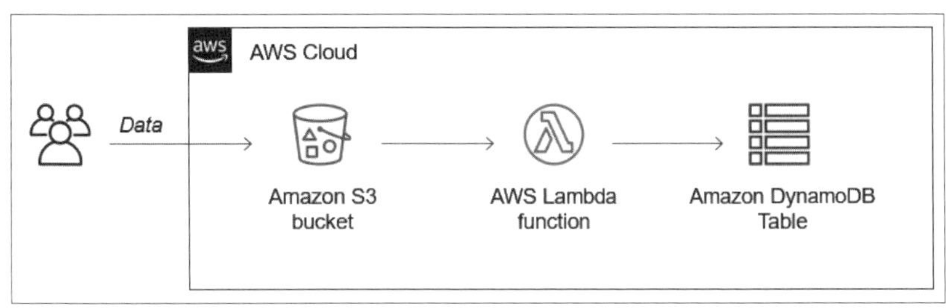

그림 12.13 DynamoDB 기반 서버리스 애플리케이션의 데이터 임포트 방식
(출처: https://aws.amazon.com/ko/blogs/compute/creating-a-scalable-serverless-import-process-for-amazon-dynamodb/)

Amazon Aurora Serverless는 서버리스 관계형 데이터베이스로서 애플리케이션 요구 사항에 따라 자동으로 용량을 확장하고 축소하는 MySQL 및 PostgreSQL과 호환성을 지니며, 수십만 건의 트랜잭션 처리가 가능하도록 1초 미만으로 즉시 확장할 수 있고, 확장을 통해 애플리케이션에 필요한 정확한 양의 리소스를 제공하도록 용량을 조정할 수 있다.

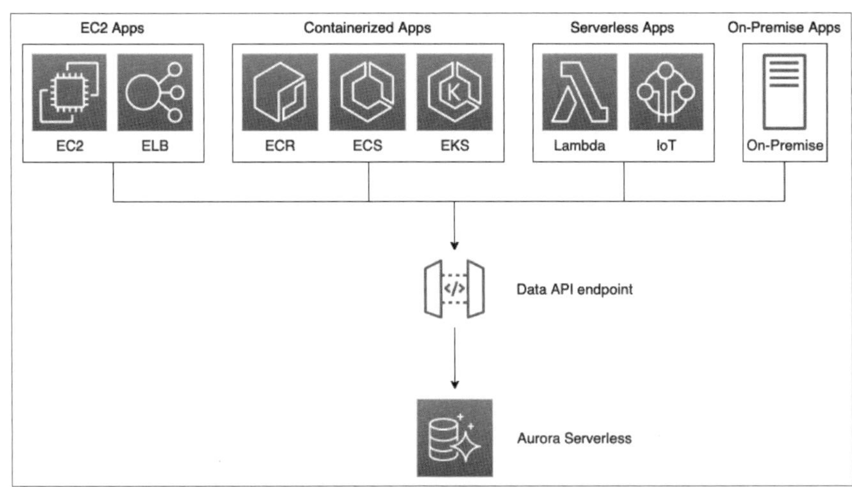

그림 12.14 Aurora Serverless를 이용한 서버리스 애플리케이션 구현 모범 사례
(출처: https://aws.amazon.com/ko/blogs/database/best-practices-for-working-with-amazon-aurora-serverless/)

Well Architected - AWS의 모범적인 설계 전략

AWS Well Architected는 다양한 애플리케이션 및 워크로드를 위한 안전성, 고성능, 탄력성, 효율성을 지닌 인프라를 구축할 수 있도록 지원하는 가이드이자 시스템 그리고 도구를 의미한다. Well Architected의 6대 원칙으로는 보안성, 안정성, 성능 효율성, 비용 최적화, 운영 우수성, 지속 가능성 등이 있으며, 이 중 상당 부분(보안성, 안정성, 성능 효율성, 비용 최적화)은 어소시에이트 레벨 출제 영역과 겹친다.

AWS는 Well Architected를 통해 사용자 스스로 자신의 아키텍처를 검증하고 확장성은 높은 아키텍처를 설계를 할 수 있도록 지원하는 일관된 가이드 및 도구다. Well Architected의 6대 원칙을 간단히 살펴보자(프랙티셔너 레벨을 준비하면서 6대 원칙을 낱낱이 기억할 필요는 없으며, 전반적인 내용을 훑어보는 느낌이면 충분하다).

보안성

Well Architected 원칙 중 보안성Security은 정보와 시스템을 보호하기 위한 데이터의 기밀성 및 무결성 유지, 사용자 권한 관리, 보안 이벤트 감지 설정 등의 업무를 포함한다.

보안성 설계 원칙

- 강력한 자격 증명 기반 구현
- 추적 기능 활성화
- 모든 계층에 보안 적용
- 보안 모범 사례의 자동 적용
- 전송 및 보관 중인 데이터 보호
- 데이터 접근 제어
- 보안 이벤트에 대비

보안성을 위한 공동 책임 모델

- AWS의 책임: 클라우드 자체(인프라)의 보안

- 고객의 책임: 클라우드 내부(데이터, 애플리케이션, 구성)의 보안

안정성

Well Architected 원칙 중 안정성Reliability은 워크로드 실패 시 신속한 복구를 위한 분산 시스템 설계, 복구 계획 수립, 요구 사항 적응 등의 업무를 포함한다. 워크로드가 필요로 하는 기능을 정확하고 일관되게 수행하는 역량과 전체 수명 주기에 걸쳐 워크로드를 운영 및 테스트하는 방법 등에 대해 정의한다.

안정성 설계 원칙

- 장애 자동 복구
- 복구 절차 테스트
- 수평적 확장
- 용량 추정 불필요
- 인프라 변경 자동화

가용성 확보 시나리오 – 단일 리전으로 99.9%의 가용성 확보 방안

- 리소스 모니터링: 사이트 상태를 확인하고, 중단 시 알림이 전송되도록 한다.
- 수요 변화에 따른 조정: 자동 조정 앱 계층에 ELB 및 다중 AZ RDS 크기 조정을 사용한다.
- 변경 구현: 인플레이스 자동 배포 및 롤백 런북 기능을 구현한다.
- 데이터 백업: RDS를 통해 RPO를 충족하는 자동 백업 및 복원 런북을 구현한다.
- 복원성 아키텍처 설계: 자동 조정을 통해 자가 복구 웹 및 애플리케이션 계층을 제공한다.
- 복원 기능 테스트: ELB 및 애플리케이션의 자가 복구 여부를 확인한다.
- DR(재해 복구) 계획: RDS를 통해 동일한 AWS 리전으로 암호화된 백업을 수행한다.

성능 효율성

Well Architected 원칙 중 성능 효율성Performance Efficiency은 워크로드 처리에 적합한 컴퓨팅 리소스의 체계적이며 간소한 할당을 위한 리소스 유형 선택, 성능 모니터링, 비즈니스 요구 사항 변화에 따른 효율성 유지 등의 업무를 포함한다.

성능 효율성 설계 원칙

- 클라우드 네이티브 기술의 적극적인 활용
- 멀티 리전 기반의 글로벌 배포
- 서버리스 아키텍처 사용
- 가상 리소스를 이용한 성능 실험 반복
- 서비스 간 조화 고려

비용 최적화

Well Architected 원칙 중 비용 최적화Cost Optimization는 불필요한 비용 발생을 방지하기 위한 기간별 지출 이해, 자금 할당 제어, 올바른 유형 및 크기의 리소스 선택, 비용을 절감할 수 있는 확장 방식 선택 등의 업무를 포함한다.

워크로드의 수명 주기에 걸쳐 시스템을 지속적으로 개선하고 구체화하는 작업을 통해 비용 최적화 가능 비용 인식 워크로드의 구축 및 운영을 목표로 한다.

비용 최적화 설계 원칙

- 클라우드 재무 관리 구현
- 조직별 최적 소비 모델 도입
- 전반적인 비용 효율성 측정
- 워크로드 속성에 따른 차등 비용 지출
- 클라우드 비용 분석(워크로드 발생 원인별)

운영 우수성

Well Architected 원칙 중 운영 우수성Operational Excellence은 시스템 모니터링, 지속적인 프로세스 개선 위한 변경 자동화, 이벤트 대응 및 일상적인 작업 관리를 위한 업무 표준 정의 등의 업무를 포함한다. 좀 더 효율적인 비즈니스 목표 달성 방법, 효과적인 워크로드 실행 방법, 운영 인사이트 확보, 프로세스의 지속적 개선 방안 도출을 위해 연구한다.

운영 우수성 설계 원칙

- 코드를 통한 운영
- 이전 상태로 복구 가능한 변경 적용
- 수시로 운영 절차 개선
- 실패 예측
- 모든 운영상 실패로부터 학습

지속 가능성

Well Architected 원칙 중 지속 가능성Sustainability은 비즈니스 활동의 장기적인 환경, 경제 및 사회적 영향에 초점을 두며, 특히 클라우드 워크로드 실행이 자연 환경에 미치는 영향을 최소화하는 것을 목표로 한다. 워크로드 처리에 사용된 서비스 및 리소스가 환경에 미치는 영향 이해, 전체 워크로드 수명 주기 동안의 환경 영향 정량화, 환경에 미치는 영향을 줄이기 위한 설계 원칙과 모범 사례를 적용하는 것이 무엇보다 중요하다.

지속 가능성 설계 원칙

- 클라우드 워크로드의 영향 이해
- 지속 가능성 목표 수립
- 클라우드 자원 활용률 극대화
- 효율적인 최신 하드웨어와 소프트웨어 도입
- 관리형 서비스 사용

- 클라우드 워크로드에 필요한 에너지 절감

AWS Well-Architected Tool

Well-Architected Tool은 모범적인 아키텍처 지침Best Practice을 기준으로 지속적인 아키텍처 개선, 일관된 거버넌스 업무를 위한 지원하는 도구다. 아키텍처 모범 사례를 기준으로 애플리케이션 및 워크로드의 상태를 검토하고 개선 기회를 식별하며 시간대별 진행률을 추적할 수 있으며, 정기적으로 워크로드를 평가하고, 고위험 문제를 식별하며, 개선 사항을 기록하는 데 도움을 준다. 아울러 워크로드 관련 고위험 문제HRI의 가시성 제공, 거버넌스 협업 간소화 등의 장점을 제공한다.

다음 그림에서 보듯, Well-Architected Tool은 보안성 등 Well-Architected 6대 원칙에 대한 모범 사례를 제시하고, 이를 고객이 직접 자신의 아키텍처를 개선하는 데 활용할 수 있도록 한다.

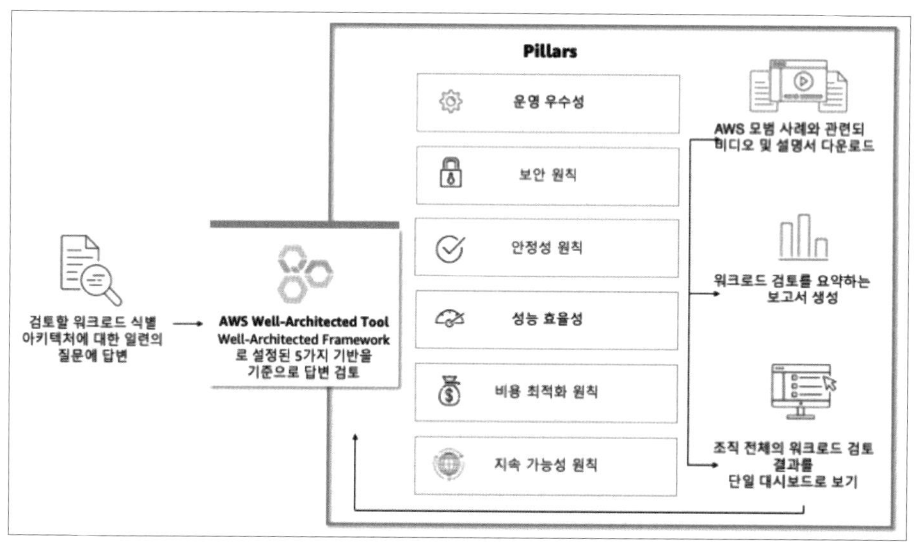

그림 12.15 Well-Architected Tool 작동 방식

(출처: https://aws.amazon.com/ko/well-architected-tool/)

다음 그림은 Well-Architected Tool 활용을 위한 워크로드 속성 정의 화면이다.

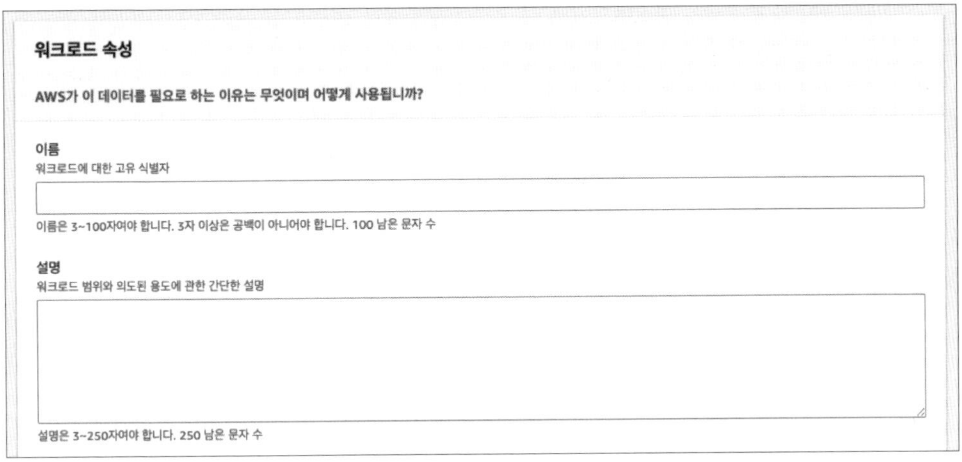

그림 12.16 AWS Well-Architected Tool – 워크로드 정의 화면

산업 및 비즈니스별로 모범적인 아키텍처가 달라질 수 있으므로, 각 산업 내에서 널리 선호되는 아키텍처를 파악하는 일은 매우 중요한 일이라 할 수 있다. 다음 그림은 Well-Architected Tool 활용을 위한 워크로드 속성 정의에서 산업 유형을 선택하는 화면이다. 예시에서는 자동차 산업을 택했다.

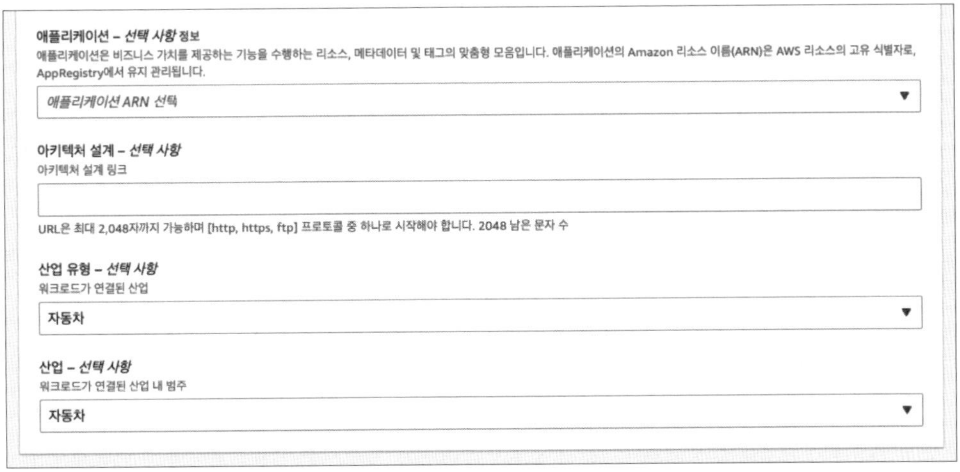

그림 12.17 AWS Well-Architected Tool – 워크로드 – 산업 유형 선택 화면

위와 같이 워크로드를 정의하고 나면, 해당 산업의 모범적인 아키텍처에 비교해서 사용자 자신의 아키텍처에 존재하는 문제점을 파악할 수 있다. 다음 그림은 Well-Architected Tool에서 워크로드 목록 및 상태 정보 화면이다.

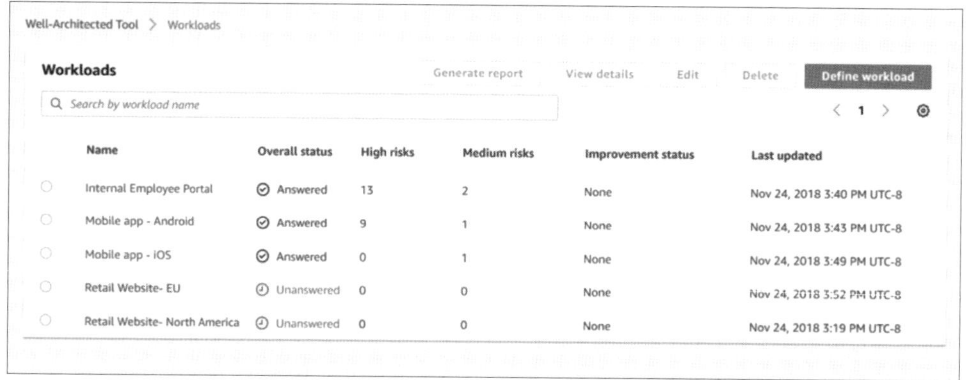

Name	Overall status	High risks	Medium risks	Improvement status	Last updated
Internal Employee Portal	Answered	13	2	None	Nov 24, 2018 3:40 PM UTC-8
Mobile app - Android	Answered	9	1	None	Nov 24, 2018 3:43 PM UTC-8
Mobile app - iOS	Answered	0	1	None	Nov 24, 2018 3:49 PM UTC-8
Retail Website- EU	Unanswered	0	0	None	Nov 24, 2018 3:52 PM UTC-8
Retail Website- North America	Unanswered	0	0	None	Nov 24, 2018 3:19 PM UTC-8

그림 12.18 AWS Well-Architected Tool - 워크로드 목록 및 상태 정보

(출처: https://aws.amazon.com/blogs/aws/new-aws-well-architected-tool-review-workloads-against-best-practices/)

정리

- AWS는 출시 기간 단축, 혁신성 향상, 안정성 제고, 비용 절감 등 다양한 장점을 지닌 '현대적인 애플리케이션' 기술 콘셉트를 제안한다.
- AWS가 정의하는 현대적인 애플리케이션의 5대 덕목은 마이크로서비스 아키텍처, IaC 배포, 디커플링 및 용도 최적화, 애플리케이션 스택별 서버리스 활용, 전 개발 수명 주기 동안 보안과 통합 등이다.
- 서버리스는 프로비저닝, 패칭 등 서버 관리 필요성이 없는, 코드 실행, 데이터 관리, 애플리케이션 통합 기술로서, 자동화된 크기 조정, 기본적인 고가용성, 종량제 결제 모델 등의 특징을 지닌다.
- AWS의 서버리스 컴퓨팅 서비스로는 Lambda, Fargate 등이 있다.
- AWS의 서버리스 앱 통합 서비스로는 SQS, SNS, API Gateway, EventBridge 등이 있다.

- AWS의 서버리스 스토리지 및 DB로는 S3, DynamoDB, Aurora Serverless 등이 있다.
- AWS Lambda는 이벤트 기반 서버리스 컴퓨팅 함수 서비스로서, 컴퓨팅 인프라 리소스 없이 간편하게 워크로드 처리를 위한 함수를 실행할 수 있다.
- AWS Fargate는 컨테이너를 위한 서버리스 컴퓨팅 인프라 서비스로서, Elastic Container Service, Elastic Kubernetes Service 등의 컨테이너 서비스와 연동된다.
- Amazon SQS는 앱 통합을 위한 대기열 메시지 큐 서비스로서 마이크로서비스, 분산 시스템 및 서버리스 애플리케이션의 손쉬운 분리 및 크기 조정을 지원한다.
- Amazon SNS는 앱 통합을 위한 Pub/Sub 알림 메시지 서비스로서 애플리케이션 간(A2A) 통신 및 애플리케이션과 사용자 간(A2P) 통신을 지원한다.
- Amazon API Gateway는 앱 통합을 위한 API 생성, 관리 서비스로서 HTTP 기반 서버리스 워크로드 및 HTTP 백엔드에 최적화된 RESTful API와 채팅 앱 및 스트리밍 대시보드와 같은 실시간 양방향 통신에 적합한 WEBSOCKET API를 지원한다.
- Amazon EventBridge는 앱 통합을 위한 대용량 이벤트 버스 서비스로서 이벤트 수신, 필터링, 변환, 라우팅 및 전송 기능을 제공한다.
- Amazon S3는 사용이 간편한 무제한 용량의 서버리스 객체 스토리지다.
- Amazon DynamoDB는 서버리스 NoSQL 데이터베이스 서비스로서 초저지연성, 무제한의 처리량, 기본적인 보안성, 지속적인 백업, 인 메모리 캐시, 자동 다중 리전 복제 기능을 제공한다.
- Amazon Aurora Serverless는 서버리스 관계형 데이터베이스로서 애플리케이션 요구 사항에 따라 자동으로 용량을 확장하고 축소한다.
- AWS Well Architected는 다양한 애플리케이션 및 워크로드를 위한 안전성, 고성능, 탄력성, 효율성을 지닌 인프라를 구축할 수 있도록 지원하는 가이드이자 시스템, 도구다.
- Well Architected의 6대 원칙은 보안성, 안정성, 성능 효율성, 비용 최적화, 운영 우수성, 지속 가능성이다.

- Well-Architected Tool은 모범적인 아키텍처 지침을 기준으로 지속적인 아키텍처 개선, 일관된 거버넌스 업무를 위한 지원하는 도구다.

기출 유형 분석 퀴즈

1. 다음 중 서버리스 컴퓨팅 서비스인 AWS Lambda에 대한 설명으로 옳지 않은 것은 무엇입니까? **(서버리스 컴퓨팅/AWS Lambda)**

A. Lambda 함수를 호출하는 리소스 또는 구성을 트리거라 부른다.
B. 처리하려는 Lambda 함수 데이터가 포함된 JSON 형식 문서를 이벤트라 부른다.
C. Lambda는 함수의 인스턴스를 실행해 이벤트를 처리한다.
D. Lambda 계층 또는 레이어는 Lambda 함수를 위한 안전하고 격리된 런타임 환경을 제공한다.
E. 런타임은 Lambda와 함수 간의 호출 이벤트, 컨텍스트 정보 및 응답을 전달한다.

2. AWS에서 마이크로서비스 아키텍처를 구현하기 위해 사용되는 서비스는 무엇입니까? **(마이크로서비스 아키텍처)**

A. Amazon S3
B. Amazon EC2
C. Amazon API Gateway
D. Amazon RDS
E. Amazon Storage Gateway

3. AWS 마이크로서비스 아키텍처에서 서비스 간 통신을 위해 사용되는 AWS 서비스는 무엇입니까? **(마이크로서비스 아키텍처/서비스 간 통신)**

A. Amazon Kinesis
B. AWS Step Functions
C. AWS Lambda
D. Amazon SQS (Simple Queue Service)

4. 다음 중 서버리스 컴퓨팅 서비스인 AWS Lambda에 대한 설명으로 옳지 않은 것은 무엇입니까? **(서버리스 컴퓨팅/AWS Lambda)**

A. 확장성, 유연성, 안정성을 갖춘 애플리케이션을 개발할 수 있다.

B. 사용자가 코드를 업로드하고 실행할 때만 비용이 발생한다.

C. 장기적, 지속적으로 실행되는 애플리케이션의 경우 EC2 대비 고성능, 저비용의 장점을 제공한다.

D. 다양한 이벤트 소스에 대해 자동화된 응답을 작성할 수 있다.

E. 사용자는 서버를 프로비저닝하거나 관리하지 않아도 된다.

5. 다음 중 AWS IaC 구현에 활용되는 서비스는 무엇입니까? **(IaC)**

A. AWS CloudFormation

B. AWS Elastic Beanstalk

C. AWS Lambda

D. AWS Amplify

E. AWS CodeBuild

6. 다음 중 서버리스 컴퓨팅 서비스인 AWS Fargate 시작 유형에 대한 설명으로 옳지 않은 것은 무엇입니까? **(서버리스 컴퓨팅/AWS Fargate)**

A. 가끔 버스트가 발생하는 소규모 워크로드에 적합하다.

B. 사용자가 서버 유형을 선택하거나, 클러스터를 조정하지 않아도 된다.

C. 컴퓨팅 비용 최적화가 중요한 대규모 워크로드에 적합하다.

D. 요금은 컨테이너 실행에 사용된 vCPU, 메모리 용량과 운영체제, CPU 아키텍처에 따라 달라진다.

E. 낮은 운영 오버헤드가 필요한 대규모 워크로드에 적합하다.

7. 다음 중 서버리스 데이터베이스 서비스인 Amazon DynamoDB 및 VPC 통신에 대한 설명으로 옳지 않은 것은 무엇입니까? **(서버리스 컴퓨팅/Amazon DynamoDB)**

A. VPC 엔드포인트 정책을 사용해 DynamoDB에 대한 액세스를 제어한다.

B. DynamoDB는 완전관리형 서버리스 NoSQL 데이터베이스 서비스다.

C. VPC 엔드포인트 사용시 인터넷 게이트웨이, NAT 또는 VPG가 없어도 된다.

D. EC2 인스턴스와의 통신을 위해 SSL/TLS 암호화 기반 HTTPS 프로토콜을 사용한다.

E. VPC 엔드포인트 사용 시 퍼블릭 IP 주소를 사용해 DynamoDB에 액세스한다.

8. AWS Lambda 함수를 호출하는 방법으로 잘못된 것은 무엇입니까? **(Lambda/함수 호출)**

A. AWS CLI를 사용해 호출한다.

B. Amazon API Gateway를 사용해 HTTP 요청으로 호출한다.

C. Amazon S3에서 객체가 생성될 때 자동으로 호출한다.

D. 필요 시 AWS Lambda 함수를 직접 호출한다.

9. 전자상거래 회사의 DevOps 팀은 마이크로서비스 아키텍처를 사용해 구축된 서버리스 애플리케이션의 성능 문제를 디버깅하려고 합니다. 클라우드 실무자로서 이 사용 사례를 해결하기 위해 어떤 AWS 서비스를 추천하겠습니까? **(서버리스/디버깅)**

A. AWS CloudFormation

B. Amazon Pinpoint

C. AWS X-Ray

D. AWS Trusted Advisor

10. L커머스는 서비스 개편을 진행 중이며, 완전관리형 컨테이너 오케스트레이션 서비스인 ECS를 이용해 비용을 절감하고 고객 니즈에 좀 더 유연하게 대응하려 합니다. 다음 ECS에 대한 설명으로 옳지 않은 것은 무엇입니까? **(ECS/서버리스)**

A. 서버리스 서비스이므로 EC2 같은 컴퓨팅 리소스는 불필요하다.

B. 호스팅 위치에 관계없이 동일한 방식으로 실행될 수 있다.

C. AWS가 컨테이너화 앱의 배포, 관리, 크기 조정을 모두 관리한다.

D. 컨테이너 이미지의 저장, 관리, 배포 기능도 제공한다.

E. 온프레미스 컨테이너와 연계할 수 있다.

11. 다음 중 서버리스 기반의 AWS 서비스는 무엇입니까? (서버리스/함수)

A. Elastic Beanstalk

B. EMR

C. Lambda

D. EC2

E. ECS

12. 다음 중 AWS Well Architected 프레임워크의 안정성 원칙의 설계 원칙인 '확장성 Scaling'에 관한 잘못된 설명은 무엇입니까? (Well Architected/안정성/확장성)

A. 수평적 확장을 통해 내결함성을 높일 수 있다.

B. 수직적 확장을 통해 내결함성을 높일 수 있다.

C. 기존 머신 또는 노드에 CPU, RAM 등 성능 요소를 추가하는 방식으로 수직적 확장을 할 수 있다.

D. 기존 리소스 풀에 더 많은 인스턴스를 추가하는 방식으로 수평적 확장을 할 수 있다.

13. 서버리스 애플리케이션의 빠른 출시 및 배포를 위해 DevOps 팀에서 AWS에서 서버리스 애플리케이션을 프로비저닝하려고 합니다. 이를 위해 추천해야 할 AWS 서비스는 무엇입니까? (마이크로서비스/서버리스/서버리스 앱 프로비저닝)

A. AWS X-Ray

B. Amazon Pinpoint

C. AWS CloudFormation

D. AWS Trusted Advisor

14. AWS 공동 책임 모델을 기준으로 했을 때, 다음 중 AWS와 고객 모두의 공동 책임은 무엇입니까? (AWS 공동 책임 모델)

A. 다수의 AWS 고객 간 데이터 분리 보장
B. 가용 영역 인프라 유지 보수
C. S3 스토리지 서버의 인프라 유지 보수
D. 환경 설정 관리
E. EC2 게스트 OS 패치

15. 다음 AWS Well Architected 원칙 중 클라우드 워크로드 실행이 자연 환경에 미치는 영향을 최소화하는 것을 목표로 하는 원칙은 무엇입니까? (Well Architected/자연환경)

A. 안정성
B. 성능 효율성
C. 비용 최적화
D. 운영 우수성
E. 지속 가능성

정답과 해설

1. **정답 D** Lambda 함수를 위한 안전하고 격리된 런타임 환경을 제공하는 것은 실행 환경이다. Lambda 계층은 추가 코드 또는 기타 콘텐츠를 포함할 수 있는 .zip 파일 아카이브다.

2. **정답 C** Amazon API Gateway는 RESTful API를 만들고 배포할 수 있도록 지원하며, 백엔드 서비스를 여러 개의 마이크로서비스로 분할해 관리할 수 있다.

3. **정답 D** Amazon SQS는 서비스 간 비동기적인 통신을 가능하게 한다. 각 서비스는 메시지를 큐에 보내고 다른 서비스가 이를 읽어서 처리한다.

4. **정답 C** 서버리스 컴퓨팅 서비스인 AWS Lambda는 단기적이며 불연속적인 애플리케이션 실행 환경에서 좀 더 높은 비용 효율성을 제공하지만 장기적, 지속적으로 실행되는 애플리케이션의 경우, EC2가 AWS Lambda보다 좀 더 나은 선택이 될 수 있고, 고성능 컴퓨팅 리소스가 필요한 경우에도 EC2가 좀 더 적합하다.

5. **정답 A** AWS CloudFormation은 IaC 기술 철학을 구현한 것으로, AWS 리소스를 프로비저닝하고 배포하기 위한 서비스이며, JSON 또는 YAML 형식의 템플릿 언어를 사용해 인프라를 배포한다.

6. **정답 C** 가격에 최적화돼야 하는 대규모 워크로드에 적합한 것은 EC2 시작 유형이다.

7. **정답 E** VPC 엔드포인트 사용 시 프라이빗 IP 주소를 사용해 DynamoDB에 액세스하게 되며 EC2 인스턴스에 퍼블릭 IP 주소를 지정할 필요가 없다.

8. **정답 D** AWS Lambda 함수는 직접 호출할 수 없다. 함수를 호출하려면 이벤트 소스가 필요하다. 이벤트 소스는 AWS 서비스에서 발생한 이벤트를 Lambda 함수에 전달하는 역할을 한다.

9. **정답 C** AWS X-Ray는 분산 애플리케이션 분석 및 디버깅 서비스로서 서버리스 애플리케이션의 성능 문제를 노 코드 및 로우 코드 기반으로 디버깅하는 데 도움을 준다.

10. **정답 A, D** ECS는 관리형 컨테이너 서비스로서 서버리스가 아니고, EC2 같은 컴퓨팅 리소스가 필요하다. 컨테이너 이미지의 저장, 관리, 배포 기능을 제공하는 것은 ECR이다.

11. **정답 C** 보기 중 서버리스 기반의 AWS 서비스는 Lambda뿐이다.

12. **정답 B** 다수의 위치에 다량의 복제본을 만드는 수평적 확장을 통해 내결함성 또는 내오류성을 높일 수 있다. 전통적인 데이터베이스 등 비분산화 시스템을 위한 업그레이드 개념인 수직적 확장을 통해서 처리 성능은 높일 수 있지만 내결함성 또는 내오류성을 높일 수는 없다.

13. **정답 C** 서버리스 애플리케이션의 빠른 출시 및 배포를 위한 서비스는 AWS CloudFormation이다.

14. **정답 D** 인프라 및 리소스에 대한 환경 설정(Configuration) 관리는 AWS와 고객 모두의 공동 책임 요소다.

15. **정답 E** 클라우드 워크로드 실행이 자연 환경에 미치는 영향을 최소화하는 것을 목표로 하는 원칙은 지속 가능성이다.

찾아보기

ㄱ

ㄴ

ㄷ

ㄹ

ㅁ

ㅂ

ㅅ

ㅇ

ㅈ

ㅊ

M

N

O

P

Q

R

S

T

V

W

X

번호

AWS 공인 클라우드 프랙티셔너 마스터: CLF-C02 EXAM

발 행 | 2023년 9월 26일

지은이 | 동 준 상

펴낸이 | 권 성 준
편집장 | 황 영 주
편 집 | 김 진 아
임 지 원
디자인 | 윤 서 빈

에이콘출판주식회사
서울특별시 양천구 국회대로 287 (목동)
전화 02-2653-7600, 팩스 02-2653-0433
www.acornpub.co.kr / editor@acornpub.co.kr

ISBN 979-11-6175-779-7
http://www.acornpub.co.kr/book/aws-clf-c02

책값은 뒤표지에 있습니다.